그리운 그 이름, 이상

김유중·김주현 엮음

지식산업사

그리운 그 이름, 이상

초판 1쇄 인쇄 2004. 10. 25.
초판 1쇄 발행 2004. 10. 30.

엮은이 김유중 · 김주현
펴낸이 김경희
펴낸곳 (주)지식산업사
        서울시 종로구 통의동 35-18
        전화 (02)734-1978(대) 팩스 (02)720-7900
        한글문패   지식산업사
        영문문패   www.jisik.co.kr
        전자우편   jsp@jisik.co.kr
                    jisikco@chollian.net
        등록번호   1-363
        등록날짜   1969. 5. 8.

책값 17,000원

ISBN 89-423-7030-6 03810

이 책을 읽고 엮은이에게 문의하고자 하는 이는
지식산업사 전자우편으로 연락 바랍니다.

엮은이의 말

이상이라는 존재는 신화 그 자체이다. 그것은 그의 문학 작품이 지닌 신비적 성격에도 원인이 있겠지만, 그의 삶이 상당 부분 베일에 싸여 있다는 점에 더 근본적인 원인이 있다. 그러나 그의 삶의 베일을 벗겨내는 데 도움이 될 만한 자료는 턱없이 부족할 뿐만 아니라 제대로 알려져 있지도 않은 형편이다. 우리가 이상을 바르게 이해하고자 할 때, 그가 남긴 작품과 같은 일차적인 자료 못지않게 이차적인 자료, 곧 주변 인물들이 남긴 이상을 회고하는 글과 이상을 모델로 한 작품 등을 절실히 필요로 하는 까닭이 바로 여기에 있다. 이러한 자료들은 신화 속에 자리 잡은 천재로서가 아니라 한 인간으로서 이상의 모습을 객관적으로 들여다볼 수 있게 해주기 때문이다. 실제로 그동안 많은 연구자들이 이상 문학의 특성을 해명하는 과정에서 이 같은 이차 자료들을 통해 직간접적인 도움을 받아왔기에, 이들 이차 자료는 일차 자료에 버금가는 가치를 인정받고 있기도 하다.

엮은이들 역시 이상 문학에 대해 꾸준히 관심을 가지고 연구해오면서 이러한 이차 자료의 중요성을 절감하게 되었다. 그러나 많은 경우 자료의 수집 과정에서 적지 않은 곤란을 겪은 바 있다. 우선 시기상으로나 발표지면상으로, 여기저기 흩어져 있는 자료들의 출전을 파악하고 발표된 게재지들을 일일이 검토하고 확인하여 찾아내는 것부터가 문제였다. 문예지뿐만 아니라 시사종합지, 심지어는 흥미 본위라고 할 수 있는 여성지들에까지 실려 있는 이들 자료들을 하나하나 찾아나서는 것은 분명 인내와 시간을 요하는 작업일 수밖에 없었다. 그러나 막상 이와 같은 작업 과정을 거쳐 어렵사리 해당 게재지를 찾아낸 경우에도 예상치 못했던 황당한 일을 당한 경우가 한두 번이 아니었다. 도서관 서가 한쪽 귀퉁이에 먼지를 뒤집어쓴 채 꽂혀 있던 책을 간신히 찾아내어 득의의 표정을 짓는 것도 잠시, 누군가에 의해 자료가 훼손당한 흔적을 확인하는 순간의 그 허무함과 야속함이란……. 속으로 자기밖에 모르는 연구자들의 잘못된 심성과 이기심을 탓해보기도 하지만, 그런다고 해서 이미 달아난 지면이 다시 제자리를 찾아올 리는 물론 없다.

이 책은 엮은이들이 이상 문학을 연구하는 과정에서 위와 같은 여러 우여곡절들을 겪은 끝에 수집하고 정리한 글들을 한데 모은 것이다. 글의 성격이나 내용 면에서 상당 부분은 서로 중복되기도 하고 때로는 객관적인 사실에 어긋나거나 심지어 상호 모순되는 것들도 있어, 이런 부분에 대해서는 별도의 주의와 철저한 사실 확인을 통한 조심스런 독법이 필요한 것이 사실이다. 그러나 이와 같은 부분적인 문제점들을 염두에 두면서 참고한다면, 인간 이상의 내면세계와 이를 바탕으로 하는 그의 문학 전반을 이해하는 데 상당한 도움을 받을 수 있을 것이다.

　아무쪼록 이 책이 많은 독자들에게 이상을 더욱 잘 이해할 수 있는 하나의 준거나 디딤돌이 되었으면 하는 바람이다. 나아가 이상 문학 연구자들에게는 연구 수행에 미력하나마 도움이 될 수 있기를 바란다.

2004년 10월
엮은이　김유중·김주현

이상 약사(略史)

　　이상(李箱)은 한일합방이 된 지 한 달 정도 지난 1910년 9월 23일에
태어났다. 강릉 김씨인 아버지 영창(金永昌)과 어머니 박세창(朴世昌)
사이의 맏아들로 태어난 그의 실제 이름은 김해경(金海卿)이다. 이후 그
는 백부 댁에 양자로 들어가 성장하게 되는데, 이는 당시 백부에게 대
를 이을 자식이 없었기 때문이다. 어린 나이에 백부 댁에 양자로 들어
가야 했던 이러한 집안 사정은 이후 그의 성격 형성과 작품 활동 전반
에 심대한 영향을 미쳤을 것으로 짐작된다.

　　이상은 8살이 되던 1918년, 신명학교(4년제)에 입학하게 된다. 그 뒤
1921년 동광학교에 진학하였다가, 1924년 동광학교가 보성고보에 흡
수·합병되면서 보성고보 4학년에 편입된다. 1927년 보성고보를 졸업한
그는 경성고등공업학교(현 서울대학교 공과대학) 건축과에 입학하게 되
는데, 건축과를 지망하게 된 동기는 어려서부터 그의 취미였던 미술 공
부에 대한 집착 또는 욕망이 알게 모르게 작용한 때문으로 풀이된다. 당
시 조선에서 미술을 전문으로 가르치는 교육 기관이 없었던 만큼, 설계
와 제도 등의 분야를 이수할 수 있는 건축 분야의 교육 과정이 미술 공
부를 위한 유일한 현실적인 대안으로 떠올랐으리라 추정되기 때문이다.

　　경성고공(고등공업학교) 진학 후에 이상은 현대 기하, 역학, 물리 등
에 관한 교육 과정을 이수하게 되는데, 이 과정에서 습득한 지식은 훗

날 그의 의식 세계와 작품 활동에 적지 않은 영향을 미친 것으로 생각
된다. 이후 학교를 우수한 성적으로 졸업(1929년)한 그는 곧바로 총독부
건축과에서 일할 기회를 얻는다. 이 시기를 전후하여 그는 미술보다 문
학에 더 큰 호감을 가지게 되었는데, 바로 이 무렵 불행히도 당시로서
는 치명적인 질병이라 할 수 있는 결핵에 걸렸던 것으로 추정된다.

　만 20세이던 1930년, 이상은 지금까지 남아 있는 자신의 유일한 장편
소설인 〈12월 12일〉을 잡지 《조선》에 연재하면서 문학에 대한 자신의
관심을 실천에 옮긴다. 이후 그는 건강에 이상을 느끼며 결국 총독부
기수직을 사임하기까지 하지만, 그렇다고 그가 신병 치료에만 전력했던
것은 아니었다. 문학에 대한 본격적인 관심을 가지게 되면서부터 이상
은 대표적인 모더니즘 동인들이라고 할 수 있는 구인회(九人會)에 가입
하여 그 회원들과 어울리게 되고, 다방 '제비'를 열어 경영하는 한편, 결
핵 치료와 요양을 위해 찾았던 황해도 배천온천(白川溫泉)에서 운명적
으로 만난 어린 기생 금홍이와 동거생활을 시작하게 된다.

　이상은 활발한 작품 활동을 펼쳤으나 초현실주의에 바탕을 둔 그의
난해한 시 작품들은 당대 독자들에게 그다지 널리 공감을 얻지는 못하
였다. 대표적인 예가 《조선중앙일보》에 연재했던 〈오감도(烏瞰圖)〉 연
작의 중단 사태라고 할 수 있다. '이게 무슨 개수작이냐'라는 독자들의

빗발치는 항의로 말미암아, 당초 30편이 게재될 예정이었던 이 연작시는 15편 만에 발표가 중단되고 마는 사태가 빚어졌는데, 당시 동 신문사 학예부장이며 구인회의 동료 회원이기도 했던 이태준(李泰俊)이 사직서를 항상 휴대하고 다녀야 했다는 일화는 널리 알려진 것이기도 하다.

다방의 연이은 실패와 동거하던 금홍이의 잦은 가출로 신음하던 이상은 1936년 두 번째 여인인 변동림(卞東琳)과 결혼하게 된다. 이 시기는 이상의 삶 전체에서 중요한 전환점에 해당된다. 생활의 전기를 마련하게 된 그는 근대성의 핵심에 다가서보고자 하는 열망으로 도쿄(東京)행을 결행한다. 한편, 이 무렵 그의 문학적 관심은 시에서 소설 쪽으로 옮아간다. 〈날개〉와 〈종생기(終生記)〉, 〈지주회시(蜘蛛會豕)〉, 〈봉별기(逢別記)〉 등 대표적인 소설 작품들이 바로 이 무렵에 쓰여진다.

도쿄에 도착한 이후 자신이 평소 꿈꿔왔던 근대의 현장을 눈으로 확인하면서 실망을 금치 못했던 이상은 하숙집에서 무작정 칩거 생활에 들어간다. 그러나 이러한 행동을 수상하게 받아들인 일본 경찰들은 이상을 사상 불온자로 지목하여 경찰서 유치장에 구금시켜 버린다. 이미 상할 대로 상한 그의 육체는 이 사건을 고비로 급격하게 쇠약해져서 더 이상 지탱할 수 없을 지경에까지 이르게 된다. 간신히 풀려나온 그는 1937년 도쿄제대 의대부속병원에서 그의 부인인 변동림과, 당시 일본에

와 있던 가까운 친구들 몇몇이 지켜보는 가운데 '레몬('멜론'이라는 설도
있음)을 달라'는 말 한 마디만을 남긴 채 영원히 눈을 감고 만다.

차 례

〔일러두기〕

1) 원문은 최초 발표본을 대상으로 하였고, 현대식 표기를 원칙으로 하였다. 다
만 작가가 의도적으로 표현을 달리하였다고 판단되는 경우와 대화 속의 표현은
가능하면 원문 그대로 살려두어 원문의 미감을 드러내고자 하였다. 그리고 글
속에 인용된 작품들은 최초 발표본의 내용으로 대체하였고, 작품 속의 기호는
일관성을 기하기 위해 전체적으로 통일(이를테면 대화는 " ", 강조는 ' ', 책이
나 잡지, 신문은 《 》, 글은 〈 〉 등)하였다.
2) 명백한 오기나 오식은 바로잡았고, 내용 이해에 필요한 한자는 괄호 안에 병
기(倂記)하였으며, 일부 주석을 첨가하였다.
3) 외래어의 표기는 대체로 오늘날의 외래어 표기법에 따랐다. 그리고 일본어
한자음은 일본어 발음을 앞세우고 괄호 안에 한자를 병기하였으나, 오늘날 우리
말에서 흔히 쓰이는 표현은 우리말 음으로 표현하였다(이를테면 '동경'(東京),
'동지사'(同志社) 등).
4) 전체를 수필, 소설, 시, 기타 등의 4부로 나누어 엮었고, 각 부에 해당하는 글
은 발표시기를 고려하여 배열하였다. 그리고 게재지와 발표 연도를 글 뒤에 밝
혀두었다. 또한 독자의 이해를 돕기 위해 작품에 대한 해설 및 작가의 약력을
첨부하였다.

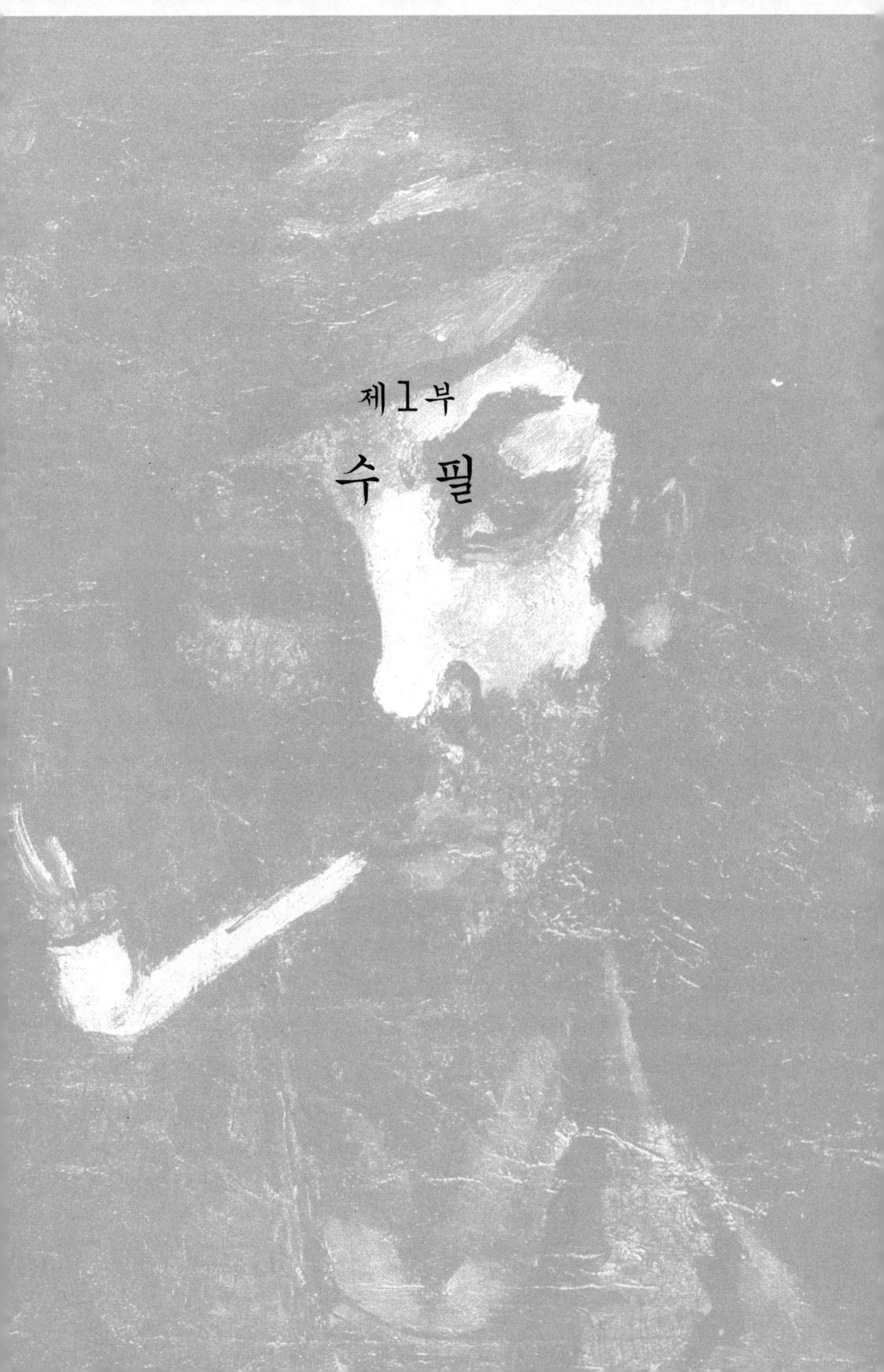

제1부
수 필

이상 애사(哀詞)

박 태 원

여보, 상(箱)——

당신이 가난과 병 속에서 끝끝내 죽고 말았다는 그 말이 정말이오? 부음을 받은 지 이미 사흘, 이제는 그것이 결코 물을 수 없는 사실인 줄 알면서도 그래도 좀처럼 믿어지지 않는 이 마음이 설구료.

재질과 교양이 남에게 뛰어나매, 우리는 모두 당신에게 바라고 기다리던 바 컸거늘, 이제 얻어 이른 곳이 이 갑작스런 죽음이었소? 사람이 어찌 욕되게 오래 살기를 구하겠다면 28년은 너무나 짧소.

여보, 상——

당신이 아직 서울에 있을 때 하루저녁 술을 나누며 내게 일러주던 그 말, 그 생각이 또한 장하고 커서 내 당신의 가는 팔을 잡고 마른 등을 치며 한 가지 감격에 잠겼던 것이 참말 어제 같거든 이제 당신은 이미 없고 내 가슴에 빈 터전은 부질없이 넓어 이 글을 초(草)하면서도 붓을 놓고 머엉하니 창밖을 바라보기 여러 차례요.

여보, 상——

이미 지하로 돌아간 당신은 이제 참마음의 문을 열어 내게 일러주지 않으려오? 당신은 참말 무엇을 위하여, 무엇을 구하여 내 집, 내 서울을 버리고 멀리 동경(東京)으로 달려갔던 것이오?

모든 어려움을 다 물리치고 모든 벗들의 극진한 만류도 귀 밖에 흘리고 마땅히 하여야 할 많은 일을 이곳에 남겨둔 채 마치 도망꾼이처럼 서울을 떠났던 당신의 참뜻을 나는 이제 있어도 풀어낼 수 없구료.

여보, 상—

그래도 나는 믿었소. 벗에게 마음을 아직 숨겨두어도 당신의 뜻은 또한 커서 이제 쉬 서울로 돌아올 때 당신은 응당 집안을 돌보아 아들 된 이의 도리를 지키고 또 한편 당신이 그렇게도 사랑하여 마지않던 우리 문학을 위하여 힘을 아끼지 않으리라고. 그러나 그것도 부질없이 만 리나 떨어진 곳에 가난하고 외로운 몸이 하룻날 병들어 누우매 이곳에 남은 벗들은 오직 궁금하고 답답하여 할 뿐으로 놀란 가슴을 부둥켜안고 달려간 아내의 사랑의 손길도 당신의 아픈 몸을 골고루 어루만지는 수는 없어 그래 드디어 할 일 많은 당신을 다시 돌아오게 못하였나, 하면, 우리가 굳이 당신을 붙들어 서울에 그대로 머물러 있게 못 한 것이 이제 새삼스러이 뉘우쳐지는구료.

여보, 상—

재주가 남보다 뛰어난 사람은 마땅히 또 총명하여야 할 것으로, 우리는 그것도 당신에게 진작부터 허락하여 왔거든, 어찌 당신은 돌아보아 그 귀한 몸을 아낄 줄 몰랐었소?

병을 남에게 자랑할 줄 모르는 당신, 허약한 몸이 감당해낼 턱 없는 줄 알면서도 그 절제 없는 생활을 그대로 경영하여 온 당신—그러한 당신의 이번 죽음을 아끼고 서러워하기 전에 먼저 욕하고 나무라고 싶은 이 어리석은 벗의 심사를 상의 영혼은 어떻게 풀어주려 하오?

여보, 상—

그러나 모든 말이 이제는 눈꼽만 한 보람도 없는 것이구료. 돌아오면

하리라고 마음먹었던 많은 사설도, 이제는 영영 찾아갈 곳을 잃은 채 이 결코 충실치 못하였던 벗은 이제 당신의 명복만을 빌려 하오. 부디 상은 편안히 잠드시오.

《조선일보》, 1937. 4. 22.)

엮은이의 말

　이상이 생을 마감한 것은 1937년 4월 17일이다. 이상은 동경에 갔다가 불령선인(不逞鮮人)으로 일경(日警)에 체포 구금되어 건강이 극도로 쇠약해졌고, 마침내 폐환으로 동경제대 부속병원에서 불귀의 몸이 되고 말았다. 그의 죽음은 곧바로 국내에 알려졌고, 이상의 절친했던 벗이었던 박태원이 이상의 소식을 듣고 그의 죽음을 애통해 하며 이 글을 썼다. 그의 죽음을 안타까워하고 서러워하면서도 욕하고 나무라고 싶은 심사, 즉 극진한 만류를 물리치고 동경에 갔던, 그리고 병들었으면서 자신의 건강을 돌보지 않았던 이상에 대한 박태원의 착잡한 심사를 보여주는 글이다.

이상의 편모(片貌)

박 태 원

내가 이상(李箱)을 안 것은 그가 아직 다료(茶寮) '제비'를 경영하고 있었을 때다. 나는 누구한테선가 그가 고공 건축과(高工建築科) 출신이란 말을 들었다. 나는 상식적인 의자나 탁자에 비하여 그 높이가 절반밖에는 안 되는 기형적인 의자에 앉아 점(店) 안을 둘러보며 그를 괴팍한 사나이다 하였다.

'제비' 헤멀쑥한 벽에는 10호(號) 인물형의 초상화가 걸려 있었다. 나는 누구에겐가 그것이 그 집 주인의 자화상임을 배우고 다시 한번 쳐다보았다. 황색 계통의 색채는 지나치게 남용되어 전 화면은 오직 누―런 것이 몹시 음울하였다. 나는 그를 '얼치기 화가로군' 하였다.

다음에 또 누구한테선가 그가 시인이란 말을 들었다.

"그러나 무슨 소린지 한마디 알 수 없지……."

나는 그 무슨 소린지 알 수 없는 시가 보고 싶었다. 이상은 방으로 들어가 건축잡지를 두어 권 들고 나와 몇 수의 시를 내게 보여주었다. 나는 '슈르―리얼리즘'에 흥미를 갖고 있지는 않았으나 그의 〈운동(運

動)〉1편은 그 자리에서 구미가 당겼다.

　지금 그 첫 두 머리 한 토막이 기억에 남아 있을 뿐이나 그것은

　1층위에2층위에3층위에옥상정원에를올라가서남쪽을보아도아무것도없
　고북쪽을보아도아무것도없길래다시옥상정원아래3층아래2층아래1층으
　로내려와……

로 시작되는 시였다.

　나는 그와 몇 번을 거듭 만나는 사이 차차 그의 재주와 교양에 경의
를 표하게 되고 그의 독특한 화술과 표정과 제스처는 내게 적지 않은
기쁨을 주었다.

　어느 날 나는 이상과 당시 《조선중앙일보(朝鮮中央日報)》에 있던 상
허(尙虛)와 더불어 자리를 함께하여 그의 시를 《중앙일보》 지상에 발표
할 것을 의논하였다.

　일반 신문독자가 그 난해한 시를 능히 용납할 것인지 그것은 처음부
터 우려할 문제였으나 우리는 이미 그 전에 그러한 예술을 가졌어야만
옳았을 것이다.

　그의 〈오감도(烏瞰圖)〉는 나의 〈소설가 구보(仇甫)씨의 일일(一日)〉*
과 거의 동시에 《중앙일보》 지상에 발표되었다. 나의 소설의 삽화도 '하
융'(河戎)이란 이름 아래 이상의 붓으로 그려졌다. 그러나 예기(豫期)하
였던 바와 같이 〈오감도〉의 평판은 좋지 못하였다. 나의 소설도 일반
대중에게는 난해하다는 비난을 받았던 것이나 그의 시에 대한 세평(世
評)은 결코 그러한 정도의 것이 아니다. 신문사에는 매일같이 투서가 들
어왔다. 그들은 〈오감도〉를 정신이상자의 잠꼬대라 하고 그것을 게재하

---

* 〈소설가 구보 씨의 일일〉은 《조선중앙일보》에 1934년 8월 1일에서 9월 19일까지
　연재되었다.

는 신문사를 욕하였다. 그러나 일반 독자뿐이 아니다. 비난은 오히려 사내(社內)에서도 커서 그것을 물리치고 감연(敢然)히 나가려는 상허의 태도가 내게는 퍽이나 민망스러웠다. 원래 약 1개월을 두고 연재할 예정이었으나 그러한 까닭으로 하여 이상은 나와 상의한 뒤 오직 십수 편을 발표하였을 뿐으로 단념하여 버리지 않으면 안 되었다.

그러나 당시에 이상이 느낀 울분은 제법 큰 것이어서 미발표대로 남아 있는 〈오감도 작자의 말〉이라는 것은 다음과 같다.

왜 미쳤다고들 그리는지 대체 우리는 남보다 수십 년씩 떨어져도 마음 놓고 지낼 작정이냐. 모르는 것은 내 재주도 모자랐겠지만 게을러 빠지게 놀고만 지내던 일도 좀 뉘우쳐보아야 아니 하느냐. 열아문 개쯤 써보고서 시 만들 줄 안다고 잔뜩 믿고 굴러다니는 패들과는 물건이 다르다. 2천 점에서 30점을 고르는 데 땀을 흘렸다. 31년 32년 일에서 용대가리를 떡 꺼내어놓고 하도들 야단에 배암꼬랑지커녕 쥐꼬랑지도 못 달고 그만두니 서운하다. 깜박 신문이라는 답답한 조건을 잊어버린 것도 실수지만 이태준(李泰俊), 박태원(朴泰遠) 두 형이 끔찍이도 편을 들어준 데는 절한다. 철(鐵)— 이것은 내 새 길의 암시요 앞으로 제 아무에게도 굴하지 않겠지만 호령하여도 에코-가 없는 무인지경은 딱하다. 다시는 이런— 물론 다시는 무슨 다른 방도가 있을 것이고 우선 그만둔다. 한동안 조용하게 공부나 하고 딴은 정신병이나 고치겠다.

그러나 〈오감도〉를 발표하였던 것은 그로서 아주 실패는 아니었다. 그는 일반 대중의 비난은 받은 반면에 그것으로 하여 물론 소수이기는 하여도 자기 예술의 열렬한 팬을 이때에 이미 확실히 획득하였다 할 수 있다.

그 뒤로 그는 또 수편의 시와 산문을 발표하였으나 평판은 역시 좋지 못하였던 것으로, 문단적으로도 그가 일개 작가(一個作家)로 대우를 받게 된 것은 작년* 9월호 《조광(朝光)》에 실렸던 〈날개〉에서부터가 아닌가 한다. 최재서(崔載瑞) 씨가 그에 대하여 이미 호의 있는 세평(細評)을 시험하였으므로 이곳에서 다시 말하지 않으나 〈날개〉 일편(一篇)은 이렇든 저렇든 우리 문단에 있어 문제의 작품으로, 모든 점에 있어 미완성한 것임에도 불구하고 우리가 우리의 문학을 논의할 때 반드시 들어 말하지 않으면 안 될 '소설'이다.

그러나 그는 그 독특한 경지를 개척하여 놓았을 뿐으로 요절하였다. 영원한 미완성품인 채 그는 지하로 돌아갔다. 이상이 동경(東京)으로 떠나기 전에 정인택(鄭人澤)에게 하였다는 말을 들어보면 그는 이제는 다시 〈오감도〉나 〈날개〉를 쓰는 일 없이 오로지 정통적인 시, 정통적인 소설을 제작하리라 하였다지만, 만약 그것이 그의 참말 마음의 고백이라면 〈오감도〉나 〈날개〉 부류에 속할 작품만을 남겨놓은 채 돌아간 그는 지하에 있어서도 눈을 감지 못할 게다.

그러나 그것은 어떻든 우리가 이상의 작품을 이해하려면 먼저 그의 위인(爲人)과 생활을 알지 않으면 안 된다.

"괴팍한 사람이다"라는 것은 그에 대한 나의 첫인상이거니와 물론 그렇게 단순한 것은 아니었어도 역시 '괴팍'하다는 형용(形容)만은 결코 그르지 않은 듯싶다.

일찍 《여성(女性)》지에서 나에게 '문단 기형 이상론'(文壇奇型李箱論)을 청탁하여 왔을 때 그 문자가 물론 아무런 그에게도 그다지 유쾌한 것은 아닌 듯싶었으나 세상이 자기를 문단의 기형으로 대우하는 것에 스스로 크게 불만은 없었던 듯싶다. 그러나 그 이상론(李箱論)은 발표되지 않은 채 편집자가 갈리고 그러는 사이 원고조차 분실되어 나는 그때 어떠한 말을 하였던 것인지 적력(的歷)하게 기억하지 못하고 있으나 하여튼 다점(茶店) '플라타ー느'에 앉아서 당자(當者) 이상을 앞에 앉혀놓

---

* 1936년을 가리킴.

고 그것을 초(草)하며 돈을 벌려면 마땅히 부지런하여야만 하는 것을 이상은 너무나 게을러서,

"그래서 언제든 가난하다."

하는 구절에 이르러 둘이 소리를 높여 서로 웃던 것만은 지금도 눈앞에 또렷하다.

사실 이상의 빈궁은 너무도 유명하였다. 그리고 그것은 대부분은 그의 도저히 구할 길 없는 게으름에 기인하는 것이었다.

'제비'가 차차 경영 곤란에 빠졌을 때 어느 날 그의 모교 상공(商工)*에서 전화로 그를 부른 일이 있다. 당시 신축 중에 있었던 신촌 이화여전 공사장에 현장감독으로 가볼 의향의 있고 없음을 물은 것이다.

"하루 일원 오십 전이랍디다. 어디 담배값이나 벌러 나가볼까 보오."

그리고 이튿날 벤또를 싸가지고 신촌으로 갔던 것이다. 그 다음 날은 다시 '제비' 뒷방에서 언제나 한가지로 늦잠을 잤다.

"그 참 못하겠습디다. 벌이도 시원치 않지만 나 같은 약질은 어디 그런 일 견디어 나겠습디까."

그것은 사실이다. 그의 가난은 이렇게 그의 허약한 체질과 수년래의 절제 없는 생활이 가져온 불건강(不健康)에도 말미암아 오는 것이었으나 집주인이 점방(店房)을 내어달라고 지방법원에 소송을 제기하였을 때에 출두하라는 오전 9시에 대어 일어나는 재주가 없어 가장 불리한 궐석(缺席)판결을 받고 그래 좀더 가난하지 않으면 안 되었던 것은 역시 너무나 철저한 그의 게으름을 들어 논하지 않으면 안 될 일이다.

현재 '보스턴'의 전신 '69'(씩스 · 나인)을 오직 시작하였을 뿐으로 남에게 넘겨버리고 '제비'에 또한 실패한 이상은 그래도 단념하지 않고 명치정(明治町)에다 '무기'(むぎ ; 麥)라는 다방을 또 만들어 놓았다. 그곳의 실내장식에는 '제비'의 것에보다도 좀더 이상의 '괴팍한 취미' 내지

---

* '고공'(高工)의 오식으로 보임.

'악취미'가 나타나 있었다. 결코 다른 다점(茶店)에서는 통용되지 않는 괴이한 형상의 다탁(茶卓)이며 사면 벽에 그림이나 사진을 걸어놓는 대신 '르나-르'의 《전원수첩》에서 몇 편을 골라 붙여놓는 등 일반 선량한 끽다점 순방인(喫茶店 巡訪人)의 기호에는 결코 맞지 않는 것이었다.

'악취미'로 말하면 '69'와 같은 온건치 않은 문구를 공연(公然)하게 다점의 옥호(屋號)로 사용한 이상(以上)의 것은 없을 것으로 그 주석을 나는 이 자리에서 하지 않거니와 모르는 사람이 고개를 기웃거리며

"69? 六九? 육구라…… 하하 육구리* 놀다 가란 말인 게로군."
이라고라도 하면 그는 경우에 따라 냉소도 하고 홍소(哄笑)도 하였다. 그렇기로 말하면 그에게는 변태적인 곳이 적지 아니 있었다. 그것은 그의 취미에 있어서나 성행(性行)에 있어서만이 아니라 그의 인생관, 도덕관, 결혼관, 그러한 것에 있어서도 우리는 보통 상식인과의 사이에 적지 않은 현격(懸隔)을 깨닫지 않으면 안 된다.

그러나 그의 사상을 명백하게 안다고 나설 사람은 그의 많은 지우(知友) 중에도 혹은 누구 하나라도 없을 것이다. 그의 참마음을 그대로 그의 표정이나 언동(言動) 위에서 우리는 포착하기가 힘들다.

이상은 사람과 때와 경우를 따라 마치 카멜레온과 같이 변한다. 그것은 천성에보다도 환경에 의한 것이다. 그의 교우권(交友圈)이라 할 것은 제법 넓은 것이어서 물론 그 친소(親疎)와 심천(深淺)의 정도는 다르지만 한번 거리에 나설 때 그는 거의 온갖 계급의 사람과 알은 체하지 않으면 안 된다. 그러한 모든 사람에게 자기의 감정과 생각을 그대로 내어 보여주는 것은 무릇 어리석은 일이다. 그래 그는 '우울'이라든지 그러한 몽롱한 것 말고 희로애락과 같은 일체의 감정을 솔직하게 표현하지 않는 것에 어느 틈엔가 익숙하여졌다. 나는 이 앞에서 변태적이라는 문자를 사용하였거니와 그것은 이상에게 있어서는 그 문자가 흔히 갖

---

* ゆっくり ; '천천히'를 뜻하는 일본말.

는 그러한 단순한 것이 아니고 좀더 그 성질이 불순한(?) 것이었다. 가령 그는 온건한 상식인(常識人) 앞에서 기탄없이 그 독특한 화술로써 일반 선량한 시민으로서는 규지(窺知)할 수 없는 세계의 비밀을 폭로한다. 그러나 그는 그것을 이야기하고 싶은 충동을 느껴서가 아니라 실로 그것을 처음 안 신사들이 다음에 반드시 얼굴을 붉히고 또 아연(啞然)하여 할 그 꼴이 보고 싶어서인 듯싶다.

사실 이상은 한때 상당히 발전하였던 외입장(外入匠)이로 그러한 방면에 있어서도 놀라운 지식을 가져 그것은 그의 유고 중에서 한두 편 산견(散見)되나 기생(妓生)이라든 창부(娼婦)라든 그러한 인물을 취급하여 작품을 쓴다면 가히 외국 문단에 있어서도 대적할 사람이 없을 것이다.

다만 그러한 점으로만도 조선 문단이 이상을 잃은 것은 가히 애석하여 마땅한 일이나 그는 그렇게 계집을 사랑하고 술을 사랑하고 벗을 사랑하고 또 문학을 사랑하였으면서도 그것의 절반도 제 몸을 사랑하지는 않았다.

이상이 아직 서울에 있을 때 하루저녁 지용이 그와 한강으로 같이 산책을 나가 문득 그의 건강을 염려한 나머지에

"여보, 상허를 본뜨시오, 상허의 반만큼만 몸을 아끼시오."

간곡히 충고하였다는 말을 나중에 들었거니와 그와 가까운 벗은 모두 한두 번쯤은 그에게 그러한 종류의 말을 할 것을 잊지는 않았었다. 이상보다 20일 앞서 돌아간 김유정(金裕貞)도 자기 자신 병고에 허덕이며 몇 번인가 이상의 불규칙하고 또 아울러 비위생적인 생활에 대하여 간절하게 일러준 바가 있었다. 아직 동경에서 그의 미망인이 돌아오지 않았고 또 자세한 통신도 별로 없어 그가 돌아가던 당시의 주위와 사정은 물론, 그의 병명조차 적확(的確)하게는 모르고 있으나 역시 폐가 나빴던 모양으로 그 점은 김유정과 같으나 유정이 죽기 바로 수일 전까지도 기어코 병을 정복하고 다시 일어나려 끊임없는 노력을 아끼지 않았던 것에 비겨 이상은 전에도 혹간(或間) 절망과 같은 의사 표시가 있었고, 동경에

간 뒤에도 사망하기 수개월 전에 이미 〈종생기(終生記)〉와 같은 작품을 써 보낸 것을 보면 이상의 이번 죽음은 이름을 병사(病死)에 빌렸을 뿐이지 그 본질에 있어서는 역시 일종의 자살이 아니었든가—— 그런 의혹이 농후하여진다.

그러나 이제 있어 그러한 것을 새삼스러이 문제 삼아 무엇하랴. 이상은 이제 영구히 돌아오지 않고, 이상이 없는 서울은 너무나 쓸쓸하다.

– 4월 26일 –

《조광》, 1937. 6.)

엮은이의 말

이 글에서 두드러진 점은 두 가지이다. 하나는 이상이 평소 《전원수첩》(원제는 《자연 이야기(Histoires Naturelles)》이며, 《전원수첩》이라는 명칭은 일본어판의 제목임)의 작자인 프랑스 시인 줄 르나르(Jules Renard, 1864~1910)를 사숙하였음을 보여준 점이고, 다른 하나는 이상의 죽음이 병사가 아닌, 사실상 "일종의 자살"이 아니었는가 하는 의문을 제기한 점이다. 이상 문학을 이해하는 데 중요한 단서가 될 수 있는 진술이다.

고(故) 이상의 추억

김 기 림

상(箱)은 필시 죽음에게 진 것은 아니리라. 상은 제 육체의 마지막 조각까지라도 손수 길어서 없애고 사라진 것이리라. 상은 오늘의 환경과 종족과 무지 속에 두기에는 너무나 아까운 천재였다. 상은 한 번도 '잉크'로 시를 쓴 일은 없다. 상의 시에는 언제든지 상의 피가 임리(淋漓)* 하다. 그는 스스로 제 혈관을 짜서 '시대의 혈서'를 쓴 것이다. 그는 현대라는 커—다란 파선(破船)에서 떨어져 표랑(漂浪)하던 너무나 처참한 선체(船體)조각이었다.

다방 N, 등의자에 기대앉아 흐릿한 담배연기 저편에 반(半)나마 취해서 몽롱한 상의 얼굴에서 나는 언제고 '현대의 비극'을 느끼고 소름쳤다. 약간의 해학과 야유와 독설이 섞여서 더듬더듬 떨어져 나오는 그의 잡담 속에는 오늘의 문명의 깨어진 '메커니즘'이 엉크려 있었다. '파리'에서 문화 옹호를 위한 작가대회가 있었을 때 내가 만난 작가나 시인

---

* 피, 땀, 물 따위가 흥건하게 흐르거나 뚝뚝 떨어지는 모양.

가운데서 가장 흥분한 것도 상이었다.

상이 우는 것을 나는 본 일이 없다. 그는 세속에 반항하는 한 악한 (?) 정령(精靈)이었다. 악마더러 울 줄을 모른다고 비웃지 말아라. 그는 울다울다 못해서 인제는 누선(淚腺)이 말라 버려서 더 울지 못하는 것이다. 상이 소속한 20세기의 악마의 종족들은 그러므로 번영하는 위선의 문명에 향해서 메마른 찬웃음을 토할 뿐이다.

흐리고 어지럽고 게으른 시단의 낡은 풍류에 극도의 증오를 품고 파괴와 부정에서 시작한 그의 시는 드디어 시대의 깊은 상처에 부딪쳐서 참담한 신음소리를 토했다. 그도 또한 세기의 암야(暗夜) 속에서 불타다가 꺼지고 만 한줄기 첨예한 양심이었다. 그는 그러한 불안동요(不安動搖) 속에서 '동(動)하는 정신'을 재건하려고 해서 새 출발을 계획한 것이다. 이 방대한 설계의 어구(於口)에서 그는 그만 불행히 자빠졌다. 상의 죽음은 한 개인의 생리(生理)의 비극이 아니다. 축쇄(縮刷)된 한 시대의 비극이다.

시단(詩壇)과 또 내 우정의 열석(列席) 가운데 채워질 수 없는 영구한 공석을 하나 만들어 놓고 상은 사라졌다. 상을 잃고 나는 오늘 시단이 갑자기 반세기 뒤로 물러선 것을 느낀다. 내 공허를 표현하기에는 슬픔을 그린 자전(字典) 속의 모ー든 형용사가 모두 다 오히려 사치하다. '고(故) 이상(李箱)'── 내 희망과 기대 위에 부정의 낙인을 사정없이 찍어 놓은 세 억울한 상형문자야.

반년 만에 상을 만난 지난 3월 스무날 밤, 동경(東京) 거리는 봄비에 젖어 있었다. 그리로 왔다는 상의 편지를 받고 나는 지난 겨울부터 몇 번인가 만나기를 기약했으나 종내 센다이(仙臺)를 떠나지 못하다가 이 날에야 동경으로 왔던 것이다.

상의 숙소는 구단(九段) 아래* 꼬부라진 뒷골목 2층 골방이었다. 이 '날개' 돋친 시인과 더불어 동경 거리를 만보(漫步)하면 얼마나 유쾌하랴

하고 그리던 온갖 꿈과는 딴판으로 상은 '날개'가 아주 부러져서 기거(起居)도 바로 못하고 이불을 둘러쓰고 앉아 있었다. 전등불에 가로 비친 그의 얼굴은 상아(象牙)보다도 더 창백하고 검은 수염이 코밑과 턱에 참혹하게 무성하다. 그를 바라보는 내 얼굴의 어두운 표정이 가뜩이나 병들어 약해진 벗의 마음을 상해올까 보아서 나는 애써 명랑을 꾸미면서

"여보, 당신 얼굴이 아주 '피디아스'의 '제우스' 신상(神像) 같구려." 하고 웃었더니 상도 예(例)의 정열 빠진 웃음을 껄껄 웃었다. 사실은 나는 '듀비에'의 〈골고다〉의 '예수'의 얼굴을 연상했던 것이다. 오늘 와서 생각하면 상은 실로 현대라는 커―다란 모함에 빠져서 십자가를 걸머지고 간 '골고다'의 시인이었다.

암만 누우라고 해도 듣지 않고 상은 장장 두 시간이나 앉은 채 거진 혼자서 그동안 쌓인 이야기를 풀어 놓는다. '엘만'을 찬탄하고 정돈에 빠진 몇몇 벗의 문운(文運)을 걱정하다가 말이 그의 작품에 대한 월평(月評)에 미치자 그는 몹시 흥분해서 속견(俗見)을 꾸짖는다. 재서의 '모더니티'를 찬양하고 또 씨의 〈날개〉 평**은 대체로 승인하나 작자로서 다소 이의가 있다고도 말했다. 나는 벗이 세평(世評)에 대해서 너무 신경과민한 것이 벗의 건강을 더욱 해칠까 보아서 시인이면서 왜 혼자 짓는 것을 그렇게 두려워하느냐, 세상이야 알아주든 말든 값있는 일만 정성껏 하다가 가면 그만이 아니냐 하고 어색하게나마 위로해 보았다.

상의 말을 들으면 공교롭게도 책상 위에 몇 권 이상스러운 책자가 있었고 본명 김해경(金海卿) 외에 이상(李箱)이라는 별난 이름이 있고, 그리고 일기 속에 몇 줄 온건하달 수 없는 글귀를 적었다는 일로 해서 그는 한 달 동안이나 ○○○에 들어가 있다가 아주 건강을 상해가지고 한

---

* 구단시타(九段下) ; 도쿄 중심부에 있는 지역으로 오피스 거리를 이루고 있으며 구단시타역이 있다. 유명한 야스쿠니신사(靖國神社)도 이곳에 있다.
** 최재서, 〈리얼리즘의 확대와 심화―《천변풍경》과 《날개》에 관하여〉, 《조선일보》 1936. 10. 31.~11. 7.

주일 전에야 겨우 자동차에 실려서 숙소로 돌아왔다는 것이다. 상은 그 안에서 다른 ○○주의자들과 마찬가지로 수기를 썼는데 예의 명문(名文)에 계원(係員)도 찬탄하더라고 하면서 웃는다. 니시간다(西神田) 경찰서원 속에조차 애독자를 가졌다고 하는 것은 시인으로서 얼마나 통쾌한 일이냐 하고 나도 같이 웃었다.

음식은 그 부근에 계신 허남용 씨 내외가 죽을 쑤어다 준다고 하고 마침 소운(素雲)이 동경에 와 있어서 날마다 찾아주고 주영섭(朱永涉)·한천(韓泉) 여러 친구가 가끔 들러주어서 과히 적막하지는 않다고 한다.

이튿날 낮에 다시 찾아가서야 나는 그 방이 완전히 햇빛이 들지 않는 방인 것을 알았다. 지난해 7월 그믐께다. 아침에 황금정(黃金町) 뒷골목 상의 신혼 보금자리를 찾았을 때도 방은 역시 햇볕 한줄기 들지 않는 캄캄한 방이었다. 그날 오후 조선일보사 3층 빈 방에서 벗이 애를 써 장정을 해 준 졸저(拙著) 《기상도(氣象圖)》의 발송을 마치고 둘이서 창에 기대서서 갑자기 거리에 몰려오는 소낙비를 바라보는데 창(窓)선에 뱉는 상의 침에 새빨간 피가 섞였었다. 평소부터도 상은 건강이라는 속된 관념은 완전히 초월한 듯이 보였다. 상의 앞에 설 적마다 나는 아침이면 정말(丁抹)*체조를 잊어버리지 못하는 내 자신이 늘 부끄러웠다. 무릇 현대적인 퇴폐에 대한 진실한 체험이 없는 나는 이 점에 대해서는 늘 상에게 경의를 표했다. 그러면서도 그를 아끼는 까닭에 건강이라는 것을 너무 천대하는 벗이 한없이 원망스러웠다.

상은 스스로 형용해서 천재일우(千載一遇)의 기회라고 하면서 모처럼 동경서 만나가지고도 병으로 해서 뜻대로 함께 놀러 다니지 못하는 것을 한탄한다. 미진(未盡)한 계획은 4월 20일께 동경서 다시 만나는 대로 미루고 그때까지는 꼭 맥주를 마실 정도로라도 건강을 회복하겠노라고, 그리고 햇볕이 드는 옆방으로 이사하겠노라고 하는 상의 뼈뿐인 손을

---

* 丁抹 ; '덴마크'를 가리킴.

놓고 나는 동경을 떠나면서 말할 수 없이 마음이 캄캄했다. 상의 부탁을 부인께 아뢰려 했더니 내가 서울 오기 전날 밤에 벌써 부인께서 동경으로 떠나셨다는 말을 서울 온 이튿날 전차 안에서 조용만(趙容萬) 씨를 만나서 들었다. 그래 일시 안심하고 집에 돌아와서 잡무에 분주하느라고 다시 벗의 병상(病狀)을 보지도 못하는 사이에 원망스러운 비보가 달려들었다.

"그럼 댕겨오오. 내 죽지는 않소."

하고 상이 마지막 들려준 말이 기억 속에 너무 선명하게 솟아올라서 아프다.

○

이제 우리들 몇몇 남은 벗들이 상에게 바칠 의무는 상의 피 엉킨 유고를 모아서 상이 그처럼 애써 친하려고 하던 새 시대에 선물하는 일이다. 허무 속에서 감을 줄 모르고 뜨고 있을 두 안공(眼孔)과 영구히 잠들지 못할 상의 괴로운 정신을 위해서 한 암담하나마 그윽한 침실로서 그 유고집을 만들어 올리는 일이다.

나는 믿는다. 상은 갔지만 그가 남긴 예술은 오늘도 내일도 새 시대와 함께 동행하리라고.

《조광》, 1937. 6.)

출발한 것이라는 사실과, 이상의 죽음은 한 개인의 죽음이라기보다는 한 시대의 축쇄된 비극으로 이해되어야 한다는 견해가 제시되어 있어 흥미롭다. 특히 죽음 직전의 이상을 동경의 하숙집으로 찾아가서 만난 대목에서 그의 모습을 보고 제우스 신상과 골고다의 예수라는 상반된 이미지를 떠올렸다는 진술은 유의 깊게 들여다 볼 필요가 있다. 후에 김기림이 남긴 이상의 추도시 〈쥬피타 추방〉과 연계해서 그 의미를 되새길 필요가 있는 구절이다.

이상의 모습과 예술

김 기 림

1

무슨 싸늘한 물고기와도 같은 손길이었다. 대리석처럼 흰 피부, 유난히 긴 눈사부랭이와 짙은 눈썹, 헙수룩한 머리 할 것 없이, 구보(丘甫)가 꼭 만나게 하고 싶다던 사내는 바로 젊었을 적 'D. H. 로-렌스'의 사진 그대로인 사람이었다. 나는 곧 그의 비단처럼 섬세한 육체는, 결국 엄청나게 까다로운 그의 정신을 지탱하고 섬기기에 그처럼 소모된 것이리라 생각했다. 그가 경영한다느니보다는 소일하는 찻집 '제비' 회칠한 4면 벽에는 '쥬르·르나르'의 '에피그람'이 몇 개 틀에 들어 걸려 있었다. 그러니까 이상(李箱)과 구보와 나와의 첫 화제는 자연 불란서 문학, 그중에도 시(詩)일 밖에 없었고, 나중에는 '르네·클레르'의 영화, '단리'의 그림에까지 미쳤던가보다. 이상은 '르네·클레르'를 퍽 좋아하는 눈치다. '단리'에게서는 어떤 정신적 혈연을 느끼는 듯도 싶었다. 1934년 여름 어느 오후, 내가 일하는 신문, 그날 편집이 끝난 바로 뒤의 일이었다. 피차가 나이에 대하여 무관심한 적이기는 했어도, 이상은 특히 나이하고는 관련이 없는 사람이었다. 스물넷인가 다섯이라는 젊은 토목기사는 제도와 관청지위를 바로 팽개치고 그 대신 음악과 시와 그림을 산, 말하자면 서투른 흥정을 해버린 지 얼마 안 되는 적이언만, 그 노숙한 풍모란 인생의 산전수전을 다 겪은 늙은이로도 당할 수 없었다.

게다가 그는 늘 인생의 테두리에서 한 걸음만 비켜 서 있었던 것이다. 또 다른 의미에서는 그의 말대로 현실에 다소 지각하였거나 그렇지 않으면 현실이 그보다 늘 몇 시간 뒤떨어졌던 것이다. 그러므로 그는 나면서부터도 한 인생의 망명자였던 것이다. 그러니까 그의 본명은 김해경(金海卿)이면서도 공사장에서 어느 인부꾼이 그릇 '이상——' 하고 부른 것을 존중하여 '이상'이라고 해 버려두어도 상관없었다.

차마 타협할 수가 없는 더러운 세계와 현실의 등 뒤에 돌아서서 킥킥 웃어 주었으며 때로는 놀려주면서 달아나는 것이었다. 그러므로 그는 그의 시 속에 아무런 결론도 준비할 필요를 느끼지 않았던 것이다. 자연 그것에라도 필적할 '무관심'의 극치를 빼앗아 낸 예술이었다.

그의 〈오감도〉가 신문 《중앙일보》 학예면에 며칠 계속해 실릴 적에 사람들은 가끔 나에게 향해서 마치 공범자나 연루자나 붙잡은 듯이 자못 쾌씸한 말씨로 "그게 대체 어쩌자는 시냐"고 힐난하곤 했다. 대체 '조감도'(鳥瞰圖)를 일부러 '오감도'(烏瞰圖)라고 오자를 낸다는 것부터가 알 수 없는 노릇이 아니냐고, 신문사 교정부와 공장에서부터 말썽이었다. 그 신문 학예부의 그쪽의 책임자 상허(尙虛)가 '사직원서'를 품고 우겨대는 열성이 아니었던들, 그 시는 그대로 계속되어 실리지도 못하고 말았을 것이다. 작자 이상은 그 경우에 도리어 자기보다도 교정부 사람들의 불평을 그럴 법한 일이라고 치켜댔다. 그와 전후해서 지용(芝溶)이 주간하는 《카톨릭청년》이라는 잡지에 이상의 시가 가끔 나타나곤 했다. 알고 보면 몹쓸 모독자(冒瀆者)의 시였으면서 이러한 신성한(?) 잡지에 은신하게 된 것은 지용의 시인다운 너그러운 '망또' 덕택이었다.

이상은 드높은 감정 때문에 극도로 뒤볶는 우리 시를 그 감정의 분별 없는 투자에서 건져내려 했던 것이었다. 아담한 온대(溫帶)가 야만한 제국주의의 유린을 받듯, 시가 소박하고 유치하고 지저분한 감정의 식민지가 되는 것을 그는 못마땅히 여겼던 것이다. 인생의 어떠한 격렬한 장면에서도 그의 시와 생리는, 늘 평균체온보다 몇 분 도리어 낮은 체온을 유지하고 싶었던 것이다.

그는 따라서 이러한 감정의 선동으로 해서 이루어지는 '리듬'의 변화에 전혀 의지하는, 재래의 작시법(作詩法)은 돌보지도 않고, 의미의 질량의 어떤 조화 있는 배정에 의하여 구성하는 새로운 화술을 스스로 생각해 냈던 것이다.

2

구인회(九人會)에 빈자리가 생겨서 이상이 들어오게 된 것은 1934년 봄이었던가 한다. 모두가 다소 문단적 경력이랄까 한 것을 가지고 있었는데, 그러므로 보아서는 이상은 사정이 좀 달랐다. 그러나 한번 들어온 후에는 전에는 반대하던 사람들까지도 어느새 그의 말솜씨의 심취자(心醉者)가 되었던 것이다. 모듬이 있을 적에는 언제고 이상과 구보가 회화(會話)의 주역이 되어가는 것을 어쩔 수가 없었고 간간이 지용이 핀잔을 주는 정도였다. 그의 말은 그의 시와 방불해서, '무관심한 관심'의 극치를 터득한 사람의 언제고 초탈한 비평이었다. 부드러운 해학 속에도 어느덧 독설의 비수가 번쩍이는가 하면, 신랄한 역설의 밑에도 아늑한 다사롬기(氣)가 봄볕처럼 흐르는 것이었다.

그가 세상 사람에게서 흔히 눈총을 맞게 된 것은 기사(技師)의 자리

34 그리운 그 이름, 이상

를 내찬 뒤에 그가 관계한 사업이라고 하는 것이 찻집이 아니면 '카페'
와 같은 좀 난잡한 방면이었던 때문이었다. 그러나 '카페'를 가장 나무
라는 사람이 실은 가장 그런 데를 드나들기 좋아하는 사람이며, 도덕과
윤리를 이마팍에 뒤집어 붙이고 다니는 부류일수록, 남 보지 않는 곳에
서는 가장 도덕과 윤리의 얼굴에 흙칠을 하는 패인 것이 세상이 아니
냐? 그러니까 그는 그들의 가면을 벗기면서 '꼴 좀 보자꾸나'고 기껏 놀
려주고 싶었던 것이다. 정상한 직업을 가지고 정상한 생활을 해가기에
는, 그에게는 현실이란 것 자체가 도대체 우스꽝스럽고 무의미하기 짝
이 없는 것이다. 또 이른바 '품행 방정'에 속하지 못하는 그의 사생활을
나무라는 편도 없지 않았다. 인간과 세계가 비극이 아니라 차라리 희극
으로밖에는 눈에 비치지 않는 그가, 예복을 입고 너울 쓴 색시 팔을 끼
고 먼지 낀 종이꽃을 늘인 속을 음계 틀린 '웨딩마-치'에 가까스로 맞
추어 걸어볼 흥미나 염치나 비위가 어떻게 있었을까보냐? 그러면서도
그는 실상은 메마른 형식이 아니라 '절대의 애정'을 찾아 마지않은 한
'퓨리탄'이었던 것이다. 사실상 나는 이상의 사생활은 구보만치는 알지
못한다. 알려고도 하지 않았다. 소중한 것은 그의 천재였고, 세상 사람
들의 속된 속살질이 아니었기 때문이다. 그보다도 내 관심을 끈 것은
그의 건강이었다. 세상에서 쓰는 화폐와는 종류가 다른 화폐를 쌓고 있
는 그는, 건강이라든지 그런 것조차도 세상 사람의 속된 가치체계에 속
하는 것이라 하여 돌보려 들지 않는 듯했다. 불규칙하고 비위생적인 생
활이 이 소중한 천재의 그나마 굳건치 못한 육체를 너무 탕진할까봐 나
는 속으로 걱정이었던 것이다.

이상은 그러므로 자기의 시와 꿈과 육체와 또 그 육체가 게걸스러운
병균들의 무수한 주둥아리에 녹아들어가는 것조차를 거울 속에서 은근
히 즐기고 있는, 저 '나르시스'의 일면을 가지고 있은 듯하다.

3

　그러나 '나르시스'는 늘 거울 속의 제 얼굴에 취하여서만 살 수가 없었다. 닫아두어도 닫아두어도 그 거울 속에 쏟아져 들어오는 시대와 현실의 자욱한 티끌과 연기가 자꾸만 그의 시선을 빼앗곤 하는 것이었다. 미욱한 세계 그것을 놀려주는 제 자신의 재주에 취하는가 하면, 어느새 길들지 못하는 육중한 그 짐승이 가엾어지고 말기도 하는 것이다. 착한 사람들의 예를 벗어날 수 없이 이상도 또한 그지없이 슬픈 때가 많았다. 날개가 부스러져 떨어진 귀양 온 천사는 한없이 슬펐다. 그러나 이러한 '아이러니'와 농질과 업신여김과 가엾이 여김과 슬픔은 또한 고약한 현실에 대한 순교자의 노염으로 변하곤 하는 것이었다. 말기적인 현대문명에 대한 저 임리(淋漓)한 진단(시 〈단애(斷崖)〉*—조선일보 연재—), 그리고 비둘기(=평화)의 학살자에 대한 준열한 고발《오감도·시·제12호》), 착한 인간들의 피와 기름으로만 살이 쪄가는 오늘의 황금의 질서에 항의하는 억누를 수 없는 분노《지주회시(鼅鼄會豕)》, 〈권태〉》—— 그리하여 꽃이파리 같은 '나르시스'는 점점 더 비통한 순교자의 노기를 띠어간 것이다.

4

　어찌 보면 그가 시 대신에 소설을 쓴 것은 속된 독자층, 아니 너무나 상식적인 문단 그것과의 타협인지도 몰랐다. 사실 그의 시를 이단(異端)과 같이 돌리던 사람들조차 그의 소설에는 매우 흥미를 느낀 듯했다. 〈봉별기(逢別記)〉는 한 소품이려니와, 그 핏자국이 오히려 눈에 선

―――――――――――――――――――

* 아마 〈생애〉를 착각한 것으로 보인다.

한 〈지주회시〉의 고심 역작에 반해서 〈날개〉의 가벼운 애상이 더 사람들의 입맛에 닿았던 듯하다. 이상은 그리하여 〈날개〉의 1편으로 문단을 웅비하기 시작한 것이다. 그러나 그는 이러한 군중의 박수갈채 속에서도 실상은 호주머니 저 밑에 감추어 둔 그의 시고(詩稿)를 더 소중하게 주물러보곤 한 것이다.

1936년 겨울에 그는 불현듯, 서울과 또 그의 지나간 생활 전부에 고별하고 그 대신 무슨 새 생활의 꿈을 품고 현해탄을 건너갔던 것이다. 좀더 형편이 되었다면 물론 나와의 약속대로 파리로 갔을 것이다. 그의 이 탈주, 도망, 포기, 청산——그러한 여러 가지 복잡한 동기를 가진 이 긴 여행은, 구태 찾는다면 '랭보—'의 실종에라도 비길 것일까. 와 보았댔자 구주(歐洲)문명의 천박한 식민지인 동경거리의 추잡한 모양과, 그 중에서도 부박한 목조건축과, 철없는 '파시즘'의 탁류에 퍼붓는 욕만 잠뿍* 쓴 편지를 무시로 날리고 있던, 행색이 초라하고 모습이 수상한 '조선인'은, 전쟁 음모와 후방 단속에 미쳐 날뛰던 일본 경찰에 그만 붙잡혀, 몇 달을 간다(神田)경찰서 유치장에 들어 있었다. 그 안에서 그는 비로소 존경할 만한 일인(日人) 지하운동자들을 만났던 것이다. 워낙 건강을 겨우 부지하던 그가 캄캄한 골방 속에서 먹을 것을 먹지 못하고 천대받는 동안에, 그 육체가 드디어 수습할 수 없이 되어서야, 경찰은 그를 그의 옛 하숙에 문자 그대로 담아다 팽개쳤던 것이다. 무명처럼 엷고 희어진 얼굴에 지저분한 검은 수염과 머리털, 뼈만 남은 몸뚱어리, 가쁜 숨결——그런 속에서도 온갖 지상의 지혜와 총명을 두 낱 초점에 모은 듯한 그 무적(無敵)한 눈만이, 사람에게는 물론 악마나 신에게조차 속을 리 없다는 듯이, 금강석처럼 차게 타고 있는 것이다. 그것은 인생과 조국과 시대와 그리고 인류의 거룩한 순교자의 모습이었다. '리베라'**에 필적하는 또 하나 아름다운 '피에타'였다.

---

* 덩치가 크게 실린 모양. 비슷한 말로 '듬뿍'이 있다.
** José de Ribera(1591~1652) ; 에스파냐의 화가. 순교자를 위한 작품 〈성(聖) 바르톨

얼마 안 가 조국은 그가 낳은 이 한 사람의 슬픈 천재의 시체를 묵묵히 받아들이고 만 것이다. 그리하여 지상은 그릇 이리로 망명해 온 '쥬피타'를 다시 추방하고 만 것이다. 그의 짧은 생애는 그러나 그가 남긴 예술에 의해서 드디어 시간을 초월할 수가 있었다. 그 속에서 우리는 겨우, 말할 수가 있다고 하면 '영원한 이상'의 얼굴을 무시로 쳐다보면서 그의 목소리를 듣고 있는 것이다. 그러나 이것으로도, 그가 그의 요절로 하여 우리에게 남긴 너무나 큰 공허와 아까움의 천만분지의 일도 지워주지 못하는 것을 어찌하랴?

《이상선집》 서문, 백양당, 1949. 3. 15.)

엮은이의 말

해방 이후 최초로 간행된 《이상선집》의 서문에 수록된 글이다. 이상이 김기림이나 박태원 등과 어울려 예술과 문학에 대해 이야기할 때면 프랑스의 시와 르네 클레르의 영화, 단리(살바도르 달리)의 그림 등에 대해 상당한 호감을 나타내었다는 진술을 눈여겨볼 만하다. 이상이 동경으로 향하기 전, 김기림 등과 더불어 프랑스의 파리로 갈 계획을 세웠었다는 내용은 그가 프랑스의 문화 예술에 대해 체질적으로 친근감을 가지고 있었음을 의미하는 것으로, 동경에서의 그의 실망감은 그 간접적인 반향에서 온 것임을 알 수 있게 해주는 대목이다.

로뮤의 순교〉를 비롯, 〈성 삼위일체〉, 〈성 야곱의 꿈〉 등 근세 종교화의 여러 대표 작들을 남겼다.

불쌍한 이상

정 인 택

머리끝에서 발끝까지 불쌍하기만 한 이상(李箱)이었다.

소화(昭和) 12년* 4월 17일 오후 3시 25분 동경제대병원 물료과(物療科) 병실에서 객사할 때까지 26년 동안의 이상의 생활은 암담── 이 두 글자의 연속이었던 것이다.

이상이 죽었다는 전보 받은 날 아침 나는 얼마 동안 자리 속에 멍하니 누운 채 불쌍하다 불쌍하다 속으로 뇌이며 슬퍼할 줄도 울 줄도 몰랐다. 충동(衝動)이 너무 컸기 때문이다.

더운물 한 모금 길어줄 사람은 어디 있소. 다시는 고향땅 밟지 못하고 이대로 죽나보오. 억울한 일이오.

이런 엽서 받은 지 며칠 되지는 않았으나 역시 한 개의 수사(修辭)요

---

* 서기 1937년.

과장으로 생각하였고, 무슨 신앙과도 같이 나는 이상의 기사회생을 믿
고 있었던 것이다. 지금 생각하면 그것은 한 개의 어리석은 기원인 상
싶기도 하다.
　겨우 정신을 가다듬어 일어나서 세수를 하고 밥상을 대하니 비로소
눈물이 펑펑 쏟아져서 나는 남부끄러운 줄도 모르고 한참 동안을 느껴
울었다. 그리고 젊은 미망인에게 이런 회답을 썼다.

　　─이상이가 하다 남긴 일, 제가 기어코 이루겠습니다. 지난 봄 이상이
　그 야윈 어깨에 명재경각(命在頃刻)의 저를 걸머지고 밤 깊은 종로거리를
　헤매이던 일, 제가 어찌 잊겠습니까.

　그때 이상이 아니었다면 지금의 나도 없고, 내 아내도 없고, 올봄에
죽었지만 그때 아내 옆에 누워 있던 낳은 지 20여 일밖에 안 되는 태혁
(泰革)이도 없을 것이다 생각할 제, 다시 이상이를 대할 수 없다는 슬픔
은 이틀이 지나도 사흘이 지나도─ 아니 지금까지도 가슴속에 사무쳐
가시지를 않는다.
　나는 신문사 3층 응접실로 뛰어올라가 혼자서 울며 이런 추도의 글
을 썼다.

　　─〈오감도〉와 〈날개〉가 이상의 진정한 생활과 예술이 아니라고 그렇게
　호어(豪語)하며 죽기를 기약하고 도동(渡東)한 이상이었으나 반년도 더 못
　살고 정말 죽을 줄은 꿈에도 몰랐다.
　　누구보다도 상식가(常識家)요 순정한 이상을 아는 사람이 몇이나 될는
　지─ 죽은 이상의 제일 큰 원한은 그를 그렇게 보아주지 않는 세인(世人)
　의 곡해를 풀지 못한 점일 것이다.
　　성격파산자 다다이스트─ 이상과 가장 친하다는 친구까지가 오직 그의
　직경(職卿)*이 이런 것인 줄만 알고 재조(才操)가 아깝다고 한탄하였다.

　　이상은 언제든 자기 주위에 철조망을 둘러놓고 자기의 애인조차 그 울타리를 넘지 못하게 한다.

　　이상은 항상 그 안에서 자기 손으로 지은 고독이 외롭다고 하소연하고——그리고 그것을 즐겼다.

　　고고(孤高)** —— 이 말을 이상은 사랑했다. 그런고로 울타리 밖에 있는 사람들이 아무리 욕하고 지탄해도 그는 태연했다. 그리고 그들에게 물구나무를 서서 보인다. ‘앱노오말’***한 그의 근본 사념과는 정반대의 물구나무를——

　　혼자서 불행을 짊어진 사내, 불행이라면 아무리 무서운 불행이라도 능히 감당할 수 있으나 행복이라고 이름이 붙었으면 털끝만치도 몸에 지니지 못하는 사내—— 그는 언젠가 자기를 이렇게 불렀다. 그러나 이미 불행조차 그를 침범치 못한다.

　　‘이상’이 ‘이상’이대로 죽은 것만이 자꾸 나를 울린다.

바른대로 말이지만 동무를 잃고 이렇게 슬퍼한 일, 내 평생에 다시 없었고 다시 없을 것이다.

이상이 자신의 말을 빌어 “그저 얼마든지 오늘 오늘 오늘 오늘 할 일 없이 눈 가린 마차 말의 동강난 시야다. 눈을 뜬다. 이번에는 생시가 보인다. 꿈에는 생시를 꿈꾸고 생시에는 꿈을 꿈꾸고 어느 것이나 재미있다. 오후 네 시 (중략) 그저 한없이 게으른 것—— 사람 노릇을 하는 채 대체 어디 얼마나 기껏 게으를 수 있나 좀 해보자—— 게으르자—— 그

---

* 직분과 벼슬. 원문에는 ‘職唧’로 표기되어 있으나, ‘職卿’의 오기인 것으로 보임.
** 원문에는 ‘狐高’로 잘못 표기되어 있음. ‘혼자만 유달리 고상함’을 일컬음.
*** abnormal ; 이상한, 비정상의, 변태의.

저 한없이 게으르자— 시끄러워도 그저 모른 체하고 게으르기만 하면 다 된다. 살고 게으르고 죽고— 가로대 사는 것이라면 떡먹기다. 오후 네 시. 다른 시간은 다 어디 갔나. 대수냐. 하루가 한 시간도 없는 것이라기로서니 무슨 성화가 생기나"* 하는 이런 생활만 입정정(笠井町) 그 어두컴컴한 집에서 계속하다가 별안간 수염 깎고 새 양복 입고 내 앞에 나타나 동경(東京) 간달 제, 나는 선뜻 두 손을 들고 찬성하였다. 권하기까지 하였다.

그때 진심으로 이상이 동경 가기를 바란 사람은 아마 이상이 주위에 선 이상 부인과 나밖에 없었을 것이다. 왜냐하면 그때 이상의 처지가 도저히 사람의 탈을 쓰고는 경성을 버릴 수 없게 되어있었기 때문이다.

자세한 설명은 삼가거니와 하여간 그때의 이상의 처지란 완전한 이상의 탈피(脫皮)를 요구하고 있었다. 그것은 인간 이상, 예술가 이상이 다다른 막다른 골목이었다. 앞을 가린 장벽을 뚫고 나가느냐, 넘어가느냐 그렇지 않으면 골목 밖으로 되돌아 오느냐.

그때 나는 이상이더러 악인(惡人)이 되라 하였다. 어물어물 환경에 끌려가다간 결국 악인이 되고 말 수밖에 없는 처지인 이상(以上), 그리고 그렇게 된다면 결국 모든 사람이 불행하게 될 수밖에 없는 처지인 이상, 차라리 자진(自進)하여 너 하나만이 악인이 되어버리라 하였다. 그때 내 생각에는 이상이 살 길은 그 한 길뿐인 것 같았다. 이상도 역시 그렇게 생각하였던지 그러마 하였다.

악인이 되어 너 하나만이라도 살아서 대성하여라, 네가 대성하는 것만이 네 죄를 씻는 길이다— 이것은 지극히 위험한 길이다. 천재가 아니면 택할 수 없는 길이다. 그러나 나는 이상을 믿었다. 이상 자신도 또한 믿는 바 있었다. 우리들은 서슴지 않고 용약(勇躍) 이 길을 택했던 것이다.

---

* 이상의 소설 〈지주회시〉의 한 구절.

그러나 그 동경행(東京行)이 결국 이상의 건강을 해쳐 끝내 인간 이
상이 악인으로 일생을 마칠 줄이야—— 나는 지금 내 손으로 이상을 죽
인 것보다 더 큰 가책을 느끼지 않을 수 없다.

◇

입정정 어두컴컴한 방 말이 났으니 말이지만 실로 그 방이란 이상이
자신보다도 불쌍한 방이었다.

하루 종일 햇볕이 안 든다느니보다 방이 구석지고 천정이 얕고 하여
지하실같이 밤낮 어둡고 침침하고 습하고 불결하고 해서 성한 사람이
라도 그 방에서 사흘만 지내면 병객이 되고 말 지경이었다.

동경으로 떠나기 전 반년 동안을 이상은 그 쓰레기통 같은 방구석에
서 그의 심신을 좀먹는 폐균(肺菌)을 제 손으로 키웠다.

그때 이상 부인은 밤늦도록 나아가 일하고 있어서 새벽 두시 세시가
아니면 집에 돌아오지 않을 때이라 혼자 그 음울한 방을 지킬 수 없었
고 해서 부인이 벌어다 주는 돈으로 이상 역시 밤늦도록 거리로 쏘다
니며 술 먹고 지껄이고, 이렇게 둘이 다 밤이 늦은지라 아침이면 오정
(午正)이 넘도록 자리에서 일어날 줄을 몰랐고 일어났대야 대낮에도 저
녁때같이 어두운 방이라 아무렇게나 고추장으로 끓인 두부찌개 한 그
릇만으로 북어를 뜯어 씹어가며 점심인지 아침인지 몇 공기 퍼먹고는
그대로 또 쓰러져 낮잠을 자고 전등불 켜질 무렵 부인이 세수하고 단
장하고 밖으로 나가면 이상이도 또한 터덜터덜 불결한 자태로 거리에
나와 술집으로나 아무 데로나 부인이 집에 돌아올 때까지 헤매이는 것
이다.

이런 생활을 거듭하며 술만 먹으면 항상 너털웃음을 치는 이상이라,
또 그것이 결코 자조(自嘲) 같지도 않은지라, 모두들 돌아서선 그 생활
을 비난하고 그의 심중을 헤아리지 못하여 쩔쩔매는 것이나, 혼자 남아

있을 때의 이상이 얼마나 고독해 하고 슬퍼하고 하는지를 잘 아는 나는 아무 말 없이 그가 하자는 대로 같이 술 먹고 같이 떠들고 같이 쏘다니고―― 나는 애써 이상에게 충고나 격려의 말을 하지 않고 가장 그의 나쁜 동무가 되려고 노력했다. 어떠한 경우를 막론하고 이상이 아주 완전히 제 자신을 잃어버리도록 못난이는 아니라고 굳게 믿고 있었기 때문에 할 수 있는 일이다. 이상이도 또한 내가 악우(惡友)가 되려는 심중을 잘 알아주어

"내가 세상에서 그중 쓸쓸하고 불쌍한 놈인 줄 알았더니 자넨 나보담 한술 더 뜨네."
하며 술이 취하면 눈물을 흘리고 풀이 죽는다. 그리고 나서는 마음 약한 이상은 마음이 약한 탓으로 다시 얼굴을 번쩍 들고 보통 때의 이상으로 돌아가

"그래두 이상이 두고 보게."
하며 기세를 올렸다. 애끓는 '캄플라지'*다. 그러나 아무리 해도 그의 약한 마음은 그의 쓸쓸함을 이기지 못했던지, 어떤 때는 자조와 허무만을 느끼는지 극히 태도가 퇴폐적이었고 그런 때면 이상은 진심으로 자기의 생활을 긍정하려까지 하였다.

그것이 절정에 달하였을 제, 이상은 자살을 생각하였다. 그리하여 정색(正色)을 하고 같은 병고에 시달리는 유정(裕貞)을 찾아가 '정사'(情死)를 의논하였다[이것은 회남(懷南)의 소설 〈겸허(謙虛)―김유정전(金裕貞傳)〉에 자세하다]. 그리다 유정이 듣지 않으매 이상은 깨달은 바 있어 분연 동경으로 새 길을 개척하러 떠나기로 결심했던 것이다.

가만히 추구(追究)하여 본다면 이상을 괴롭힌 것은 결국 병고도 아니요 생활고도 아닐 것이다. 그것도 물론 원인(遠因)이기는 하나 그보다도 그것이 한데 뭉쳐져서 긴 세월 동안에 빚어낸 이상의 얄궂은(이렇게

---

* camouflage ; 변장, 위장.

밖에 형용할 수 없는) 성격이 여자와 같은 그의 마음씨와 어우러져 그의 명수(命數)를 줄이고 만 것이다. 겉에 나타난 세인이 얼른 짐작하는 이상이대로의 이상이었다면——나는 지금 차라리 그러하였던들——하고 책상머리에 꽂아놓은 그의 암울한 자화상을 물끄러미 바라보고 있다.

◇

진실로 여자를 사랑할 줄 아는 남자이면 믿어도 좋다. 그런 남자는 결코 악인이 될 수 없기 때문이다. 이상이 바로 그런 사람이다. 아니 이상이야말로 여자를 사랑할 줄 아는 사람이었다. 그런고로 〈지주회시(蜘蛛會豕)〉, 〈날개〉, 〈동해(童骸)〉 기타 이상의 작품에 나타나는 이상과 그의 아내들을 나타난 그대로 받아들여서는 인간 이상을 정당하게 이해할 수 없다. 공개된 석상에선 결코 진실을 고백치 않는 것이 이상의 '엑센트리크'*한 성질이기 때문이다. 작품에 나타난 이상 자신은 모두가 인간 이상의 껍질이 아니면 그림자에 불과하다.

첫째 부인이 두 번씩 이상을 버리고 달아났을 제, 그는 전에도 그런 일이 있었으나 여전히 '그에게로 불쑥 돌아와 주기'만을 바라고 기다리며 아내가 자기를 영원히 버리고 갔다고는 믿지 않았다. 그렇게 한 달이 지나고 두 달이 지나고 하는 사이에 계절은 바뀌어 북풍이 몹시 차다. 지금은 없어졌지만 관철정(貫鐵町) 대항권번(大亢券番) 제일 구석방을 차지하고 여전히 게으르게 불도 안 땐 방에서 낮잠만 자던 이상이 하루는 부리나케 찾아와 돈 30전만 달라는 것이다. 전보를 치겠단다. 달아난 아내에게 곧 돌아오라고 전보를 치겠단다. 그 전문(電文)은 이러했다.

"クルカコヌカスヘ　リソウ"**

또——

---

* eccentric ; 보통과 다른, 괴상한, 괴짜의.
** "올래 안 올래 끝 이상"

그것도 역시 겨울. 눈이 몹시 내린, 무슨 음악회인지가 끝난 날 밤이다. 이상과 나와는 사람들 틈에 끼어서 공회당을 나오며 태평통(太平通)을 향하여 걷고 있었다.

"황혼의 유납(維納)이 생각나네."

"응."

"이렇게 눈 오는 날 흔히 애욕(愛慾)의 갈등이 생기는 법야."

"누가 그래?"

"내가 그러지."

그러더니 이상은 별안간 "배갈 한잔 하세!" 하더니 우리가 그때 '도스또예프스키집'이라 부르던 대한문(大漢門) 앞 누추한 청요리집으로 나를 끌고 들어갔다.

그리하여 술이 얼근히 취하더니 그는 이유 없이 나를 매도하며 "네까짓 게 여자를 사랑할 줄 아느냐"고 상을 찡그리고, 그리고 나서 비로소 자기가 그의 두 번째 부인을 얼마나 사랑하고 있는가를 고백하기 시작하였다. 그는 처음으로 내 앞에서 눈물을 흘리며 그렇게 사랑하고 있으나 결혼할 수는 없다고, 도저히 결혼할 수 없다고, 그러나 사랑하지 않을 수도 없다고 하소연하고 그리다가는 별안간 식어빠진 술잔을 꿀꺽 들이마시고

"그래도 결혼한다. 네까짓 게 욕해두 나는 결혼허구 만다."

고 외치며 눈 속으로 뛰어나갔다. 그날 밤 그 커다란 텁석부리 이상이는 내 품 안에서 밤새도록 떨며 울더니 얼마 안 되어 이상은 정말 동서생활(同棲生活)을 시작하였다. 또——

그의 절필이 된 〈종생기(終生記)〉는 지금까지의 '이상을 매장하는 만가(挽歌)'였다. 〈종생기〉 속에서 실로 이상은 자기 자신의 사기(死期)를

예언하고 묘비명*까지 써놓았었다. 그러나 그 예언이 불과 한 달밖에 틀리지 않고 들어맞을 줄이야 이상 자신도 생각 못 했을 것이다. 매장한 것은 실로 '이때까지의 이상'뿐이 아니라 '이제부터의 이상'까지였다. 불쌍한 이상이다.

《조광》, 1939. 12.)

엮은이의 말

이상과 교분을 나누었던 문우(文友) 정인택의 회고담이다. 이상이 동경에 가려고 하였을 때 그의 부인과 더불어 자신이 그러한 결심을 부추겼다는 사실과, 막다른 골목에서 차라리 악인(惡人)이 되길 바라는 심정이었다는 술회를 눈여겨볼 만하다. 더불어 이상이 술자리에서 정인택에게 한 말, 즉 두 번째 부인될 사람을 "사랑하고는 있으나 결혼할 수는 없다. 그러나 사랑하지 않을 도리도 없다. 그래도 결혼한다"라는 말 속에 담긴 고뇌와 갈등의 양상들을 잘 이해하려는 노력이 필요하리라고 본다.

---

* 이상은 〈종생기〉에 자신의 '사일'(死日)을 1937년 3월 3일로 잡아놓았다. 이상이 실제로 사망한 날은 1937년 4월 17일(음력 3월 7일)이니, 사일을 음력으로 환산하면 불과 4일 밖에 차이가 나지 않는다. 참고로 이상이 〈종생기〉에서 밝힌 묘비명은 아래와 같다.

"일세(一世)의 귀재(鬼才) 이상(李箱)은 그 통생(通生)의 대작(大作) 〈종생기(終生記)〉 1편을 남기고 서력(西曆) 기원후(紀元後) 1937년 정축(丁丑) 3월 3일 미시(未時) 여기 백일(白日) 아래서 그 파란만장(?)의 생애를 끝막고 문득 졸하다. 향년 만 25세와 11개월. 오호라! 상심커다. 허탈이야 잔존하는 또 하나의 이상 구천(九天)을 우러러 호곡하고 이 한산(寒山) 일편석을 세우노라."

자신이 건담가(健談家)라던 이상

윤 태 영

  이상(李箱)과 나는 그 당시에 상영하던 르네·크레르 감독의 《최후의 억만장자》라는 영화를 보고서 명동 뒷골목에 있던 카페 'A·1'에서 술을 나누었다. 그날도 이상은 독한 술인 진*을 마시고 있었다. 그는 항상 독한 술만을 찾았었다. 그때 같은 감독의 《유령, 서쪽으로 가다》의 이야기도 나왔다.

  항상 유쾌하게만 보이는 이상은 당번 여급에게 전과 조금도 다름없이 그의 독특한 해학을 퍼부었다.

  "얘, 르네·크레르의 아이러니가 참 멋지더라. 고놈의 독재자인 수상이 그만 머리가 돌아서 사루마다(잠뱅이) 바람으로 침실에서 뛰어 나오니까 독재주의 국가의 백성들은 모조리 잠뱅이 바람으로 길에 나서서 전주(電柱)를 얼싸안고 맴을 돌더라. 이 왜(倭)나라 상전들도 그렇게 되기가 십중팔구지. 우리들 엽전(葉錢)이야 성명 삼 자도 없는 외인부

---

* gin ; 노간주나무 열매를 향료로 넣은 독한 술.

대지만 말야."

이렇게 떠드는 이상은 일본이 그렇게 되어가는 꼴이 깨가 쏟아지도록 재미있다고 손뼉까지 치면서 유쾌해했다. 그것만이 아니라, 이어서 독재자 히틀러를 풍자한 영화의 여러 장면이 재미있다고 세밀하게 그 것을 묘사까지 하였다. 이러한 이상의 위트와 파라독스가 넘치는 화술에 이끌린 여급들이 모두 우리 주위로 모여들었다. 여급들은 이상에게 이야기를 쉴 새 없이 청하였고 또는,

"여보슈, 구레나룻 이상은 D·H·로렌스의 이미테이션에요!"

여급이 무심코 한 말이었지만 이상은 그대로 흘려듣지를 않았었다. 별안간 얼굴을 정색으로 고치더니,

"뭐라고? 참 발칙한 것들. 내가 겨우 로렌스의 이미테이션이란 말이냐? 그게 아니라, 로렌스가 내 이미테이션이라는 것을 알아야 해. 또한 번만 그렇게 까불었다가는 용서 없다……"

이렇게 평소의 이상답지 않게 엄연히 말을 하다가 그는 다시 웃음을 지으면서,

"……그따위 불손한 말을 하면 너희들을 잠뱅이 바람으로 길바닥에 나가게 만들겠다……"

이어서 크게 손뼉을 치고는,

"……참 참, 너희들은 잠뱅이 바람이 아니라, 즈로오스 바람이 돼야 겠구나. 전 여성이 즈로오스 바람으로 시가행진을 하면, 참 장관이겠다. 유령이 서쪽으로 가는 게 아니라, 즈로오스 서쪽으로 가다가 될는지도 모르지…… 나더러 로렌스의 이미테이션이랬지? 너희는 챠타레이 부인의 이미테이션도 못 되는 주제거던. 그렇지, 윤형! 하하……"

이상의 말에 질색을 하는 여급들은,

"리상(여급들은 '李樣'으로 오해하고 있었음)에게는 이길 수 없어요. 망칙하게 즈로오스 바람으로 편대를 하다니요?"

다른 여급은,

"우리가 챠타레이 부인 같은 여유 있는 팔자나 되면 좋게요? 그것도 못 되니까 걱정이죠."

살림살이의 여유가 있고 없음을 말하는 것이었으나, 이상은 시커먼 자기의 구레나룻을 쓰다듬으면서 짓궂게,

"챠타레이 부인이 되는 게 무에 어려우냐? 너희들의 남편을 모조리 성 기능의 불구자를 만들어 놓고 쎄컨드 서방을 두면 될 게 아니냐? 하하……"

이상이라는 펜네임을 가진 김해경(金海卿)은 항상 빗질이라고는 한 번도 해본 일이 없는 봉두난발(蓬頭亂髮)에, 멋대로 뻗힌 구레나룻에 싸인 창백한 얼굴을 내저으면서 기염을 토하는 그였다. 그는 어느 때에나 명랑하게 보였으며, 자신이 '건담가'(建談家)라고 말하면서 요설을 일삼았었다.

그러나 이상의 내면생활은 전혀 반대였다. 그는 유고 속에 실토를 하여,

'어느 시대에도 그 현대인은 절망한다. 절망이 기교를 낳고 기교 때문에 또 절망한다.'

고 슬퍼하였다.

사실로 당시의 이상은 그의 말대로 '비극은 언어에 절(絶)'한 것이었다. 그때 세계적으로는 세계 제2차대전이 일어나기 직전이라, 세기말적인 암운에 눌려 있었고 겸해서 우리나라는 일인(日人)들이 중일전쟁(中日戰爭)을 일으키려는 무렵이라 그들의 탄압은 점점 가중해가고 있었다. 겸하여 그의 사생활은 다방 경영도 뜻대로 되지 않아 극도의 궁핍 생활을 하게 되었고 배천온천(白川溫泉)서 만난 첫 아내인 기생 출신 금홍(가명)이와의 사이도 결렬을 보게 되었던 것이었다. 그 경로를 그

의 소설 〈봉별기〉에 폭로하되,

　　금홍이에게는 예전 생활에 대한 향수가 왔다. 나는 밤이나, 낮이나 누워 잠만 자니까, 금홍이에게 대하여 심심하다. 그래서, 금홍이는 밖에 나가 심심치 않은 사람들을 만나 심심치 않게 놀고 돌아왔다. 즉 금홍이의 협착한 생활이 금홍이의 향수를 향하여 발전하고 비약(飛躍)하기 시작하였다는 데 지나지 않는 이야기다. (중략) 나는 아무 말도 하지 않는다. 나는 금홍이 오락의 편의를 돕기 위하여 가끔 P군(君) 집에 가 잤다.

　이렇게 해서 이상은 그 아내와 별리의 고배를 마시고 말았었다.
　이러한 이상은 유행과 절기가 지난 굵은 홈스펀 양복을 걸치거나, 그렇지 않으면, 그때에는 그러한 옷차림이 없던 노타이·샤쓰 바람으로 그의 술회와 같이,

　　'밤이면, 나는 유령과 같이 흥분하여 거리를 뚫었던 것이다.'

　이러한 생활이었다. 신병까지 가중해 갔었다. 이에서 그는 자기분열, 반항정신, 권태를 일으키게 되었던 것이다.
　확실히 그의 예민한 정신은 시대에 앞섰던 것이다. 이 현명(賢明)이 그로 하여금 권태를 느끼게 하고 말았다. 여기에서 필연적으로 오만의 허세가 나타났고 호연(豪然)의 허기를 보였던 것이다. 그의 강한 자존심은 로렌스가 자기의 이미테이션이 아니면 안 되었던 것이다.
　이러한 정신이 그의 문학에 나타난 것은 필연적인 일이다. 이상은 그의 문제의 시(詩)인 〈오감도(烏瞰圖)〉——

　　十三人의 兒孩가 道路를 疾走하오
　　(길은 막다른 골목이 適當하오)

第一의 兒孩가 무섭다고 그리오.

第二의 兒孩도 무섭다고 그리오.

第三의 兒孩도 무섭다고 그리오.

第四의 兒孩도 무섭다고 그리오.

第五의 兒孩도 무섭다고 그리오.

....

이러한 반항, 오만과 난해의 시를 발표하자, 세론(世論)은 "미친놈의 잠꼬대냐?" 또는 "무슨 개수작이냐?" 하고 소연(騷然)하였으나, 이상 자신만은,

"여기저기 아무 데나 얼마든지 있는 날탕패와는 물건이 틀리는 것이오."

이런 말로 외쳤었고,

"나의 궐작(傑作—그는 고의로 이렇게 발음하였다)을 읽어 봤소? 참 이제야말로 점입가경이라, 바야흐로 광채를 발산할 단계에 이르게 됐지? 참, 이제 뭇 유상무상(有象無象)들이 모조리 무색해질 게야. 하하……"

이렇게 의연한 태도였다. 결국 〈오감도〉의 지상 발표가 중단되고 그의 작품이 비난을 받게 되었어도 반항정신에 불타는 그는,

"아사(餓死)하는 한이 있더라도 저는 지금의 자세를 포기하지 않겠습니다."

하고 고집을 세웠던 것이다.

이러한 생활을 계속하던 이상이 27세의 가을에,

"역시, 내가 고집하고 있던 것은 회피였나 보오."

"정직하게 살아왔거니 하던, 제 생활이 지금 와 보니 비겁한 회피의 생활이었나 봅니다."

이러한 말을 남기고 홀연히 동경(東京)으로 떠났던 것이다. 10월 하순, 궂은비가 구축축히 내리는 플랫폼에서 조그만 바스켓* 하나만을

들고 기차를 탄 것이 나와의 영원한 이별이 되고 말았다.

그리고 동경서 보낸 편지,

"……언제나 서울의 흙을 밟아 볼런지 아직은 망연(茫然)합니다……"

이 말이 그의 마지막 유언이 되고 말았다.

이상이 간 지 25주년을 당한 오늘, 자기분열에 빠지고 끝내 굳은 정신으로 현실을 뚫지를 못하고 슬픈 비가를 남긴 그를 생각하면 끝없이 애절함을 느끼나, 그래도 그의 섬광같이 빛난 문학정신은 이제 와서도 꺼지지를 않고 있는 것이다.

《현대문학》, 1962. 12.)

---

* basket ; 바구니.

오빠 이상

김 옥 희

이상(李箱), 그러니까 큰오빠 해경(海卿)의 생활을 말하라는 《신동아
(新東亞)》의 청을 처음에는 거절할 생각이었습니다. 그것은 문학인도
아닌 시중(市中)의 일개 주부가 할 구실이 못된다는 것과, 또 너무도 불
행했던 오빠의 지난날의 생활을 들춘다는 것은 나에게 지나치게 벅찬
고역이리라는 생각 때문입니다.

그러나 돌이켜 오빠 가신지 이미 삼십 년의 세월이 갔고, 또 가히 천
명(天命)을 안다는 내 연륜으로 지나친 감상에만 젖고 있을 수도 없는
일이라 생각하여 붓을 들어보기로 했습니다.

혹 내 이 글이 오빠 이상의 생활과 문학을 알고자 하는 분들에게 티
끌만큼의 도움이라도 되었으면 하는 것이 내 염원입니다. 이제 이 땅에
무덤마저 없는 큰오빠가 이 일을 알면 어떤 표정을 할까? 회억(回憶)의
비감 속에서도 빙그레 웃음 짓는 그 독특한 모습이 떠오릅니다.

그런데 오빠의 문학은 감히 내가 말할 소임의 것이 아닐 것 같아 여
기서는 주로 오빠의 생활, 즉 그의 성장에서 운명(殞命)까지의 생활의

단편들을 기억나는 대로 적어보겠습니다.

▌예쁘고 미운 큰어머니 슬하에서

오빠와 나의 연차(年差)는 6년, 어느 가정 같으면 사생활의 저변까지 샅샅이 알 수 있는 사이겠습니다마는 우리는 그렇지가 못했습니다. 그것은 작은오빠 운경(雲卿)도 아마 그러할 것입니다(작은오빠는 통신사 기자로 있다가 6·25때 납북됨). 왜냐하면 큰오빠는 세 살 적부터 우리 큰아버지 김연필(金演弼)씨 댁에 가서 살았기 때문입니다. 그러므로 큰오빠의 어린 시절 이야기는 지금도 생존해 계시는 큰댁 큰어머님이나 또 우리 어머님(이상의 생모)에게 들어서 알 뿐입니다.

오빠 이야기만 나오면 눈시울에 손이 가시는 어머님──의지 없으시어 지금까지 내가 모시고 있는──께 들은 오빠의 성장에 대한 이야기부터 적기로 하겠습니다.

오빠의 생활은 어쩌면 세 살 적 큰아버지 댁으로 간 일부터가 잘못이었는지 모릅니다. 〈공포의 기록〉이란 글에서 "그동안 나는 나의 性格의 序幕을 닫아버렸다"고 말한 것처럼, 오빠의 성격을 서막부터 어두운 것으로 채워준 사람은 우리 큰어머니였다고 집안에서들은 다 그렇게 생각하고 있습니다.

처음 공업학교 계통의 교원으로 계시다가 나중엔 총독부 기술직으로 계셨던 큰아버지 김연필 씨는, 슬하에 자식이 없었기 때문에 큰오빠를 양자 삼아 데려다 길렀던 것입니다. 그런데 자식을 보겠다고 안간힘을 쓰시던 큰어머니께 작은오빠가 생겼으니 큰오빠의 존재가 마땅치 않은 것은 너무도 당연한 일입니다.

두 돌 때부터 천자문을 놓고 '따 지'자를 외며 가리키는 총명을 귀여워 못 배겨하시는 큰아버지, 그래서 모든 일을 어린 큰오빠와 상의하시

는 큰아버지를 못마땅하게 여기시는 큰어머니가 오빠를 어떻게 대했을
까 하는 것은 능히 상상할 수가 있는 일입니다.

"그렇게도 총명하더니 재주 있어도 명(命) 없으니……" 오빠의 지난
날을 생각하는 어머님 말씀처럼 그의 총명과 재주가 명 때문에 발휘 못
된 그 먼 원인이 우리 가정적 비극에 있었다고 생각하면 참 원통하기
이를 데가 없습니다.

잠시만 자리를 비워도 "해경이 어디 갔느냐?"고 찾으시는 큰아버지
의 끔찍한 사랑과 큰어머니의 질시 속에서 자란 큰오빠, 무던히도 급한
성미에 이런 환경을 어떻게 참아냈는지 모릅니다. 하기는 그랬기에 외
부로 발산하지 못한 울분들이 그대로 내부로 스며들어 폐를 파먹는 병
균으로 번식해 갔는지도 모르겠습니다만, 어쨌든 그런 가운데서도 공부
는 무척 했었나 봅니다.

한글을 하루 저녁에 모두 깨우쳐 버렸다는 수재형(秀才型)의 오빠는,
일곱 살 때에야 홍역을 치렀고 그래서 아주 중병을 앓았는데, 그 고열
에도 머리맡에 책을 두고 공부 못 하는 것을 한탄했다니 말입니다.

■ 현미빵 팔며 학비 마련

1926년, 그러니까 오빠가 열일곱 살 때 보성고보(普成高普)를 졸업했
습니다. 그 사이의 고생은 이루 말할 수가 없었다고 합니다. 점심시간
에 현미빵을 교내에서 팔아 그것으로 학비를 댔다고 하는데, 후에 오빠
가 다방 같은 장사를 시작한 것도 아마 이때부터 싹튼 돈에 대한 집념
때문이 아닌가 생각됩니다.

오빠는 또 어릴 때부터 그림을 매우 잘 그렸습니다. 무엇이든지 예사
로 보아 넘기는 일이 없는 그는 밤을 새워 무엇인가를 골똘히 생각하고
그것을 종이에 옮겨 써보고, 그려보고 하는 것이 버릇처럼 되었더라고

합니다. 열 살 때인가 당시 '칼표'라는 담배가 있었는데, 그 껍질에 그려져 있는 도안을 어떻게나 잘 옮겨 그렸는지 오래도록 어머니가 간직해두었다고 합니다. 보성고보 때 이미 유화를 그렸는데 어느 핸가는 〈풍경(風景)〉이라는 그림을 선전(鮮展)에 출품하여 입선된 일도 있었습니다.

고보를 나오자 그해에 경성고공(京城高工) 건축과(建築科)에 입학한 것은 아마 큰아버지의 영향을 받은 것이 아닌가 생각됩니다. 오빠 나이 스무 살이 되던 1929년에 고공을 졸업하고 그해 4월에 총독부 내무국 건축과 기수로 근무하게 되었습니다. 학교를 갓 나온 정열과 그 당시 큰아버지의 직장이 또한 그곳이었기 때문에 처음은 일본인 과장들과도 그리 의가 틀리지 않게 일을 한 모양입니다만 오빠 성질에 봉급자 생활, 그것도 일본사람들과의 사이가 원만하게 이루어졌을 리가 없었던 것은 당연합니다. 그러나 오빠로서는 큰아버지 체면을 생각해서라도 오래 견디지 않을 수가 없었을 것입니다.

그해 12월인가 《조선과 건축(朝鮮と建築)》지의 표지도안현상(表紙圖案懸賞)에 1등과 3등으로 당선된 것으로만 보아도 그 사이의 큰오빠의 의욕을 짐작할 수가 있습니다.

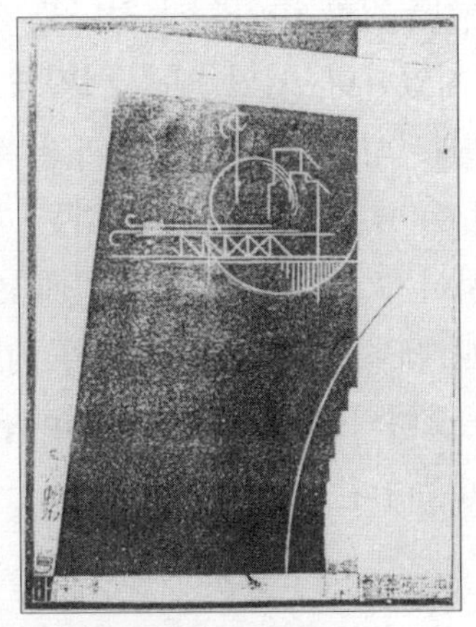

▲ 1930년 일문(日文) 건축지 《조선과 건축》 표지도안 현상공모에서 각각 1등(왼쪽)과 3등(오른쪽)을 수상한 이상의 작품.

그 이듬해인 1931년부터 시작(詩作)을 발표하기 시작했고 또 그해에 오빠의 그림 〈초상화〉가 선전에 입선되었습니다.

김해경이라는 본 이름이 이상(李箱)으로 바뀐 것은 오빠가 스물세 살 적 그러니까 1932년의 일입니다. 건축공사장에서 있었던 일로 오빠가 김해경이고 보면 '긴상'이래야 되는 것을 인부들이 '이상'으로 부른 데서 이상이라 자칭했다는 것은 누구나 다 아는 이야깁니다. 그때 이상이라는 이름으로 처음 발표한 시가 〈건축무한육면각체(建築無限六面角體)〉*입니다.

그러는 동안에도 오빠의 건축기사로서의 면목(面目)은 발휘되었던 것으로 전매국(專賣局) 청사가 오빠의 설계에 의해서 건축되었고, 지금의 서울 문리대 교양학부로 생각되는 대학건물도 오빠가 설계한 것이라고 듣고 있습니다.

며칠씩이고 직장을 쉬고 그런가 하면 나왔어도 멍하니 책상 앞에 앉아서 해를 보내던 오빠의 당시를 이야기하는 사람이 있습니다.

그러다가도 무슨 어려운 일을 맡기면 그 기한 안에는 자동계산기처럼 정확하게 해다 놓더라고 합니다.

꾸깃꾸깃한 종이쪽지 하나를 꺼내놓으면 이미 일은 다 된 것이나 마찬가지였다니, 어떤 일을 어떻게 처리한 것이었는지 알 길이 없습니다.

그래서인지 일인(日人) 과장 한 사람과는 아주 뜻이 통했었는데 그 뒤에 온 후임인가 아니면 다른 과장인가, 어쨌든 다른 한 사람과는 몹시 사이가 좋지 않아서 매사에 서로 의견이 충돌되었다고 합니다.

"四角形의 內部의 四角形의 內部의 四角形"의 답답한 정황이 아마 이러한 오빠의 직장생활에서 얻어진 '이미지'가 아닐까 이런 생각을 할 때가 있습니다.

---

* 《조선과 건축》(1932. 7.)에 발표된 이상의 일문시.

▌ 퇴직과 객혈과 요양

오빠의 불행한 생활이 표면화한 것은 1933년 3월 오빠가 직장을 버리던 날로부터 시작되었습니다. 하기는 사표를 내던지고 억압된 직장을 떠난 일이 오빠로서는 시원하기까지 했을 것입니다마는 이해부터 객혈이 시작되었으니 불행의 시초로밖에 더 표현할 길이 없습니다.

흔히 객혈로 인한 건강이 오빠의 사직이유로 말합니다마는 그렇지가 않습니다. 일인 과장의 이제는 더 참을 수 없는 모욕을 박차고 나온 오빠였습니다.

오빠의 몸은 그때부터 극도로 쇠약하기 시작했습니다.

조용만(趙容萬) 선생이 말씀하신 대로 "서양사람 같은 흰 얼굴, 많은 수염, '보헤미안 넥타이', 겨울에도 흰 구두……" 그런 모습으로 배천온천(白川溫泉)으로 요양을 떠난 것은 이 무렵의 일입니다.

오빠의 모습에 대한 생각이 났으니 말입니다마는 오빠만큼 몸단장에 무관심한 사람도 좀 드물 것입니다.

겨울에 흰 구두를 신고 멋으로 생각할 사람은 없습니다. 그저 있는 대로 여름에 한 켤레 신었던 흰 구두를 겨울, 다시 여름을 이렇게 신었을 것입니다.

이런 일이 있었습니다.

집에 들어오시면 항상 이불을 뒤집어쓰고 누웠는데 그 누워있는 동안에 무엇을 생각하고 또 쓰곤 했습니다.

마침 친구가 찾아와서 함께 나가게 되었습니다.

벽에 걸린 외투를 입었는데 벗었을 때 상의를 외투와 함께 벗어 걸었던 것을 그냥 입었는데, 한쪽 상의 소매가 팔에 꿰어지지 않고 외투소매만 꿰었으니 상의의 소매 하나가 외투 밖으로 나올 수밖에 없습니다.

마침 길 가는 여인들이 이것을 보고 크게 웃었는데도 오빠는 무관심했습니다. 친구가 그 모양을 보고 고쳐 입으라고 해도 내쳐 가는 데까지 그대로 갔답니다.

이렇게 몸단장을 하지 않은 큰오빠는 머리도 항상 수세미처럼 헝클어져 있었습니다. 저는 한 번도 오빠의 빗질하는 것을 본 일이 없습니다. 오빠는 빗질만 안 하는 것이 아니라 앉으면 일부러 머리를 흐트러 놓곤 했습니다. 이발은 넉 달에 한 번 정도 하는 셈이었으나 그나마도 친구가 억지로 데리고 가다시피 해야 따라가는 형편이었습니다. 까무잡잡하고 긴 수염과 언제나 흐트러진 머리, 거기다가 허술한 옷차림이 오빠의 그나마 여윈 체구를 더욱 초라하게 만들었습니다.

이렇듯 몸단장에 아주 관심이 없던 오빠가 배천온천에 가서 우연히 알게 된 여자가 흔히 금홍(錦紅)이로 알려진 사람이었습니다. 병약한 몸에 밤새 술을 마시고 기생과 사귀었으니 그 건강은 말이 아닐 정도였을 것입니다.

종로 2가에 '제비'라는 다방을 내건 것은 배천온천에서 돌아온 그해 6월의 일입니다. 금홍 언니와 동거하면서 집문서를 잡혀 시작한 것이 이 '제비' 다방이었습니다.

그런데 오빠가 집문서를 잡힐 때 집에서는 감쪽같이 몰랐다고 합니다. 도시 무슨 일이고 집안과는 의논이 없던 오빠인지라, 집문서 잡힐 때라고 사전에 의논했을 리는 만무한 일입니다만, 설령 오빠가 다방을 내겠다고 부모님께 미리 말했다고 하더라도 응하시진 않았을 것입니다.

▌돈 벌겠다고 안간힘은 썼지만

오빠는 늘 돈을 벌어보겠다고 마음먹은 모양이지만 막상 돈벌이에는 소질이 없었던 것 같습니다. 더구나 장사 그것도 다방 같은 물장사가 될 이치가 없습니다. 돈을 모르는 사람이 웬 물장사를 시작했는지조차 의심스러운 일입니다만, 거기다가 밤낮으로 문학하는 친구들과 '홀' 안

에 어울려 앉아서 무엇인가 소리 높이 지껄이고 있었으니 더구나 다방
이 될 까닭이 없었습니다.

이 무렵 오빠와 자주 얼리던 문인들은 구보(仇甫), 상허(尙虛), 편석
촌(片石村), 지용(芝溶) 등이었으며 이 밖에도 오빠가 속해있던 '구인
회'(九人會) 동인으로 이효석(李孝石), 이무영(李無影), 조용만——이런
분들이 오빠와 가까이 지낸 것으로 알고 있습니다. 이분들은 다방에들
몰려 있다가 이내 어디론지 사라져 얼근히 취해 가지고는 여럿이서 저
희 집에도 가끔 들르시곤 했습니다.

친구 분들 얘기로는 큰오빠가 밖에서 술을 마실 때면 노래도 곧잘 불
렀다고 하며 떠듬거리는 소리로 이야기도 잘 했다고 합니다.

그러나 술 마시고 친구와 동행일 때말고는 집안 식구와 거의 말을 하
는 일이 없었습니다. 집에 오면 으레 이불을 둘러쓰고 엎드려서 무엇인
가를 끄적거리고 있기가 일쑤였습니다. 도무지 집안 식구와는 상대도
않고 자기 일만 하고 있어도 부모님께서는 오빠 일에 아예 참견하려 들
지를 않았던 것 같아요.

오빠가 쓰시던 방은 늘 지저분하고 퀴퀴한 냄새까지 나서 집안 식구
가 별로 드나들지도 않았는데, 오빠가 있을 때는 더욱 출입을 삼갔고
방을 비우면 그때사 겨우 들어가 방을 치우곤 했을 뿐입니다.

큰오빠가 다방을 경영할 즈음, 나는 이따금 우리 집 생활비를 얻으러
그곳으로 간 일이 있습니다. 오전 열한 시나 열두 시 그런 시간이었는
데, 그때에야 부시시 일어난 방 안은 언제나 형편없이 어지럽혀져 있었
습니다. 지금도 그 방 안이 기억에 선한데 그것은 방이라기보다는 '우
리'라고나 할 정도로 그렇게 지저분하게 흩어져 있었습니다.

"저게 너의 언니니라"고 눈짓으로만 일러줄 뿐 오빠는 금홍이 언니를
한 번도 제게 인사시켜준 일이 없습니다. 그래서 저는 금홍이 언니와는
가까이서 말을 걸어본 일이 없습니다.

그러나 금홍이 언니를 이렇게 소홀히 취급했던 오빠도 집안일에는

여간 애를 태우지 않았습니다. 내가 돈을 타러갈 때면 으레 주머니를 털어서 몇 푼이고 손에 잡히는 대로 몽땅 제 손에 쥐어주시곤 했으니 말입니다.

다방을 경영할 무렵에도 오빠는 〈오감도(烏瞰圖)〉를 발표했고 또 하융(河戎)이란 이름으로 신문소설 〈소설가 구보 씨의 일일(一日)〉에 삽화도 그리는 등 창작활동을 하는 한편, 돈벌이를 위해 그런대로 힘을 다한 흔적이 엿보이고 있습니다. 당시 곤란했던 우리 가정의 생활을 위해 장남으로서의 의무를 다해보려고 그 앓는 몸으로 온갖 힘을 기울인 오빠를 생각할 때 그지없이 가엾게 생각될 때가 있습니다.

바깥일은 집에 와서 절대 이야기 않던 오빠도 부모에 대한 생각은 끔찍이 했던 것 같습니다. 지금 살아 계신 어머님도 큰오빠가 어머니에게 늘 공손했고 뭘 못해드려서 애태우곤 했었다고 말씀하십니다. 곧 돈을 벌어서 어머님을 편안히 모시겠다는 말을 입버릇처럼 되뇌이던 큰오빠를 어머님은 지금도 잊지 못하고 계십니다.

큰오빠는 어머님께뿐만 아니라 아버님이나 동생들에게도 퍽 잘했습니다. 세 살 아래인 작은오빠 운경에게나 저에게 한 것으로 미루어 보면 여느 집의 형, 오빠에 못지않았습니다. 별로 말이 없어도 언제나 다정하게 동생들을 보살펴 주었고, 친절하고 너그러운 오빠임에 틀림없었습니다. 큰오빠는 정말 착하고 따뜻한 분이었습니다. 한 번도 동생들에게 매질을 한 일도 없고 호되게 꾸중을 한 일도 없습니다.

돈을 못 벌어 생활인으로는 부실했을지 몰라도 가정적으로나 인간적으로 퍽 원만했던 큰오빠는 또 친구들과의 우정관계도 모범적이었다고 듣고 있습니다. 사리판단도 퍽 정확했던 모양으로 친구들 사이에 무슨 시비가 벌어지면 큰오빠가 중재를 맡고 나서서 화해를 시키곤 했다는 것입니다. 어떤 사람은 큰오빠를 천재, 기인 혹은 괴팍한 사람으로 이야기하지만 저는 오히려 그가 그저 범상한 사람으로 가정과 친구들 사이에서 착하고 평범하게 살아보려고 애쓴 줄로 알고 있습니다.

1935년은 오빠에게 있어서 가장 불운한 해였습니다.

까먹어 들어가던 '제비' 다방은 그해 9월경에 폐업을 하지 않을 수 없게 되고, 인사동에 '쓰루'(鶴)라는 카페를 인수했는데 이것도 곧 실패로 돌아갔습니다.

한편 종로에서 다시 다방 '69'라는 것을 설계했으나 개업도 하기 전에 남의 손에 넘겨주고 말았고, 명치정(明治町)에서 다시 시작한 다방 '무기'(麥) 또한 같은 운명을 당하였습니다.

그러잖아도 돈이 있을 수 없던 오빠가 그야말로 빈털털이가 된 것입니다.

그리하여 오빠의 자학과 부정의 방랑생활이 시작되었던 것입니다.

임(姙)이 언니와 처음 알게 된 것은 그 전이겠지만 오빠와 임이 언니가 동거를 하고 명색 결혼식을 올렸던 것은 오빠가 스물일곱 살 때 일입니다.

아마 지금 내무부 건너편 청계천과 을지로 중간쯤으로 생각되는 수하동 일본집 '아파트'에 오빠는 우거(寓居)하고 있었습니다.

▐ 결혼 후 활발했던 작품 활동

창문사(彰文社)에서 구인회의 동인지 《시와 소설》을 편집하고 있던 오빠는, 그것이 1집만 나오고 그만이 되자 황금정(黃金町)으로 이사를 하고 거기서 임이 언니와 동거를 시작했습니다.

아마 유월 달이었다고 생각되는데 그때 7, 8명 구인회 동인들이라고 생각되는 분들과 신흥사(新興寺)에서 형식만의 결혼식을 올렸습니다.

작품연보로 보아서 가장 많은 작품을 여러 가지 '장르'에 걸쳐 여러 곳에 발표한 것이 이해였다고 기억됩니다. '절름발이' 세월에 '절름발이' 부부생활이었으나마 오빠에게 그만큼 위안이 되었던 것이 사실이 아닌가 생각합니다.

임이 언니는 사실 우리 가족과는 상당히 가까이 내왕(來往)이 있었습니다. 특히 운경 오빠와는 자주 만나 친밀히 이야기하는 사이였습니다.

그런데 임이 언니의 사랑도 결코 오빠를 행복하고 안정되게 하지는 못했습니다.

오빠는 임이 언니와 동거생활을 하던 바로 그해 동경(東京)으로 떠났습니다.

친정어머니 말씀을 들으면 오빠는 여느 때처럼 집에 들어와서는 2, 3일 동안 좀 다녀올 데가 있노라고 그리고는 집을 나섰다고 합니다.

그런데 어쩐 일인지 어머니에게는 이상한 예감이 있어 골목까지 나갔는데 오빠도 자꾸만 돌아보곤 했다고 합니다.

아마 이것이 이 세상에서의 마지막 작별이라는 것을 혈맥(血脈)끼리가 서로 통한 것인지 모릅니다.

어머니는 그날부터 사나흘 동안을 온통 팔이 떨어져 나가는 것 같은 아픔과 한시도 앉아 있을 수 없는 안절부절못한 속에 날을 보냈다고 이 글을 쓰는 지금도 자꾸만 되풀이하여 말씀하십니다.

그때 이미 아버지도 사경에 계시었고 집안 살림이 말이 아니었는데 떠나는 오빠의 심중은 가히 짐작이 가는 일입니다. 그리하여 오빠는 이삼일 갔다 온다는 동경엘 갔습니다.

극도로 쇠약한 몸에 그나마도 생리에 맞지 않는 도시 동경에 간 오빠는 10월에 건너가서 피를 토하면서 한겨울을 나고, 그리고는 이듬해인 1937년 3월 '니시간다'(西神田) 경찰서에 갇히는 몸이 되고 말았습니다.

까치집같이 헝클어진 머리며 그 많은 수염을 달고 다녔으니 사상불온의 혐의를 받음직도 한 일입니다.

심한 고문도 받았겠지만 워낙 뼈만 남은 오빠의 몸에 더 이상 손을 댔다가는 변을 당할 것 같아서인지 한 달 남짓 만에 병으로 보석이 되었습니다.

동경에 있는 친구들이 동경제대 부속병원에 입원을 시켰는데 그때는 이미 회춘할 가망이 전혀 없었다고 합니다.

당시 진료를 맡았던 일인 모(某) 의박(醫博)은 "어쩌면 젊은 사람을 이렇게까지 되도록 버려두었을까, 폐가 형체도 없으니……" 이렇게 중얼거렸다고 합니다.

문밖에 넘치도록 들어서는 동경 유학생들 틈에서 오빠의 임종은 그리 외로운 것은 아니었나 봅니다.

밤낮을 가리지 않는 그들의 간호와 위문이 오빠가 세상에서 얻은 마지막 호강이었습니다.

몸은 다 죽어가면서도 정신은 말짱해서 마지막 숨을 거둘 때까지 쉬지 않고 무슨 이야기를 했다고 합니다.

한번은 어떤 주사 하나에 힘을 얻어 벌떡 자리에서 일어났다가는 곧 쓰러졌다는데, 아마 이 세상에 남겨두고 가는 많은 할 일을 위한 최후의 안간힘이 아니었을까 생각됩니다.

임이 언니도 마지막 병상에 달려갔고, 유골도 언니의 손으로 환국하게 되었습니다.

오빠가 돌아가신 것은 1937년 4월 17일, 유해가 돌아온 것은 5월 4일의 일입니다. 그리하여 큰오빠의 스물여섯 해를 조금 더 산 파란 많은 일생은 끝났습니다.

그런데 야릇한 것은 오빠가 죽기 하루 전날인 4월 16일 아버님과 큰아버님이 한꺼번에 숨을 거두어 우리 집안은 이틀 사이에 세 어른을 잃고 만 것입니다. 그러니까 오빠는 아버님과 양부나 마찬가지인 큰아버지를 돌아가시기 하루 전날에 여읜 셈이지만 병이 하도 중태라서 그 비보조차 듣지 못하고 숨을 거두었다고 합니다.

오빠 가신 지 서른 해가 된 오늘날, 유물 중에서 가장 찾고 싶은 것이 있다면 오빠의 미발표 유고와 '데드·마스크'입니다. 오빠가 돌아가신 후 임이 언니는 오빠가 살던 방에서 장서와 원고뭉치, 그리고 그림

등을 손수레로 하나 가득 싣고 나갔다는데 그 행방이 아직도 묘연하며, 오빠의 '데드·마스크'는 동경대학 부속병원에서 유학생들이 떠놓은 것을 어떤 친구가 국내로 가져와 어머님에게까지 보인 일이 있다는데 지금 어디로 갔는지 찾을 길이 없어 아쉽기 짝이 없습니다.

지금은 무덤 자취마저 없어져

5월에 돌아온 유해는 다시 한 달쯤 뒤에 '미아리' 공동묘지에 묻혔고 그 뒤 어머니께서 이따금 다니며 술도 한잔씩 부어 놓곤 했던 것이 지금은 온통 집이 들어서 버렸으니, 한줌 뼈나마 안주(安住)의 곳이 없는 형편이 되었습니다. 생전에 "三寸石碑 앞에 酒果가 없는 石床이 보기에 한없이 쓸쓸하다"던 오빠 자신은 석비는커녕 무덤의 자취마저 없으니 남은 우리들의 마음이 편할 까닭이 없습니다.

'亡靈을 있다 치고' 어디메쯤 오빠 시비(詩碑) 하나라도 세웠으면 하는 나의 의욕은 그러나 하루의 생활에마저 다급한 지금의 처지로서는 한갓 부질없는 염원에 지나지 않는 것입니다.

《신동아》, 1964. 12.)

몇 내용들, 가령 이상이라는 필명이 건축공사장에서 얻은 이름이라고 밝히는 부분이라든가, 제1차 객혈이 1933년 무렵이라고 진술하는 부분 등은 실제 사실과 배치되는 것으로, 이러한 사항들에 일부 착오나 오류가 있을 가능성을 충분히 염두에 두고 읽을 필요가 있다.

이상(李箱) 이상(異常)

김 소 운

■ 첫 대면

서울서 아동잡지를 준비하고 있을 무렵이다. 종로 2가의 어느 다방에서 손님들의 낙서첩을 뒤적이다가 펜으로 그려진 자화상 하나가 눈에 띄었다.

삐삐 마른 길쭉한 얼굴에다 수세미같이 엉클어진 머리털, 스케치북 한 페이지에다가 얼굴만 커다랗게 그린 능란한 그림이다. 그림 곁에 한 줄 찬(讚)이 있어 가로되 〈이상분골쇄신지도(李箱粉骨碎身地圖)〉——, 이것이 이상 김해경(李箱 金海卿)과 나와의 첫 대면(?)이었다.

얼마 못 가서 이번에는 그림 아닌 실물과 서로 알게 되었다. 만난 자리는 시청 앞 '낙랑' 다방, 동석했던 화가 구본웅(具本雄)이 소개해준 것으로 기억한다.

이상이란 '이상한 이름'이 본명이 아니란 것, 경성고공(京城高工)을 나와 한때 총독부의 영선기수(營繕技手)로 있었다는 것, 가끔 그림을 그리고 시도 쓴다는 것을 차차로 알게 되었다.

커다란 키에 자화상 그대로의 쓴웃음을 띠면서 상반신을 흔들거리며 길을 걷는 모습이 표표하고 멋이 있었다. 그런 풍모보다도 다방에서 마주 앉아 얘기를 하고 보면 통하지 않는 화제가 없었고, 한 마디 한 마디에 재치와 풍자가 넘쳐흘렀다. 촌뜨기의 생리를 자인하는 나와는 달라 하나에서 열까지 이상은 도회인(都會人)이었다.

서로 친밀해지기에는 그다지 시일이 걸리지 않았다. 거의 매일같이 '낙랑'에서 만나는 얼굴에는 이상, 구본웅 외에 구본웅의 척분(戚分)되는 변동욱(卞東昱)이 있고, 때로는 박태원(朴泰遠)이 한몫 끼었다. 거기다 '낙랑' 주인인 이순석(李順石)—— 이 멤버는 모두 나보다는 앞서 서로 친한 사이들이었다. 젊은 세대의 친분이란 형제처럼 깊어지기가 쉬운 법이다. 그러나 이상은 우정에 있어서도 현실적이요, 도회적이었다. 한 테이블에서 같이 차를 마실 때, 그중 하나가 찻값을 치른다는 것은 우리 사회에 겨우 하나 남은 염치요, 관습이다. 그러나 삼십 사, 오년 전 그 시절에 이상은 이미 그런 폐습(弊習)을 탈피한 선각자(?)였다. 희희낙락 담소하다가도 일어설 때는 제가 마실 찻값으로 10전 경화(硬貨) 하나를 테이블 위에 내놓는 것을 잊지 않았다.

모가지까지 오는 '도꾸리 샤쯔'에다 항시 쓴웃음을 버리지 않는 그 니힐한 모습이 며칠 보이지 않았다가, 하루는 노상에서 우연히 그를 만났다. 이화여전의 증축공사에 날품팔이로 나가 있었다는 얘기다.

고공 출신의 '전(前) 총독부 영선기수'를 설마 인부로 썼을 리는 없다. 그러나 이상의 어투로는 그 '날품팔이'가 몹시 고되어 이제는 더 못하겠다면서, 이날만은 그 특이한 쓴웃음도 잊어버리고 내 하는 아동잡지 일을 같이 거들 수는 없겠느냐고 한다.

그럴 수 있다면야 오죽이나 좋겠느냐고 즉석에서 얘기가 결정됐다. 이상은 익일(翌日)부터 '아동세계사'로 나왔다.

아동 잡지에는 포스터니, 표지니, 삽화, 컷 같은 일이 수두룩하다. 상은 고공에서도 건축 회화를 전공했고, 입학할 때 '성가족'(聖家族)의 인물 위치를 정확하게 대답한 단 하나이었다고 상 자신의 입으로 들은 일도 있다.

그런 벗을 편집실에 맞아서 같이 일하게 된 것을 다행으로 생각했다.

그러나 이상은 내 편집실에 길게 있지는 못했다.

벌써 건강이 말이 아니었다.

각혈까지는 아니라도 병세가 꽤 진전되어서 편집실 옆방에서 이불을 쓰고 누워 지내는 시간이 많았다. 글자 그대로 이불에 파묻히도록 푹 둘러쓰는 것이 그의 버릇이었다. 잠이 들면 천 길 땅속에 끌려들어 가는 것만 같다고 했다.

모사(模寫)의 특기는 과연 천재였다. 추사(秋史)의 선면(扇面)을 삽시간에 진필(眞筆)과 구별 못 하도록 써내었고, 희롱 삼아 그린 10원 지폐가 서너 자 거리에서는 쉽사리 진짜와 분간이 가지 않았다. 그런데도 모델 없이는 얼굴 하나, 손 하나도 그리지 못했다.

일본 양화단(洋畵壇)에 이름이 높던 미나미 군조오(南薰造)는 그렇게 유명한 대가인데도, 사과를 앞에 두지 않고는 사과를 못 그린다고 했다. 같은 화가라도 표지, 삽화로 이름난 미야모또 사부로오(宮本三郎) 같은 사람은 그와는 정반대로 모델 없이 무엇이건 그려냈다. 이것은 본질적인 개성이라 흉허물 삼을 일이 못되지마는, 이상의 경우는 약간 극단이다. 잡지에 쓰일 어떤 작은 컷 하나도 반드시 어느 외국 잡지나 화보에서 따와야 했다.

이상의 화재(畵才)는 잡지 같은 일에는 맞지 않았다.

▮ 차돌 마누라

반드시 그런 실용적인 이유만으로 이상을 맞아 온 것은 아니다. 처음 시작하는 일이라 서로 상의하고 의견을 교환할 친한 친구가 곁에 있는 것은 마음 든든한 일이다.

그러나 이 점에 있어서도 이상은 언제나 고마운 친구라고는 할 수 없었다. 출자자인 C씨가 내 험담을 하더란 얘기를 이상이 내게 들려주었다. 웃어 흘려버리지는 못할 험담이었다. 대구 살던 그 C씨가 다시 상경했을 때 그의 숙소로 찾아가서 나는 그 사실을 따졌다. C씨는 천만 의외란 표정으로 그 얘기는 자기 입으로 한 것이 아니요, 이상이 자기에게 한 말이라고 했다. 다음 날 세 사람이 한자리에 앉아 경위를 캐고 보니 C씨의 말이 옳았다. 그런 경우에도 이상은 긍정도 부정도 아닌 니힐한 코웃음을 띤 채 남의 굿을 구경하듯 딴전을 하고 있었다.

병세가 날로 짙어 가서 이상은 어느 시골로 정양을 가게 되고, 나는 '아동세계사'와 같이 서대문으로 옮겼다. 일역(日譯)《조선 시집》속에 있는 이상의 시 〈청령(蜻蛉)〉, 〈하나의 밤〉 두 편은, 정양 간 시골에서 상이 내게 보낸 편지를 그의 사후에 원문에서 추려 시형(詩形)으로 고친 것이다.

내가 만나기 전부터 상은 청진동 어귀, 지금 신신백화점 웃자리에서 '제비'란 다방을 경영하고 있었다. 가게를 맡아보는 마누라는 황해도 배천온천(白川溫泉)의 기생이었다고 들었다. 상과 같이 살게 되어 서울로 온 첫날 저녁, 상은 마누라를 조선호텔로 데려가서 같이 저녁을 먹었다. 처음 먹는 양식, 처음으로 들어간 대호텔의 식당——. 그런데도 그 으리으리한 샹들리에 아래서 시골서 갓 나온 여편네가 눈 하나 깜빡하지 않고 태연자약하더라고, 이것은 이상이 직접으로 내게 들려준 얘기다. 나이는 정확히는 모르나 그 당시 나 보기로는 스물네다섯, 차돌같이 뭉친 자그마한 몸집에, 바늘 하나 들어갈 빈틈이 없는 새침하고 깜찍한 미인이었다.

아무리 마누라가 차돌이기로니 나이로 보나 지능으로 보나 이상이 그 마누라의 위령(威令)에 눌려서 살 터수는 아니었다. 그런데도 상은 사뭇 마누라를 겁내는 시늉을 했다. 마누라도 그 호흡을 잘 맞추었다.

남편의 친구들이 있는 자리에서는 그들의 연기는 한결 광채를 띠었다.

"망할 자식, 또 이발 안 하구 들어왔지! 아침에 20전 준 거 어디 썼어!"

새파란 젊은 마누라 입에서 이런 욕지거리가 나오면, 이상은 그럴 때 아주 초연하게 하늘을 쳐다보며 "내일쯤 비가 오려나……." 하고 싱글한다. 아운(阿吪)*의 호흡이라고 할까, 입신(入神)의 기(技)라고 할까, 이 한 쌍의 부부는 범속(凡俗)으로는 흉내를 못 내도록 이상한, 그러면서도 한편으로는 세상에 둘도 없는 단짝이요, 호적수였다.

이 미시즈 차돌은 남편인 이상에게만이 아니라, 때로는 다방 손님에게도 거침없이 욕을 퍼부었다. 수주 변영로(樹州 卞榮魯) 씨가 어쩌다가 이 차돌 마누라에게 잘못 걸려서 "이놈 새끼!" 소리를 들었다는 얘기가 있다. 물론 수주가 누구인지를 알고 한 짓이다.

내 주장의 무서운 마누라에 얹혀서 사는 사내, 무기력하고 불쌍한 그런 사내로 보이려고 이상 자신이 분투노력하는 것도, 실상은 여간 따위 장사아치로는 못 따라 갈 상재(商才)를 가진 것도 친한 몇 사람만은 알고 있었다. 다방을 사서 넘기는—— 시쳇말로는 브로우커가 이상의 숨은 아르바이트였다. 당자의 입으로 그런 말은 하지 않아도 이런 일은 친한 친구 간에는 자연 알려지게 마련이다.

낙원동에 있던 '킹 호울'이란 제법 큰 카페(요즈음 캬바레)를 이상이 사게 되어 3천 몇 백 원으로 흥정을 걸고 있었다. 지금 돈으로 2백만 원이 넘는 액수다. 중간 역할을 하는 것이 아니요, 이상 자신의 소유로 만

---

* 입을 열고 내는 소리와 입을 닫고 내는 소리, 기식(氣息)의 출입(出入).

들어서 얼마 후에 딴 임자에게 넘겨주는 시스템이다. 코오피 값 10전을 잊지 않는 이상의 속주머니에 때로는 두두룩한 지폐 뭉치가 들어 있는 것도 그의 표표한 풍모와는 어울리지 않는 경이(驚異)였다. 그것이 이상의 사재(私財)인지, 배후에 어떤 전주(錢主)가 숨어 있는 것인지, 그것까지는 마침내 알 길이 없었다.

▌백단유(白檀油)

'킹 호올'을 사고팔던 바로 그 무렵이다. 후일 이상의 처남이 되었던 변동욱이 산증[睾丸炎]에 걸려서 내 집에 와서 눕게 되었다. 부모 형제들이 서울에 있는데도 워낙 어려운 형세라 병든 몸을 용납할 곳이 없었다.

출자자와의 트러블로 해서 나는 일시 아동잡지를 휴간하고 쉬던 때이다. 사동 아이도 없는 빈 편집실 옆방에 내가 외출이라도 하고 보면 시즈꼬 하나가 남게 된다. 그 시즈꼬가 남의 사내의 사타구니에다 빙대(氷袋)를 채워야 할 사정이니 일인즉 맹랑하다. 하물며 변군(卞君)은 누운 채 꼼짝을 못하는 중환(重患)이다.

친한 몇몇 친구들이 내 처소에 모여서 변군의 입원을 두고 의논을 하게 되었다. 내 주머니에는 푼전이 없다.

구본웅은 그 당시 대(大) 인쇄소의 하나이던 창문사(彰文社) 사장의 맏아들이요, 변군에게는 먼 촌수로 조카뻘이 된다. 그러나 이 꼽추 화가에게는 경제권은 없는 것 같았다.

변군과 이상은 어렸을 적부터 같이 놀던 이른바 죽마고우(竹馬故友)다. 때마침 '킹 호올'을 흥정하느라고 적지 않은 액수의 돈이 상의 수중에 있는 것도 알고 있었다. 설혹 그런 돈이 아니라도 '제비' 다방의 하루 수입이면 이 어질고 꿈 많은 로맨티스트 옛 친구 하나를 병원에 입원시키기로는 충분하리라——. 그런 생각을 하면서 나는 이상 쪽을 보았다.

눈이 마주치자 이상은 혼잣소리처럼 중얼거렸다.

"어디 백단유(白檀油)* 한 병, 외상으로 줄 데 없나?"

백단유가 그 당시로는 트리페르 질환의 전문약이라고 했다. 값도 싸지는 않아 손가락만한 작은 병으로 오 원, 요즘 페니실린보다는 훨씬 비쌌던 셈이다. 외상으로 백단유 한 병만 구할 수 있으면 만사는 해결이란 어투다. 후일의 대천재 이상을 이 순간 나는 '개자식'으로 보았다.

이튿날 아침 고물상을 불러 편집실에 걸렸던 괘종시계며 철이 지난 난로들을 팔아서 변군을 수송(壽松) 공립학교 옆 어느 개인 병원에 입원시켰다. 그 뒤 1주일 남짓해서 변군이 차도가 난 것을 보고 나는 도오꾜오로 떠났다. 아동잡지를 계속할 자금 조달 때문이었다.

간신히 노자만을 마련해서 온 도오꾜오에서 동분서주하고 있는 내게 하루는 변군에게서 전보가 왔다. 일문으로 된 그 전보 내용이 하도 명문(?)이라 30년 지난 지금도 한자 한자가 그대로 기억에 남아 있다.

'입원료 미불로 인하여 병원에 감금당함. 지급 구조 요망——.'

일순 나는 변군이 나를 놀려 주려고 이런 익살을 피운 것인가 했다. 다음 순간 하도 어이가 없어서 맥이 풀렸다.

"이 사람들은 나를 록펠러로 알았던가? 아니면 내가 백백교(白白教)** 교주란 말인가?"

그러나 도리 없었다. 의사에게 전보를 쳐 두고, 5, 6 일 후에 서울로 돌아와서 감금(?) 중이던 변군을 찾아냈다.

친구란 사람들도 무심했거니와, 그 의사며 의사의 마누라가 대단했다. 못다 치른 얼마 안 되는 잔액을 받으려고 의사 부인이 청진동서 서대문까지 매일같이 행차를 하셨다. 마지막 지불을 하는 날 한마디 실례 말씀을 했다.

---

* 백단향의 나무 조각을 물과 함께 증류하여 얻는 노란 빛깔의 끈끈하고 진한 휘발성의 기름. 향료로 쓰고 임질, 방광염을 치료하는 데도 씀.
** 1923년에 차병간(車秉幹)이 경기도 가평에서 창시한 유사종교.

"댁에선 직업 선택을 잘못 했습니다. 유곽 포주나 고리대금업으로 지금부터라도 전환을 하시지요……."

▌데드마스크

이상을 두고는 못다 쓴 말이 많다.

'제비' 다방 뒤 안방에서 남의 사내와 수작을 벌인 마누라를 (상이 그렇게 시켰다는 설도 있었다) 친구들을 데려다가 하나하나씩 문구멍으로 '관람'을 시켰다는 얘기──, 돈의동(敦義洞)의 '주전자 술집'에서 꼽추 화백을 구경꾼으로 앉혀 두고, 안주로 딸려 온 그 집 낭자군(娘子軍)과 술상 옆에서 (상의 어투로) '흘레'를 했다는 얘기──. 이런 것은 아무리 퇴폐와 데카당을 예술의 필수 과목으로 착각하던 시대기로니 인간을 우롱하는 '지나친 장난'들이 아닐 수 없다. 박태원이 오만상을 찌푸리면서

"장난들이 좀 심해요……. 남의 여편네 서방질을 구경이라고 하는 친구도 친구지만, 글쎄 상이 하나하나 손짓을 해서 불러들이고는 같이 낄낄댔다는구먼요……. 원, 참! 별 사람들!"
하고 개탄을 마지않았던 그 심정도 가히 짐작할 만하다.

그러나 프로이트가 무색할 이런 어브노말한 노악취미(露惡趣味)도 이상의 경우는 별로 음침하지 않고, 마치 물에 노는 고기처럼 생기를 띠었던 것도 사실이다. 적어도 이상을 아는 사람이면 그런 얘기에 그다지 이화감(異化感)을 느끼지는 않는다. 개가 사람을 물어도 뉴우스가 되지 않으나 사람이 개를 물면── 하는 격으로, 차라리 이상이 인간 사회의 윤리, 도덕을 두고 연설이라도 했다면 그쪽이 훨씬 더 놀라워서 눈이 둥그래졌을 것이다.

일본 가는 이상의 청으로 부산과 도오꾜오의 친지들에게 소개 편지 몇 장을 쓴 기억이 있다(부산 것은 도항의 편의를 보아 달라는 부탁 편지였다).

얼마 후 나도 길 막힌 아동잡지를 재생시켜 보려고 도오꾜오로 또 건너갔다.

이상은 니시간다(西神田) 경찰서에서 유치장살이를 하고 있었다.

몇 차례 면회를 갔으나 허행(虛行)만 했다. 그러다가 세 번짼가 네 번째 때, 담당인 경부보(警部補＝警衛)와 한바탕 입씨름이 터져버렸다.

면회도 단념했거니와, 같은 니시간다 관내인 오쨔노미즈(御茶の水) 역전에다 사무실 하나 빌린 것도 포기할 밖에 없었다.

현재도 남아 있는 그 '지까오까(近岡) 양복점' 4층 빌딩은 대학가의 역전이란 위치치고는 집세도 눅은 편이었다. 그러나 독꼬오(特高)의 나으리와 원수를 맺고서야 거기서 배겨낼 계제가 못 된다. 어떤 명목, 어떤 구실로 보복이 미칠지도 모를 일이다.

진보쬬오(神保町) 뒷골목, 햇살이 들지 않는 좁은 2층 방에 이상이 풀려나왔다는 말을 듣고 찾아갔더니, 옛날 연건동에서 이불 속에 파묻혀 자던 그대로 한여름에 상이 이불을 둘러쓰고 앓고 있었다(잠만 들면 땅속에 끌려들어 가는 것만 같다던 그 시절에서 5년이 지났으니 무던히 견딘 셈이다).

프랑스식 코페 빵이 먹고 싶다고 해서 거리로 나왔으나, 학생가의 과자 가게에 그런 것이 있을 리 없다. 레스토랑을 몇 집 찾아다니다가 도리 없이 택시를 잡아타고 빵 한쪽을 사러 긴자(銀座)까지 갔다. 후지야(不二屋)에서 돌덩이같이 거죽이 딴딴한 코페에다 버터니 잼들을 사 들고 돌아왔더니, 상은 트집쟁이 어린애처럼 이런 게 아니라면서 짜증을 부린다. 땀을 뻘뻘 흘리면서 빵 한 쪽을 사려고 돌아다닌 내게 이상은 이런 짜증으로 친애의 정을 표시했다.

도오다이병원(東大病院─동경제대부속병원)에 상이 입원한 얼마 후, 겨우 돈 준비가 되어서 새로 마련한 사무실을 계약하려고 에비스(惠比壽)의 아파아트 문간을 막 나오려는데 상이 숨졌다는 전보가 왔다.

영안실에 누워 있는 시체를 보고도 어쩐지 죽었다는 실감이 가지 않

았다. 하도 능청맞고 익살스런 친구라 그 특이한 쓴웃음을 띠면서 금시
에 일어나 앉을 것만 같다.

6, 7인이나 낯모를 사람들이 둘러앉은 곁에서 화가 길진섭(吉鎭燮)이
석고로 상의 데드마스크를 뜨고 있다. 굳은 뒤에 석고를 벗겼더니 얼굴
에 바른 기름이 모자랐던지 깎은 지 4, 5일 지난 양쪽 뺨 수염이 석고에
묻어서 여남은 개나 뽑혀 나왔다. 그제야 '정녕 이상이 죽었구나······'
하는 생각이 들었다.

입원료를 청산하기 전에는 사망진단서가 나오지 않고, 장사도 못 지
낸다고 한다. 또 한번 나는 사무실 계약을 단념하는 수밖에 없었다. 주
머니에 준비했던 보증금이 이상의 '전주(錢主) 노릇'에 쓰였다.

사망진단서에 적힌 사인(死因)은 폐결핵이 아니고 '결핵성 뇌매독'(結
核性腦梅毒)이었다. 화장터에서 돌아온 상의 유골은 상의 미망인(차돌
여사와 헤어진 뒤, 상과 같이 된 변군의 누이, 현 S화백 부인)과 같이 내 아
파아트에서 첫 밤을 새웠다.

그해 가을인가── 서울로 온 나는 《조선일보》 소강당에서 열린 이상
의 추도식*을 구경했다. 먼 뒷자리에 앉아서──. 제 손으로 뼈를 주운
친구의 추도식 참례가 아니요, 어디까지나 '구경꾼'이었다. 사생(死生)의
경계와는 또 하나 다른 의미에서 나와는 인연도 상관도 없는 '스타' 하
나가 죽음이란 너울을 쓰고 성스럽게 등장하는 것을 보았다.

침통하고 장중한 추도시며 조사들이 그 '스타'의 등장을 알리는 팡파
아르처럼 내 귓전을 스쳐 갔다.

《하늘 끝에 살아도》, 동아출판공사, 1968)

---

* 이는 김소운의 기억 착오로 보인다. 이상과 김유정의 추도식은 1937년 5월 15일
오후 7시 반에 부민관 소집회실에서 개최되었다(《조선일보》 1937. 5. 11).

흔히 세상일에는 전연 관심이 없는 사람으로 알려진 이상에게 아주 다른 면모가 숨겨져 있음을 강조한 글이다. 이상이 카페의 인수와 매각을 반복하였던 것이 세상에 알려진 바와 같이 경영상의 어려움에 따른 것이 아니라, 카페를 사업상 이재의 수단으로 파악한 일종의 브로커적인 기질에서 비롯된 것임을 지적함으로써, 이상의 현실적이고 계산적인 일면을 소개하고 있다. 한편 이 글은 이상의 사인을 '결핵성 뇌매독'으로 기술하고 있는데, 이후 많은 논자들은 이를 의심 없이 그대로 수용해 왔다. 그러나 '결핵성 뇌매독'이란 의학적으로 성립될 수 없는 병명이라는 점에서 이 같은 내용은 명백한 오류라는 사실에 유의할 필요가 있다.

심심산천(深深山川)에 물어주오

문 종 혁

1 이상을 위한 증언

> 이 세상에 이상(李箱)을 증언할 사람이 없다. 그
> 릇된 이상의 이야기를 듣고만 있을 수 없는 나는
> 단 한 사람의 증인이다.

스물여덟—— 상(箱)이 세상을 떠나자 나는 무서운 죄책감이 휩쓸렸다. 상의 추도회가 끝나자 나는 상의 유가족 앞에서도 상의 주변 사람들 앞에서도 사라지고 말았다.

상의 벗의 리스트에서 나 스스로가 나의 이름을 지워버리고 만 것이다.

그 후 30유여 년* 나는 명실 공히 상에 관해서라면 일언반구 없어 왔다.

---

* 30有餘年 ; 30여 년 남짓.

때때로 터져 나오는 하고 싶은 말들을 꾹 참고 지내왔다.

그 이유라면 뒤에서 말할 나의 죄책감에서였고(상의 벗이 될 자격이 없다는 생각), 또 있다면 내가 섣불리 중얼댄다는 것이 상을 더럽힐까 두려워해서였다.

그러던 내가 1965년 봄, 상의 28주기를 기념해서 마련된—— 그 당시의 《문학춘추》지에서 〈부도덕의 사도행전〉*이라는 제하의 모씨의 글을 읽고 내 딴에는 몹시 마음 아파했다.

일시적이 아니요 여러 해를 두고 목에 가시가 걸린 사람처럼 괴로워했고, 벙어리 냉가슴 앓듯 마음이 아팠다.

실은 이때의 나는 실의(失意)와 일종의 허탈 상태의 시절이었다. 도저히 상의 일에만 전념할 수 없는 시점이었다.

그러던 내 환경이 1967년에서 1968년에 접어들며 차차 정상적으로 회복되어 왔다.

나는 〈부도덕의 사도행전〉을 다시 한번 검토해 보기로 했다.

결론부터 말해서 지금의 나는 〈부도덕의 사도행전〉에 대해서는 그다지 관심이 없다. 그러나 나는 조금만 이야기해야 된다.

동씨(同氏)는 상이 통속을 거부하는 것을 잘 인식하면서도 상의 편이 아니었고 평론가의 냉혹성이라 할까 그런 방법을 취했다. 그 결과가 〈부도덕의 사도행전〉이라는 것으로 나타난 것이었다.

동씨는 동씨의 고백과 같이 상과는 아무런 지면(知面)조차 없다. 상의 인간상을 써달라는 청탁은 받았고 궁여지책이라고 할까 상의 말년의 몇 편 신변소설로써 상의 인간상을 들여다보았다.

동씨는 동씨 스스로 기술하고 있다.

"이상(李箱)의 소설에서의 인간관계나 사회관계는 그의 타인에 대해서 의지했던 짧은 동안의 기록이 된다"라고.

---

* 이영일의 글로, 《문학춘추》 13(1965. 4.)에 발표되었다.

그러면서 동씨는 이 짧은 동안의 일을 상의 전모(全貌)로 간주하고
말았다.

나는 생각한다. 한 편모가 전모일 경우도 있다. 그러나 한 편모는 어
디까지 한 편모요 전모가 아닐 경우도 있다는 것이다.

또 이 글은 상의 작품평도 아닌 상의 인간상을 쓰는 글에서 왜 그러
한 〈부도덕의 사도행전〉이라 하게 되었는지는 지금도 석연치가 않다.

지금 나는 〈부도덕의 사도행전〉을 왈가왈부하는 것이 목적이 아니다.
나의 이야기의 목적은 딴 곳에 있다.

나는 이 글을 검토하는 중에 다음 몇 가지의 부산물을 얻었다. 나로
서는 중요한 일이 아닐 수 없다.

그 하나는 상에 대한 자료는 너무도 고갈되었다는 점이다. 〈부도덕의
사도행전〉에서도 가장 중요한 초점은 상의 자료 부족에서였다고 느껴
졌다. 동씨가 놀라우리만큼 날카로운 눈으로 상의 깊은 데를 파고든 데
대해서는 나는 경이를 느꼈다. 그러면서도 과오(?)를 저지른 것은 역시
자료의 빈곤이었다.

또 하나는 세상에 노출된 상의 인간상이었다. 상의 인간상은 과연 상
본연의 인간상이냐 아니냐 하는 점이다.

하기는 좀더 조사하고 좀더 고찰하지 않고서는 단안을 내릴 수는 없
으리라. 다만 나는 나 혼자 앉아서만은 고개를 갸우뚱하는 것이 솔직한
나의 고백이다.

다시 말해서 나는 다음 같은 견해인 것이다. 즉 상의 일생은 짧지만—
그리고 시간상으로는 균형이 맞지 않지만 성질상으로는 그의 24세 때
즉 그가 두 번째 각혈을 하고 요양차 배천온천(白川溫泉)에 가서 금홍
여인을 만나고 다실 '제비'를 연 때를 분계선으로 해서 그의 생애는 전
기(前期)와 후기(後期)로 나누어져야 한다는 것이다.

성질상이라 함은 그가 그의 지병과 씨름을 하고 죽음의 심연(深淵)에
서 배회한 것은 전기와 후기를 통해서 대차는 없지만 가정 관계나 경제

면으로 보아서는 그의 전기는 무풍지대였음에 반해서 그의 후기는 지순한 그로서는 도저히 감당해낼 수 없는 역풍지대였다는 것이다.

그런데 세상에는 그의 전기는 편모조차 나타나지 않았고 그의 후기만이 노출도 불명하게 확대되어 노출되었다는 것이 나의 풀이다.

이제 누구인가가 그의 전기를 노출시키지 않는 한 그의 인간상은 병적(病的) 요소만이 남을 우려가 다분히 있는 것이다.

그러면 누가 그의 전기를 말할 수 있느냐 하는 점에 도달한다. 나는 그의 혈통을— 그의 학창— 그의 직장— 모두 살펴보았지만 누구 하나 찾아낼 수가 없다.

그는 재기 있는 사람이었고 조숙한 사람이었으므로 그의 개성은 이미 그의 10대에 뚜렷이 나타났고 그의 내면세계는 이미 전개되었지만 그 속을 들여다보고 이해할 만한 사람은 거의 없었다고 해서 과언이 아니다.

그러기에 상은 이 점에 대해서 불평 같은 심정이었고 빈정대기마저 했었다.

한 사람만은 찾아낼 수가 있다. 고 구본웅(具本雄)* 씨 말이다. 그라면 상의 어렸을 때의 벗이요 상을 알 수 있는 사람이라고 믿어진다.

그러나 상의 말년의 지우인, 구본웅 씨도 잘 아는 R씨의 말에 의하면 구본웅 씨는 상이 세상을 떠난 후 상에 관해 남긴 이야기도— 남긴 글도 전혀 없다는 것이다.

그러면 누가 상의 전기를 이야기하느냐. 나는 막다른 골목에 서 있는 나 자신을 발견했다.

그러고도 소심한 나요 여태까지도 나의 죄책감은 아주 사라지지 않아서 몹시 망설여 왔다. 그것이 1968년의 봄 일이다.

그러나 나는 이제는 마음을 굳히었다. 나의 죄책감도 나의 글 엮는 수업이 엉망인 것도 가리지 않기로 했다.

---

* 구본웅(1906~1953) ; 꼽추화가로 한국 화단에 표현주의적 경향을 도입하였다. 이상의 벗이었으며, 이상의 자화상을 그리기도 했다.

왜냐하면 상의 문학의 값어치는 전술한 바와 같이 좀더 시간의 흐름을 기다려야 한다고 치자.

이 땅에 새 문학, 현대 문학의 발아기에 있어 상의 발자취는 그냥 저버릴 수 없다는 점만은 자타가 공인하는 일 같다. 또 그의 특이(特異)하다는 인간상은 그의 문학과 더불어 많은 관심도와 문제점을 남기고 있는 것이 사실이 아닐까?

나는 거듭거듭 말하거니와 상의 문학에 관해서 왈가왈부할 자격은 없다. 다만 그의 인간상 특히 그의 전기에 있어서는 누구보다도 잘 알고 있고 동시에 책임감마저 느끼는 것이다.

여기에 내가 또 욕심을 가진다면 그의 문학이 아니고 그의 문학의 태동에 관해서 무언가 반짝 비칠 수는 없을까 하는 생각이다. 이 글의 목적은 이런 것들에 있다.

끝으로 독자에게 일종의 고충이 될지도 모르는 몇 마디 말을 첨가한다.

내 딴에는 최대한 나의 주관에 흐르지 않겠다는 마음에서 평론가적 기술(記述)을 피하고 녹음테이프나 사진필름 같은 기술을 선택한다.

2 이상(李箱)이란 이름

'이상'이란 이름은 나를 슬프게 한다.
그는 내게 〈나— 죽거던…〉이란 슬픈 시를 보내
온 일이 있다.

상의 이름, 즉 이상(李箱)이라는 이름에 대해서는 그의 후기의 문우들을 통해서 세상에 널리 알려진 일이다.

다만 아직도 그 이야기를 읽지 못한 독자들을 위해서 간단히 적어본다.

그가 스무 살 때였던지 스물한 살 때였던지 그 점에 대해서는 기억이
흐리다.

다만 그 계절이 늦은 봄이었던 것 같고 그가 총독부에 재근하던 때
인 것만은 확실하다. 전매국 신축장의 현장감독으로 나가던 때였다고
회상된다.

어느 날 오후 나는 여느 때나 다름없이 그의 방에 들어섰다. 그리고
내것 꺼내듯 그의 그림엽서들을 그의 책꽂이에서 빼어서 뒤적이기 시
작했다.

평시 같으면 또 그림 이야기에 꽃이 필 것은 당연하다. 그런데 이날
만은 그는 뚱딴지같은 이야기를 하는 것이었다. 그의 이야기의 내용인
즉 다음과 같다.

출근을 해서 현장에 들어서자 저편 멀리서 한 인부가 "이상——" 하
고 그를 부르더라는 것이다.

'상'이라는 말은 일본말로서—— 요새말로 하면 씨니, 미스터니 하는
성(性) 밑에 붙여 존칭하는 말이다.

그 인부는 그를 이(李)가로 알았던 모양이다. 그는 실은 김(金)가다.
김해경(金海卿)이가 그의 본명이다.

그런데 그는 대답했다는 것이다. 아무렇지도 않게 즉 그는 이(李)가
성인 것처럼 대답하고 그 인부의 물음에 작업상 지시를 했다는 것이다.

당당한 총독부 기사님의 성(姓)을 갈았다. 우리나라의 관념으로는 남
의 성을 갈아 붙인다는 것은 실례 정도가 아니고 큰 욕이 된다.

그러나 상은 그것이 아니었다. 이 바보천치(?) 김해경이는 노염 타지
도 않았고 해명도 하지 않았다.

그러나 여기까지는 좋다. 그는 그 인부가 부른 대로 이(李)가가 되기
로 했다는 것이다.

'이상'이라는 '상'자는 음(音)을 따서 상자 상(箱)자로 하여 이상(李箱)
이 되기로 했다는 것이다.

그 후 그는 나에게의 발신에도 '이상'이라는 이름으로 써 왔고, 대화 때에도 상(箱)이라고 자기 자신을 일컬었다.

후일 그림이나 문학물의 발표에도 그러했다.

이 이름에 대해서는 그 후 다시는 아무런 덧붙이는 이야기가 없었고, 그날도 그러한 사실만을 이야기했을 뿐, 왜 그랬다든가 하는 해설은 없었다.

이상(以上)은 전술한 바와 같이 세상에 널리 알려진 일이다.

그런데 나는 나대로의 할 이야기가 있다.

내가 열아홉 살 때의 일이다. 나는 상의 집을 떠나 잠시 나의 백형님 댁에 있은 시기가 있다. 백형님이 재혼을 하셨고 얼마 동안 서울 살림을 하셨기 때문이다.

그때 그의 글은 가끔 날아들어왔고 그중에는 〈나― 죽거던…〉이라는 시(?)를 써 보낸 일이 있다.

지금 나는 그의 서신집을 보존하고 있지 못하다. 그러나 너무도 많이 읽었기에 〈나― 죽거던…〉의 머리와 꼬리만은 지금도 기억하고 있다.

나― 죽거던
심심산천 사람 하나 아니 오는
가그매* 황새만이 날아드는
(중간 기억불명)
무더나 주오

6천 자도 넘는―― 아니 7, 8천 자나 높은 인적 하나 없는―― 하늘은 9만 리 창천 높고 구름 한 점, 바람 한 점 없는 푸른 하늘이다.

이따금 가그매, 황새만이 날아드는 한적한 곳이다.

―――――――――――――

* '까마귀'의 방언.

가그매, 황새가 그런 높은 곳에 사는 것인지 아닌지는 무식한 나는 모른다. 그저 그렇게만 느껴지는 것이다.

거기에 상의 무덤이 외롭게 슬프게 놓여 있는 것이다. 어쩌면 태고로부터 영겁으로 인적 하나 없을 것도 같은 느낌이다.

이상(李箱)이라는 이름이 지어진 때는 이 글 〈나— 죽거던…〉을 받은 후의 일이었다.

그런데 나는 '이상'이라는 이름을 듣고 그림엽서들을 손에 든 채 앉아서 다음과 같은 생각을 했다.

이(李)자는 이화도화(李花桃花) 만발한 인가(人家) 가까운 기슭이다.

상(箱)자는 상자가 아니요 관(棺)이다. 상의 시체가 담겨 있는 관이다. 그 관은 땅속에 묻히어 있는 것이 아니요 산기슭에 그냥 놓여 있다.

금방이라도 사람들이 그 옆을 지나갈 것 같은 느낌이다.

이화도화는 필 대로 피어서 낙화가 진다. 그의 관 위에 한잎 두잎 내려앉는다. 자꾸만 쌓인다. 드디어 관은 꽃잎 속에 묻히고 만다.

이렇게 생각한 것이다.

그러면 앞에서 말한 상의 〈나— 죽거던…〉과는 완전히 세계가 다르다. 나는 어째서 그러한 상반된 생각을 하게 되었는지 지금도 알 수가 없다.

상의 〈나— 죽거던…〉이 너무도 마음 아파서 그와는 정반대의— 즉 그를 달래주고 싶은 마음에서였는지?

다만 나의 이 관념은 변함이 없다. 이상이라는 이름을 볼 때에는 〈나— 죽거던…〉이 아니요 지금도 분홍빛 꽃잎들이 자꾸만 떨어지고 있는 것이다.

그리고 이상이라는 인간을 생각할 때에는 〈나— 죽거던…〉이 생각난다.

3 상(箱)의 모습과 금홍 여인

거칠게 생겼어도 조용한 이상—— 그는 금홍이란
여인과 배천온천에서 정사를 가졌다.

내가 상을 처음 만난 것은 열여덟 살 때다. 상도 열여덟이요, 나도 열여덟이다. 상과 나는 동갑이었다.

그는 그 나이에 전문학교(고공) 2학년이었다. 그러기에 그의 머리는 까까중이 아니고, 길러서 뒤로 넘겼고, 그의 교복은 '고꾸라'가 아니고 '곤세루'의 대학생복이었다. 나이가 다소간 들어 보이는 것도 무리가 아니었다.

누가 보아도 상은 스물다섯 살은 본다. 그가 열여덟이라고 하면 믿을 사람이 없었다.

상의 신변소설 〈봉별기(逢別記)〉의 첫 구절을 본다.

"스물세 살이오—— 3월이오—— 각혈이다."

이렇게 씌어있다. 조금 더 읽어 가면 상과 금홍 여인과의 대화가 나온다.

"그럼 내 나이 몇 살이나 돼 뵈지?"

상이 금홍 여인에게 던지는 말이다. 금홍 여인은 다음과 같이 대답한다.

"글세 마흔? 서른아홉?"

금홍 여인은 스물세 살의 상을 서른아홉에서 마흔까지를 보았다. 실로 16, 7년을 더 많이 본 것이다.

이 소설이 신변소설이요 거의 전부가 실지에 있던 일이다. 그러기에 이야기지만 이때의 상은 실은 스물네 살이었다.

그의 피부는 몹시 굵은 세포들만으로 조직된 것같이 보인다.

다시 말해서 열여덟이면 비단결같이 고운 피부여야 할 일인데 삼, 사십도 넘어선 장년보다도 거칠은 피부다. 땀구멍이 뻥뻥 뚫린 것이 육안에도 보이는 것 같다.

그것만이 아니다. 얼굴에 핏기라고는 전혀 찾아볼 수가 없다. 실례의 말로 뼈 위에 살, 살 위에 피부뿐이요 혈액이라고는 다 뽑아낸 것 같다. 그렇게 창백하기만 하다. 그의 지병 '가슴'의 소치인지도 모른다.

거기다가 그의 언동이 아이답고 젊은이다운 데가 없다. 장년보다도 아니 노인같이 조용하다.

또 그의 얼굴의 이목구비가 고요하기만 해서 또한 그렇게 보인다.

그러면 그의 이목구비를 한번 살펴보기로 하자.

그의 눈은 좀 큰 편이다. 눈은 좀 들어앉은 편이다.

그의 눈가죽은 그의 긴 속눈썹과 같이 조용히 여닫는다.

그의 동구는 무슨 물체를 강렬히 쏘아보는 법이 없다. 초점을 잃은 것도 같고 현실 아닌 피안(彼岸)을 바라보는 것만 같다.

그가 세상을 떠난 후 그의 문우(文友)들이 "상은 고고(孤高)했다"고 말한 것 같은데 그의 고고는 그의 눈이 웅변해주고 있다.

그의 눈은 또한 치켜지지도 내려앉지도 않아서 고요하기만 하다.

비교적 긴 콧날을 가지고 있다. 그런데도 강한 맛은 없다.

그의 입은 조금 내민 편이다. 아마도 그의 앞니[齒]가 좀 크고 넓은 편이어서 그런 관계였으리라. 조용히 닫힌 입술은 어린 처녀가 조심성 있게 입을 다문 것 같은 느낌이다.

이런 것들이 널찍널찍 자리 잡고 있어서 옹졸해 보이는 데는 한 군데도 없다. 그렇다고 부처님 같은 자비스런 얼굴도 아니다. 조용하기만 하다. 어른 같아 보이고 나이가 많아 보인다.

때로는 그 조용한 얼굴에 고독이 스쳐간다. 또 그가 착한 것을 보거나 아름다운 것을 본 때에는 어린애같이 눈을 반짝인다.

또 그가 즐거워 하얀 이를 내놓고 웃을 때 보면, 이런 사람도 죄를 짓는 일이 있을까 싶다. 법이 없어도 산다는 말은 이때의 상을 두고 생겨난 것만 같다.

다만 한 가지 그의 얼굴에서 생기로운 데가 있다면 그의 귀요 그의 코 둘레다.

그의 귀는 좀 서 있는 편이어서 생기가 보인다. 또 그의 코 둘레는 우리네보다도 탄력이 있어 보인다.

그의 모발은 숱이 많고 좀 거세 보인다. 수염은 귀밑에서 턱으로 감싸고 있고 머리털과 곁들여서 얼굴을 한 바퀴 감싸고 있다. 그러나 이것은 후일의 이야기에 속한다. 그의 학창시절의 수염은 면도도 했기에 눈에 띄지 않았다.

그의 목은 좀 가늘게도 보인다. 그러나 그의 목둘레는 15인치*였다. 그의 와이샤쓰가 말이다. 여윈 체질이었다. 5척 7촌 5푼**의 키에 15인치의 목둘레는 가늘다고만 볼 수도 없을 것이다. 아마도 그의 목이 좀 긴 편이어서 그 관계로 좀 가늘게 보였는지도 모른다.

그의 키가 5척 7촌 5푼이라는 것은 재어 본 일도 없고 들은 일도 없다. 내 키가 5척 8촌이다. 그런데 그는 나보다 5푼 정도 키가 작은 것을 질투로 느낀다고 말한 적이 있다.

그는 학교나 직장에서 돌아오면 반드시 옷을 갈아입는다. 집에서는 그는 양복을 입는 법이 없다. 나는 그의 집에서 5년에 걸쳐 그와 한 지붕 밑에서 기거했다. 그러나 그가 집 안에서 양복을 입은 것을 본 일이 없다. 또 밖에서 한복을 입은 일이 거의 없다. 나는 그와 10년 교우에서 그가 밖에서 한복을 입은 것은 꼭 두 번 보았을 뿐이다.

그의 성격은 결코 치밀한 성격이 아니건만 의복만은 참으로 규칙적이었다. 하기는 규칙적이느니보다는 딴 데에 그 이유가 있었는지도 모르지만.

---

* 1인치가 약 2.54cm이므로, 15인치는 38cm 가량임.
** 척은 30cm, 촌은 3cm, 푼은 0.3cm 정도에 각각 해당됨. 그러므로 5척 7촌 5푼이란 대략 172~173cm 가량을 말함.

그의 집 안에서의 한복차림은 늘 그 옷이 그 옷이다. 광당목의 흰 저고리 흰 바지다. 그는 여름에 한 벌, 겨울에 한 벌, 그것뿐인 것 같다. 그러한 착각을 느낀다.

그건 그렇다 하고서 그는 늘 풀대님이다. 또 조끼를 입는 일이 없다.

그의 옷고름 맨 것을 보면 불안해서 못 견딘다. 금방 풀어질 것만 같다.

또 그의 허리띠도 예외일 수가 없다. 금방 바지가 흘러내리고 볼기짝이 나올 것만 같다.

그는 그러한 의상으로 앉아서 그림을 그리고 그러한 의상으로 누워서 책을 읽는다.

한번은 그가 스물네 살 때의 일이다. 즉 그가 두 번째 각혈을 하고 요양차 배천온천에 가서 금홍 여인을 만나던 때다. 나는 그의 초청(?)을 받고 나의 여인과 같이 배천온천에 갔고 갈 때에 전보를 쳤다.

전보를 받은 그는 역에 나와 있었다. 역시 풀대님이요 조끼가 없는 바지, 저고리 바람이었다. 다만 이날만은 광당목이 아니었다. 명주도 아닌 삼팔 바지, 저고리였다. 3월 말 화창한 날씨에 그의 삼팔 바지, 저고리는 구김살조차 없었고 우아해 보였다.

그는 나와 어깨를 나란히 하고 플렛폼에서 나오며

"누구지?"

하고 나의 귀에 대고 속삭였다.

"나의 약혼녀……"

상은 금홍 여인도 집어치우고, 구본웅 씨도 집어치우고 그 오후를 그 풀대님인 채 꼬박 나의 호텔에서 놀다 갔다.

그럴 것이 패망했던 친구(나)가 성장을 하고 사랑하는 여인과 같이 쓸쓸한 배천온천에 친구(상) 찾아 왔으니 이 착한 인간이 즐겁지 않을 수 없었으리라.

다만 이때의 상이 금홍 여인과 사랑에까지 접어들었는가, 아직 거기까지는 들어서지 못했는가 하는 점에 대해서는 나는 미지수다.

상은 배천에서는 금홍 여인에 대한 이야기는 전혀 없었다.

또 한 가지 〈봉별기〉는 창작물이기는 하지만 금홍 여인의 육체를 놓고 구본웅 씨와 가위바위보 내기로 다룬 점을 보아서 아직 사랑에까지는 들어서지 않은 때 같은 심정이다.

어느 의미로는 상이 금홍 여인과 사랑에까지 접어든 간접적 영향은 나— 즉 내가 여인을 대동하고 간 데서 관련되지는 않았는가 혼자서 생각하는 때도 있다.

또 한번 밖에서의 그의 한복— 그것은 스물여섯의 겨울이라고 회상된다.

즉 세상에서는 '임'이라고도 하지만 나는 'B여인'*이라고 한다. 이 여인과 사랑의 싹이 돋아나던 때라고 회상된다.

나는 사실 그의 전기(前期)에 있어서는 누구보다도 내가 그와 가까웠고 그의 후기(後期)에 있어서는 그의 문우들보다도 그의 사생활에 어둔지도 모른다고 생각하는 때도 있다.

다시 말해서 B여인의 경우도 나는 자세한 것을 모르고 있었고 지금 또한 그러하다.

오직 그때의 나는 어느 문학소녀가 그와 사제지간도 같고 그 선을 넘어선 것도 같이 아리숭한 정도로 알고 있었을 뿐이다.

B씨와는 스물네 살 때부터 안면이 있다. 그러나 B여인이 B씨의 누이동생인 것도 그 당시의 나는 모르고 있었다.

하여간 우리, 즉 상과 나와 구본웅 씨 셋이서 '낙랑바아'의 한 테이블을 싸고 앉아 있었다. 구본웅 씨가 딴 자리로 옮기어간 후다. 상은 가슴을 활짝 펴 보이며

"혁! 어때?" 했다. '혁'이라 함은 나를 일컬음이다.

---

* 변동림(김향안)을 가리킴.

　나는 앞에서 그와의 10년 교우에서 두 번 패기를 보았다고 했다. 그 하나가 이때였다.

　두툼한 양복지의 검은 두루마기, 소매도 넓고 깃도 동정도 넓직해서 보기에 좋았다.

　그가 펴고 앉아 있는 가슴팍도 유난히 넓어 보였다.

　"혁! 어때?" 이 짧은 '한 마디'는 영원히 수수께끼다.

　어떻게 생각해보면 그의 건강에 자신이 생겼던 것도 같고, 어떻게 생각해보면 그가 그의 문학에 자신이 생겼던 것도 같고, 어떻게 생각해보면 B여인이 그의 헐려진 마음속에 사랑의 불길을 태워준 때도 같고— 나는 지금도 미지수다. 그러나 확고한 논리가 서서가 아니라 어쩐지 B여인의 사랑의 입김이었던 것만 같은 심정이다. 그러나 이때의 나는 나의 여인과의 애증의 역정이 피비린내 나는 시절이었다. 못 마시는 독주를 마시고 어두운 밤거리로 헤매며 허리 잘라진 벌레처럼 괴로워하던 때다.

　이 밤의 일이 두 번째 본 그의 한복차림이었다.

　다음엔 그의 양복차림을 이야기해보자.

　그의 학창시절의 교복에는 나는 별로 할 말이 없다. 그저 얌전해 보이고 가냘픈 모습이었다.

　그런데 그가 스무 살 봄 총독부에 직을 가지며 신사복을 입고 출근하는 것을 보았다.

　그 당시의 말로 '머쓰노로히'의 양복, '료오마이'*의 오바, 새 와이샤쓰에 새 넥타이, 신발은 그 당시의 불란서식이라 해서 신발코에 칠피로 대는 것이 신사화의 유행이다. 거기에 갓 사들고 온 것 같은 탄력성 있는 중절모—— 그의 그런 신사복 차림은 멋이 있었다. 후리후리한 키에 내가 눈을 크게 뜨고 뒤로 한 걸음 물러서며 그를 위아래로 훑어 볼 정도였다.

　그런데 이 바보 천치(?)는 그러한 멋을 부릴 줄도 몰랐다. 그로서는

---

　* りょうまえ〔兩前〕; 겹깃 양복, 더블 양복.

그러한 신사도의 멋은 속되다고 생각되었으리라.

그는 일생에 두 가지 모자밖에 써 보지를 못했다. 하나는 학창시절의 학생모다. 그의 학생모 차림은 얌전하기만 했다.

또 한 가지는 그가 학창을 나와 쓴 중절모다. 그는 그 외에는 써 본 모자가 없다.

앞에 말한 것같이 처음의 그의 중절모는 새것이요 탄력성이 있고 점 잖았다. 그러더니 그의 중절모는 점점 변해 갔다. 차차 낡아지자 나중에 는 던져 버렸다.

그는 이발소에서 한번 나오면 머리와는 남이다. 머리만이 아니다. 수 염 또한 그러하다. 그는 그의 말년에 텁석부리가 되어 다니었다. 머리는 머리대로 제 세상이다. 상은 조금은 곱슬머리편이다. 그러니 말이지 그 렇지 않았던들 그의 머리는 무슨 꼴을 했을지 겁이 날 지경이다.

4 상(箱)의 재주와 학식(學識)

> 이발사의 아들인 수재 이상은 그림, 문학, 철학 등
> 에 너무나 뛰어났고, 12세에 중학 입학, 20세에
> 고공을 졸업했다.

상이 세상을 떠난 후 세상은 상을 천재라고도 하고, 귀재(鬼才)라고 도 한다.

그러나 나는 한 번도 상을 천재라고 말해본 적도 없고, 천재라고 생 각해본 적도 없다.

다만 비범한 재주를 지닌 사람이라고 생각해온 것만은 사실이다. 그 것은 상이 세상을 떠난 후부터가 아니요 상의 10대 시절에 이미 그것을 느끼고 있었다.

상은 그와 뜻이 맞는 사람이면 그의 말솜씨는 무던했다. 나는 이것을 가리켜 거미의 똥구멍에서 거미줄 나오듯 한다고 말한다.

그러나 상은 그와 뜻이 맞지 않는 사람과는 말이 없다. 벙어리다.

그의 이야기는 하나부터 열까지 모두가 예술에 관한 이야기요, 예술가에 관한 이야기다. 속된 이야기는 딱 질색이다. 더욱이 그의 신변에 대해서는 통 말이 없다.

그는 그림에서도 자화상과 씨름만 했고 그의 문학, 특히 소설에 있어 거의 전부가 신변소설인 점과는 아주 딴판이다. 다만 거듭 말하거니와 그는 그의 신변에 대한 이야기는 전혀 없다.

그의 가족에게서 들은 이야기로는 그가 다섯 살 때 한문의 천자문(千字文)을 배웠는데 한 번 가르쳐 주면 다시 가르칠 필요가 없을 정도였다고 한다.

다 배우고 나더니 거꾸로 외더라는 것이다. 외는 것만이 아니요 그 뜻을 알더라는 것이다. 뜻이라 함은 글자의 개개의 뜻이 아니라 글 즉 문장의 뜻을 알더라는 것이다.

그래서 그 당시의 어른들은 그를 신동(神童)이라고 불렀다는 것이다.

그는 열일곱에 보성고보를 졸업했다. 그때의 학제는 지금의 중학과 고등학교를 합친 학제로서 5년에 졸업을 한다.

그러면 상은 열두 살 봄에 중학에 입학했다는 풀이가 나온다.

중학교 1학년에 스무 살 정도의 학생은 수두룩한 시절이다.

그런데 이 꼬마가 어떻게 중학교에 입학이 되었는지 나는 지금도 의문이다.

열여덟의 상은 고공(高工) 2년생이었다. 그리고 열여덟의 나는 보성고보의 3년생이다. 학년으로 따져서 상은 나보다 실로 4년을 앞서 걷고 있었다.

시험 때가 된다. 뒤채에 있는 5, 6명의 학생들은 밤에도 세숫대야에 물을 떠다 놓고 세수를 하고 타월에 찬물을 적시어 머리에 얹고 밤을 새워 시험공부를 한다.

밥을 먹으면서도 길을 걸으면서도 영어 단어를 외는가 하면, 변소간에서도 책을 들고 씨름을 한다.

상은 누워서 책을 읽고 있다. 그 책이 교과서면 좋다. 혹은 학과와 관련이 있는 책이면 좋다.

그러나 상이 읽고 누워 있는 책은 예술과 관련이 있는 책들이다. 하다못해 대중잡지의 소설이라도 말이다.

남들은 시험공부를 하고 있는데 상과 나는 그림 이야기, 화가들의 이야기로 꽃이 피고 밤을 새운다.

나는 그의 방에서 살다시피 했지만 그가 그의 방에서 학과공부를 하는 것을 본 일이 없다.

아마도 그는 강의 시간에 한 번 들으면 그만인가보다. 그 이상 복습이나 연구가 필요 없는 모양이었다.

돌대가리 나는 낙제만은 면해야겠고 내가 쪼들리는 학과만은 시험공부를 해야 했고 그래서 상의 방에를 안 들어가는 날이 때로는 많다.

다음 날 상을 만나면 그는 영화 구경을 하고 온 이야기, 책을 읽고 온 이야기를 한다.

상의 학교 성적이 수석이었는지 꼴등이었는지 나는 모른다. 그는 그런 이야기는 하지를 않는다. 예술에 관한 이야기라야만이 신이 난다.

그런데 그는 스무 살 나이로 학창을 나오며 바로 총독부 건축과에 직을 가졌다. 정확히 말해서 그는 월 50원의 고원이 됐다.

졸업과 동시에 총독부에 취직이 된다는 것은 그 당시로서는 하늘에 별따기다. 더욱이 상은 한국인인데다가 약관 20세다.

무슨 배경이 있는 것도 아니요, 그의 말과 같이 '도꼬야'(이발사)의 아들이다.

이것은 천재 수재가 아니면 안 된다. 둘째, 성품이 좋아서 교수진의 눈에 들어야 한다. 그래야만이 추천을 받는다.

그때는 촌 면서기나 군청 고원들의 월급은 10여 원에 불과한 때였다.
상과 나를 견주어 본다는 것은 어울리지 않는 이야기다.

그러나 그림에 관해서라면 나도 누구에게도 자리를 양보할 존재가
아니라고 자부심을 갖고 있었다. 나도 스무 살 고개에 조선미술전람회
를 비롯해서 몇 개 안 되는 전람회지만 무감사*로 그림이 걸리던 때였
다.

하기는 테크닉이나 창작의 결정을 뜻함은 아니지만 그 방면(미술)의
지식으로서는 상은 스승 격이었다.

그의 서양화사(西洋畵史)는 일가를 이루고 있다. 실로 미술학교의 강
사의 자격을 지니고 있다. 작가의 이름, 작품의 명제, 연대와 시대의 가
치성, 실로 전문가의 식견이다.

특히 인상파 이후의 화파와 가치성에 이르면 그의 청산유수 같은 찬
사는 내용만이 아니라 그 이야기가 명강의(名講義)다.

마티스의 색채와 제작 과정, 피카소의 입체주의에 이르면 그의 찬사
는 절정에 이른다.

그것만이 아니다. 그 당시의 물감(에노구) 목록에 의하면 150종 내지
200종 정도였다고 회상된다. 그것을 드르르 외는 것이다.

그것만이 아니다. 불란서의 어느 작가의 파레트의 물감 배열 순서는
어떻고, 또 어느 작가의 물감 배열 순서는 어떻고…… 등등.

그 당시 이 땅에서의 미술에 관한 모든 용어는 영명(英名)이었다. 수
요가**도, 판매상도 그러하고, 화가끼리도 그러했다.

그런데 그는 불명(佛名)으로도 알고 있는 것이다.

그 당시 미술학교는커녕 연구소 하나 없었다. 그런데 그는 어디서 그
렇게 알았는지 지금도 알 수가 없다.

20세 미만의 그가 그렇게 정통하고 박식일 수가 있을까.

---

* 無鑑査 ; 無鑑定. 사물을 검사하여 우열·적부(適否), 진위를 가리지 않음.
** 需要家 ; '수요자'라는 뜻의 조어.

그는 본래가 화가(畫家) 지원생이다.

아마도 내가 문학에 너무도 무식해서 그의 얘기를 다 이해하지 못했고 동시에 기억하지 못한 것 같다.

그러나 지금도 나의 뇌리 속에 남아 있는 것들을 돌이켜보면 우선 일본 작가로서 나쓰메(夏目漱石)에서 시작해서 아리시마(有島武郎), 기꾸찌 깡(菊池寬), 아꾸다가와(芥川龍之介)에 이르러 시대성과 가치성을 얘기하곤 했다.

에도가와 란뽀(江戶川亂步)도 한몫 끼었다.

서구에 들어서면 셰익스피어를 비롯해서 명작들이 나온다. 춘희, 마농, 동키호데 등등, 그가 즐겨 이야기하던 소설들이다.

그가 특히 좋아한 것은 〈라 보엠〉*이었다. 이것은 그의 새로운 것을 추구하는 성격은 이미 18세에 뿌리박고 있었다고 생각된다.

후일 그가 스무 살을 넘어서자 그는 기꾸찌 깡을 욕하기 시작했다. 그리고 아꾸다가와에 찬사를 던지기 시작했다.

그는 문학만이 아니다. 영화를 보아도 감독이나 배우의 연기 면을 이야기할 뿐 스토리 같은 점에는 관심이 없다.

음악이 나오면 베토벤이 나오고 슈베르트가 나오고 오케스트라가 나온다.

철학이 나오면 소크라테스가 나오고 니체, 헤겔이 나온다.

이것이 그가 18, 9세에서 20세 미만의 아직 학생모를 쓴 그의 입에서 나오는 이야기들이었던 것이다.

언제 그렇게도 많은 책들을 읽었는지 모를 일이다. 또 그것이 수박 겉핥기식의 것이 아니요 그 알맹이를 알고 있는 것이다.

그의 입독(立讀)은 유명하다. 저녁밥을 먹으면 약속이나 한 듯이 그

---

* La Bohème ; 앙리 뮈르제(Henri Murger)의 소설. 보헤미안 예술가와 아가씨들의 예술 및 사랑에 관한 이야기이다. 이탈리아 작곡가 푸치니(Giacomo Puccini)가 전 4막의 오페라로 만들면서 더욱 유명하게 되었다.

도, 나도 옷을 주워 입고 대문 밖을 나서 어깨를 나란히 걷는다.

가는 곳은 정해 있다. 본정(지금의 명동)이다. 그림재료상에 들어선다.

재료를 산다. 열에 아홉 번 나는 사고, 그는 따라 들어서기만 한다. 그 다음에는 책방으로 들어서는 것이다.

그는 벌써 책을 골라 읽기 시작한다.

상은 서서 읽고 있다.

글을 수직으로 읽는 것이 아니라 사선으로 읽는다는 말이 있다. 그는 정말 사선으로 읽는 것 같다. 왜냐하면 그의 책장은 쉴 새 없이 넘어가니 말이다.

밤이 늦어서야 둘이는 귀로에 접어든다. 그는 돌아오면서 지금 읽은 책을 이야기한다. 지명, 인명, 연대, 하나도 거침없이 나온다. 금방 읽었다 하지만 제 집 번지, 제 이름, 제 생년월일 외듯 거침없이 이야기한다. 그의 기억력은 참으로 놀랍다.

옛부터 내려오는 말에 천재는 단명(短命)하다고 했다.

상은 천재이기에 일찍 죽은 것일까?

5 주가(住家)와 가족(家族)

> 백부집에서 자란 그는 볕이 안 드는 어둔 방에서
> 살며, 채소밭 가운데 세운 바라크 변소에서 달을
> 보며 사색했다.

상의 집(실은 상의 백부님 집)은 통동* 154번지다. 지금의 중앙청과 사직공원 중간 지점에 위치해 있다.

---

* '통인동'을 가리킴.

순수한 주택으로서 안채와 뒷채, 그리고 행랑방이 하나, 따로 떨어져 있는 송판제 바라크* 변소가 하나 이렇게 구성되어 있다.

기와집이었으나 얕고 낡아서 명실 공히 서민층의 고옥이었다.

이 집의 특색이라면 대지가 넓었다.

백여 평도 넘는 밭을 이루고 있었고, 밭에는 철따라 마늘이니 상추 같은 것이 심어지고 있었다. 늦가을이 되면 옥수수와 수수대만이 꺼칠하게 서 있었다.

흙냄새를 풍기는 집이었다.

바라크 변소가 이 밭 가운데 외롭게 달랑 서 있다. 후일 상은 이 변소에 앉아 달과 이야기하며 시상(詩想)에 잠기곤 했다.

안채는 우리나라 전형적 건물이다. 즉 안방에 대청 건너 건넌방, 안방에는 부엌이 달려 있다.

안방은 2간 장방이요 외광도 좋다. 상의 백부님과 백모님과 사촌동생 문경이의 거실이다.

대청 건너 건넌방은 안방과는 대조적이다. 좁기도 하지만 어두컴컴하다. 햇볕이라고는 연중 들지 않는 방이다. 이 방이 상과 상의 조모님의 거실이다.

상의 신변소설 〈날개〉를 읽으신 분은 〈날개〉의 방을 아시리라.

"책보만 한 햇볕이 들었다가 손수건만 해지면서 하루가 가는" 그 방을…….

그러나 이 방에는 손수건만 한 햇볕조차 들지 않는다. 1년 내에 손바닥만큼도 볕이 들지 않는다.

내가 상의 모든 면을 병적으로만 생각하는 까닭일까.

나는 그의 일생에 한 번도 밝고 화사한 방에서 살아 본 것 같지가 않다.

---

* barrack ; 임시로 지은 집, 가건물.

　이 건넌방이 그렇고, 그의 제2의 집 '제비'의 뒷방이 그렇고, 〈날개〉의 방이 그렇고, 가난해 빠진 동경(東京) 생활의 그의 하숙방이 그럴 것만 같고 구금되었던 그의 감방은 말할 것도 없고, 마지막 거실인 동경제대 부속병원의 그의 방이 또한 그럴 것만 같다.

　왜냐하면 그의 병실은 자비로서의 입원실이 아니요 죽게 되니 넘기 어진 마지못해 받아들인 방이니 말이다.

　무던히도 복이 없는 그의 일생이다. 그래도 그는 그런 점에는 아무런 불평, 불만이 없었다. 그저 예술만 하면 그만이었다. 〈날개〉에서의 그의 말 그대로다.

　상의 집은 앞뜰과 뒤뜰의 두 개의 뜰이 있다. 앞뜰은 상의 방에서 내다보이는 뜰이고 뒤뜰은 상의 방과는 인연이 없다. 왜냐하면 상의 방은 뒤뜰 쪽에는 문이 없기 때문이다.

　한 울 안의 뜰이건만 뒤뜰은 경사가 지고 모래가 많다. 비가 와도 곧 물기가 가신다. 봄, 여름 햇볕이 쪼이면 눈이 부시다.

　그런데 앞뜰은 늘 응달이 든다. 잠깐 햇볕이 들었는가 하면 곧 응달이 든다. 비가 와도 물기가 빠지지 않는다. 빛깔도 늘 검다. 뒤뜰과는 너무도 대조적이다. 앞뜰에는 화단이 있는데 누구의 손으로 이루어졌는지 돌멩이 몇 개로—— 그것도 이를 맞추어서가 아니라 띄엄띄엄 놓아서 마당과 화단의 경계선을 만들었을 뿐이다.

　화초는 봉선화와 맨드라미 정도다. 이 꽃은 멀리서 즉 상의 방에서 볼 때 탐스럽지도 않고 입체감이 없었다. 공간이 많은 꽃이었다. 맨드라미 또한 키만 크고 탐스러운 맛이 없다.

　가을이 되면 국화가 보인다. 이 화단의 들국화는 의지할 곳이 없어 겨우 명맥을 유지하고 있는 몇 가지가 제각기 시달리고만 있다. 응달이 지니 더욱 애처롭기만 하다.

　상은 왜 이렇게 화사한 것과는 인연이 없을까.

　나는 상의 생가에는 가 본 일이 없다.

다만 가난한 그의 생가였던 그 집 또한 그럴 것만 같다. 또 상은 어렸을 때부터 그의 백부님 댁에서 자랐다.

상의 백부님은 그때 40 전후였다고 회상된다. 이분이야말로 풍채가 좋으신 분이다. 혈색이 좋으시다. 늘 불콰하시다.

또 이 어른의 카이젤* 수염은 명물이다.

이렇게 말하고 보면 호걸 타입같이 느껴질는지도 모른다.

그러나 그것이 아니다. 그저 호인(好人)이다. 위엄을 보이려는 점 하나도 없다. 이분의 성격은 온순하기만 하다.

나는 이 어른이 한 번도 이맛살을 찌푸리거나 화내시는 것을 본 일이 없다. 언성을 높이는 것조차 본 일이 없다.

부부간에는 참으로 금슬이 좋고 어머니(상의 조모)에게 말대답을 하시거나, 상이나 아들 문경이를 나무라는 것도 본 일이 없다.

나는 상의 혈통들은 다 이러한 혈통들인 것을 확언한다. 즉 노염 탈 줄 모르는 성격이다.

상의 백모님은 이북 분이었다. 미모의 여인이었다. 어느 편이냐 하면 좀 독기가 서린 것 같은 얼굴이시다. 깔끔하고 다루기에 조심되는 성격이셨다.

그러나 이 어른도 남편에게는 물론이요 시어머니나 조카 상에 대해서 간섭하거나 대립하는 것을 본 일이 없다. 다만 그의 아들 문경이를 나무랄 때 보면 옆에서 보고 듣기에도 따끔하시다.

문경이는 아직 어린애였다.

이 아이도 호인이다. 결점이 있다면 이 아이는 어딘지 허점이 있어 보인다. 이런 사람치고 악독한 사람은 없다.

상의 조모님── 60은 훨씬 넘으셨고 70 가까우신 것 같았다. 이 어른

---

* Kaiser ; 독일의 황제 카이제르는 독특한 수염으로 유명했는데, 그의 수염은 양 끝이 꼬부라져 올라간 모양을 하고 있었다. 카이제르 수염은 이러한 모양의 수염을 일컫는 것으로, 권위를 상징한다.

도 통 말씀이 없으신 분이다. 아랫목에 누워 계시다가 때로는 외출하시고 안 계시다. 내 따라가 본 일은 없지만 작은 아드님(상의 엄친) 댁에 가셨으리라고 믿어진다. 이 어른도 한 번도 상을 나무라거나 간섭하시는 것을 본 일이 없다.

상의 엄친은 따로 살고 계셨다. 상의 말과 같이 '도꼬야'시다. 이 말은 일본말로서 이발사라는 말이다.

이 어른은 어쩌다 한 번씩 보이신다. 이분도 말씀이 없으신 분이다. 조용하기만 하시다. 오셨는가 하면 언젠가 가시고 안 보이신다.

다만 이 어른은 상의 백부님과는 그 풍채가 너무도 다르셨다. 창백한 얼굴이요, 몸도 가냘프시다. 그리고 가난해 보이신다.

상의 자당님, 이분도 언성을 높이거나 상을 꾸지람하거나 그런 일을 본 일이 없다. 이 어른은 때로는 신경질을 냄즉도 한 얼굴이었는데도 말이다. 아마도 이것이 상의 혈통들의 가풍이 아닌가 싶었다.

상의 동생에 운경이가 있다. 문경이보다도 아래다. 그러니 아직 어리다.

그런데 이 어린애가 또 말이 없다. 조용하기만 하다. 상의 앞에서 말 한마디 떼를 쓰는 것을 보지 못했고 상에게서 꾸지람 하나 듣는 것을 본 일이 없다.

그리고 그 어린 소년이 창백하기만 하다.

상의 누이동생 옥희—— 운경이의 아래이니 더 어리다. 그 당시 열두어 살이나 되었을까.

이 혈통 중에서 가장 발랄한 성격이었다. 그러나 그것도 이 혈통 중에서 하는 말이다. 이 어린 소녀가 상의 앞에서 귀염을 피우거나 아양을 떠는 것을 본 일이 없다. 조용하기만 하다.

옥희는 상의 화포 앞에 앉아 있는 일이 몇 번 있었다. 그러나 몇 해 또는 10수년의 경험을 가진 직업 모델보다도 자연스럽다. 누가 방에 들어서도 몸가짐이나 마음의 동요가 없다. 자연스럽기만 하다.

6 정(情)에 끈질긴 상(箱)

> 화가로서의 패배와 각혈—— 상은 그런 것들과 싸
> 우며 시를 쓰기 시작했다. 그리곤 잠든 친구를 안
> 고 흐느껴 울었다.

상의 집에서는 뒤채에 5, 6명의 학생을 늘 하숙시키고 있었다. 나도 그 하숙생의 하나다.

우리(상과 나)는 모르는 사이에 가까워졌다. 가까워졌다느니보다도 남이 볼 때에 병적으로 접근해 있었다.

학교에서 돌아오면 각자 그림을 그리지 않는 이상 붙어 앉아 그림쪽(인쇄물)을 뒤적이며 대화하고, 밤이 되면 어깨를 나란히 대문 밖으로 나선다. 밤늦게야 같이 돌아온다.

아직 여인(사랑)을 모르던 때요, 지향(志向)하는 바가 같았기 때문이리라.

상은 실은 화가(畵家) 지원생이다. 나 또한 그에 못지않은 열렬한 미술학도다.

그때의 우리의 솔직한 마음속을 들여다보면 우리의 그림이 루브르 박물관에 걸리기를 바랐다.

상은 스무 살 봄에 고공 건축과를 졸업했다. 그리고 총독부 건축과에 취직했다.

이해 봄, 상과 나는 조선미술전람회에 출품했다.

나의 그림은 걸리고, 상의 그림은 걸리지 않았다.

나는 그 당시 몇 개 안 되는 공모전이지만 제법 알진 화포들이 계속 걸렸다.

뒷날의 회상이지만 이 전후해서의 상은 그림에 대한 신념이 흔들리었던 것 같다. 또 한 가지 그림으로서는 그의 내면세계를 표현할 수 없었음인지도 모른다. "나는 문학을 해야 할까봐." 하고 가끔 얘기했다.

스물한 살 봄 나는 보성고보를 졸업하고 동경을 갔다. 그림을 전공하기 위해서다.

또 상의 어렸을 때부터의 벗이요 화우(畵友)였던 구본웅 씨는 동경에서 이과전(二科展)을 거쳐 전위적 분열을 해서 독립전으로 발길을 옮기고 후일 귀국해서 개인전을 가졌다.

상은 이때를 전후해서 고민을 했다. 그는 후일 사랑의 배반, 사랑의 패배를 당하고도 그는 마음 아프다는 말 한마디 없었다. 그러나 그의 예술에의 세계에서는 그는 유별나게 마음의 아픔을 부각했다.

두 친구가 동경에 가서 나날이 쭉쭉 뻗어나가고 값진 삶을 살고 있는데 상만이 외롭게 총독부의 값없는 기사들 속에 끼어 청사진 속에 묻혀서 무위하게 시간을 허비하는 것을 몹시 마음 아파했다.

어느 날 그는 외롭게 밤거리를 헤매며 '다찌노미'(선술)를 하고 스스로를 탄식하고 조소한 글을 써 보내온 일이 있었다.

나는 그림 이야기로써 답장을 했다가 혼이 난 적이 있다.

"컴포지션(그림에 있어 구도)에 열중하면 그러한 막걸리는 마시지 않아도 되지 않느냐?"고 그랬더니 상은 애처롭고도 그 독특한 화술(話術)로 마구 때려 왔다.

"혁! 내가 안 보이나? 패배한 내 이 슬픈 모습이 안 보이나? 나만이 이 구질구질한 건축기사들 속에서 고사리처럼 끼워서 질식해 죽어 가는구나! 혁! 내가 안 보이나? 피곤한 자는 쓰러지는구나! 나는 부처님의 옷자락을 잡고 슬피 울고 있다."

그것만이 아니다. 그는 이해 여름 그의 지병(持病)의 처음 화살에 맞았다. 나는 이것을 그의 첫 번째 각혈로 안다.

그는 고열(高熱)에 휘말려 있었다.

"혁! 이것 좀 봐. 체온계가 꽉 찼어. 42도가 꽉 찼어. 그런데 나는 왜 안 죽지?"

그의 애처로운 글들은 하루가 멀다고 현해탄을 건너 동경의 나의 하숙방에 날아들었다.

이해 여름(8월) 나는 귀국도 않고 계속 그림 공부에 열중했다.

그러나 나는 법률을 공부하지 않고 환치는 공부를 하는 것을 안 나의 부형들로부터 소환을 당했다.

내 딴에는 울분이 터져 올랐다. 동경에서 고향까지 만 2주야가 넘는 동안 물만 마시고 귀국했다.

나의 형들은 현대 교육을 받으신 분들이다. 나를 억누르는 방법을 쓰지 않고 나를 달래는 방법을 썼다. 어머님께서도 엄친께서도 꾸지람 하나 없고 너그럽기만 하셨다. 모두가 나의 백형님의 방안이었던 모양이다.

가을이 왔다. 쌀값은 무섭게 떨어지기 시작했다. 자고 나면 떨어지고, 자고 나면 떨어지고 얼마까지 떨어질 것인지 예측할 수도 없는 미가(米價)였다.

이해가 소위 소화(昭和) 5년*의 하마구찌(濱雄幸口) 내각의 일본의 전무후무한 대 불경기── 대공황의 해다.

일본도 이 땅도 대풍작이었건만 이 풍작은 오히려 역현상을 빚어냈다. 여름까지도 쌀 한 가마에 15원 하던 쌀값이 불과 한두 달에 단돈 5원으로 폭락한 해다.

도처에서 파산은 속출한다. 일본인들은 그런대로 정책적 뒷받침을 받아 뒷날 다시 살아나지만 이 땅의 백성들이야 누가 뒷받침을 해준다는 말인가.

우리 집도 그중(파산)의 하나였다. 넓은 들판에는 입도차압의 딱지가 휘날렸고 집 기둥에도 가산도구에도 차압딱지가 붙었다.

나는 스물한 살 처음으로 들판에 나가 보았다. 그리고 그들 빈농의 삶을 보았다.

---

* 서기 1930년.

소작인도 지주도 다 못사는 모순. 그리고 우리 집의 처첩(妻妾) 간의 갈등들(엄친에게는 많은 소실들이 있었다).

모든 것이 모순덩어리였다.

나는 질식할 것만 같았다.

스물두 살── 나는 창녀의 방에서 나의 손가락을 잘랐다.

그리고 죄(罪)라는 혈서를 썼다.

창녀는 나의 가위 던지는 소리에 잠에서 깨어났다. 그녀가 그게 무슨 글자인지 무엇을 뜻하는 것인지 알 리가 없다. 그녀에 대한 사랑의 맹세로 알았던지 그 가위를 들어 자기의 머리채를 쥐고 덥석 잘랐다.

이때 이 혈서는 당신(창녀)과는 아무런 관련도 없다고 말할 수가 있겠는가.

나는 말없이 그녀의 잘라진 머리채를 혈서의 손수건에 쌌다. 웃을 일이나 그때의 나는 슬프기만 했다.

나는 집을 나섰다. 질식할 것만 같았고 또 내 딴에는 부형의 밑에 안일하게 있어 가지고서는 이 모순덩어리의 인생 문제의 답안을 얻을 수 없다고 생각했다.

말하자면 일종의 출가(出家)다.

입경(入京)한 나는 잠시 상의 집에 투숙했다. 상은 이때 건강이 부실했다.

뒤채에 있던 5, 6명의 하숙생들은 하나도 보이지 않았다. 아마도 지나간 해 상이 각혈을 하고 고열에 휩쓸렸을 때 그의 병이 병이어서 학생들 자신이 나갔거나 상의 집에서 나가게끔 했거나 그런 것 같았다.

다만 나만은 그와 10년에 걸쳐 한 번도 그의 지병에 대해서 꺼림칙하게 생각해 본 일은 없다.

텅 빈 뒤채에서 상과 나는 같이 기거했다. 그때 상은 시작(詩作)에 골몰했다. 전에도 그랬지만 값싼 무괘지(無罫紙) 노트에 바늘 끝 같은 만년필촉으로 깨알 같은 글자로 한장 한장 시를 써 나갔다.

물론 후일 말썽 많던 그의 도깨비 시는 아니다. 그의 새 경지는 아니었다.

그리고 밤에 자다 보면 그의 이불과 요만이, 그리고 그가 베고 자던 베개만이 남아 있고 상은 보이지 않았다. 30분도 지나고 한 시간도 지났다.

어디 갔다 왔느냐고 물으면 변소에 갔었다는 것이다.

무슨 시간이 그렇게 걸리느냐고 물으면 달과 이야기하고 왔다는 것이다. 앞에서 말한 바 있는 3척 사방의 송판제 바라크 변소에 앉아 문을 활짝 열어놓고 달과 이야기하고 온 것이다.

때로는 이런 말을 했다.

"시를 쓴다는 것은 이미 시경(詩境)이 아니야"라고.

나는 지금도 그 뜻을 잘 모른다. 다만 그 당시 내 나름의 해석을 했을 뿐이다. 즉 "어떻게 표현할 것이냐? 그 테크닉에 골몰했을 때는 순수한 시감(詩感)만은 아니다."

어느 날 밤 나는 그를 만난 이후 처음으로 그와 술 몇 잔을 같이한 일이 있다. 술에 약한 나는 몹시 술이 돌았고 씨근대며 그보다 먼저 잠이 들었다.

뒷날 들은 말이지만 그는 그 밤 잠든 나를 부둥켜안고 울었다는 것이다.

7 황무지(荒蕪地)의 여로(旅路)

실의에 빠져 헤매는 친구를 구해준 은인 이상——
나는 아직 그 돈을 갚지 못한 죄인이다.

나는 그의 생전에도 그의 작고 후에도 그에게 잘못만을 저질러 왔다. 그러나 상은 나를 사랑하고 아껴왔었다.

이때의 나는 모든 것을 죄악시하던 때다. 산다는 것 자체가 죄악이라는 생각이었다.

죽는 것만이 진이요, 선이요, 미라고 생각하던 때다. 동시에 죽는 방법에 있어서도 죽어서도 악이나 추를 남겨서는 안 된다고 생각하던 때이다.

상은 이때의 나를 '순백색의 자살'이라고 명명(命名)했다.

한편 우리 집 가족들은 창피하고 부끄러워 고향에 더 머물 수 없었다. 대가족이 서울로 올라왔고 뿔뿔이 갈리어 혹은 삭월세집에, 심하게는 삭월세방으로 전전했다. 못나고 불철저한 나는 다시 형님들 밑으로 돌아왔다. 그러면서도 소위 회의(懷疑)에 휩쓸려 못난 짓을 거듭했다.

거리의 미친놈이 되었다.

몰골도 몰골이지만 거리를 걸으며 무엇이고 먹고 다니고, 머리는 원시인처럼 산발해 늘이고, 슬리퍼 같은 신발을 질질 끌고 종로거리를 싸돌아 다녔으니 말이다.

때로는 교회의 한구석에서 쭈그리고 앉았기도 하고 성직자의 시간을 헛되게 소비해 주기도 했다.

못난 나는 이렇게 시간을 소모하고 스물세 살도 반 이상을 소비했다.

이 시절 상은 그의 지병에 시달리며 그림에서 손을 떼고 문학에 전념하던 시절이라고 생각이 된다.

스물세 살, 나는 아버지의 부름을 받고 상경했다.

우리 집은 옛날과 같이 70간의 큰 집에 행랑을 서넛씩 두고 경향 간을 주름잡던 때와는 비길 수 없었지만 그런대로 서민층 주택치고는 깨끗하고 큰 집이었다. 부리는 사람을 두고 엄친의 방에는 손님이 만좌해 있었고 집안 식구들은 다 모여 살았고 밝은 얼굴들이었다.

엄친은 실은 경향 간에 이름 높은 투기사시다. 대정(大正) 7, 8년* 제1차 세계대전의 호경기를 타고 투기(소위 미두)에 투신해서 일확천금

______

* 서기 1918~1919년.

즉 토지가 3천 석의 지주였고 현금이 백만 원이 넘었다. 손해 볼 때도 하룻밤에 30만 원(지금 돈으로 1억 원이 넘는)의 손해를 보시기도 했다. 그때는 지금과 달라 돈이 귀한 때요 모두들 가난한 때다. 거기다가 돈을 쓰는 품이 호쾌해서 경향 간에 영웅시되던 분이었다.

내가 입경했을 때는 불과 2만 원 정도의 돈을 만들고 계셨다. 그러나 투기사의 마음은 그것이 아니다. 그 돈을 가지고 엄친께서는 재기(再起)를 꿈꾸고 계셨다. 다시 백만장자가 되려고 하셨다.

나의 임무는 어느 취인점*에 근무하는 일이다. 나의 월급은 30원이었다. 그런데 아버지가 나에게 용돈으로 주시는 돈은 한정이 없지만 3백 원 정도다.

돈은 넘쳐서 쓸 데가 없었다.

오랜 동안의 데카당의 장발(長髮)을 자르고 넥타이를 매었다. 양복은 일류 양복점에서 무조건 최고급지로 만들어졌다.

나는 근무처에서 일개 직원이 아니라 왕자 취급이다. 그것은 내가 잘나서가 아니다. 나의 아버지라는 큰 고객을 길게 놓치지 않기 위해서다.

나의 엄친은 자식이 30원 월급을 받게 하기 위해서가 아니다. 현대인들의 경영 방법을 내사해서 알아 오라는 것이었다. 큰 돈을 벌으셨을 때 현대 경영 방법으로 크게 업체를 마련하기 위해서였다.

이때의 나를 상은 나무라지 않았다. 또 슬퍼하지도 않았다.

나는 근무처에서 나오면 바로 집에 돌아오지 않고 조그만 그릴**에 들어선다. 식사도 아니요, 술도 아니다. 차를 마시며 내가 사다 놓은 노래(음반)를 듣는다.

이 집에는 백합자(百合子)라는 고운 얼굴의 여자 종업원이 있다.

요부형이 아니요, 여인형(麗人型)이다. 외모는 여인형이지만 성격은 가인형(佳人型)이다.

---

* 取引店 ; 상점, 거래소.
** grill room ; 호텔이나 클럽 안에 있는 일품 요리점.

어느 날 이 여인은 손님에게서 부당한 모욕을 받았다.

나는 그녀의 빚을 갚아주며 이런 곳을 떠나라고 했다.

8월 하순—— 예기치 않은 상의 글이 배천온천에서 날아들었다. 그의 신변소설 〈날개〉에서 전개되는 겨드랑을 간질이는 것 같은 화술로써 틈이 있거든 한적한 이곳——배천온천에 놀러 오라는 것이다.

가지 않고 배겨낼 수가 없었다.

나는 엄친의 허가를 맡고 배천에 갔다. 며칠 안 오게 된다는 말을 들은 나의 여인은 두 눈을 내리뜨리고 따라가고 싶다고 한다. 나는 즐거이 동의했다.

친구 따라 배천에 가고 친구 삼아 그녀와 간다는 생각이었다. 거짓 없는 고백으로 나는 그녀에 대해서 탕아 심정은 전혀 없었다.

지금 생각하면 운명의 밀월여행이었다.

이 일은 나의 일생은 말할 것도 없고, 상에 있어서도 지대한 영향을 미친 것만 같다.

추하고 악한 것을 보면 그는 눈을 가리고 도망치는 인간이다. 그러나 착하고 아름다운 것을 보면 어린애같이 눈을 반짝이며 환희에 감싸이는 그다.

남이야 어떻든 그로서는 금쪽같이 아끼고 사랑하는 벗이 패망했다 되살아나서 성장을 하고 거기다가 귀여운 여인을 대동하고 상을 찾아 배천온천에 왔다.

그러기에 그는 구본웅 씨도 금홍 여인도 잊고 그 오후를 풀대님인 채 꼬박 놀다가 갔다. 또 밤에 그의 여관에 찾아간 나를 앉기도 무섭게 쫓아내 버렸다.

나는 이 밤, 일을 저질렀다. 하기야 그녀를 강탈한 것도 아니요 탕아 기질의 계획적 유혹도 아니었다.

나는 그녀를 이불 속에 뉘어놓고 즈봉은커녕 조끼도 벗지 않고 다다미 위에 엎디어 그녀와 이야기만 했다.

그녀가 배탈이 난 것도 정말 배탈이 난 줄만 알았고, 그녀가 말하기를 그렇게 엎디어 있으면 병이 난다고 이불 속으로 들어오라고 한 때도 나는 이불을 잡아당겨 그녀와 나 사이에 장벽을 쳤다.

그러나 그녀의 아랫도리가 나의 아랫도리에 스쳤을 때 나는 나도 모르게 그녀의 가슴에 나의 살을 대었다.

그리고 그녀의 가슴 위에서 한숨을 쉬었다. 인제 그녀의 앞날을 책임져야 한다는 생각이요, 내 아버지가 그것을 허락하지 않을 것은 뻔한 일이었기 때문이다.

나의 실질적 값어치야 여하간에 나의 엄친으로서는 금지옥엽 같은 자식이다.

접시를 나르고 술병을 기울이는 그녀를 나의 아내로, 엄친의 며느리로 허락할 리는 만무한 일이었다.

그 후 나는 고민했다.

이것을 본 그녀는 음독자살을 기도했다. 그녀가 일하는 그릴 주인은 만주의 깡패요, 전과자였다.

이 기회에 한몫 잡자고 엄친에게 협박장을 냈다. 나 때문에 영업을 못 하니 그 보상을 내라는 것이다.

엄친은 나에게 일절의 돈의 지출을 중지했다. 나는 그릴 주인을 반격한다. 공갈, 협박죄로 몬다고. ……그릴 주인이 또 자살을 기도했다. 도색신문은 특종 기사로 게재했다. 그릴 문은 닫히고 종업원들은 돌연 갈 곳이 없다. 그들은 나만 쳐다보고 있다.

나는 그녀의 치료비하며 이 일들을 수습하는 데 돈의 궁색을 느꼈다.

이것을 안 상은 그의 집문서를 나에게 두말없이 건네주었다.

나는 이것을 취인점에 잡히고 일부의 돈을 빼어 급한 일을 모면했다.

그러나 소비된 돈을 갚을 길이 없고 취인점에서 부동산을 잡는 것은 돈을 벌게 해 주는 것이 아니요 투기를 하라는 것이 목적이다.

나는 이래서 저래서 투기에 손을 댔다.

나는 상이 죽는 날까지 아니 현재까지도 그 돈을 갚지 못하고 있다. 나의 죄책감이라 함은 이것이다.

돈 7, 8백 원—— 요새 돈으로 하면 2, 30만 원에 불과하다. 그러나 나는 상이 살아생전 그것을 갚지 못했고 그것으로 인해서 상이 받은 영향은 너무도 컸다고 생각되기 때문이다.

상은 이 일 때문에 꼭 두 번 나를 찾아왔다. 그러나 나도 나의 아버지도 그것을 갚을 처지가 못 됨을 알았을 때 다시는 입을 연 일이 없다.

뿐만이 아니다. 나를 죄우(罪友)로서 대접한 일이 없다.

8 날아간 금홍과 〈날개〉

> 애인의 부정을 용서하고, 그러다가 결국은 배반당
> 한 그는 작품 〈오감도〉로 욕바가지를 쓴 채 연재
> 가 중단되었다.

스물네 살도 저물어갔다.

이해 첫 여름 상은 종로 1가에 다실 '제비'를 열었다. 그리고 금홍 여인과 동서 생활에 들어갔다. 그리고 문인들과 접촉이 생기고 후일 구인회(九人會) 동인이 됐다.

나는 이해 여름 인천에서 떠나서 서울 형님 댁에 우거했다. 그리고 나의 여인도 서울로 와서 '낙원회관'이라는 카페에 종사했다.

나는 이해 삼동을 냉방에서 이불을 쓰고 넣어주는 담배 한 갑과 신문한 장을 받을 뿐 외출이 없었다. 그녀와의 결혼을 고집하고 그 뜻을 굽히지 않는다는 꼴이었다.

스물다섯, 나는 20원짜리 직을 가졌다. 인제 내 경제권으로 살아가야한다는 생각이었다. 나의 여인과 같이 말이다.

그런데 무슨 운명인지 그녀는 이때를 전후해서 실수를 했다.

말하자면 정조의 유린을 당했다.

그녀는 3인 대좌에서 분명히 말했다. 아니 연약한 그녀는 그렇게 심각히 그렇게 야무지게 말해 본 적은 없었다.

"나는 당신을 동정한 일은 있어도 사랑한 적은 없어요. 나는 당했을 뿐예요."

그녀는 그 사나이에 대해서 독기마저 서려 있었다. 그리고 나를 향해 한번 쳐다보고 눈을 내리뜨리며 말했다.

"죽이든지 살리든지 마음 내키시는 대로 하세요. 당신을 사랑하는 마음은 변함이 없어요. 나는 꿈에도 당신을 배반한 일은 없어요. 죽더라도 당신 칼에 맞아 죽고 싶어요."

그녀의 두 눈에서는 구슬 같은 눈물이 떨어졌다.

그런데 어쩌랴? 상 같았으면 그녀를 용서했을 것이다. 그런데 나는 그러지 말자고 나를 달래고 나를 나무라고 나를 때리면서도 나는 질투에 사로잡혔고 괴로워하고 독주를 마시고 밤길을 헤매며 괴로워했다.

그리고 나중에는 거의 미쳐서 그녀를 괴롭히고 보복적 생각마저 했다.

내가 스물여섯 살 때, 그녀가 나를 오랜만에 찾아든 때가 있었다. 그러나 그때의 나는 옛날의 내가 아니었다. 나는 타락되고 있었다. 그녀는 떠났고 만주로 간다는 마지막 글을 받았다. 그 후 나는 그녀가 만주에서 깡패의 칼에 맞아 만주벌판에서 숨을 거둔 이야기를 들었다.

상과 나, 하나는 너무도 착하고, 하나는 너무도 악하다. 아니 성격이 너무도 다르면서도 교우는 지속되어 갔다.

다만 우리에게는 스물세 살 이전과 같은 밀도 높은 우정은 오지 않았다. 여인들이 생겼고 걷는 길이 달라졌으니 당연한 일이었으리라.

나에 관한 이야기는 좀 줄달음질을 쳤지만 상의 이야기로서는 아직 스물다섯 살 때 일이다.

그의 새 경지 〈조감도(鳥瞰圖)〉 아닌 〈오감도(烏敢圖)〉가 《조선중앙일보》에 연재 발표되다가 신문사에 쏟아지는 독자의 욕설과 항의에 못 견뎌 결국은 중단에 이르른 때 일이다.

그 시절 그의 처음의 여인 금홍 여인은 〈봉별기〉 그대로 날아왔다 날아갔다 하더니 상의 어린애같이 약한 심장에 칼을 꽂아놓고 날아가 버렸다.

그의 제2의 여인 B여인에 대해선 자세히 모른다. 다만 나의 관념은 그녀는 상에게 성냥불같이 반짝 불빛을 보여주었지만 그 성냥불이 꺼졌을 때 상의 눈은 더 어둡고 깜깜했을 것으로 생각된다. 이때가 그의 스물여섯 살 때라고 회상된다.

스물일곱, 그는 〈날개〉를 쓰고 퍽이나 흐뭇해했다. 웬만한 글을 발표하고는 이야기가 없는 그였다.

그런데 〈날개〉를 발표했을 때 그는 생기가 보였다.

읽어보라고까지는 안 했지만 《조광(朝光)》이라고 지명(誌名)까지 말해주었다.

그러나 나는 잘은 모르지만 그의 소설들도 낙제점을 받은 것은 아닐까? "산만하다", "소설이 못 된다" 등등.

상은 정말 피로했다. 그의 말과 같이 '유끼쓰마리'다. '유끼쓰마리'라는 말은 일본말로서 막다른 골목과 같은 뜻이다.

길이 막힌 것이다.

인생도 예술도 '유끼쓰마리'였다.

그는 새 세계를 타개해야만 했다. 내가 말하는 그의 동경행의 한모를 자의(自意)라고 하고, 보다 한 계단의 비약을 위해서라는 점이 이 시점을 말하는 것이다.

9 자화상(自畵像)만 그리던 화가(畵家)

> 자화상만 그리던 이상은 드디어 선전(鮮展)에 입
> 선까지 됐으나, 붓을 꺾고 펜을 잡았다.

대개의 경우 어느 한쪽이 능하면 다른 한쪽은 무능한 사람이 많다.

그는 글씨에도 재주가 있고, 그림에도 재주가 있다.

그러나 그도 만능은 아니었다. 즉 그의 두뇌에 비해서 그의 손은 거리가 멀다.

근대에 와서 '그림은 손으로 그리는 것이 아니라 두뇌로 그리는 것이다'라는 말이 있다.

그의 두뇌의 속도와 그의 손의 속도가 맞지 않았다.

그는 스물세 살 때 아주 화필을 던지고 문학으로 발길을 옮기고 말았다.

세상에서는 화인(畵人)으로서의 상은 전혀 소외하고 있다. 나도 그중의 한 사람이다. 그가 그렇게도 심혈을 바치던 미술이 거기에 그치고 만 것은 마음 아픈 일이다.

그러면 상은 언제부터 그림을 시작했을까? 그의 가족에게서 들은 말에 의하면 중학 시절 즉 학교 전람회 같은 데서 여러 번 상(賞)을 탔다고 들었다.

내가 생각하기에는 나를 만나기 직전 즉 그가 십칠, 팔 세 때가 아니었던가싶다.

왜냐하면 내가 열여덟에 그를 만났는데 그의 스케치 박스는 아직 새 것이었고 그의 그림의 수준으로 보아서 그렇다.

그가 후일 문학으로 발길을 옮겼으니 말이지 또한 문학으로의 그의 비중이 크기에 말이지 나는 상을 문인으로서보다도 화인으로서의 관념이 더 크다.

그는 큰 화포를 쓰는 일이 없다. 그러나 이것은 그가 가난해서만은 아니다. 그는 적은 화포라도 알진 그림을 만들려고 했다.

선(線)도 수직선, 사선, 강한 선을 쓴다. 구도도 복잡하고 색채도 강렬하다.

그의 최대의 화포가 30호다. 그것도 두 장인가 뿐이었다. 물론 미완성이었다. 그리고는 전부가 10호 내외다. 그는 6년 내외를 10호 내외의 화포만으로 씨름을 하다가 화필을 던지고 말았다.

초기의 상은 초기 인상파의 그림에 속한다. 즉 마네의 그림 같은──

그러나 그가 스무 살을 넘어서자 그의 개성적 길을 찾아들기 시작했다.

그의 선은 가늘다. 그리고 유영한다. 수직이니 사선이니 웅장하고 강한 선은 하나도 없다. 선녀의 옷자락 같은 선이다.

색채도 마찬가지다. 원색에 속하는 강한 빛깔은 전혀 없다. 전부가 엷은 중간색들이다.

특히 그가 심혈을 기울이는 점은 '에로셍꼬상'에서 볼 수 있는 유영하는 선(像)들이다.

상은 스무 살 고개에서 이런 말을 했다.

"시인은 젊어서 명작이 나지만 화가는 늙어서야 명작이 나온다"고.

그는 그림을 그리다가 붓을 던지곤 했다.

"안고수부족(眼高手不足)*이야"라고.

그리고 때때로 "나는 문학을 해야 할까봐" 하더니 드디어 스물세 살 그림과 이별을 하고 펜(문학)을 들고 말았다.

그의 작품(그림)에 남은 것이 있는지 의문이다. 지금 그의 그림이 남아 있다면 나는 세계적 명작보다도 그의 작품을 더 소중히 하고 싶다.

그는 짧은 문학 생애에서도 적지 않은 작품을 남기고 갔다. 그러나

---

* 眼高手不足 ; '눈은 높은데 손이 못 따라준다'를 뜻하는 말로 보인다. 다른 말로 '眼高手卑'(눈은 높지만 별 볼일 없음)가 있다.

그의 그림은 너무도 남긴 것이 없는 것 같다.

첫째, 그는 완성품이 없다. 그의 작품 중에서 아쉬운 대로 완성을 본 것은 그가 스무 살 봄에 조선미술전람회에 출품했다가 낙선의 고배를 마신 〈풍경〉이었다. 이것도 10호다.

이 그림은 벚꽃이 만발한 4월 풍경이었다.

그 다음 생각나는 것은 그의 최초의 입선작이요, 그의 마지막 출품작인 제10회(1932년) 조선미술전람회에 발표한 〈자화상〉이다.

이 작품은 10호가 좀 넘었다. 12호 정도였다고 회상된다. 이 그림은 세잔느의 자화상을 연상케 하는 그림이다. 그러나 세잔느의 자화상은 물감을 풀어서 그리기는 했지만 입체감이 있다. 딱딱한 예리한 맛이 있다.

그러나 상의 〈자화상〉은 마티스의 그림에서 보는 부드러운 맛뿐이다. 이 그림은 배색도 물체도 몽롱하다. 그는 선의 유영에서 빛깔과 빛깔의 교차에서 이룩되는 몽롱하고 아름다운 세계를 겨눈 것 같다.

반 고호라는 화가를 독자는 알리라. 내가 알기에는 오늘날까지 수많은 화가 중에서 그같이 많은 자화상을 그린 화가는 없을 줄 안다. 그는 성장을 하고, 잘난 모습을 하고 그린 자화상은 없다. 그저 생긴 그대로, 입은 그대로, 심하게는 그가 어느 충격을 받고 면도칼로 그 자신의 귀를 자른 일이 있다. 그는 붕대를 맨 채로 그의 자화상을 그렸다.

상같이 자화상을 그린 화가가 또 있는지 모르겠다. 그는 그의 화인으로서의 전 생애를 자화상만 그렸다. 자화상과 씨름을 했다. 성장을 한 자화상이 아니라 반 고호와 같이 생겨먹은 대로 입은 그대로 그렸다.

그가 그린 풍경화와 정물화가 몇 장, 인물화로는 그의 누이동생 옥희를 모델로 한 소녀좌상 두어 점, 모두 합쳐 보았자 10여 점에 불과할 것 같다. 그 외에는 전부가 자화상이다.

10 다방(茶房)과 까페를 차리고

> 다실 '제비'를 차려놓고 금홍과 동거하던 그는 꿈과
> 현실의 불합리에 쫓기다 가난하게 죽었다.

상이 세상을 떠난 후 이상 하면 금홍 여인이 따르고, 이상 하면 다실 '제비'가 따르는 것 같다.

다실 '제비'는 알고 보면 의외로 단조롭고 무미하다. 다만 상은 이곳에서 2년 내외를 살아왔고 그의 문학은 여기서 익어갔다. 나는 상의 이야기에서 다실 '제비'를 뺄 수가 없다.

개업 날이 아니라 뒷날 나는 그의 편지를 받고 찾아갔다.

그때는 서울에도 다방이라는 것이 어느 구석에 있는 것인지 없는 것인지 일반은 알지도 못하던 때다.

다방이라면 특수층들 즉 예술을 한다는 사람들 말하자면 괴상한 사람들이나 드나드는 것으로 알고 있던 때다. 나는 상의 스무 살 고개의 다방을 알고 있다. 그것은 실존의 다방이 아니요 상이 꿈꾸는 다방이다.

낭만파의 미술가, 음악가, 시인, 돈 없는 젊은이가 식사할 돈도 없어 차 한잔을 앞에 놓고 사랑하는 애인과 마주앉아 사랑을 속삭이는 가난한 자리다. 홀은 좁고 예술에 관한 책들은 새것만이 아니고 반년도 1년도 지난 책들이 쌓이고 수많은 신문들이 걸려 있다. 거기다가 전등마저 졸고 있는 방이다.

말하자면 〈라 보엠〉에 나오는 그런 사람들이 모이는 곳이다. 모이는 곳보다 삶의 장소다.

그러한 다방을 구상하고 있었다. 상은 그런 다방을 꾸미겠다는 것이었다.

그런데 어쩌랴. 다실 '제비'에 들어섰을 때 나의 예상과는 천양지차였다.

벽에는 아무런 장식 하나 없었고 하얗게 카제인*칠을 했고 좁은 홀에

등의자가 비좁게 놓여 있었다. 상다운 것은 하나도 없었다.

억지로 찾아본다면 구본웅 씨가 그린 벽화 한 장과 길거리를 막은 유리벽이었다. 유리벽이라 하면 좀 신기롭게 생각될는지도 모른다.

그러나 그것이 아니다. 유리조각들을 꽂아 만든 나왕제로 만든 벽이다. 락카칠을 한 것도 아니요, 니스칠을 해서 만든 벽이었다.

다실 '제비'는 종로 1가에 있었다. 지금 신신백화점 끝쯤 되는 위치였다. 위층은 무슨 광업노조사무실이었고 종로 거리를 지나가는 사람들의 그림자가 그 유리벽에 그늘지며 오고 갔다.

실내 광선은 바깥처럼 밝았고 상의 스무 살 고개의 다방의 꿈은 찾아볼 수 없었다.

구본웅 씨 그림은 넉 자 여섯 자 정도의 사이즈였다고 회상된다. 흰 벽에 몇 개 선만으로 그어 그려진 그림이다.

바른편에는 수양버들이 훈풍에 날리고 왼편에는 뒤로 돌아선 나녀(裸女) 하나가 서 있다. 그 가운데로 검은 제비 한 마리가 날개를 활짝 펴고 힘차게 날아간다.

구본웅 씨는 미안한 말이지만 꼽추다. 그리고 동작이 부자유하다.

그러나 그의 필력(筆力)은 날카롭고 강하다. 화포를 파고드는 것 같은—— 면도날로 자르는 것 같은 예리한 필치다. 이 그림 한 폭이 나의 눈요기가 될 뿐이었다.

나는 여기서 금홍 여인과 첫 대면을 했다.

상은 어디선가 말했다. 금홍 여인은 장고 치는 여인이라고. 금홍 여인은 촌 기생이다. 나쁘게 말하면 작부다. 그녀는 긴치마를 입고 버선만 신고 살아 온 여인이다.

그러나 짧은 치마를 입었고 하이힐을 신었다. 걸음걸이가 아직 익숙

---

* casein ; 동물의 젖의 주성분인 단백질로 모든 필수 아미노산이 들어 있어 영양가가 높으며, 영양제 · 주사제 · 접착제 · 인조 섬유 · 수성페인트 등의 원료로 쓰임. 건락소(乾酪素).

하지 못했다. 그러나 그때는 그런 때다. 투피스만 입어도 첨단을 걷는 여인이다. 그때의 말로 모던걸이다. 금홍 여인은 그런대로 어울리었다. 손님들은 하나도 아는 사람이 없었다. 그럴 것이 그때의 나는 안방 도련님이었으니 당연한 일이다.

나는 상이 권하는 인삼차를 마시다가 써서 3분의 1도 못 마시고 일어서 나왔다.

'제비'의 뒷방, 즉 상과 금홍 여인의 거실에는 두어 번 들어가 본 일이 있다. 아무런 세간 도구도 없다. 침구와 상의 책들, 원고 쪽지들, 그런 것들이 질서 없이 방바닥에 놓여 있을 뿐이었다. 그리고 벽에 금홍 여인이 입는 옷과 상의 옷이 걸려 있을 뿐이었다.

상은 이 '제비'에서 문인들과 접촉이 생겼다. 주로 구인회 동인들이었다고 생각된다. 나는 자세한 것은 모르지만 구인회 동인 중 이동이 생기자 상은 구인회 동인이 되었다.

상은 그 뒷방에서 그의 도깨비시를 창조(?)했다. 그리고 그로서는 심혈의 작품 〈오감도〉를 발표하다가 서리를 맞았다. 서리가 아니다. 벼락을 맞았다.

빈정대는 것 정도는 좋은 편이다. 조소 정도는 좋은 편이다. "이게 무슨 개수작이냐?"고 욕을 퍼부어 왔다. 신문사에서는 드디어 연재를 중단하지 않으면 안 된 것도, 그가 괴로워했던 것도 앞에서 말한 바다.

나는 좀더 자세한 이야기를 쓰지 못함이 아쉽다. 그때는 그도 나도 스물다섯 때다. 문학과는 거리가 멀고 나는 여인과의 애정에 몸부림치던 때다. 스물네 살 이전의 그와 나에 비하면 가뭄에 콩 나듯 만나던 때다. 금홍 여인은 딴 남자의 체취가 그리워 나비처럼 들락날락하였다. 그러더니 그것도 끝장이 났다. '제비'의 문은 닫혔다.

그의 '식스 나인'에는 가 본 일이 없다. 다만 말은 들었다. 그리고 아직 스무 살 고개에 그는 어디서 들었는지 '식스 나인'이라는 술어에 대해서 얘기했고 6자와 9자를 서로 맞추어 동그라미 위에 6자의 꼬리를 그리고, 동그라미 밑에 9자의 꼬리를 그리어 신기하여 하며 좋아했었다. 그러나 뒷날 '식스 나인'은 문도 열어보지 못하고 넘어갔다고 들었다.

까페 '쓰루'도 연다는 말만 들었을 뿐 가 본 일이 없다. 이것도 며칠이 못 가서 거덜이 났던 모양이다. 다방 '무기'(麥)는 같이 가 보았다. 지금의 명동이었다. '무기'도 아무 장식 하나 없었다. 얻은 방 그대로만 같았다. 기억나는 것은 나의 제8회 선전 출품의 〈오후 스케치〉 한 장만이 벽에 달랑 붙어 있었다. 이것도 며칠이 못 가서 문을 닫았다.

나는 생각한다. 어디서 보았는지는 잘 기억나지 않으나 그는 다방 주인이요 까페의 주인이요 건축기사요 또 어쩌고 어쩌고 퍽이나 다채로운 생활 같은 느낌으로 얘기됐다. 그러나 나는 정반대다. 그같이 단조로운 생애도 드물 것 같다.

그것들은 모두가 그의 후기의, 즉 그의 역풍지대의 편모 중의 편모다. 그는 정말 건축기사다. 그가 돈의 여유만 있었더라면 다방 하나만은 그 시대로는 새로운 것을 꾸몄을 것 같다.

그것은 현대의 다방이 아니요 그의 스무 살 고개의 다방은 아니라도 말이다. 그는 무엇 하나 흡족하게 해본 것이 없다. 그가 돈이 있었던들 '제비'와 같은 다실을 꾸미지는 않았을 것이다.

11 술과 연애(戀愛)와……

> 상은 탕아도 주정뱅이도 아니었다. 술도 친구도 사랑마저도 사랑한 다정한 예술가요, 나약한 청년이었다.

나는 상과 술을 생각하면 흥이 난다. 어깨가 으쓱해지는 마음이다. 상은 술을 좋아한다. 폭주가 아니다. 술을 사랑한다.

상은 술을 마시면 말을 잘한다. 떠들고 횡폭한 것이 아니다. 더 예술을 이야기하고 한담, 잡담이라도 그 독특한 화술로 상대방의 마음을 간지른다. 무지막한 억지 간지럼이 아니라 겨드랑 밑을 내밀고 또 간지려 달라고 팔을 들어 내밀고 싶은 간지럼이다.

그런데 나는 술을 마시면 더 말이 없다. 오히려 우울이 찾아들기가 십중팔구다. 상은 술을 마시면 안색과는 관련이 없다. 아니 술이 지나치면 창백한 그의 얼굴은 더욱 창백해진다. 잘 보아야만이 그의 눈언저리가 발그레하다.

상은 술이 취하면 술집에서 술집으로 비질을 하고 싶어 한다.

그런데 나는 쓰러져 자고만 싶다.

그러니 그와 내가 같이 술을 마시러 다닐 까닭이 없다. 그러나 때로는 같이 술집 문턱을 넘어섰다고 잡아갈 사람은 없다.

상과 나는 요정 같은 데서 술을 마셔 본 일은 없다. 또 색주가 같은 데도 가 본 일이 없다. 까페 같은 데는 가 본 일이 있다. 이것은 내가 주동이요 상은 수동이다. 허나 다찌노미*는 상이 주동이고 나는 수동이 된다. 상은 까페에서도 여급을 상대로 재롱을 피워 즐겁게 한다.

그러나 그의 다찌노미에서의 술 마시는 풍모는 청사에 남을 만하다.

다찌노미는 봄비 내리는 밤도 좋다. 그러나 함박눈 내리는 겨울밤이 더 좋다. 술집에 들어서며 발을 구르며 어깨의 눈을 터는 맛이 그윽하다. 숯불은 이글이글 타오른다. 요새 같은 연탄불은 찾아 볼래야 찾아 볼 곳이 없다. 이 아름답고 뜨거운 화롯불에 언 손을 녹인다.

상이 가장 즐거운 때는 어느 때냐고 물으면 나는 거침없이 대답하련다.

"그가 그와 뜻이 맞는 친구와 얘기하는 때요, 그가 그와 뜻이 맞는 친구와 다찌노미를 하는 때다"라고.

그는 "혁!", "혁!"하고 혁을 연발한다. 예술을 이야기한다. 그리고 예

---

* たちのみ〔立(ち)飲み〕 ; 서서 마심, 선 채 마심.

술가는 시대를 초월하고 태고로부터 영겁으로 인류의 벗이 되는 위대한 예술가가 되어야 한다는 것이다.

술값은 열에 아홉 내가 내게 마련이다. 상이 돈이 없어서가 아니다. 그가 구두쇠가 되어서도 아니다. 네것 내것 없이 친구가 내는 것이 그의 마음을 더욱 흡족하게 하여 주기 때문이다.

이렇게 술집에서 술집으로 비질을 한다. 그러나 끝장에는 그는 나를 얼싸안고 돌아온다. 동생같이 얼싸안고 귀로에 접어든다.

그게 몇 살 적인지 기억이 분명치 않다. 그러나 스물한 살 전후인 것은 확실하다. 어느 날 내게 상의 편지 한 장이 날아왔다. 그 내용인즉 다음과 같다. 상은 한 여인을 샀다고 한다. 아마도 그때, 공창(公娼)이 있던 시절이요 그 이야기라고 생각된다. 그 편지에는 삽화가 한 장 첨부되어 있었다. 여자가 천장을 향하고 누워 있는 모습을 옆에서 본 그림이다. 배는 임신 10개월로는 부족하다. 젖가슴부터 아랫배까지가 고무풍선 같다. 그 높이가 대단하다.

또 그녀의 얼굴은 메주를 손가락으로 꾹꾹 찔러 만들었다면 입체감이 난다. 이북말로 미욱하기 짝이 없다. 눈퉁이는 나오고 코는 납작하고 입술은 돼지 입이다.

이 여인이 말하더라는 것이다.

"파리만도 못한 기운을 해 가지고——"

그러며 해괴한 눈으로 흘겨보더라는 것이다.

이때의 상은 그의 첫 각혈 후 건강이 부실한 때였던 것만은 짐작이 간다. 그러나 너무 마음이 아파서 더 쓸 수가 없다. 그러면서 상은 슬픈 이야기들을 써 놨다.

좀처럼 자기 신변에 관한 이야기를 않는 그였지만 그것도 두 가지로 구분해야 한다. 그가 말을 않는 것은 자랑이다. 자랑되는 이야기는 정말 10년 교우에서 한 번도 들은 일이 없다. 그러나 못났다는 이야기, 슬픈 이야기는 신변일수록 많은 그였다. 그때도 그가 총독부에 근무할 때니 역시 스물한 살 전후라고 회상된다.

두 친구와 같이 술을 마시러 갔었다는 것이다. 그 당시 소위 색주가 집의 이야기다.

소반에 두어 가지 안주를 놓고 술 주전자만 들어왔다 나갔다 하는 술 좌석이다. 손님이 술이 좀 취하면 빈 주전자만 왔다 갔다 한다. 그리고 계산을 할 때면 주모 옆에 매달린 흑판 위에 백묵으로 줄을 그어 논 것이 있어 이것 보라고 증거물을 제시한다. 그 줄은 주모 마음대로 그어 놓는 줄이다. 그래도 손님은 큰 불평이 없고 또 끊기지 않는다. 왜냐고? 덤이 있기 때문이다. 말이 덤이지 실은 주목적은 여기에 있다.

처음에는 점잖게 치맛자락을 도사리고 앉는다. 그러나 몇 잔 왔다 갔다 하면 현대 나이트클럽의 스트립보다는 황홀경이 전개된다. 그녀들은 무릎 위에 올라앉고 술손님이 무슨 짓을 하거나 내버려둔다. 손님들은 말할 것도 없고 그녀들도 목석이 아니다. 미터가 오르면 한 쌍씩 한 덩치가 된다. 옆방으로 가기도 하고 술상을 놓은 채 그 옆에서 도원경이 전개된다.

상의 두 친구는 식식대며 그 짓을 하더라는 것이다. 계집은 기성을 올리고……. 그런데 상은 그중에서 가장 늙은 작부와 술만 마셨다는 것이다. 노랫가락을 부르며. 이 이야기도 이 이상 할 수가 없다.

12 구술소설(口述小說)과 추도회(追悼會)

> 붓으로만 아니라 입으로도 소설을 쓰던 그는 스물
> 여덟의 젊은 나이로 이역땅 동경에서 억울한 죽음
> 을 당했다.

상이 스무 살 고개의 이야기다. 혹은 스무 살도 되기 전의 이야기였는지도 모르겠다.

그 이야기는 상의 창작인지 어디서 읽은 것인지 그 점은 분명치 않다.

다만 그것은 종이에 붓으로 쓴 작품화된 것은 아니었고 그의 마음속의 구상 정도였다. 고로 그의 구술(口述)에 의한 소설 이야기다.

그 줄거리를 이야기해 본다.

동경의 교외, 말하자면 다까다*의 바다 같은 초원이다.

한 어린 아가가 봄날 잔디밭에서 놀고 있다. 그때 나비 한 마리가 날아든다. 이 아기는 그 나비를 잡으러 이리저리 나비만 쳐다보고 따라간다.

나비는 날아간다.

어린 아기는 더 따라간다. 잡힐 듯 잡힐 듯하니까 손을 들고 하늘만 보고 따라간다.

그런데 초원은 끝이 났다. 그 끝은 낭떠러지다. 나비만 쳐다보고 따라가던 아기는 낭떠러지에서 굴러 떨어진다. 그리고 숨을 거둔다.

이 아기의 아버지는 동해도선의 특급열차의 기관사다[동해도선은 하관(下關)에서 동경까지 장거리의 일본 심장에 속하는 주요선이다].

집에 돌아와 그의 사랑하는 아들의 죽음을 아파함은 누구나 마찬가지다. 그러나 그는 다시 동경역을 떠나 하관까지의 급행열차를 운전해야 한다. 그는 넋을 잃고 기관차에 앉아 동경역을 떠난다. 그런데 이 특급은 도중에서 정거해야 하는 것을 그냥 통과 질주한다. 어린 자식을 잃고 넋이 없기 때문이다.

그때 하관을 떠난 임시열차가 있다. 이때 일본은 어느 외국과 복잡다단한 정치위기에 처해 있어 상대방 나라의 특명대사가 판결을 짓기 위해 일본에 오고, 이 임시열차는 그 특명대사가 타고 오는 임시열차다. 두 열차는 충돌한다. 승객도 승객이지만 상대국의 특명대사도 죽는다.

일본은 사과한다. 그러나 상대국은 그렇지 않아도 트집을 잡는 판인

---

* 다까다노바바(高田馬場)의 준말. 도쿄의 한 지역.

데 일본의 고의적인 처사라고 해석한다.

양국은 드디어 전화(戰火)가 터진다. 이해(利害)관계의 전쟁이 아니다. 감정의 전쟁이다. 전쟁은 대대손손으로 계속된다. 백년대전이 된다. 드디어 양 국가, 양 민족은 전멸을 한다.

이러한 이야기다. 상은 이 이야기의 제목에 대해서는 말이 없었다.

상이 이야기를 왜 나에게 했는지 나는 모른다.

상은 일본으로 가기 전 내게 이런 말을 했다.

"나는 동경으로 갈래. 가야 해. 여기서는 더 읽을 책이 없어."

그때 그의 얼굴엔 패기가 서려 있었다. 그 당시에 그가 이 땅에 있기는 딱한 환경이었다. 허나 도피하지는 않았다. 더 다른 세계에의 추구가 예술에서도 인생에서도 그를 떠나게 했다.

그렇게 의욕에 부풀어 떠난 그가 죽다니. 그것도 자연사라면 모른다. 자살이라면 또 모른다. 타살(?)을 당한 것이다.

사회 사상이라곤 한평생 입 밖에 내 보지도 못한 돈 없는 예술지상주의자를 사상의 혐의가 있다고 왜경은 그를 때려잡았다.

그러지 않아도 약해 빠진 그를 철창에 가두고 죽게 되니 동경제대 부속병원에 넘겨버렸다.

나는 그의 추도회를 기억한다.

초저녁이었던 것만은 알 수 있으나 어느 지점 어느 건물*인지는 모르겠다.

식장에 들어섰다. 아무도 없었다. 천장에 매달린 전등이 조는 것 같았다. 단에 상의 사진이 검은 리본을 띠고 앉아 있었다. 사진은 컸다.

상(사진)은 부드러운 눈으로 나를 쳐다보고 있었다. 그 밤은 고 김유정(金裕貞) 씨의 추도회를 곁들여 하였다.

거짓 없는 말로 나는 상의 영상 앞에 향불도 피워 올리지 않았다. 후

---

* 1937년 5월 15일 오후 7시에 서울 부민관 소집회실에서 이상과 김유정의 합동 추도식이 거행되었다.

일 후회했기에 기억이 분명하다. 나는 어디 놓았는지 나의 명함 한 장을 꺼내 놓았었다고 어렴풋이 생각난다.

허술한 나무로 된 긴 벤치들이 몇십 개 정도 놓여 있었다. 나는 한구석 맨 끝에 쭈그리고 앉아 있었다.

다음 생각나는 것은 밤참 식사자리다. 부끄러운 이야기지만 나의 여비에서 남은 것을 털어 보았다. 20여 원이었다고 생각된다. 그것이 그 밤 내빈들에게 밤참대접이 되었다.

변이라는 친구가 모든 일을 맡아 했다. 변은 스물네 살 때 상과 같이 인천의 나의 집에 두어 번 놀러온 일이 있다. 그도 상과 같은 문학도다.

뒷날에야 알았지만 변은 상의 제2의 여인 B여인의 오빠였다는 것이다.

변은 나와는 아무 의논도 없이 여러 내빈 앞에 나를 소개했다. 변은 나의 출현을 퍽이나 흐뭇해 했다고 회상된다.

"상의 초기의 시를 읽으면 '혁'이라는 실존 인물이 많이 산견된다. 이 밤 그 장본인을 만나 즐겁다. 모쪼록이면 상의 생전의 많은 이야기를 들려 달라."

변은 두 번이나 나의 겨드랑 밑에 손을 넣어 나를 일으켜 세웠다. 그러나 병신── 나는 두 번 다 이그러진 자세로 주저앉고 말았다. 말할 준비가 되고 안 된 것이 문제가 아니다. 나는 그 밤 졸도하지 않으려고 전력을 기울이고 있었다.

언제 손님들이 어떻게 갔는지 나는 모른다. 다만 변과 상의 어린 동생 운경이와 나 셋이서 어두컴컴한 복도에 서서 상의 장례에 대해서 걱정(의논)하고 서 있었다.

상이 열아홉 살 때 나에게 편지 보내온 〈나── 죽거던…〉이라는 시를 울면서 속으로 생각했다.

나는 운경이에게 미안하지만 인천의 나의 직장에 좀 찾아와 달라고 얘기한 기억밖에 없다.

그 후 인천 내 직장으로 운경이가 찾아왔다. 어린 운경이가…… 나는 겨우 나의 1개월분 월급을 가불해서 운경의 손에 쥐어 보냈다.

1개월분 밖에는 더 가불할 수가 없어서였던지 더 할 수 있었던 것을 1개월분만 했는지 그 점에 대해선 분명치가 않다.

다음 날 새벽 운경이는 또 한번 찾아왔다. 서울에서 인천까지―.

그런데 나는 그냥 돌려보냈다.

아무리 물가가 싼 시대라도 50원(나의 1개월 월급)가지고서는 무덤을 마련할 수가 없었던 것이다. 비록 화장한 유해지만――.

나는 그 후 상의 유족 앞에서도 상의 주변 사람들 앞에서도 사라지고 말았다. 그리고 이 30여 년 나는 벙어리가 되어 왔다. 무슨 낯으로 내가 상의 친구라고 상의 친구였다고 나설 수 있다는 말인가?

독자는 용서하라. 나는 상에게 죄지은 사람이면서도 나의 청춘은 아름다웠다.

나는 나의 아내에게 미안한 말이지만 나는 그 여인을 잊은 후 그 이상의 사랑을 느껴 본 일이 없고 나는 상을 잃은 후 친구가 없는 사람이다. 정말 나는 추억에 사는 사람이다.

《여원》, 1969. 4.)

실을 알 수 있다. 이상의 그림 솜씨에 대한 품평과 그가 경영하던 다방에
대한 인상이 소상히 기록되어 있다.

몇 가지 이의(異議)

문 종 혁

지난봄에오(吳)는인천에있었다. 십년——그들의깨끗한우정이꿈과같은그들의소년시대를그냥아름다운것으로남기게하였다. 아직싹트지않은이른봄건강이없는그는吳와사직공원산기슭을같이걸으며吳가긴히이야기해야겠다는이야기를듣고있었다. (……) 그리고뒤미쳐태풍이왔다. 오너라——와서내생활을좀보아라——이런吳의부름을빙그레웃으며그는인천에吳를들렀다.

——〈지주회시(鼅鼄會豕)〉 중에서

이상(李箱)의 소설 〈지주회시〉에 등장하는 인물 오(吳)는 앞에서 인용한 본문이 시사하듯이, 이상의 지기(知己)였으며 또한 이상과 더불어 화필을 들고 그림 수업에 어깨를 나란히 했던 사이이기도 하다.

그 오(吳)가 아직 생존해 있다. 생존해 있으면서 지금까지 껍질을 다 벗기지 못한 이상 그 인간과 예술에 대한 우리의 의문에 답을 준다. 〈지주회시〉 속의 오(吳), 그는 허구의 인물이 아닌 실제의 인물인 것이다. 다만 허구가 있었다면 '오'라는 이름이 소설에서는 '문종혁'이라는 본명 대신 사용되었다는 사실을 들 수 있을 따름이다.

　오(吳)── 그 문종혁(文鍾爀 ; 1974년 현재 64세, 충남 보령군 대천읍 신시지 거주) 씨가 본지를 위해 특별기고를 해 왔다.*

▌이상의 습작시대

　이상(李箱)과 나(문종혁·이하 '나'로 통일)는 18세(1927년)부터 5년여 동안 같은 집에서 생활했다. 즉, 이상이 경성고등공업학교 2학년 되던 해부터 최초의 시작(詩作) 〈이상(異常)한 가역반응(可逆反應)〉을 발표하던 해까지이다. 그리고 이상이 사망하던 1937년까지 우정을 나누었다. 이른바 10년 지기(知己)였다.

　이상과 18살 동갑내기로서 통동(通洞)** 154번지 그의 백부(伯父) 집에서 처음 만났을 때 그는 이미 시작에 열을 올리고 있었다. 1인치가 넘는 두꺼운 무괘지(無罫紙) 노우트에는 바늘끝 같은 날카로운 만년필 촉으로 쓰인 시들이 활자 같은 정자로 빼곡 들어차 있었다.

　그는 그 노우트를 책상 서랍 속에 소중히 간직하였다.

　당시 상(箱)은 나에게 그림에 관해서는 자주 얘기했지만 시에 대해서는 이야기하지 않았다. 그림을 그리지 않는 시간에 상은 일본의 사이죠 우 야소(西條八十)의 시와 기꾸치 칸(菊池寬)의 소설을 열심히 읽고 있었다. 이렇게 2년을 보낸 후 스무 살(1929년)에 접어들자 상은 입버릇처럼 말하기 시작했다. "나는 문학을 해야 할까봐……." 이것은 화가를 꿈꾸던 그의 내부에 결정적인 변화가 생긴 것을 의미했다. 그는 화구를 돌보지 않게 되었고 문학 쪽으로 완전히 기울어진 것 같았다. 이해 그는 경성고공을 졸업하고 총독부 토목기사직에 있었다.

---

* 원문 《문학사상》에 수록된 편집자의 글.
** '통인동'(通仁洞)을 가리킴.

한편 이 무렵 상은 지금까지 애독해 왔던 기꾸치 칸의 소설을 통속 작품에 불과하다고 매도하면서 아쿠다카와(芥川)과 마키노(牧野)의 작품을 골라 읽고 있었다.

예술가란 자기 자신의 새 세계를 개척해내야 한다. 그것이 참된 예술가요 예술가의 의무요 인류에 공헌하는 길이다.

이런 말을 곧잘 하던 것도 이 무렵의 일이다. 또 상은

참된 예술가는 결코 현재에 안일하지 않는다. 늘 새 경지를 향해 다름질 치고 만일 그에게 유끼쓰마리(타개의 길이 막힌 상태)가 왔을 때에는 고민이 오고 드디어는 자살까지를 초래한다.

이렇게도 말하면서 그 당시 자살한 일본 작가 아쿠다카와(芥川龍之介)의 죽음도 예술의 '유끼쓰마리'에서 온 것이라고 설명했다.

예술가가 된다는 것을 황금마차를 타고 궁전의 화원길을 달리듯 화려하고 달콤한 것으로만 알아서는 큰 오산이다. 그 길은 비바람 몰아치는 험난한 가시밭길이다.

한 영웅이 탄생되기까지에는 수십만 수백만 무명용사들의 죽음이 뒤따라야 함과 같이 한 위대한 예술가가 탄생되기까지에는 보다 많은 무명 예술가들이 그늘에서 사라진다는 사실을 알아야 한다.

이런 말을 하며 새삼 다짐이나 하는 듯이 심호흡을 하고 정좌하며 몸가짐을 가다듬던 것도 이 무렵의 일이다.

상은 이때나 그 후에나 예술 외의 다른 세태사(世態事)에는 무관심이

었다. 당시 사회주의 사상의 영향으로 프롤레타리아 문인들이 그들의 월간지까지 발간하며 갑론을박 논란을 펴고 작품 발표도 했으나 그는 거들떠보지도 않았다. 일본에서 열렸던 프롤레타리아 미술전람회의 화집을 보았을 때 "이게 간판이면 간판이었지 미술이며 예술야?" 하고 코웃음을 쳤다.

상에게서는 민족이나 국가를 운운하는 모습도 볼 수 없었다. 다만 그는 인류라는 명제를 되풀이해 말하였다. 그가 말년에 동경(東京)으로 떠날 때 휴머니즘을 외쳤다는 설이 있는데 사실이라면 이것과 일맥상통한다고 하겠다.

스물한 살 1930년 봄 어느 날 상은 그림 이야기를 하다가 문득 "다다이슴은 문학에도 있는 거야" 하고 말하였는데 이해 여름 그는 첫 객혈을 하였다. 그의 문학만이 아니라 육체의 다다이즘이 막을 연 것이라고 할까? 상의 수필 〈병상이후(病床以後)〉는 사망 뒤 1939년에 발표되었지만 이때의 기록이다.

스물두 살 1931년. 나는 지난해 그림 공부를 위해 일본으로 갔다가 이해 봄 서울로 돌아와 다시 상과 합류해서 같은 방에서 두 달 동안 생활했다. 본래 핏기가 없고 무기력해 보이던 상이었지만 이때의 그는 피골이 상접하여 실로 딱한 정경을 보여 주었다. 몸을 가누기조차도 힘들어 보이는 것이었다. 그러나 밤낮을 가리지 않고 시작에 파묻혀 있었다. 밤중에 깨어나 보면 그는 이불 속에 엎드려 여전히 무언가 끄적거리고 있었고 때로는 변소에 가서 문을 활짝 열어놓고 앉아 야반삼경(夜牛三更) 달을 바라보며 시상(詩想)에 잠기곤 했다.

이천 점에서 삼십 점을 고르는 데 땀을 흘렸다.

그의 〈오감도(烏瞰圖) 작자의 말〉 중 일절이다. 그의 시작 초기부터 24, 5세까지 2천 점의 작품을 썼다는 얘기다. 나는 이 2천 점의 대부분이 상의 21세부터 23세 사이에 씌어진 것들이 아닐까 추측한다. 그의 생존 시, 또는 사후에 발표된 시작 외의 방대한 양의 작품이 그의 처남에게 소장되었다는 말을 들었을 뿐 그 뒷일은 알 길이 없다.

■ 〈오감도(烏瞰圖)〉와 가룟 유다

상의 시 〈오감도〉는 발표 때부터 말썽이 많았지만 40년이 지난 지금에 와서도 해석과 견해가 구구하다. 나는 이 시를 읽을 때마다 상과의 옛날 일을 상기하게 된다. 언젠가 그는 예수가 십자가에 못 박힐 때의 일을 상세히 얘기한 다음

그러기에 일본 사람들이 사자(四字)나 구자(九字)를 싫어하듯이 서양 사람들은 13과 금요일을 싫어하고 그러기에 서양 사람들에게는 호텔이나 병원에 13호실은 없다.

이렇게 들려주었다. 그에게 ‘13’은 ‘불길’(不吉)로 통했으며 나 또한 그 영향을 받아 요즘도 식당 같은 데 가면 13번 자리는 피해서 앉는다.

十三人의兒孩가道路로疾走하오.
(길은막다른골목이適當하오)
....
第十一의兒孩가무섭다고그리오.
第十二의兒孩도무섭다고그리오.
第十三의兒孩도무섭다고그리오.
十三人의兒孩는무서운兒孩와무서워하는兒孩와그렇게뿐이모였소.(다른事情은없는것이차라리나았소.)

상은 또한 늘 강박관념에 사로잡혀 있었다. 타고난 성격 탓인지 지병 탓인지는 모르겠으나 "어젯밤에도 가위에 눌렸어" 이렇게 말하는 아침이 예사였고 낮잠에서도 깨어서 이마를 찌푸리며 "또 가위에 눌렸어" 하던 것이었다. 그는 유끼쓰마리에 노이로제처럼 신경을 쓰고 있었고 죽음의 거체(巨體)가 늘 눈앞에 도사리고 있는 것처럼 보였다. 〈조감도(鳥瞰圖)〉가 아닌 까마귀 오(烏)의 〈오감도(烏瞰圖)〉—— 나는 이 시를 읽을 때마다 상의 '가위에 눌린 잠' 뒤의 모습을 생각하게 된다.

▌수녀와 나체 행진

상은 일반에 전해진 이야기로 정력가, 호색가, 심지어는 변태성욕자로 말해지기도 한다.

이상이 하루는 한꺼번에 여러 여체(女體)를 사더랍니다. 그러더니 그녀들을 여러 방에 하나씩 들여보낸 다음 한쪽에서부터 차례차례 해치우더라는 것입니다.

어떤 평론가가 이런 얘기를 내게 했다.

일본인들에게는 '우구이스 노 다니와다리'라는 말이 있는데 직역하면 꾀꼬리가 골짜기를 건너간다는 것으로 실은 한 남성이 여러 여성을 한 방에 뉘어 놓고 이 여체에서 저 여체로 옮겨 다니며 성행위를 하는 것을 가리킨다. 나는 스무 살 무렵 상에게서 이 말을 들었다. 추측컨대 상이 이런 말을 한 것이 나중에 한입 두입 건너면서 와전된 것이 아닌가 한다.

역시 스무 살 무렵 어느 날 밤, 같이 서점에 가던 길인데 상이 별안간

혁, 이것 봐. 내가 종로 네거리 화신상회 앞 전차 정류장에 섰는 거야. 프록코우트*를 입고 야마다까보오**를 쓰고 스틱을 뒤로 짚고 말야. 그런데 종로 네거리를 오가는 모든 남녀노소가, 실오라기 하나 걸치지 않은 전라의 몸으로 활보하는 거야. 그때 혁은 나처럼 의복을 갖추고 서서 나와 같이 감상을 해도 좋고 나체가 되어 그들 속에 활보해도 좋아. 그건 혁의 자유야. 어때 혁?

하고 웃었다. 그런가 하면 곧 뒤이어 침통한 음성으로

우리가 수녀라면 신화에 나오는 천사 같이만 알지 않아? 그런데 그녀들은 십자가에 못 박힌 예수의 나상을 보며 수음을 한다는 거야.

라고 했다. 이런 것이 음탕한 것이라면 음탕한 것이라고 하겠지만 그의 독특한 상상의 비약, 지식의 발산이기도 하다. 아무튼 내가 아는 상은 오히려 그 방면에 좀 부족한 편이었다. 그의 작품을 또 분석해 보면 알 수 있는 일이기도 하다.

■ 상의 시력(視力)과 〈오감도〉 제4호

상은 안경을 쓴 일은 없지만 강렬한 빛을 정시하지 못하였다. 시력이 약한 편이었던 것이다.

---

* frock coat ; 서양식 신사복으로 무릎까지 오는 긴 웃옷과 줄무늬가 있는 바지 한 벌로 이루어져 있다.

** やまたかーぼうし〔山高帽子〕; 중산모자, 즉 예장 시 남자가 쓰는 꼭대기가 둥글고 높은 서양 모자.

평소 같으면 그 화면이 몹시 부시어서 (밤에만) 이렇게 오랫동안을 계속
하여 바라볼 수 없었을 것을 그의 시각은 자극에 대하여 무감각이 되었었다.

수필 〈병상이후〉의 한 구절이다. 그의 방에 걸렸던 내 그림을 두고
하는 말이다. 사양(斜陽)을 그린 풍경화로서 음양(陰陽)이 강했던 그림
이다.

아무리 음양이 강하다 하더라도 일개 유화를 눈이 부셔 오래 쳐다볼
수 없다는 것은 정상적인 시력으로서는 있을 수 없는 일이다. 봄이 되면
집 뒤뜰에 핀 진달래꽃을 상은 즐겨 바라보았는데 이때 그의 눈은 유별
나게 가늘어지고 깜박여졌다.

숫자를 거꾸로 쓴 〈오감도〉 시 제4호를 읽을 때는 그의 시력이 약했
다는 사실을 상기하게 된다. 약시와 거꾸로 씌어진 숫자들. 관련성이 있
는 듯한 느낌이 들기도 하는 것이다.

▌담배와 〈우인상(友人像)〉

상은 담배를 퍽 즐긴 듯한 인상을 주며 일찍부터 담배를 피웠으리라
는 추측을 가지는 사람이 많은 것 같다.

언더—더 워취—시계 아래서 말이에요—파이브 타운스—다섯 개
의 동리(洞里)란 말이지요— 청년은 요 세상에서 담배를 제일 좋아합니다.
—기다랗게 꾸부러진 파이프에다가 향기가 아주 높은 담배를 피워 빽—
빽—연기를 품기고 앉았는 것이 무엇보다도 낙이었답니다.

상이 말년 동경에서 쓴 소설 〈실화(失花)〉 중의 한 부분이다. 그러나
실제로 그는 담배를 피우지 않았다. 학생 시절엔 물론 25세 전후까지도

담배를 피우지 않았다. 술자리에 한해서 담배를 손에 들었다. 엄지와 식지 끝으로 엉성하게—흡사 옛날 촌부인네들이 궐련을 피우는 것같이—쥐고서 담배를 빨아 입술을 똥그랗게 하고 싱겁게 연기를 내뿜는 것이었다. 연기를 들이키거나 코로 내뿜는 일은 전혀 없었고 또 유유히 연기가 공중으로 오르는 광경도 없었다. 그래서 나는 〈실화〉에 나오는 파이프담배 얘기는 허구로만 생각해 왔는데 구본웅의 〈우인상(友人像)〉을 본 뒤 생각을 달리했다. 〈우인상〉에서 상은 긴 파이프를 물고 있고 그 파이프에서는 연기가 세차게 타오르고 있는 것이다. 구본웅은 초기에는 날카로운 선, 강렬한 색채를 썼으나 후기에는 반대로 부드러운 선에 어두운 색조를 썼다. 이런 점으로 볼 때 이 그림은 상의 말년, 즉 동경으로 가기 직전의 그림이라고 추측된다.

내야말로 동경 와서 쓸데없이 담배만 늘었지. 울화가 푹— 치밀을 때 아— 폐까지 쭉— 연기나 들이키지 않고 이 발광할 것 같은 심정을 억제하는 도리가 없다.

역시 〈실화〉 속의 이 구절이 허구가 아님을 인정하게 되었다.

▌우수…… 기타

상의 성격을 말할 때 '우울', '고독' 이런 어휘가 자주 쓰인다. 확실히 그는 우울해 있고 고독했다. 그러나 내가 보기에 그의 우울은 밀도가 그다지 짙지 않았고 오히려 '우수'(憂愁) 또는 '애수'(哀愁)라는 어휘가 더 적당해 보인다. 그리고 내게 가장 인상이 깊은 그의 성격은 그가 성낼 줄 모른다는 점이었다. 10년 교우(交友) 동안 나는 상이 남과 언성을 높여 다투거나 눈에 노기를 띠는 것을 본 일이 없다. 파리 한 마리 때려

죽이거나 돌멩이 하나 발길로 차는 모습도 못 보았다.

또한 그의 성품을 들어 '기괴', '호쾌'라는 어휘를 쓰는 데도 나는 이의를 제기하고 싶다. '창대 같은 수염', '껄껄 웃는다', 이런 표현이 일변 그에게 어울리는 것 같기도 하지만 그의 별같이 반짝이는 기지와 해학을 정확하게 표현한 것이라고 말하기는 어렵다.

게으르고 해괴하게 묘사되는 그의 생활상에도 나는 이의를 달고 싶다. 상이 민활하지 못하고 게을렀던 것은 사실이나 학생 시절이나 직장 시절의 그를 돌이켜 볼 때 상처럼 충실하고 정상적인 사람도 드물었다. 후기에 이르러 조용한 환경 조성이 어려워 밤에 일을 할 수밖에 없었고 밤에 자지 않았으니 낮에 자는 수밖에 없었을 것이었다. 그의 작품, 그 중에도 소설은 그의 주변의 일과 주변의 인물들을 썼다는 사실은 잘 알려져 있다. 여기서 구분해서 나누어 보면 앞에서 언급한 대로 〈지주회시〉는 나와 금홍 여인이 등장하는 작품이다.

내객이 아내에게 돈을 놓고 가는 것이나 아내가 내게 돈을 놓고 가는 것이나 일종의 쾌감── 그 외의 다른 아무런 이유도 없는 것이 아닐까 하는 것을 나는 또 이불 속에서 연구하기 시작하였다.

─〈날개〉에서

〈날개〉와 〈봉별기(逢別記)〉에는 금홍 여인이 등장한다. 금홍 여인은 성은 분명치 않으나 연심(蓮心)이라는 본명을 가지고 있다. 〈날개〉 거의 끝 부분에 이르면 상이 마음속으로만 부르는 구절이 있다. "연심이……" 그의 여동생의 이름은 일심(一心)이다. 그리고 〈실화〉, 〈동해(童骸)〉, 〈종생기(終生記)〉, 〈환시기(幻視記)〉 등은 변동림(卞東琳)과의 일이 중심이 되어 있다.

상의 집 뒤뜰에서 거행된 추도식의 광경이 생각난다. 마루 위에 놓인 그의 유해 상자 그리고 길진섭(吉鎭燮)이 데상한 상의 사화상(死畵像).

자는 듯이 눈을 내려 감고 입을 다소곳이 다물고 천장을 향해 누워 있는 모습을 수평선 옆에서 보고 얼굴만 실물대로 그린 것. 그의 사화상이 생각난다.

《문학사상》, 1974. 4.)

> **엮은이의 말**
>
> 10여 년에 걸쳐 이상과 각별한 우정을 나눈 것으로 알려진 문종혁의 증언이다. 당시 이상의 예술관과 전반적인 의식세계의 특징을 비롯하여, 이상의 문학관 형성에 영향을 주었던 작가와 작품, 미술에서 문학으로 향하는 예술적 관심 분야의 변화 시기, 제1차 각혈 시기 등과 관련된 사항들을 소상히 보여주는 자료이다. 기존에 알려진 이상의 신상 기록들에 대한 이의 제기 형식으로 정리된 글이어서 흥미를 더한다.

이상의 일

서 정 주

▌박쥐 같은 귀재

시인 이상(李箱)이 1934년 일간지 《조선중앙일보》에 〈오감도(烏瞰
圖)〉란 대제목 밑에 10여 편의 시 작품을 매일 한 편씩 연재하고 시단
에 나왔을 때, 문단인과 문학청년들은 그에게 귀재(鬼才)라는 수식을
붙였다. 그의 시의 형식이나 내용이 여직까지의 우리 시단에서는 볼 수
없던 기발한 것이라는 점, 그는 원래 공과대학 출신의 건축 설계가로
문학과는 거리가 먼 사람인데 밤중에 홍두깨처럼 그게 뜻밖에 불쑥 시
단에 내밀고 나와 오래지 않아서는 당시 이 나라의 가장 유능한 중견
문인들의 회합이었던 구인회(九人會)의 한 '멤버'가 대뜸 되어버렸다는
점, 또 사생활에서 그는 낮과 밤을 남과는 달리 거꾸로 바꾸어 쓰고 살
아서 박쥐 비슷하게 깜깜한 밤을 고스란히 주로 그의 활동의 때로 삼았
다는 점—— 이런 일이 그에게 붙인 그 귀재라는 지칭(指稱)의 대강의
내력이었던 것 같다.

그러나 내 생각 같아서는 그 '귀재'라는 한 마디 말만으로는 다 나타
낼 수 없는 더 간절한 것들을 그는 지니고 있었던 걸 안다. 물론 그는
이미 꽤나 성큼한 귀기(鬼氣)를 띠고 있었던 것도 사실이다. 그렇지만
그가 그 어쩔 수 없이 착복(着服)한 귀기와 아울러 지니고 있었던 가장
귀중한 것은 마지막 극한점── 아마 하늘 밑 땅 위에 생겨났던 문인들
속에서는 제일 마지막 극한점에 놓였던 그가 겪은 진통하는 사람의 모
습이다. 이 무렵의 우리 민족의 꼬락서니의 가장 처절한 상징으로만 보
이는 그 진통하는 사람의 모습이다. 이 점을 두고 일찍이 시인 박용철
(朴龍喆)도 그의 소설 〈날개〉를 말하다가 "인류 있은 이후에는 제일 슬
픈 소설"이라고 한 일도 있지만, 그의 그런 표현도 내 생각과 거의 일치
하는 것이 아닐까 한다. '이반·뚜르게네프'의 〈첫사랑〉이라는 소설을
보면 어디에던가 소나기 내리는 캄캄한 한밤중에 유리창으로 문득문득
비쳐오는 하늘가의 번개의 모양을 높은 곳에 매달려 처형학살당하는
새의 고도(高度)히 떨리는 몸부림에다 비유한 곳이 있던 게 생각난다.
이상 그를 번개에 비유해 맞을 것인지 그보다도 더 무엇이라야 할 것인
지 그것은 좀더 생각해 봐야겠지만 하여간 그것이 높지막이 매어달려
처형당하는 새의 부르르르 떠는 몸부림과 같다는 점만은 웬일인지 이
상의 일을 생각하면 꽤나 비슷하게 같이 잘 어울려 보인다.

　　그러나 그 처형의 막대 위에서도 언제부터 그리 된 것인지, 신경질적
이기는 하지만 항용 낄낄낄낄 웃어제치기만 하던 이상이라는 새는 그 기
묘한 웃음 하나를 '뚜르게네프'의 처형마당의 새보다 더 가졌었다. 물론
이것도 이때 많이 이러했던 이 민족의 가장 기막힌 상징인 것처럼……

▌무료병실의 환자처럼

　　입정정(笠井町)── 그러니까 지금의 청계천로 4가 언저리에서 을지로

4가 쪽으로 가는 구석진 뒷골목에 살고 있었던 그를 내가 처음 찾은 것은 1935년 가을의 어느 날 해질 무렵이었다. 장마 뒤의 그의 집 앞 좁은 골목은 유난히 질척질척한데다가 맞추어 모든 게 까맣게 낡아빠지고 망가져 들어가는 최하급 일본식 건물인 그의 집의 인상은 거기 사람 아닌 동물이 살기라면 역시 할 수 없이 박쥐나 한두 마리 넣어둠직한 그런 것이었다. 군데군데 창살이 부러져버린 대문이자 현관문인 까맣게 낡아빠진 목조의 한 짝뿐인 미닫이를 한 옆으로 삐걱삐걱 힘들여 밀어 제치고 들어서면 반 평쯤 되는 현관 옆에 단 한 개뿐인 그의 방으로 들어가는 한지 바른 방미닫이가 바로 거기 무슨 학질병(瘧疾病)이나처럼 으시시하게 바르르 떠는 듯이 나타났는데

"이상 씨 계십니까?"

하고 몇 번을 연거푸 불러도 아무 사람 기척이 없다가

"네에, 네, 네……"

이렇게 "네" 대답을 세 번이나 되풀이하고 부시시 우리 앞에 나타났던 걸로 보면 그는 그의 습관으로 이날 낮도 이때까지 자고 있다가 나온 모양이었다. 나와 같이 이때는 불교전문학교의 학생이었고, 일정 말기에는 일제 만주제국의 국민학교 훈장이었다가 1945년의 해방직후 서울로 오는 초만원 열차의 기관차 지붕에 끼어 앉아 오는 길에 실족해 떨어져서 죽어버린 함형수(咸亨洙)——1936년의 《시인부락(詩人部落)》지 시절엔 중요한 동인의 하나였던 시인 함형수와 한일합병 때의 우리나라 마지막 왕——융희황제(隆熙皇帝)의 시종이었던 오승지(吳承旨)라는 노인——한일합병 뒤에는 무슨 강박관념의 병에선지 하루에도 몇 차례씩 "대일본국 천황폐하 만세!"를 자기 방 속에서도 고창(高唱)하고야 견디는 버릇이 들어 이 1935년 가을 우리가 이상을 찾아갔던 무렵에 날마다 그 만세 고창을 되풀이하고 있었던 창덕궁 앞 운니동의 그 오승지 노인의 아들——오장환(吳章煥)이란 시청년(詩靑年), 또 하나는 이때는 연희전문학교 영문과 학생으로, 1939년 함형수와 오장환이와 나와 함께

잡지 《시인부락》의 동인이었다가 지금은 범양사(汎洋社)라는 무역회사의 사장이 돼있는 이성범(李成範), 이렇게 우리 방문객은 모두 네 사람이었는데 우리 누구보다도 4, 5년은 나이 손위인 이상을 앞에 두고 그 성명 밑에 선생을 부치지 않고 이상 씨라고 부른 것은 이켠은 자존심이지만, 저켠은 그걸 어찌 여길까, 에라, 만일 그걸 가지고 그가 꽁한다면 별사람도 아니니 더 찾지 않으면 될 것이다—— 나는 그쯤 생각하고 있었던 것인데, 이상은 역시 우리가 기대한 것 이상으로 그 별사람일 수 있어서 영 거기 꽁하는 눈치는 조금도 없었다.

〈날개〉라는 그의 소설의 주인공 바로 그대로 그는 깜정 '하이넥크'*의 '스웨터'에 깜정 '골덴' 양복바지를 입고 있었고, 그게 모두 꾀죄죄하게 허술해져 있는 게 역시 〈날개〉의 주인공 그대로 이걸로 자리옷까지 겸하고 있는 모양이었다.

처음으로 그를 찾은 우리 네 사람의 방문객에게 둘러싸여 앉은 그의 모양은 어느 공립병원의 무료 병실의 부시시히 일어나 앉은 환자 비슷했다. 그러나 꼭 환자 같으면서도 환자와 아주 딴판인 점은 거기 앉은 우리 누구보다도 건강한 채 도사리는 그의 단호한 두 눈을 담은 얼굴과 머릿박과 말과 음성이었다.

■ "준데준데, 괜찮아……"

"아, 네에, 네, 네, 네……", "아, 저런저런이라니……", "준데(좋은데), 괜찮아, 준데, 괜찮아, 준데, 괜찮아……" ——이런 되풀이 되풀이가 우리가 거기 아마 두세 시간쯤 앉아 있는 동안 그가 우리한테 보낸 모든 말의 거의 전부이긴 했지만 이렇게 짤막짤막 되풀이하고 있는 그의 눈,

---

* high-necked ; 옷깃이 목과 어깨선보다 높은.

그의 음성에는 본심의 찬성이거나 칭찬이거나 감복이 아니라, 우리를 어느 골수(骨髓)에선지 되게는 딱하게 여겨 동정하고 있는 듯한 그런 작정이 느껴졌다. 창덕궁 앞 미친 오승지의 아들 오장환이 그의 자작시 원고뭉치를 꺼내들고 아직도 10대 말기의 치기로 눈치도 없이 꽤 오랫동안 이걸 낭독해가고 있는 사이, 그는 위에서 우리가 본 것 같은 장고의 장단 같은 것을 빈틈없이 이어서 그 틈틈이 끼웠는데, 그건 지금 생각이지만, 이미 빈사(瀕死) 상태에 있었을 그때의 그의 육신의 건강과는 너무나 다른 그의 그 형(兄)이려는 마음속 건강의 표현이었던 걸로 보인다. 일테면 어느 처참한 식민지의 외딴섬의 나병(癩病)의 고아들의 수용소에서 빈사하는 형님뻘 하나가 저보다 나이 몇 살씩 적은 친구들의 하소연을 귀담아 듣고 앉아서 그래도 무언지 고무(鼓舞)하려고 그들의 하소연의 사이사이 집어넣는 그런 맞장단과 흡사한 것 아니었던가 기억된다.

아직 20대의 젊은 나이고, 훤출한 명모호치(明眸皓齒)*의 미남인 덕으로 소쇄(瀟洒)**한 데가 훨씬 더 느껴졌던 게 다르다면 다를까, 그걸 빼놓고는 흡사 '보들레르'의 그 처참한 말년의 뼉다귀만 앙상히 남은 송장 그대로의 사진을 연상케 하는 바짝 말라붙은 빈사의 이상——그의 아주 가까운 죽음을 자신이 벌써 잘 알고 있었던 그에게서 이런 위로를 우리가 받고 있었던 것은 많이 처량한 일이다. 그러나 이때만 해도 우리는 그의 그 가까운 빈사까지는 요량을 못한 채로, 그의 형님뻘 노릇하고 앉았던 꼴만이 꽤나 익살스럽게 느껴졌던 것인데, 함형수도 나같이 느낀 모양으로 이상의 집 앞 골목에 나서게 되자 오장환을 붙들어 잡고

"야, 이 자식아, 자기 시를 남한테 내놓는 것도 작작해야지 그게 뭐야? 이상이가 좋다고 맞장단 친 게 그게 본심인 줄 아니? 그건 동정이

---

* 맑은 눈과 하얀 이라는 뜻으로, 미인을 일컫는 말.
** 맑고 깨끗함. 인품이 맑아 속기(俗氣)가 없음.

라는 거야, 자식이 너는 왜 눈치도 그리도 없니?"

했다. 그러나 오장환은 바로 뒤 이어 1930년대 후반기의 한동안을 이곳 '저널리즘'의 인기를 사서 젊은 시의 왕으로까지 선전되었던 만큼 그런 소질 때문인지 나나 함형수처럼 그걸 그렇게 느끼지는 않았지만…….

▌ 망국인의 운명감

　　얼마 뒤의 이 가을의 또 어떤 해 질 무렵에 다시 이상을 우리가 찾았을 때는 오장환은 데리고 가지 않았다. 또 그가 자작의 무얼 읽어대고, 이상이 거기 동정의 '괜찮다' 장단을 치고 있는 따분함이 싫었고 이상 그의 본 모양을 바로 보는 데 흥미가 있어서였다. 지금 나 같으면 이런 따돌림 같은 것도 반대했겠지만, 10대 말기나 20대 초기 또래들이란 자타 간에 예나 이제나 그 따돌리기도 꽤 잘하는 것 아닌가.

　　이상은 혼자 사는 줄 알았더니, 이때 보니 안경잡이의 살이 토실토실한 둥근 얼굴을 가진 여자와 동거하는 듯, 우리가 현관에 들어서자 이 안경잡이 여자는 거기로 나오며 이상더러 "다녀오겠어요" 했다. 뒤에 또 언젠가 밤에 그를 찾아가 꽤 늦도록 앉아 있을 때 "다다이마(일본말로 '지금 금방 오는 길'이라는 뜻)……" 하고 들어서서 우리를 자리에서 일어서게 했던 여자도 이 안경잡이였던 걸로 보아 이 여인이 그의 동거인이었던 건 틀림없지만, 그네가 무슨 직업을 가졌었는지 안 가졌었는지, 가졌더래도 그게 무엇이었는지, 그건 나는 모른다. 다만 우리 방문객은 이 무렵 이 여자가 이상 그의 방에서 해질녘에 나가며 "다녀오겠어요" 한 것과 밤이 깊기 시작할 때 돌아와 "다다이마" 하던 그 인상만으로 점쳐서 혹시 어느 '다방'이나 '바' 같은 데 나다니는 거나 아니냐고 돌아가는 길엔 그의 소설 〈날개〉의 환경에서 유추해가며 소근거리기도 했지만……. 하여간 그건 "야, 그건 별난 일이겠지" 하는 애숭이의 호기심이 앞선 것이었을 뿐, 그가 여자를 두고 이때 당연히 느꼈을 그 철저한 슬픔이 무엇인가를 요량할 만한 나이들도 되어 있지는 못했던 것이다. 국민학교로부터 들어가기 무척 힘들었던 공과대학에 이르기까지 한번도 빼지 않고 사뭇 수석으로만 치달려 마쳤던 이 수재 학생이 서울의 꽤 큰 집들도 잘 설계해낸 이 유능한 일꾼이고 또 똑똑하고 잘생긴 사내가, 마지막으로 일본에 가서 박사학위나 하나 얻어 가지고 나와 좋은 여자한테 장가나 하나 들어 어찌어찌 살아보려고 하다가 문득 두루 다 팽개쳐버려야만 하는 사형수가 되어가지고, 그의 타고난 결백성 때문에 새 처녀한테는 장가도 차마 못 들고 어디 헌 여자나 하나 둘 데리고 조금씩 가까이 있어보던 그 차단된 고독과 향수가 실질로 어떤 것인가를 이해해줄 만한 정신연령들이 아니었던 것이다. 허술하게 내어던져진 망국인의 운명감에 일정(日政) 시절의 의약으로는 그 집행이 아주 가까운 사형선고나 다름없던 폐병 3기의 진단을 받고 장가드는 것마저 작파해야 했던 이 수재의 사내가 어디 헌 여자나 하나 대수롭게 가까이 동거하고 지내는 심정을 알아줄 만큼한 경험들도 없었던 것이다.

▌ 격리된 사랑의 고독

> 벌판한복판에꽃나무하나가있오. 近處에는꽃나무가하나도없오. 꽃나무는
> 제가생각하는꽃나무를熱心으로생각하는것처럼熱心으로꽃을피워가지고
> 섰오. 꽃나무는제가생각하는꽃나무에게갈수없오. 나는막달아났오. 한꽃
> 나무를爲하여그러는것처럼나는참그런이상스러운흉내를내었오.

이 〈꽃나무〉라는 제목이 붙은 그의 시를 보면 상당히 소년다운 치기까지가 아른거리는 대로 그의 그 막다른 격리된 고독과 닿을 길 없는 향수가 길게 서리어 있다. 이상에게 그의 마음속에 결혼상대로 눈여겨

둔 처녀가 있는지 여부를 나는 모르지만, 그만큼한 사내니 그거라고 없을 리 없을 것이라고 생각하고, 이 〈꽃나무〉라는 시를 읽어보고 또 그의 사형선고된 그 불치의 폐병기를 여기 가져 놓아보면 이 작품엔 거의 광기가 다된 그의 격리된 사랑의 고독이 그뜩히는── 참 그의 말대로 하면 열심히는 복받쳐 혼자 솟아올라 퍼지고 있는 걸 느끼게 된다. 이런 '퓨리턴', 이상을 우리가 느낄 때 이런 사내가 가지는 처참한 대용품으로 아까 그 안경 낀 동거 여인을 계산해 보는 것 그것은 〈꽃나무〉의 더 처참한 속편처럼 뻑뻑하기만 하다.

　　달빛이내등에묻은거적자죽에앉으면내그림자에는실고추같은피가아물거
　　리고……

　이것은 그의 〈소영위제(素榮爲題)〉라는 제목 속의 3편의 단시 가운데 맨 마지막 것의 첫 부분이다. 그리고 이 내용은 거지, 거지라도 상거지의 마음 아니고서는 못 느낄 그런 것이다. 염천교 다리 밑이나 그런 데서 등때기에 그 '거적 자죽'이 배길 정도로 거적을 달밤에 오래 깔고 누워 있던 거지거나 그걸 잘 아는 친구 아니면 알 수 없는 이 내용의 주인공의 그림자에는 또 보통의 행복자(幸福者)라는 사람들의 느낌으론 느끼지 않기가 보통인 붉은 핏줄까지가 서 있고 그나마 그건 이 민족의 남유다른* 기호품이기도 한 맵디매운 실고추 같은 맛과 냄새와 빛인 것이다. 달이 어찌나 너무 밝은지 나뭇가지가 그 빛의 힘으로 찢어질 것같이 밝다는 느낌을 '가지가 찢어지게 달 한번 밝다'고 하는 말의 표현은 이 나라의 무식한 농촌 아낙네들도 달밤엔 가끔 쓰고 있고, 김삿갓이 금강산에 갔을 때 어떤 중하고 번갈아 가며 같이 지은 것이라는 어느 시엔가에도 '가지가 휘어지게 달빛이 밝아' 어쩌고 한 것도 있긴 있었다. 그러

---

* '남다른' 또는 '유다른'의 의미.

나 옛부터 우리나라에도 달의 시도 많았지만 하필이면 오래 깔아 등때기에 박힌 거적 자죽을 비치고 내려앉는 달빛에 광증 다 되어 '내 그림자에도 붉은 핏줄이 서고, 그건 실고추 빛이고 냄새고 맛이더라' 한 환장할 상거지의 달빛 소감의 시는 이 이상이 우리나라 시 있은 지 처음으로 쓴 걸로 아는데, 이것이 그가 이 나라에 태어나서 살다간 동안에 철들어서 만든 자기여건 인식 중의 또 하나의 가장 중요한 것이었던 걸로 보인다. 물론 이것은 그가 일정의 식민지 백성으로 생겨나 자라오면서 느낀 망국민의 처절한 염한(念恨)이 빚은 것이다. 그러고 내가 왜 이걸 이렇게 새삼스레 들어서 강조해 말하고 있느냐 하면 이거야말로 앞서 우리가 본 그의 불치의 폐병 3기의 사형선고보다 앞서서 그가 자각한 한 가혹한 종신징역형의 뜻이 되기 때문이다. 이 종신징역형에 이어서 온 엉뚱한 사형선고를 합쳐서 받은 걸 뼈저리게 느끼면서 시인이려고 했던 것이 1934년 그가 시단에 나와서 1937년 4월 세상을 뜨기까지 만 3년도 채 다 못 되는 동안의 그의 자의식에 박힌 두 개의 큰 암종(癌種)이었다고 보이기 때문이다. 식민지인으로서의 종신징역형뿐이었다면 공학의 박사나 하나 되고 장가나 하나 들어서 그도 우리들 다대수(多大數)처럼 그렁저렁 복역했을 것이다. 그러나 돌연히 내려진 이중의 형벌——그 극형 때문에 그렁저렁까지를 다 팽개쳐버리게 되면서 식민지인의 종신징역형의 의식도 남유달리 뼛속에 저리게 느껴 겪어야 하게 된 것이다.

■ '갱'의 참모 같은 차림으로

그 안경잡이의 여자 동거인이 문밖을 나서는 것을 보며 함형수와 이성범과 나 세 사람이 그의 방으로 들어서려 하니

"잠깐…… 우리, 그러지 말고 같이 밖으로 한번 산보나 나갑시다. 거기 잠깐 기다리시오."

하며 이상은 그의 그 고정착용품인 '바바리코트'와 깜정 '해트'를 그의 소설 〈날개〉 속의 주인공용(用)과 같은 그 '하이네크'의 '스웨터'와— 즉, 깜정 '도꾸리'*와 깜정 '골덴' 바지 위에 집어 얹어 가지고 우리 앞에 나타나 우리의 앞장을 섰다. 그 깜정빛의 '해트'는 1930년대의 구미산(歐美産)의 '갱' 영화 등에서 흔히 볼 수 있는 챙이 좀 넓고 부드러워 머리에 쓰면 항용 눈썹까지를 거의 가리는 그런 것—그것을 그는 역시 무슨 '갱'의 참모나 비슷하게 한쪽으로 좀 비뚜스럼하게 젖혀 쓰고 엷은 '카키'** 빛의 '바바리'도 두 줄 단추에 허리띠까지 매는 것을 그 띠만은 어딘가 빼 내던져버리고 없는 것도 그 '갱'의 참모나 부랑하는 불량배의 참모 그런 것 비슷했다. 6척에 거의 가까운 바짝 메마른 장신에 1주일에 한 번쯤이나 면도와 세수를 합쳐서 하는 5'밀리'쯤은 매양 꺼치시시하게 자라 있는 위아래 수염과 얇다란 면사포 같은 때에, 그러나 그런 것들은 그의 타고난 형형하게 맑은 날카로운 눈과 빳빳하게 잘선 콧대와 단단하고 가지런한 단호한 흰 이빨과 타고난 사치한 피부, 그런 것들의 인상의 바닥 위에 이루어져 있기 때문에 조금도 추한 느낌은 주지 않고, 무슨 잘 갈아둔 강철의 비수에 녹이 인제 새로 어느만큼 앉기 시작하는 것을 보는 것 같은 느낌이었다.

그가 말한 그 산보라는 것을 따라다녀 보니, 술집 순례를 뜻하는 것으로, 그건 어떤 한군데 술집에서 오래 마시고 마는 그런 음주 행각이 아니라, 여러 군데 술집을— 좀더 확실히 말하자면 무한한 술집들을 밤의 어둠이 남아 있는 한 끝까지 번갈아 휩쓸고 헤매 다니며 순례하다 중단해두는 그런 따위의 술집 나들이 그것이었다. 그의 산보는 이렇게 하여 먼동이 틀 무렵 해장국집의 그 해장국 안주의 술까지 계속되고, 그러고는 그의 방에 돌아가 낮에는 쓰러져 자고 해 질 무렵이면 또 부시시 일어나는 모양이었다.

---

* 목을 감싸는 스웨터.
** khaki ; 진한 황록이 섞인 다갈색 또는 황갈색.

그가 그림을 '선전'(鮮展)에 입선할 만큼 잘 그렸던 것은 그의 이력을 아는 이는 대개 알고 있는 일이지만, 그는 노래도 상당하게 잘 불렀다. 더구나 그의 창부타령만은 내가 지금까지 들어온 이 나라 사람들의 모든 창부타령 가운데서도 아주 인상적이었던 것의 하나로 아직 기억에 선연하다. 특히 그가 그 창부타령의 가사들 속에서도 술집을 돌며 즐겨 노래하는 귀절은 저 "……노세, 젊어서 놀아, 늙어지며는 못 노나니, 화무십일홍(花無十日紅)이요, 달도 차며는 기우나니……" 그거였는데, 이건 당시의 이 노래의 명창이었던 백운선(白雲仙)의 '레코드'판 그것보다도 내겐 더 인상적으로 기억되어 있다.

그는 이건 또 언제 어디서 배웠는지, 젓가락으로 선술집 술 목판에 곧잘 장단을 치며 그 창부타령을 광대 못하지 않게 정성껏 뽑아 넘기고는 한잔 또 꿀컥 삼키고 무에 그리 우스운지 항용 낄낄낄낄 하는 호탕한 소년 같은 웃음소리를 바로 그 뒤에 끼었는데, 그 웃음소리에 또 단호한 인력이 있어서 매우 찡찡한 주모들의 쌍판에까지 제법 볼 만한 미소의 꽃을 피우게 하는 위력이 있었다.

그러나 어떤 때에는 우리의 미소를 그대로 있게 하지 않고 이 위에 성큼한——아주 몸서리가 칠 만큼 성큼한 딴 것을 가져다가 끼얹기도 했다.

▌SOS의 초인종

새벽 두 시쯤은 되었었을까. 지금의 반도 '호텔'이라는 집이 있는 언저리의 어떤 선술집에 벌써 청계천 4가에서 종로의 여러 술집을 거쳐 우리는 도착되어 있었는데, 이때만 해도 이 근방은 반도 '호텔'은 물론 그 비슷한 어떤 현대식 '빌딩' 하나도 없는 지금의 계동 뒷골목과 거의 비슷한 순 한식(韓式) 기와집만이 납작하게 늘어서 있던 조용한 때여서 새벽 두 시 무렵이면 그 어디 인가(人家)의 새벽 닭소리도 제법 교교하게 잘 들려왔었다.

이상은 여기서도 그 창부타령과 젓갈장단을 처음은 잠시 되풀이하더니, 뜻밖에 무엇을 생각했는지 한 서른댓 살쯤은 됨직한 주모 앞으로 바짝 다가서서는 그네가 그때 입고 있던 깜정빛깔이던가 쑥빛깔의 '스웨터' 앞가슴의 어떤 단추를 꽤 되게 그네의 가슴의 살과 뼈다귀에다 대고 눌러대기 시작했다.

"아이 이분이 왜 이래요?"

어쩌고, 처음 주모는 상냥히 대했지만 자꾸 연거푸 되게 눌러대는 동안 아마 그건 꽤나 아팠던 모양인지 주모는 마침내 발악해서

"이거 이 사람이 왜 이래! 왜 이래!"

하고 날카롭게 골이 난 소리를 질렀다.

그래도 이상은 멈추지 않고, 주모의 '스웨터'의 그 단추를 계속해서 이어 눌러대고 있었다. 자세히 그의 얼굴을 눈여겨보니 그 이마에는 땀의 흔적까지가 어느만큼 어른거려 보이고 이건 그냥 장난인 줄 알았더니 벌써 장난도 아닌 아주 심각한 것이 되어 있었다.

나는 그래 비로소 그 짓거리를 새로 눈여겨보게 되고, 눈여겨보게 되어 그가 무얼 하고 있는가를 느끼자 온몸에 소름이 오싹 끼치는 것을 안 느낄 수 없었다.

그는 방문객이 대문간에 서서 영 잘 안 나오는 어느 집안 사람의 영접을 오래두고 열심히 기다리며 그 문간의 초인종을 연거푸 눌러대듯 눌러대고 하는 것같이만 보였고, 이것은 결국 그 SOS라는 것—그가 하늘론지 영원으론지 우리 겨레의 역사 속을 향해선지 문득 보내고 있는 아주 절박한 그 SOS같이만 느껴졌기 때문이었다. 이런 SOS의 초인종의 진땀나는 누름, 거기 뚫어지는 한정 없이 휑한 구멍—이런 것의 느낌 때문에 나는 들었던 술잔을 더 지탱하지 못하고 술 목판 위에 떨어뜨리듯 그만 놓아버리고 말았다.

우리는 더 여기 견디지 못하고 이상을 재촉하여 밖으로 나오고 말았

다. 그래, 조선 '호텔' 앞을 돌아 치과대학 앞을 지나 지금의 상업은행 모퉁이의 포도(鋪道) 근방까지 누구도 한마디의 말도 없이 왔는데, 거기서 지금 범양사라는 무역회사의 사장이 된 문학청년 이성범 군이 납작 나자빠져 뻐르적거리며 통곡해대는 꼬락서니를 벌이고 말았다.

"이형 왜 이래? 이거 챙피하게 왜 이래 이형."

이게 엉거주춤하고 섰던 이상의 말이었다. 그리고 여기 특별히 형을 붙인 것도 위에서 우리가 본 오장환의 자작시의 열띤 낭독의 때, "아, 저런, 저런이라니. 주쿤, 괜찮아, 괜찮아……" 어쩌고 대꾸하던 그 형님뻘의 동정의 또 한 표현이었을 것이다.

이상에겐 이렇게 묘한 구멍을 하늘 한구석에 문득 뚫어 우리를 성큼하게 하고 잘 못 견디게 만드는 강력한 무엇이 틀림없이 있었다.

█ 그 단순한 익살들

그러나 이 성큼한 것만이 그의 정신의 힘이 있더라면 그 3년 채 못 되는 기념비적인 그의 문학업적도 견디어 남기지는 못했을 것 같다. 그에게는 선조(先祖) 이래의 유산이겠지, 말하자면 그 꽤나 점잖하고도 철저한 익살이라는 것이 있어서 이것으로 그 절박했던 마지막 몇 해를 그만큼 지탱했던 것 같다.

그의 소학교 동창이고 또 그의 만년(晩年)에 그를 많이 돌봐 주었던 꼽추 화가이고 또 창문사(彰文社)라는 인쇄소의 주인이기도 했던 구본웅(具本雄)의 말을 들으면 이 수재에겐 폐병 3기의 사형 선고가 내리기 전에도 꽤나 볼 만한 그 익살 발산——말하자면 기지와 풍자벽을 얼버무린 것의 발산이 상당히 풍부하게 있었다.

이상이 그때 경성고등공업학교라고 불렸던 3년제의 전문학교를 일본인 학생들과 겨루어 수석으로 마치고 나와서 일본 학생이 거기 수석졸업이라면 으레 가기로 돼 있던 철도국의 기사(고등관) 후보의 자리를 조선인이라는 이유로 가보지도 못하고 조선총독부 토목과의 한 개 보통문관의 기수로 낙착하고 말았을 때 그의 날마다 맡는 설계의 작성의 일을 그 독특한 속성법을 연구해내서 오전 열한 시쯤이면 늘 깡그리 하루치 다 마치고 나머지 시간은 '마르셀·푸루스트'의 《아·라·르세르쉬·드·땅·빼르뒤(잃어버린 시간을 찾아서)》라든가 그따위 소설만 사무탁에서 읽고 지냈다는 것도 익살이라면 꽤나 익살이기도 하다.

"군(君)은 왜 관청의 사무탁 위에다 소설이나 올려놓고 한일월(閑日月)을 하는가?"

그의 과장이 눈치 채고 옆에 다가와서 힐난했을 때

"과장, 나는 날마다 맡은 일은 그래도 또박또박 다 해놓고 남은 시간에 소설을 봅니다."

하여 그의 해놓은 일을 두루 샅샅이 점검받고 그의 과장의 탄성을 듣고 그 설계속성법의 강의를 상사의 요청으로 동직(同職)의 딴 직원들한테 시행했다는 것도 익살인 것이다.

이상이라는 그의 아호(雅號)를 이화여자대학(이때는 이화여자전문)의 어떤 건물의 부설계자가 되어 현장감독을 나다니다가 그곳 노동자들한테 선물로 받아 쓰게 되었다는 것도 아닌 게 아니라 꽤 익살맞다. 그의 본 성명이 김해경(金海卿)이니까, 그의 성을 일본말로 보통 경칭 붙여 부르자면 으레 '긴상'인데, 동포의 노동자들이 이걸 이(李)가로 착각하여 '리상'이라고 불러주는 걸 그냥 그대로 무던하다고 느껴 이 '리상'에 한자 '李箱'을 맞춰 그대로 써먹어버리고 만 것도 물론 꽤나 단호한 익살이다. 남루하고 가난하여 말도 눈치 보아 일본말로 냉큼냉큼 고쳐서 해야 했던 이 벼락 맞은 식민지의 그의 노동자 동포들이 우리말로 직접(直接) 불러주는 것보단 이 서글픈 간접(間接)이 그의 시의 감상대(感傷帶)에 닿아 이걸 그대로 고스란히 받아 습용(襲用)하기로 작정한 것일까. 하여간 틀림없이 이것도 익살이다.

건축 이야기가 나왔으니 또 기억이지만, 왜 서대문에서 서울역으로
향해 가자면 서대문경찰서에서 그 쪽으로 얼마 가지 않아서 서울 연초
전매청(煙草專賣廳)이라 하는가 하는 그런 우중충한 여러 채의 붉은 벽
돌집이 있지. 이것이 하필이면 겨우 스무 살 남짓한 우리 이상의 주설
계로 지어졌다는 것도 어쩐지 익살인 것만 같다. 내부시설을 어떻게 정
교하게 꾸미었는지는 안 보아 모르지만 그 겉모양만을 지나면서 보면
이상 그가 살던 입정정의 그 박쥐집 같던 구중충한 오막살이가 생각나
고, 이 연초전매청도 어딘지 그의 그 주거를 닮은 것만 같아 익살맞아
만 보이는 것이다.

　이렇게 보기로 하고 보면 그의 익살은 한정이 없다. 그의 만년에 쓴
〈권태〉라는 수필을 보면 두메시골의 어린애들이 장난감도 없어 긴긴
한낮을 풀섶길로 헤매 다니며 똥을 느릿느릿 누어놓고 그걸 보며 겨우
심심풀이를 하고 놀고 있는 것을 아주 많은 관심을 가지고 눈여겨봤던
것이 표현돼 있지만 흡사 그것과도 비슷한 그의 심심풀이의 익살들은
한정이 없는 것이다.

　그가 한 이학박사의 준비를 하기 위해 조선총독부의 토목기수의 자
리를 사표 내고, 그 퇴직금에 그의 몫인 유산까지를 합쳐 몽땅 공학 관
계의 책을 사들이고 있었던 것, 그러나 일본으로 그 공부를 떠나기에
바로 앞서 찌뿌듯한 그의 건강을 경성제국대학병원으로 물어가서 '폐병
3기'의 진단이 뜻밖에도 나오자 그 병원 문 앞에 나오면서 많은 피를
토해 거기 보태고 그러고는 그 샀던 책들을 모조리 고본상(古本商)에게
내어 팔아 던지고, 나머지 살아 있는 동안의 기념품을 남길 양으로 겨
우 문인이 되었던 것——그것도 익살이라면 적지도 않은 익살이다.

　그가 그 뒤 이어 '씩스나인'(69)이라는 이름의 다방을 경영했던 것——
흔히 남녀의 성행위에서 거꾸로 얼린 걸 말하는 것이라 하는 이 69의 이
름을 하필 골라 그의 다방의 이름으로 했던 것도 익살이고, 이 말짱했던
총각의 그 헐어빠진 여자들과만의 동거들도 익살이 아닐 순 없다.

▌취소될 수 없었던 사형

1936년 겨울이었던 듯하다. 충무로를 지나가다가 문득 일본제국대학의 모자를 쓴 한 학생과 같이 가고 있던 그를 길에서 만나 같이 어떤 다방으로 들어가 앉았는데 내가

"어디 촌으로 가서 자연으로 혜택이라는 걸 좀 빌려 써 보면 어떻겠소?"

묻고 나는 곧 제주도로나 건너가서 명년(明年)에는 어느 보리밭에 배꼽을 아주 드러내놓고 있어볼 생각이라고 하니 "소용없는 일입니다"고 그는 대답했다. 지난 여름에 황해도 어느 시골에 가서 그 비슷하게 해보았지만 서울로 돌아와서 그을린 것 다 벗겨지고 나니 도로 매일반이라고 하며 낄낄거렸다.

그러고는 경성제대 문과의 일본인 학생이라고 내게 소개한 그 학생을 향해 이때 마침 내가 편집해 발행한 《시인부락》 창간호에 실린 내 〈문둥이〉라는 내 짧은 작품을 외어 번역해서 즉석에서 들려주며

"이건 꽤 무서웁지?"

하고 역시 일본말로 그에게 말했다.

해와 하늘빛이
문둥이는 서러워

보리밭에 달 뜨면
애기 하나 먹고

꽃처럼 붉은 울음을
밤새 울었다.

그 뒤 나는 그가 말한 그 무서웁다는 뜻이 무엇인가를 오래 생각해본 결과 아래와 같은 답변을 냈다. ——그것은 아무래도 '보리밭에 달 뜨면/애기 하나 먹고' 하는 그 귀절 때문일 것으로, 그로서는 어떻든 고독의 객관을 하는 경우에도 이런 상상까지 하는 것만은 꺼려하는 사람이었다는 답변이다. 그렇게 그의 속에는 순수히 천사연(天使然)한 소년이 들어 살고 있었다. 어느 자연으로도 자기의 사형은 이미 취소될 수 없다는 철저한 단념과 어울려서 말이다.

나는 20대짜리였던 내 모든 과거의 지인들을 생각해본다. 아직 어린 청년이 이렇게까지 격리단절되어 이만큼 풍류(風流)일 수 있던 사람이 따로 생각 안 난다.

《월간중앙》, 1971. 10.)

엮은이의 말

당시 문학청년이었던 시인 서정주가 동료 시인 오장환, 함형수, 그리고 학생이던 이성범 등과 더불어 1935년 무렵부터 이상의 집을 드나들며 경험하고 느꼈던 일들을 모아 기록한 인상기이다. 이상이 즐겨 부르던 노래 가운데 〈창부 타령〉이 매우 인상에 남는다는 대목과 당시 이상과 결혼하여 같이 지내던(이 글에는 동거인으로 제시됨) 변동림에 대한 인상을 기록한 대목, 그리고 초저녁부터 시작하여 동이 틀 무렵까지 지속되는 그의 술버릇을 기록한 대목 등을 눈여겨볼 필요가 있겠다. 그러나 글의 끝부분에 나오는 내용 가운데 이상이 이학박사를 준비하기 위해 노력하던 중 뜻밖의 폐결핵 판정으로 그 꿈을 접어야 했다는 진술은 다소 신빙성이 떨어지는 것으로 생각된다.

동경 시절의 이상

이 진 순

지금 기억으로는 1936년 9월인가 10월이었던 성싶다. 여름방학을 끝내고 일본 동경(東京)으로 다시 들어갔을 때다. 나는 그때 일본대학 예술과에 재학 중이었고 '동경학생예술좌'(東京學生藝術座) 동인 시대였다.

이때쯤이면 고향으로 갔던 동경학생예술좌 동인들이 거의 다 동경으로 올 때다. 동경학생예술좌에서는 큰 변동이 없는 한 월례 회합을 한 달에 한 번은 꼭 가졌다. 희곡낭독회, 연극평, 앞으로의 계획, 그리고 친목을 겸했기 때문에 으레 술타령도 곁들이게 마련인 즐거운 회합이었다.

바로 이러한 동경학생예술좌 월례회에서 이상(李箱)을 처음 만났다.

첫인상은 금테안경을 쓰고 깡마른 품이 몹시 신경질적으로 보였고, 나이는 우리들보다 십여 년 연상으로 생각되었다. 하나 1910년생인 그는 나보다 5, 6세 위일 뿐이었는데, 중년처럼 보였던 것은 1930년대란 시대적 분위기가 그로 하여금 그토록 나이 들어 보이게 했는지도 모른다. 그보다도 그때 이미 문단에서 새로운 형식의 시를 써서 문제를 일으켰고, 1929년부터 구(舊) 총독부내무국 건설과 기수(技手)로 근무하며 시를 발표하는 한편, 회화에도 손을 대고, 단편소설도 쓰고, 다방 '제비', 카페 '쓰루', 다방 '무기' 등을 경영도 하다가 실패하여 지방으로 유랑도 해보고, 여자 편력도 하고, 객혈로 투병도 하는 인생 경력이 삼십도 채 안 된 그를 중년처럼 보이게 했는지도 모른다.

1934년인가 그의 시 〈오감도(烏瞰圖)〉가 신문에 발표되었을 때 박남수(시인·나와 중학 동창)와 고개를 갸우뚱했다.

十三人의兒孩가道路로疾走하오.
(길은막다른골목이適當하오)
第一의兒孩가무섭다고그리오.
第二의兒孩도무섭다고그리오.

이런 식으로 시작된 〈오감도〉는 13의 아해까지 똑같은 문장으로 계속되고 맨 끝으로 가서 "十三人의兒孩가道路로疾走하지아니하여도좋소"로 끝난, 도무지 알 수 없는 시였다. 알 수 없었기 때문에 매력이 있었고, 그렇기 때문에 그 시인을 만나고도 싶었다. 그 시절 박남수와 나는 '바이론'이나 '하이네'의 시 같은 것에 도취되어 있을 때다. 하지만 서구에서는 슈르리얼리즘이 새롭게 고개를 들었을 때였다.

이상의 천재적 차원은 자연주의나 사실주의에 만족할 수 없고 '슈르'와 같은 새로운 물결로 쏠리었던 것이다.

중학생 때 흠모하던 괴상한 시인을 뜻하지 않게 이런 좌석에서 만나게 된 것은 여간 반갑지 않았다.

그날은 그를 환영하는 좌석으로 되고 술잔이 오고 가고, 노래가 시작되었다. 이상의 차례가 되니 그는 느닷없이 일본 나니와부시(浪花節=일본고유의 노래로 우리나라 판소리처럼 혼자서 노래도 부르고, 사설도 한다)를 걸걸한 쉰 소리를 만들어 부르는 데는 모두 요절복통을 했다.

그는 술도 잘했고 유모어가 있고, 박식하고 노래도 잘 부르고, 문학

뿐만 아니라 회화, 음악, 심지어 연극에까지 일가견을 가진 데는 정말 놀랐다.

그날은 모두 다 취했다. 돌아가는 길에 그와 우연히 같은 방향으로 가게 되었다. 그는 술이 모자라는 듯하였다. 어쩌면 헤어지기 아쉬워서인지, 날더러 한잔 더 살 용의가 없느냐는 것이다. 나는 서슴지 않고 그와 둘이서 이집 저집, 있는 돈을 다 털어 밤이 깊어가는 줄도 모르고 술을 했다. 그날 밤의 교분이 인연이 되어 그는 사흘이 멀다 하고 내게 속달편지를 보내왔다. 꼭 만나야 할 일은 없다. 그러나 좀 만나자는 것이다. 그러면 나는 지체 없이 간다(神田)에 있는 그의 하숙으로 찾아갔다. 그의 방은 해도 들지 않는 이층 북향으로 다다미 넉 장 반밖에 안 되는 매우 초라한 것이었다. 짐이라고는 별로 없고, 이불과 작은 책상, 그리고 책 몇 권, 담배 재떨이 정도였다. 처음 그의 집을 방문한 것은 어느 날 오후 3시쯤이었는데 그는 그때까지 자리에 누워 있었다. 며칠이나 청소를 안 했는지 먼지가 뽀얗게 앉아있고, 어둠침침한 방은 퀴퀴한 헌 다다미 냄새마저 났다. 늘 이렇게 늦게 일어나느냐 했더니 그는 오후 4시쯤 되어야 일어나게 된다며, 그제서야 부시시 일어나는 것이다. 하숙집 일본 마나님도 그가 그리 달갑지 않은 듯, 대하는 품이 시원치 못했다. 그때 그는 폐병(3기)을 앓고 있던 때였다. 아마 각혈도 하고 있었는지 모른다.

그즈음 그의 문제작인 단편소설 〈날개〉가 발표된 해이기도 하다. 바로 그 〈날개〉가 게재된 잡지가 먼지가 뽀얗게 낀 책상 위에 놓여 있었다.

그가 세수를 하려는지 아래층으로 내려간 사이에 〈날개〉를 뒤적거려 읽었다. 조금 후에 그는 이층으로 올라왔는데 세수한 것 같지 않아, 아래층에 내려가 무얼 했느냐 했더니 변소에 갔다 온다고 했다. 방금 본 〈날개〉 속의 구절이 생각났다.

"아내는 하루 두 번 세수를 한다. 나는 하루에 한 번도 세수를 하지 않는다."

그날은 그가 초대한 날이라 이상은 나를 데리고 한식식당으로 가서 십오 전짜리 밥을 한상씩 앞에 놓았다. 그날은 그가 이런 식으로 한턱을 냈다. 이렇게 자주 만나는 동안 문학 얘기도 많이 듣고 문단에 대한 불평도 들었다.

어느 날 이상은 학생예술좌 동인인 이옥순(李玉順)과 만나게 해달라는 것이다.

이옥순은 동경 여의전(女醫專)에 재학 중인 학생이었는데 동경학생예술좌 동인으로 〈춘향전〉 공연 때는 향단이 역을 맡았던 개성(開城) 여자였다. 자그마한 키에 납작한 얼굴이었으나 어딘지 매력이 있었다.

같은 학생예술좌의 동인이며 시인이었던 한천(韓泉)이 그녀에게 열을 올리고 있었던 때이고, 또 영화감독 방한준(方漢駿)이 〈한강〉이란 영화를 촬영해 가지고 왔던 때다. 방한준은 〈한강〉을 촬영해 왔어도 녹음이 안 되어, 그 당시 동경 일활(日活)촬영소에 영화 조감독으로 있던 이병일(李炳逸)에게 의논했으나 잘 타협이 안 된 모양이었다. 나와 우연히 만나게 되었을 때 방한준은 무슨 생각이었는지 술을 한턱냈다. 그때 우리들이 술을 마신다고 해야 기껏 맥주홀에 가서 한 컵에 50전짜리 큰 조끼*를 드는 것이 고작이었는데, 방한준은 동경의 은좌(銀座)에서도 가장 호화로운 '사이제리아'와 '리츠'바 같은 외국인 상대의 일류 바만 골라서 끌고 다니며 한 잔에 1원이나 하는 하이볼을 마구 청하는 것이었다. 우리들이 그때 마시던 양주라야 10전 스탠드바에서 한 잔에 10전짜리인 일산(日産) 양주였는데 한 잔에 1원짜리 양주는 난생 처음이었다. 그때 김학성도 같이 있었다. 김학성은 동경 신흥(新興)키네마 촬영소에서 촬영기사 조수로 있을 땐데 따분하면 곧잘 내 하숙으로 찾아와 하루나 이틀 묵어가던 때다.

우리는 취했다. 난생 처음 비싼 술에 취했다. 이튿날 아침 눈을 뜨니

---

* jug ; 손잡이가 달린 맥주컵.

요꼬하마 제일호텔이었다. 지금도 잊혀지지 않는다. 그날은 비가 부슬부슬 내려 요꼬하마의 항구는 비에 젖어 있었고 거뭇거뭇한 외국상선들이 떠 있고 외국 선원들이 전날 밤 마신 술이 아직 깨지 않았는지 두세 명 어깨동무로 비틀거리며 지나가는 것이 흡사 식민지 같은 풍경이었다.

요꼬하마는 동경에서 불과 얼마 안 되었지만 갈 기회가 없어 차일피일 미루어오다가 방한준 덕에 구경을 했다. 방한준은 다시 우리를 끌고 동화상사(東和商事 ; 서구 영화만 취급하는 영화 배급회사)로 와서 〈한강〉의 러시(촬영 직후에 만든 편집용 프린트)를 보여주었다.

그 당시는, 한국에서 어찌어찌하여 영화는 찍었어도 녹음을 하려면 으레 일본에 가서 넣어야 했고 그러려면 일인 기술자들의 신세를 져야 했다. 그런데 방한준은 이 기술적인 면의 협력을 이병일에게 구했는데 이병일은 이병일대로 생각이 있어 어떤 조건을 내세웠던 모양이다. 이렇게 되니 방한준으로서는 손해를 보게 되므로 이병일의 도움을 얻으려던 애초의 생각을 버리고 독자적으로 영화를 완성해보려고 모색하던 차에 나와 김학성을 만나게 되어 우리들에게 협력을 얻으려는 속셈이었던 것이다. 그래서 술도 냈던 것이다.

결국은 이런 사정을 학생예술좌에서 받아들여 이해랑(李海浪), 김동원(金東園)을 비롯하여 여러 동인들이 녹음을 넣기로 했는데 이옥순도 이때 녹음팀에 끼어서 녹음을 했던 것이다. 그 후 들리는 소문에는 이옥순과 방한준이 보통 사이가 아니란 소문이 나돌기 시작했고 둘이 온천으로 갔다는 둥 잡음이 들리더니 결국 그들은 귀국하여 결혼했다.

이상이 이옥순과 만나고 싶어 하는 심정은 〈날개〉 첫 줄에 쓰였듯이 "박제가 되어버린 천재를 아시오? 나는 유쾌하오. 이런 때 연애까지가 유쾌하오."

폐병 3기의 박제인생 같은 그의 육체와 정신은 어쩌면 연애 아닌 연애를, 유쾌하지 않은 유쾌를 맛보려 했음인지 그의 내심은 알 바 없다.

하나 웬일인지 이옥순과 만나게 해달라고 집요하게 졸라대는 바람에
내키지 않는 일이었으나 속달편지를 냈더니 이옥순은 약속한 날 우리
가 기다리는 다방으로 찾아왔다.

이옥순은 한천이와도 좋아하는 사이고 방한준과도 연문(戀聞)을 피우
고 다니던 때인데 이상이가 만나자는 것도 사양치 않고 온 데는 나를
또 한번 놀라게 했다.

이옥순을 만난 이상은 몹시 즐거워 보였다. 그는 그날 무척 말을 많
이 하는 듯 보였다. 때때로 그의 화술은 그의 작품같이 알 수 없는 소리
를 할 때가 있었다. 그럴 때 우리는 그 뜻을 안다고 해야 좋을지 모른다
고 해야 좋을지 어리둥절한 때도 있었다.

이상은 그 후 이옥순과 다시 만났는지 어쨌는지 거기 대하여서는 서
로 다시 얘기하지 않았다.

날이 갈수록 이상의 건강은 나빠 갔다. 그러면서도 만나면 술을 먹자
고 했다. 박절히 대할 수도 없고 해서 또 술을 마시곤 했다. 그런데 어
느 날 같이 술을 하다 이상은 몹시 기침을 했다. 그날은 간단히 끝내버
렸지만, 이때 그의 병도 아주 악화되었던 성싶다.

어찌 보면 그때 수입 없고 병든 이상에게 나라는 존재는 건강하고 대
포를 살 수 있는 스폰서였는지 모른다.

하여간 나는 그를 통하여 난해한 시와 자의식의 과잉 같은 것을 피부
로 느끼는 것 같았으며, 고도로 세련된 지식이 이해를 받지 못하는 시
대에 대화가 통하지 않고 하여 고독과 분노 같은 것이 이상의 육체와
정신을 병들게 하고 있는 성싶었다.

그 후 우리는 만나는 기회가 뜸해졌다. 웬일로 이상을 만나지 않게
되었는지 지금 생각해보아도 확실치가 않다.

1937년 어느 날 학생예술좌에서 이상이 위독하다는 속달을 받고 그
가 입원해 있는 동대부속병원으로 달려가 봤더니 도저히 소생할 것 같
지가 않았다.

점차 더 위독해지자 고국에 전보를 쳤다. 이상이 일본 가기 전까지 동서(同棲)하던 여인이 달려왔다. 젊고 퍽 건강해 보이는 여인이었다.

이상의 운명 며칠 전에 온 그 여인을 이상은 몹시 반가워했고 극도로 병세가 악화되어 죽는 날짜만 기다려야 할 때인데도 그는 그녀를 끌어 안고 어찌할 바를 모르며 좋아했다. 그리고 그 여인과 우리들이 무슨 대화라도 하면 그는 몹시 못마땅해 했다.

그러다가 그는 마지막 애인인 그 여인의 품에 안겨 영면했다.

정말 허무했다. 사람이 산다는 것도 허무해 보였고, 죽는다는 것은 더욱 허무해 보였다.

그의 시체를 화장하고 뒤치다꺼리를 우리 학생예술좌 일동은 정말 진심으로 했다.

한 작가가 죽었다. 하물며 재주 있고 아까운 보배스런 천재적 작가의 죽음을 그때 젊은 우리들은 슬퍼했다.

학생예술좌 동인 중에 시를 쓰는 시인들이 있었다. 그들은 기성세대를 낡았다고 하며 새로운 시를 시도하고 있을 때였다. 이상은 이러한 학생예술좌 젊은 시인들에게 심볼과 같았던 존재였는데 그는 그만 죽고 만 것이다.

그의 유골을 놓고 우리 학생예술좌 동인 일동은 숙연했다. 이상의 마지막 애인은 우리들의 슬픔 몇 갑절의 슬픔을 안고 마지막으로 우리들과 자리를 같이하였다. 그저 고맙다는 말이었다.

그녀는 그때 무슨 생각에서였는지 이상의 유골을 안장한 후에 동경으로 와 동경대학생예술좌의 동인이 되어 연극을 하겠노라고 굳은 결의를 표명했던 것이다.

그녀의 그 말에 우리는 다시 한번 감격하고 이상의 마지막 애인의 결의와 새로운 뜻을 찬양했던 것이다.

그러나 어찌된 일인지 이상의 유골을 안장한 훨씬 후에도 이상의 마지막 애인으로부터는 아무런 기별이 없었다.

  이상이 운명하기 전 병실에서 그 애인과 우리들이 무슨 얘기라도 할
것 같으면 시기심에 불타 노여워하던 것으로 보아, 그녀가 우리들과의
약속을 이행치 않고 딴 길을 걸어가는 것이 어쩌면 지하에 누워 있는
이상이 원하고 있는 길인지도 모를 일이다.

《신동아》, 1973. 1.)

내가 마지막 본 이상
—— 탄생 70주년에 부치는 비록(秘錄)

원 용 석

▌고독한 천재

지금으로부터 54년 전인 1926년 봄, 나는 이상(李箱)과 더불어 수송동(박동)에 있는 보성고등보통학교를 졸업하고 그해에 경성고등공업학교에도 같이 진학하였다. 이제 와서 생각하면 아득한 옛이야기여서 격세지감이 없지 않다.

보성학교는 조국이 일제의 침략으로 갈피를 잡지 못하고 크나큰 소용돌이 속에 휘말려 있었던 구한말(1906년) 조정에서 큰일을 보고 계시던 이용익(李容翊) 선생에 의하여 설립되었다.

조국의 광복을 되찾으려면 후손을 가르쳐야 한다는 원대한 포부 아래 노백린(盧伯麟)·최린(崔麟)으로 이어지는 훌륭한 교장의 훈육을 받은 졸업생들 중에서는 많은 우국지사가 배출되었다.

내가 이상과 같이 보성학교를 졸업할 때에는 모두 98명이었으나 지금은 손꼽을 정도밖에 살아 있지 않다. 이제 모두 그 생애를 매듭지으려는 마당에서 당시의 환경과 분위기를 회상하면 만감이 교차되어 가벼운 흥분마저 느끼게 된다.

본시 이상은 보성학교 1학년부터 같이 다닌 것이 아니고 1924년 1월 천도교에서 경영하던 보성학교의 경영권이 조선불교중앙교무원으로 넘어가게 되고 혜화동에 있던 동광학교를 본시 불교가 경영했기 때문에 함께 보성으로 흡수·통합하게 되었을 때 4학년으로 편입되어 왔었다. 나는 그와 보성학교에서 2년, 경성고등공업에서 3년, 도합 5년 동안을 교우로 지냈다.

이상은 누구에게나 서먹서먹한 태도로 대하였으며, 어느 누구와도 사귀려 하지 않고 외롭게만 지냈다.

우리들 동기동창 중에는 이상기(李庠基)·이헌구(李軒求)·장철수(張澈壽)·임화[본명 인식(仁植)] 등 이외에도 판검사나 의사가 된 사람들도 많았다. 사학자로서 많은 저서를 남기고 서울대학 문리대학장을 지낸 이상기 박사는 보성 시절의 역사학 선생이던 황의돈(黃義敦) 선생의 영향을 많이 받은 것 같았고, 이화여대 문리대학장을 지낸 이헌구는 학생 시절에도 글 잘 쓰기로 유명해서 경주나 금강산 등지로 수학여행을 갔다 오면 언제나 기행문을 쓰도록 한 다음 교실에서 낭독하고 많은 칭찬도 받았다.

재사(才士) 중의 재사인 장철수 군은 급우들로부터 무슨 질문을 받아도 모르는 것이 없었고 막히는 곳이 없었다. 하루는 급우들 중 한 사람이 너무 아는 체 한다고 손댄 것이 과해서 울면서 집으로 돌아가 버렸다. 수업 시간에 장군이 보이지 않자 선생님은 급장인 나에게 "원군 빨리 가서 장군을 데려오도록 해" 하고 지시하여 장군을 학교로 다시 데려온 일도 있었다. 장군은 4학년 때 일본에 있는 고등학교에 들어갔고 다시 동경대학에 진학하여 재학 중 외교관 시험에 합격, 일본국 공사로 파리에서 근무한 일도 있었다. 해방 후 장면(張勉) 박사의 비서장으로 일한 일도 있었으나 늦게 정신 이상이 생겨서 그 재주를 발휘하지도 못한 채 일찍이 세상을 떠났다.

내가 많은 급우들 중에서도 이상을 잊지 못하는 것은 그가 짧은 세상을 살면서도 많은 사람들에게 여음을 남기고 떠났다는 생각이 항상 내 머리 속에서 맴돌고 있기 때문이다.

보는 듯하지만 보지 않고, 듣는 듯하지만 듣지도 않고, 슬픔도 기쁨도 없는 수목 인간인 양 학교에 다니던 이상은 선생님으로부터 칭찬받은 일도 없지만 잘못되었다고 꾸지람을 들은 일도 없었다. 그는 학과 성적의 석차도 좋은 편은 아니었고 급우들과 어울려 놀지도 않았다. '졸업 시즌'이 되어서 모두 제 갈 길을 찾기에 바빠서 급우들의 일에 관심을 가질 여유가 없었다. 이상은 평소에 문예작품 읽기를 좋아하고 교내 미술전람회에 입선하는 정도이니 인문이나 예술 계통에 진학하려니 생각하고만 있었다.

나는 담임선생의 권고에 따라 경성고등공업학교(현 서울공과대학)에 원서를 내고 시험을 치렀다. 발표하는 날 학교에 가서 합격자 발표를 보니 내 이름도 있었지만 김해경(金海卿 ; 이상의 본명)의 이름도 있었다. 동명이인인가 하고 생각도 해 보았으나 그렇지 않고 나의 급우 김해경이 틀림없었다.

이렇게 해서 이상은 건축공학과, 나는 섬유공학과에 입학하게 되었다. 이상은 고공에 다니는 3년 동안 석차 1번을 계속 유지하였고, 미술전람회에 입선하기도 했으며, 보성시대보다는 성격도 명랑해지고 건강도 향상되었다. 그러나 그는 보성에서나 고공에서 대부분의 학생들이 즐겨하는 테니스·축구·야구 등 어떠한 운동도 좋아하지 않았다. 그의 모습은 항상 야위어서 건강이 나빠 보였고, 그가 즐겨하는 유일한 운동은 휴일을 이용해서 산에 올라가거나 들로 나가는 것이었다.

매주 일요일에는 내가 그의 집(통인동 154)으로 가든가 그가 나의 집에 오든가 해서 등산을 즐겼다. 그는 항상 혼자 있었기 때문에 부담이 없어서 좋았다. 지금은 복개되어서 잘 알 수 없지만, 청계천을 따라 다동에서 체부동 쪽으로 거슬러 올라가다가 왼쪽으로 약 15미터 가량 들어가면 막다른 집이 이상의 집이었다. 대문을 들어서면 좌우에 또 대문이 있는데 왼편 문은 안집으로 통하는 문이고 오른쪽 문으로 들어가면 이상이 먹고 자는 방이었다. 문을 들어서면 'ㄱ' 자로 방 네 개가 있고 마당은 필요 이상으로 넓게 보였으나 항상 손질이 되어 있지 않아 지저분하였다. 이상은 굳이 들어오라고 하지도 않고 그러고 싶은 생각도 없는 모양이었다. 나는 그 집에 가서 차를 마시거나 과일을 깎아먹은 기억이 없다. 그는 항상 외롭고 쓸쓸해 보였고, 내가 가면 언제나 반갑게 대답하면서, 웃저고리를 어깨에 걸치고 밖으로 나와 산책하며 이야기를 나누었다. 이상은 나의 집을 찾아오는 것도 꺼려했다. 왜냐하면 나는 그당시 3남 2녀를 거느린 부잣집에서 가정교사 노릇을 하며 학자금을 벌어 쓰고 있었기 때문이다. 아마도 그는 나에게 부담감을 주지 않으려고 그랬던 것 같다.

하루는 둘이서 등산 갔다 오는 길에 한 가지 일에 뜻을 모았다. 한국인 학생들끼리 원고를 써 모아 《난파선(難破船)》이라는 이름으로 잡지를 발행하고 나누어 읽자는 것이었다. 나는 원고를 쓰도록 학우들에게 권고하고 완성된 원고를 모아서 이상에게 주면 그는 목차와 컷을 만들고 표지의 그림도 그려서 책을 만들었다. 고공 2학년에 올라가면서부터 시작하여 3학년 초까지 한 달에 한 번씩 10여 권을 발행하였다. 그의 글은 그때도 뛰어나서 여러 학우들의 눈에 돋보였었다.

▌짧은 해후 긴 여운

그 후 학교를 졸업하게 되어 이상은 서울에 남고 나는 평안남도 성천으로 가게 되었다. 그는 조선총독부에 취직되었고, 나는 성천군에서 일하게 되었던 것이다.

성천에 가 보니 산수가 아름답고 사람의 마음씨들도 고왔다. 무산(巫山) 12봉이 병풍처럼 서 있고 그 사이를 흘러가는 비류강(沸流江) 맑은 물 위에는 아름다운 병풍, 산수가 거꾸로 비추어서 병풍 속의 나뭇가지 사이를 물고기들이 생기 있게 돌아다니며 노닐고 있는 것 같았다.

몇 해의 세월이 흘렀다. 하루는 사무실에서 열심히 서류를 정리하고 있을 때에 누군가가 내 앞에 서 있는 것을 한참 후에야 알고 얼굴을 들어보니 그것은 바로 김해경이었다. 꿈인가 생시인가 기쁘고 반가운 마음이 가슴을 꽉 메워 오면서도 불안한 예감이 내 머릿속을 스치고 지나갔다. 그의 얼굴은 창백하였고, 몸이 몹시 여위었기 때문이다. 그가 학생 시절에는 이목구비가 분명한 얼굴에 붉은 기운이 감돌아 젊음이 넘쳐흘렀었는데, 이게 웬일인가. 그야말로 피골이 상접한 모습 그대로였다. 나는 힘없이 일어나서 그의 손을 잡고 말없이 걸었다. 길을 가면서 나는 그에게 "자네는 오늘부터 용택온천(龍澤溫泉)에서 푹 쉬면서 여독을 풀도록 하게." 이렇게 말한 다음 그를 성천에서 약 20리 되는 그곳으로 안내하고 내가 평소부터 잘 아는 여관에 방 하나를 정하여 주었다.

그러나 수일 후 다른 사람의 말을 들으니 폐병에는 온천이 좋지 않다는 것이었다. 그래서 나는 그를 용택온천으로부터 다시 내가 묵고 있는 하숙집으로 데리고 와서 방 하나를 얻고 이부자리도 마련하여 주었다. 그 후 그는 낮이나 밤이나 이불을 쓰고 누워서 좀체로 밖에 나오지 않았다. 자는 것도 아니고, 깨어 있는 것도 아닌 것 같았으며, 몸이 몹시 피곤하여 기동을 할 수 없는 것 같았다. 식사를 제대로 하는 것도 아니고 아주 안 하는 것도 아니었다.

며칠이 지난 후 직장에 나갔다가 하숙집으로 돌아와 보니 그의 모습이 보이지 않았다. 방에 들어가 보니 자리도 펴 있는 채 그대로 있었다. 단 백 미터도 걷지 못할 터인데 하는 생각에 잘못되지나 않았으면 하는 생각이 앞섰다.

처음 만났을 때의 불안한 예감은 이제 현실화되어 그는 말없이 내 옆을 떠나간 것이었다. 그는 아무도 생각할 수 없는 일을 저지를 수 있는 사람이었고, 잘못된 결과를 뉘우치는 어리석은 사람도 아니었다.

나는 구름처럼 왔다가 연기처럼 사라진 그의 장래에 새로운 건강이 되살아나고 행복한 나날이 오기를 빌었지만 그는 그 후 얼마 안 가서 이 세상을 하직하였고, 나는 다정했던 옛 친구를 생각하며 눈시울을 적시기도 했다.

▌이상의 죽음, 그 철저한 비극

그 후 나는 성천에서 1936년까지 지방 공무원 생활을 하다가 서울로 돌아왔다. 그곳에서 5, 6년 동안 농촌 생활을 한 것은 나의 앞으로의 인생에 많은 도움이 되었다.

서울에 와 보니 시집갔던 새색시가 근친 온 것만 같아서 그리 좋을 수가 없었고 그전에 살던 집이나 골목골목은 눈에 익어서 모두 나를 반겨주는 것만 같았다.

그러나 이곳에서 같이 학교에 다니던 학우들의 소식이 궁금하였고, 이상의 소식은 더욱 궁금하였다. 이리저리 수소문하여 보아도 그의 소식은 묘연하였고 저명한 시인이 되어 일본 동경에 가서 살다가 불쌍하게 죽었다는 풍문을 들을 수 있을 뿐이었다.

그 후 얼마 되지 않은 어느 날 여문사(呂文社)에서 발행한 《한국의 인물》이라는 책에서 우연히 그의 소식을 알 수가 있었다. 그 책에는 다음과 같은 구절이 적혀 있었다.

이상(李箱) 군은 병이 심해서 각혈까지 하였고 극도의 절망 속에서 살아 왔다. 급기야는 병상에 쓰러지지 않으면 안 되었을 순간, 과연 죽음은 자연적으로 왔다고 느꼈다. 그러나 그는 하루 이틀을 누워 있는 동안 생리적으로 죽음 가까이까지 빠져들게 되었고, 순간 타오르는 듯한 희망과 야욕을 가슴 뿌듯이 채웠었다. 그는 성천에 있는 친구 집으로 요양을 가서 상당한 효과를 보고 돌아왔다. (p.417)

나는 이 구절을 읽어보고 심한 자책감을 느꼈다. 나는 그가 그와 같은 중병을 치르고 있으면서도 나에게 그의 심정을 말하지 않은 것을 원망하였다. 죽음의 공포가 그를 엄습하고 있음에도 불구하고 이를 친구인 나에게 말하지 않은 것을 탓하고 뺨이라도 때려주고 싶은 심정이었다. 그가 성천에 왔을 때 나는 나의 모든 일을 전폐하고 그이 머리맡에 앉아서 먹는 일, 마시는 일, 자는 일 등을 샅샅이 돌보아 주었더라면 행여나 그의 생명은 좀더 연장되었을지도 모를 일이라고 생각하면 가슴이 아팠다. 죽음의 문턱에 서서 학우인 나를 불원천리(不遠千里)하고 찾아왔었는데 이것을 모르고 끝장이 난 후에야 알게 되었으니 안타까운 일이 아닐 수 없었다.

그 책 422페이지에는 또 이렇게 기록되어 있었다.

그는 1937년 4월 17일 오전 4시에 한 많은 세상을 떠났다. 동경대학 병실에서 새 옷으로 갈아입고 손에 쥔 레몬의 향기를 맡고서 주위를 돌아본 후 마지막 숨을 거두었다. 그가 운명하기 하루 전 오전에 그의 아버지는 오랜 숙환으로 돌아가셨고, 늙으신 할머니도 그 충격으로 그날 저녁에 세상을 떠나셨다. 상을 둘러싼 비극은 이렇게 철저한 바 있었다.

나는 그 후 갑인출판사(甲寅出版社)에서 발행한 《이상수필집》에서 〈성천기행〉을 읽어보았다. 나는 그가 성천에 와서 머무르고 있는 동안 기진맥진하여 움직일 수도 없었던 것으로 알고 있었는데, 어느 사이에 글을 쓰고 시를 썼는지 놀라지 않을 수 없었다.

처음에는 온천에서 유숙하도록 마련하여 주었는데 그 주변에 있는 팔
봉산을 바라보며 여러 가지 기발한 글을 썼다. 그 한 구절에는 다음과
같이 적혀 있었다.

　죽어 버릴까, 그런 생각을 하여 봅니다. 벽의 못에 걸린 다 해진 내 저
고리를 쳐다봅니다. 서도천리(西道千里)의 길, 나를 따라 여기 와 있읍니
다그려…….
　조밭 한복판에 높은 뽕나무가 있읍니다. 뽕 따는 새악시가 전공(電工)
처럼 높이 나무 위에 올랐습니다. 둘이서는 나무에 오르고 하나이 나무
밑에서 다랭이를 채우고 있읍니다. 한두 잎만 따도 다랭이가 철철 넘는
민요의 무대면입니다…… 근심이 나를 제(除)한 세상보다 큽니다. 내가
갑문(閘門)을 열면 폐허가 된, 이 육신으로 근심의 조수(潮水)가 스며들어
옵니다. 그러나 나는 나의 메소이스트 병마개를 아직 뽑지는 않읍니다. 근
심은 나를 싸고돌며, 그러는 동안에 이 육신은 풍마우세(風磨雨洗)로 저
절로 다 말라 없어지고 말 것입니다. 밤의 슬픈 공기를 원고지 위에 깔고
창백한 동무에게 편지를 씁니다. 그 속에는 자신의 부고(訃告)도 동봉하
여 있읍니다. (p.28)

이상의 친구인 나는 학교에서 섬유공학을 전공한 탓으로 성천에 와
서 그가 글 속에서 그린 뽕 따는 아가씨, 그 아가씨들을 상대로 누에 기
르고 고치 따며, 명주 짜는 일을 가르치고 있었다. 이상의 글이나 사고
방식은 새삼스럽게 성천에 와서 그렇게 성격 지워진 것은 아니겠지만
산수가 아름다운 이곳에 와서 더욱 깊이 있는 표현이 다듬어진 것으로
생각되었다.
그의 시집에는 성천에 있는 무산 12봉 사이를 흐르는 아름다운 비류
강 그 강가에 있는 옛 객사 동명관(東明舘)에 대해서도 언급되어 있었다.
나는 《이상시집》에 수록된 그의 시에서 아득한 50년 전의 여러 가지

사연들을 회상할 수가 있었다. 경성고공 학창시절에는 조선인 학생은 모두 합해서 16명뿐이었고 죽지 부러진 날짐승처럼 처량하게 숨어 살다시피 했었다. 당시 우리들은 이렇게 살아가는 실상을 남겨두기 위하여 기념사진을 찍어두기로 하였다. 그중에서도 이상은 가장 나이 어린 친구로 제일 먼저 27세에 쓰러져 갔다. 어느 때인가는 눈이 온 천지를 뒤덮었을 때 들에 나가서 눈 위에서 사진을 찍은 일이 있었다. 우리들은 변장을 하고 누가 누구인지 알아보지 못하도록 해서 사진을 찍기로 하였다. 이상은 입과 볼이 여자처럼 예쁘게 생겼다고 해서 여장을 시키고 사진에 담았다.

우리들은 일본군 부대에 가서 현역 군인과 함께 먹고 자고 하면서 한 달 동안 강훈(强訓)을 받은 적도 있었다. 꼬박 한 달 동안 고역을 치른 이곳에서도 사진을 찍어두는 것을 잊지는 않았다. 그 후에도 헤아릴 수 없을 만큼 사진을 찍었다. 이 많은 사진들은 이상이 세상을 떠난 오늘날 그의 문집을 발행하는 마당에서 긴요하게 쓰여졌다. 저주와 항거로 일관한 그의 짧은 인생살이는 도덕·습관·예절 등 모든 현존 질서를 무시하고 새로운 의식 세계의 발굴을 위하여 무던히 노력하고 고심한 흔적이 있었다. 나는 이 글을 마감하면서 이상의 생애를 샅샅이 엮어 펴내신 문학사상사(文學思想社)의 노고에 대하여 진심으로 감사드리며 이상도 지하에서나마 고맙게 생각할 것으로 믿어 마지않는다.

《문학사상》, 1980. 11.)

이상(理想)에서 창조된 이상(李箱)[*]

김 향 안

1

《마로니에의 노래》 1985. 10.

지금도 부러운 것은 갈리마르 같은 출판사에서 나오는 종이 백^{**}의 예쁜 책들이다. 가볍게 손에 안기며 읽히는 책들.

30년 전에 처음 파리에 갔을 때 수화(樹話 ; 김환기)가 무엇보다도 부러워한 것은 이 종이 백의 책들이었다. 책은 책장에 꽂는 장식용이어서

---

* 이 작품은 김향안의 연재 글이며, 이상에 관한 부분은 모두 5회에 걸쳐 소개되었다. 제목은 매회 다른데, 이 글의 제목은 바로 연재 3회의 제목이다. 참고로 연재된 각 글의 제목을 소개하면 아래와 같다.
  1. 〈'마로니에의 노래'와 인터뷰 봉변〉, 《문학사상》, 1986. 4.
  2. 〈이젠 이상의 진실을 알리고 싶다〉, 《문학사상》, 1986. 5.
  3. 〈이상에서 창조된 이상〉, 《문학사상》, 1986. 8.
  4. 〈헤프지도 인색하지도 않았던 이상〉, 《문학사상》, 1986. 12.
  5. 〈이상이 남긴 유산들〉, 《문학사상》, 1987. 1.
** 페이퍼백(paperback) ; 종이표지의 염가, 또는 보급판 책.

는 안 된다. 가볍게 손에 들고 읽히는 책이라야 한다고. 우리도 돌아가면 책을 이렇게 만들어야겠다고 했다. 그래서 1962년에 《파리(巴里)》를 출간할 땐 종이 백 표지를 고집했다. 표지를 장정하되 위는 마로니에 꽃의 분홍으로, 아래는 세느 강의 푸름으로.

1962년대 서울서는 딱딱한 종이로 이중 표지하는 호화판 장정이 유행했었다. 가까운 친구는 왜 책을 이렇게 냈는가, 돈이 많이 들어서 딱딱한 표지를 안 했느냐고 물어서 종이 백을 시도한 의도를 설명할 길이 없었다.

몇 해 만엔가 《파리》는 절판되었다. 무슨 필요성에서 책을 찾았을 때 집 안에는 한 권도 없었다.

그 후 훨씬 세월이 흐른 어느 날 가까운 친구가 뜻밖에도 《파리》를 들고 와서 "이 책을 재판하시고 꼭 책을 돌려주세요" 한다. 종이 백의 표지화(畵)는 종이의 퇴색을 따라 꾀죄죄하게 때를 입고 있었지만 마로니에의 분홍꽃이며, 푸른 세느 강이 우리들의 추억을 담뿍 안고 있었다. 나는 이 표지의 빛깔을 다시 싱싱하게 살리기 위해서 재간(再刊)할 생각을 했다.

겉표지는 다른 그림으로 하되 안엔 초판(初版)의 장정을 그대로 빛깔을 생생하게 살려서 보관할 생각이었다.

1984년 3월 김환기 10주기(十周忌) 회고전 때문에 서울에 들렀을 때 나는 마침 김윤성 시인을 만났다. 김 시인은 《현대문학》 편집을 담당하고 있어서 어문각에서 발간한 《파리》를 재판하는 일을 쉽게 매듭을 지었다. 늦어도 7월에는 책이 나올 거라고 약속했다.

나는 뉴욕에 돌아왔으나 가을, 겨울이 지나고 해가 바뀌어도 소식이 없다가, 이른 봄엔가 어느 여류시인이 소식 끝에 전하기를

"선생님 책 제목 때문에 김 시인이 고민하시던데요."

"왜?"

"《巴里》라고 하면 책이 안 팔린대요, 무슨 세느 강의 추억이라든가, 긴 제목을 붙여야 팔린대요."

나는 깜짝 놀랐다. 나는 책을 팔려고 내는 것도 아닌데— 전화를 거니까 적당히 할 테니 걱정하지 말란다. 정말로 무슨 유치한 제목을 붙였다간 야단이다. 그래서 생각하고 그럼 《마로니에의 노래》라고 하자고 했다.

그동안 김 시인은 《현대문학》을 그만두었기 때문에 결국은 정음문화사에 맡겨졌다. 나는 이름 있는 출판사니까 알아서 만들 테지 하고 안심했다.

일년 반 만에 책이 나왔다고 보내왔는데 안표지에 초판 《파리》의 표지를 넣기로 한 것은 간데 온데가 없고 똑같은 그림으로 이중 자켓을 만들었다.

섭섭한 마음 가실 길이 없고 읽어보니 한 편에 대여섯 자 이상의 오자투성이다. 나는 이렇게 오식이 많은 책을 평생에 처음 보았다. 그것도 내 이름으로 나온 내 책에서.

또 빼고 싶은 구고(舊稿)를 넣고, 넣고 싶은 글들을 뺐다.

한번 들은 것은 잊는 법이 없다던 김 시인의 기억력도 세월의 흐름에 따라 감소되었다는 건가. 출판사는 교정의 책임을 지지 않는 풍속으로 변했다는 건가.

글자를 빼먹고 바꿔놓고 받침을 제멋대로 붙여놨다. 변호사를 변사로, 눈부시게를 부시게로, 식탁보는 식품보, 민족이 민속이 되고 전통을 정통으로, 몬드리앙의 정물을 작은 언덕의 정물 등등으로. 책이 나올 때는 이 책이 어떻게 해서 나온다는 경위를 밝히는 법이다. 삽화와 장정을 한 화가의 이름도 실려져야 한다. 어째서 《巴里》가 《마로니에의 노래》로 나왔다는 이유도 밝혀야 한다.

참 무식하게도 책을 냈다고 내가 나 스스로를 나무라면서 오늘의 문화의 저질화를 통탄한다.

본의 아니게 출간 최종 과정에 큰 수고를 끼친 원화랑에 미안한 생각이 가득하다.

▌인터뷰 봉변 1985. 6.

나는 마침 파리에서 〈Prix WHANKI전〉을 끝내려는 참인데 한영란이란 여성한테서 전화가 오다.

"《주부생활》 기잔데요. 인터뷰를 좀——"

"나는 그런 잡지 인터뷰라는 것 제일 싫어해요."

"——저도 제일 싫어해요. 그런데 선생님 〈Prix WHANKI전〉을 하신다고 해서——"

"그래요? 전시회가 보고 싶으면 회장으로 나와요. 내일 오후 몇 시에——"

그래서 한영란을 만났고 젊은 여성이 외국에 나와 무슨 일을 해보겠다고 하는 노력을 격려하는 의미에서 나를 방문하는 것을 승낙했다.

전시장에서 만난 인상과는 달리 한영란은 오자마자 내가 처음 듣는 얘기를 옮겼다.

"무슨 삼류 이하의 잡지 같은 데서 들어보지 못한 이름의 시인이라는 필자인데 선생님 얘기를 이렇게 이렇게 썼어요."

그러한 저질의 글을 읽고 왜 나한테 옮기는 건가, 했지만 들어버렸다.

"그래, 나의 본명은 변동림(卞東琳)이고 법적으로 쓸 때 김동림이가 되고 김향안은 나의 필명이다."

"나는 이상(李箱)하고 결혼했었다. 50년 전에. 그 우리의 결혼생활을 본 사람은 아무도 없다. 우리는 서울을 떠나서 성 밖에 멀리 나가서 밀월을 지냈기 때문에 3개월 후 임시 시내에 머문 것은 이상을 먼저 동경(東京)으로 떠나보내기 위해서고 뒤따라 들어갈 준비로 내가 직장(바——)을 선택했기 때문이었다. 우리들은 공부하고 싶은 욕망으로 동경행을

계획했고 그때 양가의 부모의 희망으로 결혼식을 올렸다. 동경에 건너
간 이상한테서는 도착한 소식 이후 편지가 없었다. 두 달도 훨씬 넘었을
무렵 동경 간다(神田) 경찰서 검인이 찍힌 노란 엽서 한 장이 날아왔다.
이상의 필적으로, 구속되어 있는 사실과 시말서를 썼는데 명문이라고
경관들이 감탄한다는 사연뿐의.

김해경(金海卿)이란 본명 이외에 이상이라는 이름을 가졌고 영어와
러시아 말을 공부하고 있는 사실을 발견한 왜경들은 반일(反日) 조선인
지식인이라는 낙인을 찍어 구속했던 거다.

한 달 넘어 갇혀 있는 동안에 이상은 건강을 상했고 폐병이 재발했
다. 그래서 간신히 보석으로 석방되었다. 뒤이어 동대(東大) 부속병원에
입원된 통지를 받고 나는 동경으로 건너갔다."

처음 만난 한영란에게 나의 인생의 얘기를 그 이상 나누는 것은 고
역이었다. 50년은 나에게도 기억이 돌아오기엔 시간이 걸리는 건데 무
슨 준비했던 문제의 답처럼 요구해오는 문의에는 응할 수 없어서 자기
의 머리를 짜서 편집하도록 부탁하고 헤어졌다. 잡지가 어떻게 나올
건지, 나오면 보내올 테지── 하고 바쁜 일들이 있어서 잊어버리고 지
냈다.

주위의 친구들이 왜 그런 잡지의 인터뷰를 허락했는가, 사진이 안 좋
게 나오고 어쩌고 하는 잔소리를 듣고서야 정신이 났다. 대체 나는 어
떤 수준의 잡지인지 한번 보자고도 안 하고 승낙했다. 보나마나 우리나
라의 《주부생활》이라니 이야기를 잘 만들어서 실으면 되겠지 하고 가
볍게 생각했다.

그러나 막상 잡지를 보니까 참으로 저속한 잡지구나, 다시 한번 문화
의 저질화가 실감으로 온다. 노인의 이야기를 취급하는데 분위기를 만
들 줄 모르고 사진을 배우처럼 클로즈업해서 추하기 비할 데 없고 기사
를 읽어보니 내 얘기를 잘 듣지도 않았다. 사실이 틀려 있다.

나는 떳떳하게 내 인생을 살아 온 사람인데 마치 숨어서 살아 온 사

람처럼 50년 만에 처음으로 밝히는 얘기라는 제목을 붙였다. 불쾌하기 짝이 없는 일일 수밖에.

그러나 잊어버리자. 이미 지나간 일이니까. 다만 틀린(오보된) 사실을 정정하기 위해서 이 글을 쓴다.

더러 속인들이 나를 가리켜 인내심이 강한 사람이라고 했지만 사실 나는 참을성은 없다. 열(熱)하면 타버리는 성급한 사람이다. 다만 나는 초월하는 재주가 있어서 초월해 버리니까 자존으로 버티는 거지.

이상이 작고한 지 반세기가 넘었다. 그동안 우리 문학계는 그 방면의 전문가들에 의해서 충분히 이상 연구가 진행되었고, 이상문학상(李箱文學賞)이 마련된 지도 꽤 오래된 거로 안다. 나는 이상 연구문헌을 읽은 일이 없다. 이상이 작고한 후 유물 일체를 유족에게 넘겼고, 이상 문학(李箱文學)은 〈오감도(烏瞰圖)〉와 〈날개〉를 기억할 뿐, 인간 이상은 나의 몇 가닥의 청춘의 멜로디로서 남아 있을 뿐이다.

2

■ **이상은 주색에 곯은 적이 없다. 1985. 12. 26(음 11.15.)**

"최근에 나온 이상 연구의 가장 완벽에 가까운 책이라고들 하는데 선생님 얘기가 나와 있어요. 한번 읽어 보셨으면——"

나는 오규원 편(吳圭原編) 《날자, 한번만 더…》를 빌려다 읽고 저윽이 의아했다. 일화(逸話) 속에서 인용문만 나열해 놔서 이상을 알고자 하는 사람에겐 오히려 혼란과 미로(迷路)로 이끄는 산만한 책이라고 느껴질뿐더러, 제본(製本)이 페이지를 엄청나게 뒤바꿔 놨다. 작고한 작가의 연구문헌이 이러한 무책임한 상태로 간행되어도 좋은 것일까. 가로되 3판이라고.

이 저자는 이상의 문학을 충분히 이해하지 못하고 다룬 흔적이 농후하다.

가까이 주고받던 친구도 아닌 제3관객이 먼발치에서 바라본, 베일 속에 꾸며진 일화라는 통속물 속에 떠오른 이상의 모습인 듯한, '작소머리에 코밑수염을 기르고 단장을 휘두르고 폐병 3기에다 주색에 곯은'——.

나는 그러한 이상을 본 적이 없다.

▌나는 건강한 청년 이상과 결혼했다

나의 오빠의 소개로 처음 이상을 만났을 때 이상은 밤색 두루마기의 한복 차림이었고 쭉 한복을 입었다. 후리한 키에 곱슬머리가 나부끼고 수염은 언제나 파랗게 깎았다. 우뚝 솟은 코와 세 꺼풀 진 크고 검은 눈이 이글거리듯 타오르고 유난히 광채를 발산했다. 수줍은 듯 홍조(紅潮) 짓는 미소가 없으면 좀 무서운 얼굴이었을 거다. 그러나 언제나 수줍은 듯 사람을 그리는 듯 쓸쓸한 웃음을 짓는 모습과 컬컬한 음성이 나의 기억에 남아 있다.

이상이 폐를 앓았다고 했지만 기침을 하거나 각혈하는 것을 본 일이 없다. 나는 건강한 청년 이상하고 결혼했다. 〈오감도〉와 〈날개〉를 발표한 후다.

이상의 문학은 작가가 발표한 시 〈오감도〉와 소설 〈날개〉와 수필 〈산촌여정(山村餘情)〉 외 몇 편을 들어서 평가되어야 할 거다.

▌매문용(賣文用) 꽁트식 잡문도 썼다

이상은 동경으로 가자마자 매문용(賣文用 ; 원고료를 벌기 위한)으로 꽁트(Conte)식 잡문(雜文)을 여러 편 만들었다. 일경(日警)이 모두 압수했지만, 이 잡문들은 정치적 사연이 없기 때문에 흐트러진 채로 버려둔

것을 내가 얼마 동안 간직하고 있다가 서울을 떠나게 될 때 동생 운경 (雲卿)에게 맡겼다.

이상이 작고한 후에 발표된 이러한 글들은 이상의 미발표의 작품은 아니다. 〈동해(童骸)〉, 〈실화(失花)〉, 〈종생기(終生記)〉를 기억한다.

이상은 다행히 진보적 사상을 가졌던 백부 밑에서 자라나서 적령(適齡)을 놓치지 않고 진학했다. 이상은 그 시대에 가장 진보적인 교육을 받았다. 건축과 미술과 시를 동시에 습득했다.

이상에 있어서 재간(才幹)은 건축과 미술이요, 인간의 바탕은 시인이었다고 할 수 있을 거다.

▌〈오감도〉의 본뜻은 이렇다

이상의 문학은 쉬르의 영향은 받았지만, 그리고 막 태동(胎動)한 실존(實存) 의식이 움트기도 했지만, 〈오감도〉는 쉬르도, 다다도 아니다. 반세기 가까이 지나서 구라파에 유행한 개념(槪念)의 예술——시(詩)는 보고(그림처럼), 그림은 읽는(시처럼)——을 시도한 거로 본다.

동양의 불길한 '까마귀'와 서양의 불길한 숫자 '13'을 구성해서, 무서운 그림을 그린 거다.

제一의 아해가 무섭다고 그리오.
제二의 아해도 무섭다고 그리오.
제三의 아해도 무섭다고 그리오.
제四의 아해도 무섭다고 그리오.
……

처음엔 열세 아이가 가지각색의 모양으로 달아나는 모습이 재미나게 보이다가, 점 점 점 무서운 모습의 아해들로 변한다.

무서워하는 아해와 무서운 아해가 뒤섞인다. 다시 그것이 아해들이
아니고 그 시대에 사는 우리들 자신의 모습이 된다.

까마귀가 내려다보니까, 우리들은 무서워서 달아날 곳을 찾지만, 땅
위에는 숨을 곳도 달아날 곳도 없었던—. 그래서 무서운 아해와 무서
워하는 아해들의 전쟁이 벌어진다.

이 까마귀는 일본이었을 거다. 그러나 이 시는 동족(同族)한테서도
이해되기 불가능해서 그 당시의 《조선중앙일보》에 몇 회인지 실리고
중단되었다.*

▌차원 높은 인간 꿈을 갖추었던 이상

이상은 천재다. 천재는 천재로 탄생하는 거다. 천재는 쉴 새 없이 생
각하고 생각을 창조하기 때문에 속인(俗人)들 눈에는 말 없는 아이, 우
울한 소년으로 보이는 거다.

탁월한 재주, 통찰력(洞察力), 투시력(透視力)과 차원(次元)이 높은 인
간의 꿈을 갖추었던 이상은 물론 그 당시에 반일 사상을 의식적으로 쓴
것은 아니다. 그러나 식민지 공기를 호흡하면서 자라난 청년의 피 속에
서 자연 현상으로 발로(發露)된 것이 아닐까. 동시대를 같이 살아 온 우
리에겐 공감되는 이해가 간다.

▌으레 검문당하면서도 한복을 즐겨 입었다

동소문(東小門) 밖에서 시내에 들어오려면 우리들은 혜화동 파출소를
지나야 했고 반드시 검문(檢問)에 걸렸다. 특히 한복 차림의 이상은 수
상한 인물의 인상을 주었지만 보호색(保護色)으로 바꾸려 하지 않고, 하

---

* 시 속의 〈오감도〉 '13'의 숫자에 관한 여러 평론가, 시인 등의 해석은 10인 10색으
로 다양하나, 김향안 여사와 같은 해석은 없었다——《문학사상》 편집자 주

루 한 번씩 일경과의 언쟁(言爭)을 각오하면서도 어머니가 거두어주시는 한복을 편하다고 즐겼다.

이상의 불행은 식민지 치하라는 치명적인 모욕감을 당했을 때 치미는 분노와 저항 의식이었다고 본다.

한 번도 나는 이런 얘기를 그와 나눈 적은 없다(공감으로 충분했으니까). 우리들은 영문학이나 러시아문학을 애기했고 음악은 베토벤보다는 모짜르트를 좋아한다고 하면서, 모짜르트를 들으면 천재의 초조한 모습이 그냥 보이는 것 같다고 했다.

이상은 구라파를 안 보고도 동경에 가니까 일본이란 그대로 구라파의 모조 축소판임을 발견하다.

이상 문학의 중요한 이마지나시옹(想像), 비약(飛躍), 자학(自虐), 또는 해학(諧謔)의 높은 차원 등을 이해하지 못하고, 하나의 통속소설가처럼 또는 실화소설(實話小說)로 해석하고, 잡문에 나온 또는 일화 속에 나왔다는 주인공의 모델을 찾느라고 고민했다(이 저자는).

이상은 가장 천재적인 황홀한 일생을 마쳤다. 그가 살다간 27년은 천재가 완성되어 소멸되는 충분한 시간이다. 인간이 팔, 구십 년 걸려서 깨닫는 진리를, 4분의 1의 시간에 깨달아버릴 수 있는 경우, 사람들은 이것을 가리켜 천재라고 한다. 천재는 또 미완성이다. 사람들은 더 기대하기 때문에.

▌무릎 꿇고 식어가는 이상의 손을 잡다

나는 열두 시간 기차를 타고 여덟 시간 연락선을 타고 또 스물네 시간 기차를 타고 동경에 닿았다. 동대(東大) 병원 입원실로 직행(直行)하다. 이상의 입원실, 다다미가 깔린 방들, 그중의 한 방문을 열고 들어서니 이상이 거기 누워 있었다. 인기척에 눈을 크게 뜨다. 반가운 표정이 움직인다. 나는 무릎을 꿇고 그 옆에 앉아 손을 잡다. 안심하는 듯 눈을 다시 감는다. 나는 긴장해서 슬프지 않았다. 어떻게 해야 살릴 수 있나, 죽어간다고는 믿어지지 않는다. 상(箱)은 눈을 떠보다 다시 감는다, 떴다 감았다——.

귀에 가까이 대고 "무엇이 먹고 싶어?" "셈비끼야(千匹屋)의 메론"이라고 하는 그 가느다란 목소리를 믿고 나는 철없이 셈비끼야에 메론을 사러 나갔다. 안 나갔으면 상은 몇 마디 더 낱말을 중얼거렸을지도 모르는데…….

메론을 들고 와서 깎아서 대접했지만 상(箱)은 받아넘기지 못했다. 향취가 좋다고 미소 짓는 듯 표정이 한번 더 움직였을 뿐 눈은 감겨진 채로. 나는 다시 손을 잡고 앉아서 가끔 눈을 크게 뜨는 것을 지켜보고 오랫동안 앉아 있었다.

담당 의사가 운명(殞命)은 내일 아침 열한 시쯤 될 것이니까 집에 가서 자고 아침에 오라고 한다.

나는 상의 숙소에 가서 잤을 거다. 거기가 어디였는지 지금 생각이 안 난다. 다음 날 아침 입원실이 열리기를 기다려서 그의 운명을 지키려고 그 옆에 다시 앉다. 눈은 다시 떠지지 않았다. 나는 운명했다고 의사가 선언할 때까지 식어가는 손을 잡고 있었다는 기억이 난다.

▌나 변동림은 이상의 소설 주인공이 아니다

유해실에서 몇몇 유학생들을 만난 것 같은데 그 이름들이 기억에 떠오르지 않는다.

그 후 그 복잡한 병원의 절차를 밟아서 유해를 받아 안기까지 나는 몇몇 밤을 긴장으로 새웠다.

나는 상의 유골을 안고 또 기차를 타고 연락선을 타고 또 기차를 타고 서울에 왔다. 상의 어머니 곁에서 몇 밤을 지나고, 미아리 묘지에 안장했다. 비목(碑木)에 묘주(墓主) 변동림을 기입했을 뿐 웬일인지 나는 그 후 한 번도 성묘하지 않았다.

그 후 이상의 시비(詩碑)는 세워졌을까. 비문에는 시 〈오감도〉가 새겨졌을까.

이것이 나, 이상의 아내였던 변동림이다. 이상의 꽁트식 소설에 나온 주인공들은 변동림이 아니다. 오규원은 이 잡문의 모델을 모두 변동림으로 해석했다.

3

■ 죽음을 생각한 어느 하루

1986. 4. 23. 천후(天候)가 광기(狂氣)를 부린다. 엊그제 화씨 70°가 36°로 내리면서 눈보라가 친다.

창밖으로 눈발이 휘날리는데 내 방엔 작약(芍藥)의 향기가 가득하다. 어제 은숙이가 한아름 함박꽃 머문 것을 갖다 놓은 것이 활짝 핀 거다. 참 아름답다. 오랜만에 작약을 보며 또 그 향기를 맡는다.

그림으로 그리고 싶은데 광선이 없다. 사진을 찍으려고 빌려온 몇 해 전 그림 〈벚꽃〉이 한구석에 청초하니 서서 그리움을 자아낸다.

어두운 대로 그림을 좀 그리다가 글을 몇 줄 써보다가 자코메티*를 읽다가 《타임》 잡지를 뒤적인다. 시몬느 드 보봐르가 타계한 소식. 사르트르가 작고한 지 벌써 6년이 된다고. 엊그제같이 느껴지는 사르트르 장례식에서 보봐르는 관 위에 한 송이 붉은 장미를 던지면서 죽음이란 거짓말이라고 죽음을 부인하려고 했다. 그러나 몇 해 후 그는 다시 "사

---

* Alberto Giacometti(1901~1966) ; 스위스 출신의 조각가. 1930년 초현실주의 운동에 참여하여 〈보이지 않는 사슬〉, 〈오전 4시의 궁전〉 등을 제작하였다. 그 외 작품으로는 〈광장〉, 〈디에고〉, 〈여인입상〉 등이 있다.

르트르의 죽음은 우리를 떠나지 않지만 나의 죽음에 사르트르를 다시
만날 수는 없는 것이 사실"이라고 증언했다.

사람은 나면서부터 죽음에 접근해 가는 것. 그래서 어려서는 황홀한
꿈으로 죽음을 동경한다. 특히 예술가는 더 많이 죽음을 생각하게 된다.

자코메티는 "나는 하루도 죽음을 생각하지 않은 날이 없다"고 했다.

인간의 창조행위는 곧 죽음 때문에 생겨난 것. 죽음이 있어서 원시인
도 동굴에 벽화를 남겼다.

▌죽음에 접근한 첫 경험, 공포 아닌 낭만 같은 것이

나는 어려서 열한 살이나 되었을 땔까, 아버지 따라 할머니 화장 모
시는 데를 갔었다. 할머니가 돌아가실 때 일은 기억에 없으나 돌아가신
지 10년이라고 들었던 화장 때 모습은 역력히 기억하고 있다.

허허벌판에 무덤이 있었고 제사를 모시고 나서 여러 사람이 무덤을
파기 시작하더니 마침내 유골을 골라내서 백지 위에 눕히고 제단 같은
것이 만들어진 그 위에 올려놓고 아래서 불을 때던 모습을 가까이 보지
못하게 했지만 멀리서 바라보고, 볼 것을 다 보았다.

거의 하루 종일 걸려서 마지막 푸른 연기가 사라지는 것을 기다려서
일행은 귀로에 올랐다. 나는 그것을 일기로 써서 작문 시간에 냈었다
(사범부속 5학년).

그것은 죽음에 접근한 나의 첫 경험인데 나의 감정에는 공포 대신 낭
만 같은 것이 싹텄던 것 같다.

허허벌판 푸른 연기, 그리고 아버지의 존재.

▌가방 하나를 들고 이상을 따라 집을 나와

그 후 7년 후 경기여고를 졸업하고 이대에 다닐 때다.

나는 그 비슷한 허허벌판을 이상을 따라서 한없이 걸어갔다. 한없이 걸어간 곳에 방풍림이 있었다. 우리는 방풍림 숲 속을 끝에서 끝까지 걸었다. 나는 날마다 이상을 만났다. 학교에서 돌아오는 길 거기 어디서 기다리고 있는 상을 만났으며 우리 집에서 나오면 부근에서 서성거리고 있는 상을 발견했다. 만나면 따라서 걷기 시작했고 걸어가면 벌판을 지나서 방풍림에 이르렀다. 거기는 일경도 동족도 없는 무인지경이었다. 달밤이면 대낮처럼 밝았고 달이 지면 별들이 쏟아져서 환했던 밤과 밤을 걷다가, 걷다가. 우리들은 뭐 손을 잡거나 팔을 끼고 걸은 것이 아니다.

각기 팔을 내저으며 지극히 자연스러운 자세로 걸었다. 드문드문 이야기를 나누면서, 때때로 내 말에 상은 크게 웃었다. 그 웃음소리가 숲 속에 메아리쳤던 음향을 기억한다.

"동림이, 우리 같이 죽을까?"

"우리, 어디 먼 데 갈까?"

이것은 상의 사랑의 고백이었을 거다. 나는 먼 데 여행이 맘에 들었고 또 죽는 것도 싫지 않았다. 나는 사랑의 본능보다는 오만한 지성에 사로잡혔을 때라, 상을 따라가는 것이 흥미로웠을 뿐이다.

그래서 약속한 대로 집을 나왔다.

나를 절대로 믿는 어머니한텐 친구한테 갔다 온다고 거짓말을 하고 조그만 가방 하나를 들고 나왔다.

▌개울가의 조그만 집, 낮과 밤이 없는 밀월

약속한 장소에서 기다리는 상의 표정이 초조해 보였다. 언제나 태연하던 사람이 "왜?" "동림이가 안 나올까봐서——" "나는 약속하면 지키는 사람인데——" 나는 대수롭지 않게 넘겼으나 상은 간밤 내 잠을 안

잤다면서 충혈된 눈을 비비기도 하고, 오랫동안 얼굴의 홍조가 가시지 않았다. 나는 언제나처럼 경쾌한 걸음으로 상을 따랐다. 우리들은 또 벌판을 지나고 방풍림을 지나서 개울이 있고 언덕이 있는 드문드문 인가가 보이는 동리에 이르렀다.

좀 떨어져서 개울가에 서 있는 조그만 집, 방 하나와 대청마루와 부엌, 건넌방은 비었고 주인이 와서 살 거라고 했다. 조그만 마당은 필요 없었다. 대문을 열면 바로 건너편에 개울이 있고 작은 언덕산이 그대로 우리 마당이었다.

상은 기본 생활도구와 침구를 마련해 놓고 신부를 맞을 준비를 해논 것 같았다.

그래서 나는 상하고 결혼했다. 낮과 밤이 없는 밀월을 즐겼다. 나는 우리들의 밀월을 월광(月光)으로 기억할 뿐이다.

■ 반찬은 주로 이상이, 소의 내장요리 즐겨

나는 가방 속에 몇 권의 책(시와 소설)과 외국어 사전을 넣어 왔다. 그것들이 한 줄의 책꽂이가 되어서 침실을 장식했다. 상은 그 책꽂이를 사랑했다. 그러나 상의 고민은 '만국발음표'를 흉내 내지 못하는 것, 그래서 우리는 자꾸만 웃었다.

상은 며칠에 한 번씩 시내에 들어가서 볼일을 보고 장을 봐왔다. 나는 개울에서 빨래도 하고 밥도 지었지만 반찬은 주로 상이 했다. 상은 소의 내장으로 만드는 요리를 즐겼기 때문에 나는 간이나 천엽, 또 곰탕 같은 것을 못 먹었던 기억이 난다.

서울서는 우리들의 결혼을 스캔들로서 비난하는 소리가 들렸다. 나의 오빠부터가 이상이 내 동생을 유혹했다고 잡음을 일으켰고 우리를 질투한 못난 친구는 후일에 동경까지 가서 이상을 괴롭힌 일도 있었다.

나는 이상의 유혹이 아니고 내가 이상을 좋아해서 따라간 것이라 밝
혔고, 우리는 곧 동경으로 떠날 거라고 선언함으로써 상의 어머니와 나
의 어머니는 서둘러서 결혼식을 올리게 마련하셨다.

▌이상의 식스나인(69) 바 경영, 일경의 눈을 속이려고

당시의 우리들의 탈출구는 동경으로 가는 길밖에 없었다. 거기서도
조선인은 구속된다는 것을 미처 몰랐다. 좀더 자유로울 수 있을 줄로,
또 좀더 공부할 수 있으리라는 희망에서, 동경행을 택했던 거다.

우리들이 산 그 시대는 식민지 치하라는 치명적인 조건하에서 아무
도 절대로 행복할 수 없었다. 몇몇 친일 부유층을 제외하고는 조선인은
직장도 없었고 사업도 할 수 없었다. 조선인이 경영하는 다방 ‘제비’는
일경의 감시의 대상이었으므로 장사가 될 까닭이 없었다. 지식인들은
바(Bar)로 몰렸다. 이상이 식스나인(69)이란 바를 경영한 것은 일경의
눈을 캄플라지하는 제스처이기도 했다.

해학이 심한 이상은 친구들을 만나면 농(弄)을 즐겼다. 농을 못 알아
들을수록 더욱더 심한 농을 해서 친구들을 웃겼다. 이상이 성(性)적 어
휘를 즐겼다는 일화는 이런 데서 나온 걸 거다.

▌이상은 "공사장에서 주워온 이름이지"

이상은 이상이란 이름이 어디서 온 건가를 묻는 것이 귀찮아서 "그거
공사장에서 주운 이름이지—— 인부가 나보고 리상이라고 그러지 않아?
리상(李樣, 李箱)도 재미나겠다 해서 붙인 거야——"

이상이 한 농을 사람들은 일화로 만들었다. 이상(李箱)은 이상(理想)
에서 창조된 이름인데.

"공사장에서 주운 이름이라는 게 더 재미나지 않아요?"

"경솔한 의견이다. 여기서는 재미나고 안 나고가 문제가 아니라 인간 이상을 연구하는 재료로서 부모가 돌림자로 지어준 이름을 소홀히 버린(棄) 실없는 인간성으로 해석했으니 연구가 틀렸다는 거다. 예로부터 동양에선 부모가 지어준 이름은 엄숙한 경우[법(法)이라든가]에만 사용했지 함부로 쓸 수가 없어서 예술가는 예명 또는 아호를 만들어서 썼던 것이다."

▌시인 이상의 고독

1986. 7. 2. 이상의 불행은 하필이면 이 사막의 부스러기와도 같은 지역에 태어나 담벼락 같은 무지와 몽매에 부딪혔을 때 절망하는 고독감이었을 거다. 심혈을 기울여서 창작한 자기의 시를 '미친놈의 소리'로 말살당했을 때 시인은 미치지 않으면 죽고 싶었을 거다. 우리는 그때의 시인의 고독의 깊이를 헤아려볼 길이 없다.

〈오감도〉는 일본이 미처 그 뜻을 눈치 채지도 못했을 때 동족의 무지로써 말살된 거다. 시인은 언어를 창조하는 것인데 '사전에 없는 말', '조감도'(鳥瞰圖)는 건축 용어로서 존재했지만 '오감도'는 없다고 '미친놈의 소리'라고―― 그래서 시인은 자기의 창작을 더 발표할 수 없었다.

20세기는 세계의 문화가 최고봉에 이른 때다. 현대(세계)가 모두 같이 걸어가는데 중세기 같은 쇄국주의에 머물러서 멍하니 있다가 나라를 빼앗기고, 짓밟히고 있던 때다. 이민족엔 비굴하고 동족엔 잔인한 민족성의 일면을 우리는 본다.

▌13이란 숫자는 성적 상징이 아니다

반세기 후 오늘 여전히 13이라는 너무도 잘 알려진 서양의 상용불길(常用不吉)의 상징인 숫자를, 작가를 억지로 천재로 만들기 위하여 성적 상징으로 해석하려는 시도는 삼가는 것이 좋을 거다. 우리의 문학 평론의 건강한 발전을 위하여.

▋'레몬과 메론', 이상은 향기와 더불어 맛을

레몬의 향취를 싫어하는 사람은 없을 거다. 레몬만을 먹을 수는 없지만 잘라서 한쪽을 립톤(Lipton)차에 넣을 때 차 맛은 한층 더 향기롭다. 향료로 사용해서 여러 가지 과자를 만든다. 레몬은 그 파아라면서 노오란 생신(生新)한 빛깔이 아름다워서 정물로들 그리기도 한다. 레몬은 정물로 놨을 때 향취는 없다. 자르지 않으면 향취는 안 난다.

메론의 본고장은 불란서다. 모양도 아름다우려니와 깎지 않고 놔두기만 해도 향취가 진동한다. 자르면 그 맛이 꿀채미, 꿀채미의 단맛보다 훨씬 오묘하며, 우아한 향그러운 미각.

동경 셈비끼야 농원에선 구라파의 과실을 흉내 내서 재배하는 것으로 유명했다.

상은 향기와 더불어 맛을 찾았던 거다. 그러나 임종시에 찾은 과실이 메론이라고 해서 이어령(李御寧) 등의 〈레몬과 이상〉이 그릇된 것은 없다. 평소 이상은 레몬의 향기를 즐겼으니까.

4

▋영문 에세이 콘테스트

1986. 7. 4. 오늘은 미국의 독립 기념을 겸하여 자유의 여신상 탄생 백 주년이라고, 맨하탄 사람들은 모두 아랫동리 강가로 몰려서 여기 미드타운은 텅 빈 것 같다. 아파트마다 내뿜는 에어컨의 소음이 한결 덜

하고 조용해서 좋다. 맨하탄은 해가 나고 차들만 안 다니면 양편에 강이 있어서 공기가 제법 맑다. 나는 창문을 활짝 열어놓고 일을 한다. 글도 쓰고 그림도 그리고.

드문드문 TV에서 강가의 축제를 구경한다. 불란서 대통령 미테랑도 참석해서 오찬(午餐)하러 가는 모습들이 보인다.

나는 지난 5월 말 마감으로 우리 2세를 위한 '영문 에세이'를 공모해놓고 어떤 글들이 들어왔나 궁금해서 일찍 돌아왔다. 파리서 어느 날 우연히 TV를 트니까 '아포스트롭'(Apostrophe)이라는 신간 소개 프로가 나오는데 그날은 모두가 외국 태생 작가들이라는 것에 흥미가 갔고 무슨 내용인지가 궁금해서 끝까지 본 일이 있다.

이태리와 서반아 태생의 남성 작가들과 희랍, 이란, 알제리 태생의 여류 작가들이 거의 이·삼십 년을 파리에 살면서 문학 공부를 했는데 그들이 불어로 쓴 소설의 내용은 모두가 자기 민족의 이야기였다. 지극히 당연한 일이라고 수긍이 갔다. 이·삼십 년을 파리에 살았다고 해서 파리 사람들의 얘기를 쓸 수 있을까. 창작의 경우는 불가능하다. 자기가 나서 자란 풍토의 이야기처럼 작가 자신이 다루기 쉬운 소재는 없을 거다.

나는 훅 어떤 생각이 떠올랐다. 미국에 사는 우리 2세나 3세들이 지금쯤은 영어로 자기의 생각을 쓸 수 있으리라는. 무엇을 생각하며 어떻게들 살고 있는지 궁금했다.

그래서 우선 대학생 2세를 중심으로 한 '영문 에세이'(自由題)를 공모했다. 우수한 작품이 모아지면 출판하고 번역해서 '아포스트롭'에도 소개할 생각을 했다.

그러나 한국 학생들의 글이 미국 학생들보다 훨씬 우수하리라는 기대를 가졌던 R씨와 C여사는 마감 전날, 자기들은 심사를 기권해야겠다는 비명을 올렸다. 40여 점의 응모가 하나 같이 코리언 아메리칸의 흥미 없고 내용 없는, 그저 영어로 썼다 뿐인, '에세이'라는 문학적인 포인트에도 이르러 있지 않다는 거다.

다행히 마감일에 서너 점의 가작이 들어와서 우리들은 다소 명랑한 기분을 회복했고, 우수작은 없으니까 가작에서 1위는 한 사람에게, 2위는 동점으로 해서 두 사람에게로 상의 결정을 내렸다.

나는 R씨들의 생각과는 달리 아직은 그저 그 정도일 거라는 짐작이 맞았을 뿐으로, 이 '에세이'의 경연은 이것이 시작이고 이제부터라는 생각이 들었다. 지금부터 정말로 문학을 하고 싶다는 생각이 들지도 모르고 열심히 책도 읽고 그 방면의 공부를 하리라는 기대를 가져도 좋다는 자신이 생겼다.

육십이 넘으면 남들은 은퇴하는데 나는 거꾸로 일을 시작했다. 죽는 날까지 노력해야 할, 중단할 수 없는 큰일들을 벌였다. 살아 있는 시간이 민망해서.

혹 누가 내가 하는 일을 이해 못 한다 해도 그것은 상관이 없다.

내가 하는 일은 파리를 중심으로 한 구라파와 뉴욕을 내왕해야 한다. 그 내왕하는 일이 차츰 힘이 든다. 비행기를 타는 일은 그렇게 편안한 일은 아니다. 더구나 좋지 않은 천후를 만날 때라든가.

내 사업은 어떤 계획으로 진행되는 것도 아니다. 그때그때 창의(創意)에 따라 창조되는 것이기 때문에 무시로 변경되기도 한다.

▌나의 유년 시절

1986. 7. 6. 60년대에 쓴 〈나의 유년 시절〉이라는 글이 나오는데, 이것은 노인에게 생기는 유년 시절의 노스텔자가 아니라 생애를 정리하는 과정에서 필연적으로 나온 기억일 거다.

내가 어려서 자라난 곳은 송현(松峴) 마루턱이다. 내가 나서 십 년을 살았던 집터에는 지금은 여러 채의 집이 들어앉고 오직 뒤뜰에 섰던 홰나무 고목과 우물만이 옛 모습을 전하고 있다. 지금 내 기억에 떠오르

는 우리 집은 높은 돌층계 위에 기역 자(字)로 죽—— 방이 늘어앉은 구
옥(舊屋) 채와 앞뒤로 넓은 채전(菜田)과 뒤채 밭 가운데 있던 우물과 홰
나무와 그 우물가에 서린 어린 날의 추억들이다. 그 집은 어느 궁가(宮
家)의 일부였으리라고 짐작되는데 어떠한 연유로 우리가 그 집에서 살
게 되었는지는 알 수 없으나 내가 열한 살 되던 해에 그 집이 어떤 일
인에게 이양되어간 사실을 기억한다.

　여하튼 나는 십 년이라는 유년 시절을 그 집에서 자랐고 그 나의 유
년 시절이 내가 성인(成人)이 되어가는 과정에 여러 가지로 영향을 미쳤
다고 지금 생각된다. 우리 집 식구는 많지 않았다. 식구에 비해서 집이
너무 넓었던 탓인지 언제나 집 안은 휘헝했다. 해가 저물면 집 안의 구
석구석이 무서웠다. 더욱이 뒤꼍 우물가가 싫었고 홰나무가 무서웠다.

　나의 아버지는 늘 출타하고 집에는 이따금 계셨다. 아버지가 집에 계
실 땐 오빠와 언니가 매 맞는 광경이 벌어졌다. 천자(千字)를 배우면서
매 맞는 오빠와 언니의 어깨 너머로 나는 학교에 가기 전에 천자·소학
(小學)을 떼었다. 언니는 학교에서 낙제를 하고 아버지한테 매를 맞고
어머니는 그것을 말리려 했고 집안의 평화가 언니 때문에 깨어진다고
생각되어 나는 언니를 싫어했다. 자연히 오빠와 가까웠다.

　아버지의 서재인 누마루가 달린 맨 끄트머리 마루방에는 불상(佛像)
을 모신 나무함이 달려 있었다. 나는 그 방에 가는 것을 제일 싫어했지
만 그 방에서 좌선(坐禪)과 독경(讀經)의 분위기를 알았으며 '나무아미
타불'을 암송했다.

　나의 아버지. 초계(草溪) 변씨(卞氏), 나라 국(國), 구슬 선(璿), 구(舊)
한국 시절에 일본 동경에 유학, 당시에 드문 의과대학 지망으로, 그 시
대는 의사는 천직으로 대우받았던. 중퇴하고 귀국. 고종 말년 중추원 참
의(參議)직에 잠시 머물고. 한일 합병 후는 무직.

나의 기억에 떠오르는 아버지는 유식(有識), 박식(博識), 키는 6척에 가까우며 수염을 기른 풍채 좋은 인상이나 성격은 보헤미안이었던 모양으로 가족의 생활을 책임지지 않았고 걸핏하면 바랑을 등에 메고 입산하여 여기저기 절에서 몇몇 달을 지내고 돌아 오셨다.

이야기를 즐기셨고 밤새는 줄 모르게 여행담을 들려 주셨다. 그래서 나는 어려서 몇몇 명산(名山)과 절의 이름을 기억했다.

나의 오빠의 추억이란, 눈 쌓인 뒷마당에서 눈사람 만들며 놀던 어렸을 때와 커서는 내가 여학교 다닐 때 오빠는 고보를 졸업하고 직장을 가졌을 때, 어느 백화점 장식부에서 일을 했던 오빠는 집에 오면 여러 가지 화장품의 포스터를 만들어 갔다. 나는 그것을 요령 있게 도와서 오빠를 기쁘게 했다. 나는 그때 나도 독립할 생각을 했고 여학교를 마치면 동경에 가서 고학할 결심을 했다.

1934년 영학숙(英學塾) 입학기를 놓치고 아테네 프랑세를 몇 달 다니다 돌아오니까 오빠는 이화대학을 권유했다(당시는 이화여전, 정동교사에서 영문과 예과에 입학, 본과 일 년 때 신촌으로 이사 가다. 일본은 우리 대학의 외국어과를 없앴기 때문에 이대 영문과는 문과가 되다).

이희승 선생께 우리의 고대문 강의를 들었고 일본 선생이 와서 일본의 고대 문학을 강의했다.

그 무렵 오빠는 친구와 동업으로 다방을 경영했다. 이상과 친구가 되어 있었다. 나는 커피를 마시러 하루 한 번씩 다방에 나갔다.

▌이상의 추억〔계보(系譜)의 정정(訂正)〕

1986. 8. 18. 나는 되도록 기억을 살려내서 무슨 참고될 얘기를 쓰고 싶은데 사실은 기억에 떠오르는 것이 별로 없다.

이상의 이름과 같이 떠오르는 것은 방풍림, 일경, 처절한 임종——, 그리고 유해실에서 데드 마스크를 떴는데 그 행방을 모른다. 조우식(趙宇

植), 주영섭(朱永涉), 김소운(金素雲) 들의 이름이 떠오를 뿐으로 그 밖에 누가 있었는지 생각이 안 난다.

"생각이 안 나시겠어요, 너무 오래 되셔서——"

"달밤에 방풍림을 걸으면서 무슨 유치한 얘기를 나누었을까? ——유치한 얘기는 삼갔을 거다. 진지한 얘기를 나눴을 거다. 무슨 약속 같은 것을 한 것 같은데——"

"그 약속이 결혼하신 것 아닌가요?"

"상한테 간다는 생각뿐이었지 결혼한다는 생각은 없었는데——. 어쨌든 그래서 나는 이상의 아내가 된 거지."

나는 잡지사에서 보내온 참고 자료를 대강 훑어 읽고 다시 한 번 의아해지다. 내가 아직 살아 있는데 나에 대한 오해가 이렇게 많을 땐 죽고 나면 나는 전혀 딴 사람이 되어 있을 것이 아닌가.

"엉망이에요, 모두가 틀려 있어요, 선생님이 좀 쓰셔야 합니다."

"우리나라에도 그 방면의 전문가들이 있는데 왜 내가 새삼스럽게 건드릴까?——"

했는데, 과연 엉망이구나, 어디서부터 손을 대야 할지 모를 정도로.

그러나 작고한 사람의 연구도 하는데 살아 있는 사람에게 왜 문의가 없었을까?

내가 혼자되고 난 훨씬 후일에 구본웅(具本雄)의 아들 환모(국민학교)의 가정교사 격으로 언니 집에 일시 유숙한 일이 있을 뿐.

나의 아버지가 나의 어머니, 김씨 유당(瑜堂)과 재혼했을 때 전실 딸이 있었으므로 나에게 이복 언니가 생기다. 나에게는 형부(구본웅의 父)가 되므로 도와주기도 했지만(더 어렸을 때), 이상은 구본웅과 친구였지 도움을 받은 일은 없다. 구본웅 부친이 경영하는 인쇄소 창문사에 일시 취직을 했을 뿐.

이상은 남의 도움을 좋아하지 않았고 남에게 필요 이상 헤프지도 않았으나 인색한 정신은 없었다.

　　* 이상 전집 Ⅰ. p.312 이명자 편.
　　김소운이 증언 운운은 이유가 있는 거다. 인간성의 인색으로 해석하
는 것은 옳지 않음.
　　우리는 어느 시대나 주위의 질투 시기라는 것을 생각할 수 있다.

　　* 임종국 편《한국문학의 민중사》p.287, 첫줄. '정지용'은 무근설(無
根說). 친구와 삼각관계는 부재(不在). 작가는 변동림에서 유사성을 따
서 작품의 인물을 창조한 것으로 본다.
　　"어떤 애들은 이상의 글에 나오는 S가 수화(樹話) 선생님이라고 그러
지 않아요? 두 분은 동시대의 친구도 아니셨는데……"
　　그래서 우리들은 웃은 일이 있지만 정말로 이런 오해가 있는 줄은 몰
랐다.
　　"독자의 수준이 문제일 거예요. 저희들은 선생님이라고 생각한 적이
없어요."
　　어떤 애가 나보고
　　"선생님들 정사(情死)할려고 하셨다면서요?"
　　"어떻게 아니? 그래 우리는——"
　　나는 방풍림을 걸은 얘기를 들려주려고 하니까, 오규원 편에서 읽었
다는 "바위 뒤에 앉아서 운운——"을 꺼낸다. 나는 어이가 없었다.
　　"그래 적어도 이상과 변동림이 이수일과 심순애도 아닌데 그런 멜로
드라마를 연출했다고 생각했니?"

　　* 문종혁을 나는 모른다. 몇 가지 수긍이 안 가는 글이 있다. 첫째,
집 뒤뜰에서 추도식을 올린 일이 없다. 미아리에 안장하기까지 외인(外
人)을 만난 일이 없다.

* 정인택의 글에서——, 우리는 입정정(笠井町)에서 반년을 산 일이 없다. 이상이 떠나려고 할 무렵 처음 직장엘 나갔다. 모두가 착각이고 혼돈이다.

5

▌ '금홍'이는 작중 모델일 뿐

1986. 8. 18. 모딜리아니가 카페에 앉아서 사람들의 초상을 그려주면 많은 사람들이 퇴짜를 놨다. 자기와 같지 않다고. 그 많은 사람들은 거개가 여성이었다고 한다. 예술의 황금시대라던 파리에서 그랬다.

초상화를 그 사람하고 똑같게 그리는 화가는 예술가가 아니라는 것, 누구나 아는 얘기.

소설의 경우 모델과 꼭 같은 얘기란 흥미 없는 실화(實話)다. 작가의 천품에 따라서 모델은 창조된다.

이상의 소설 〈날개〉의 경우 실제의 금홍이는 소설 속의 금홍이가 아니다. 〈날개〉를 창작하기 위해서 이상이 창조한 인물이다.

〈종생기〉, 〈동해〉의 경우도 같은 얘기다. 나는 방풍림을 걸으면서, 많은 소재를 이상에게 제공했다. 사랑이라든가 질투라든가 하는 애정의 문제로 얘기했다. 그럴 땐 나는 남녀란 어디까지나 1대 1의 인간 대 인간이란, 인간의 존엄성을 들고 나왔다. 그러면 이상은 골짜기가 메아리치는 웃음을 터뜨렸다. 연거푸 웃었다. 처음 들어본다는 듯이 웃었다.

그러나 이상은 나의 진보적인 발언을 진부(陳腐)한 얘기를 꾸미는 수식(修飾)으로 이용했다. 그는 나를 배신한 거다.

■ 이상을 용서할 수 없었던 이유

〈종생기〉, 〈동해〉를 잡문이라고 일소(一笑)에 붙였을 때는 얘기가 다르지만, 유고로서 작품집에 들었을 땐 생각이 달라진다. 그 글들은 1937년 《조광》 5월호에 실려질 수도 없다. 내가 1년 이상 가지고 있었으니까.

내가 가지고 있었으면, 이런 글은 유고로 발표하지 않았음이 분명하다. 다만 작가의 연구 자료로서 제공했을 것이다.

글 속에 나오는 통속성, 유치한 연극, 이것은 이상의 잡문 속에 나오는 상례(常例)인 엄살(여성에 대한)이다.

나는 이러한 이상의 글을 싫어한다. 뿐만 아니라, 사람들(독자)은 아내였던 변동림을 의심했다. 오늘까지도 이상 연구자들은 삼각관계가 있었다고 생각한다. 그러나 삼각관계는 부재(不在)라는 것은 시일을 따져 봐도 증명되지 않는가?

나는 오랫동안 상을 용서할 수 없었다. 그러한 이상의 작품이 나에게 불쾌한 유산으로 남겨짐으로써, 나의 남편이었던 이상에 대한 반세기의 무관심이 지속된 것인지도 모른다.

그러나 나는 내가 성장하는 과정에서 상을 용서했다. 용서하지 않았으면 나는 재혼하지 않았다.

이상은 시인이다. 소설가는 아니라고 생각한다. 이상의 시 〈오감도〉는 세계적 수준에 이른 탁월한 시라고 하는 믿음은, 그때나 이제나 변함이 없다. 그러나 이상의 잡문들은 고매한 시 정신에서 대단히 멀어져 있음을 느낀다.

나는 또 이상 발굴 연구에 심신의 정열을 다한 이어령, 임종국(林鍾國) 씨들의 노고와 정열에 깊은 감동을 느끼는 바다. 다만 나는 이상에 대한 '그릇된 인식'이라는 것을 최대한 바로잡는 역할을 하고 싶을 뿐이다.

▮ 같은 시대를 산 증인으로서

그런 뜻에서 이상의 장(章)을 접으면서 몇 가지 덧붙일 말이 있다. 나는 미처 못 읽고 있다가 임종국의 반발(反撥) 〈오감도〉에 대한 '항일시' 운운한 글을 읽다.

간디는 인도가 영국 식민지 때, 런던에 유학하고 영어로 공부하고 돌아와서 자민족의 민족 운동을 했다. 이집트의 낫셀—— 또 그 밖에도 그런 예는 얼마든지 있다.

우리가 일본 식민지하라고 일본말로 공부를 안 했어야 옳았을까?

이상이 대학노트에 깨알같이 박아 쓴 일어 〈오감도〉는 초고(草稿)라고 본다. 이상은 일본말로 문학 공부를 해서 모국어를 찾은 것이 아닐까.

이상의 일본말 시에 친일성이 있었던가? 나는 이상의 문학에 언급할 의도는 추호도 없었다. 다만 〈오감도〉를 기억하고 있었기 때문에 《문학사상》 1986년 5월호에 증언했을 뿐이다. 그런데 그 글에 대해서 매우 불만에 찬 공격을 서슴지 않았다. 과연 내가 뚜렷이 기억하고 있는 사실에 대해 증언한 것이 망발인가, 아니면 도식적인 추단(推斷)만으로, 항일시가 아니라고 주장하는 것이 망발인가. 이상은 "모국어를 내던져 둔 채 많은 시를 일본말로 쓴" 것이 아니라 모국어를 쓰기 위해서 많은 시를 일본말로 공부한 것이라고 나는 생각한다.

나는 그런 글을 읽고 마치 동지(同志)가 억울하게 끌려가는 것을 보고 있는 거와도 같은 아픔이 앞섰다.

나는 일부의 이상에 관한 평론, 또는 이상 연구에 맹점은 없었던가를 반성해 볼 필요가 있다고 생각된다. 이상 연구라고 해서 그의 습작노트까지 모조리 번역하거나 일어 그대로를 전집에 엮은 것을 보고, 나는 놀랐다. 작가가 발표한 작품이 많지 않았던 이상의 경우, 이상은 일어로도 작품을 쓴 작가가 되어 버렸다. 이상의 이미지가 완전히 바뀌어져 있다. 이상을 모르는 독자에겐 그대로 받아들여질 것이다. 이상을 아는 사람에겐 생소한 이상이다. 그런 이상은 아니라고 나는 확신한다.

앞서 내가 언급한 〈오감도〉는 우리말로 발표한 시를 말함이다. 작가가 우리말로 발표한 시를 아무도 한역(韓譯)이라고 고칠 수는 없다. 그 근원이 어디서 온 것을 밝힐 수는 있어도.

나는 내가 이상의 아내가 아니었더라도, 동시대를 같이[共] 산[生] 증인으로서 증언한다. 그 시대를 살아보지 않고 기록이나 몇 가지 현상을 이해한 것만으로서, 그 시대상을 파악할 수는 없는 거다. 아무리 정확한 기록도 옮겨질 때는 자칫하면 비뚤어지기 마련이고 와전(訛傳)되어 왜곡될 수도 있는 일이니까.

이상은 일제가 그 생명을 단축시키고 앗아간 것이 아니었던가? 그가 일경에 구속되지 않았으면 좀더 살았을 거다.

이상이 "나는 일본말로 시를 쓰는 시인이다"라고 말했으면(자처했으면) 구속되지 않았을 것이 아닌가?

이상의 민족정신을 의심한다면 이러한 사실을 상기해야 마땅하다고 본다.

한 세기 또는 두 세기 후에라도, 일본이 그 야만성에서 깨어나, 문화 민족의 대열에 끼었을 때, 그리고 우리 민족이 월등, 우수해졌을 때, 우리의 무고한 시인을 구류해서 사망에 이르게 한 죄상을 사죄하고 보상하는 날이 있어야 할 거다.

일본은 우리의 원수다. 원수를 갚는 길은 우리 민족이 우수해지는 길밖에 없다. 우리는 항일에 노이로제가 되는 것을 경계해야 한다. 또 이러한 낡은 사고의 이데올로기 논쟁은 우리에게 후퇴를 초래할 뿐이다. 침통한 항일은 끝나지 않았는가, 명랑한 극일(剋日)이 있을 뿐이다.

▌ 직장의 경험— 바와 총독부

1986. 8. 28. 나는 동경 다녀오는 비용을 바(Bar)에서 빚을 냈기 때문에 1937년 여름, 가을, 다시 직장에 나갔다.

일본인이 경영하던 바——. 이름도 생각이 안 난다. 고녀(高女) 출신 일인 여급들이 조선인을 차별하려고 했지만, 나는 유창하게 일본말을 했고, 또 그 시대의 인텔리 여성으로서의 조건을 갖추고 있었기 때문에 꿀릴 것이 없었다.

나는 거기서 재미나는 사회 구조의 이면을 관조(觀照)하는 데 여념이 없었다. 또 그 당시의 나처럼 순수했던 일군의 청년들을 만났던 일, 물론 그들은 누구였던지, 이름도 몰랐다. 밤마다 와서 술을 마시고 노래를 부르고 춤을 추면서, 끝까지 유쾌한 분위기를 깨뜨리는 일 없이 예의 바르던 청년들이 기억에 떠오른다.

그러나 바에 나가면 돈을 많이 벌 수 있다고 생각했던 기대와는 달리, 그 직장은 돈을 벌 만한 곳은 아니었다.

나는 간신히 빚을 갚고는, 직장을 그만두었다.

이상은 자기 힘으로 돈을 마련해서 동경으로 떠났다. 이상의 뒤를 따라 나도 동경에 가기 위해 내 여비와 가서 머물 돈을 준비해야만 했고, 그래서 그 직장엘 나갔었다. 가족은 어머니 한 분이었으므로, 동생을 취직시키면 된다고 생각해서 내가 맡았던 거다.

정인택의 글에는 우리가 입정정에서 반년을 살았다고 했지만, 이상과 나와의 결혼생활은 3개월 남짓이며 동소문 밖에서 살았던 것은 이상을 떠나보내기 위한 임시 우거로 한 달 남짓 머물렀을 뿐이다. 또 우리 생활을 〈날개〉의 주인공들처럼 기록했는데, 나는 이상이 떠난 후 본격적으로 직장에 나갔던 거다. 그리고 한참 후에 친정에 들어가서 어머니와 같이 살았다. 오빠가 결혼하고 모두 같이 살 때다. 그러니까 상의 소설 〈날

개〉가 실제 나를 모델로 한 실화소설처럼 생각하는 건 전혀 사실과는 다른 거다. (후략)

제2부

소 설

애욕(愛慾)

박 태 원

제 1 절

1

　올라가는 전차는 아직 있어도, 내려가는 전차는 이미 끊어졌다.

　태평통(太平通) 쪽을 향하여 정동(貞洞) 골목을 터덜터덜 내려오던 노동자는 건극문(建極門) 앞에까지 와서——그냥 건극문, 하면, 아는 이가 드물게다. 대한문(大漢門) 앞에서 덕수궁 돌담을 끼고 정동 골목을 쑤욱 들어가느라면 아니 경성지방법원 맞은편 쪽에 있는 것은 용강문(用康門), 거기까지 가지 말고 바른편에는 전등 달린 전신주, 오른편에는 전등 안 달린 전신주, 그 사이에 음침하게 울적하게 닫혀 있는 문이 바로 건극문이다. 노동자는 그 앞에까지 와서 문득 걸음을 멈추고 바른 손 검지로 바른편 콧방울을 누르고 힝, 오른편 콧방울을 누르고 히힝, 다음에 손바닥으로 코밑을 훔치고 그것을 전등 안 달린 전신주에다 쓰윽 문지르고 나서 이번에는 퇴—— 하고, 보기 좋게 가래침까지 뱉었다.

비스듬히 건너편, 조금 길에서 들어간, 경성지방법원 분실(分室) 정문 쪽에서 불쑥 젊은 남녀가 나타나 그를 놀래어 주었다.

남자는 이십칠, 팔 아니 한 삼십이나 되었을까 모자 안 쓴 머리가 협수룩하니, 넥타이도 매지 않고, 마른 탓도 있겠지만 키는 퍽 커 보였고, 여자는, 이 여자를 노동자는 왜장녀라고 단정하는데, 정강이가 나오는 '양복'을 입고 나이는 스물한둘은 됐을 듯, 과히 밉게 생기지는 않았으나 아무래도 머리 바른편으로 삐뚜스름히 달려 있는, 아마 그것도 모자는 모자인 듯싶은 것이 그에게는 일종 망측하게까지 생각되었다. 망측하다면 젊은 것끼리 밤늦게 이런 데로 붙어 다니는 것부터 말이 안 되지만, 그래도 그들은 아무 일도 없었다는 듯싶은 얼굴로 흘낏 그를 보고, 그리고 그와는 반대의 방향으로 걸어갔다.

건극문 바른편에 서 있는 전신주에 달린 전등도, 또 그 맞은편으로 훨씬 이 아래 중추원(中樞院)의 외등(外燈)도, 그 경성지방법원 분실 정문 앞 한 구획을 어둠에서 구할 수는 없었다.

그러나 남자는 결코 계획적으로 그 어둠을 택하지는 않았다. 그는 그 앞까지 와서 문득 담배가 먹고 싶었고 그때 마침 공교로웁게 바람이 불었고, 그에게는 그러나 '라이터'의 준비가 없었고, 그의 성냥갑에는 성냥이 대여섯 개비…… 그래 그는 오직 바람을 피하려 성냥을 아끼려 그리로 들어섰던 것에 지나지 않았다.

그 기회에 무엇을 기대한 것은 오히려 여자이었었는지도 모른다. 그냥 그대로 그곳에 서 있으면 좋을 것을, 부득부득 어둠 속으로 남자의 곁에까지 와서, 마침 뜻 없이 돌아보는 남자에게 그는 뜻있이 빙그레 웃었다. 순간에, 마음에 어느 종류의 동요를 느끼며, 그러나 한개 행동에 자신을 갖지 못하고, 드윽 성냥을 그었을 때, 불은 안타까웁게 꺼지고 말았다.

헛된 노력이 세 번 있은 뒤, 남자는 그제야 비로소 너무나 바특이 턱

밑에 다가와 있는 여자의 얼굴을 내려다보았다. 불을 끈 것은 바람이 아니라 혹은, 여자의 입김이었을지도 모른다. 여자는 장난꾼이같이 눈과 입가에 웃음을 띠우고 그를 똑바로 치어다보고 있었다.

담배가 힘없이 남자의 입에서 떨어졌다. 그리고 남자의 손은 그것을 집으려 하지 않고 불쑥 여자의 손을 잡았다. 그러나 두 사람의 얼굴이, 입술이, 어느 적당한 위치에까지 접근할 수 있기 전에, 갑자기 발소리가 들리고, 그것이 그들에게 꽤 가까이 와서 그치고, 다음에 힝, 히힝, 그리고 퇴!…… 두 사람은 쓰게 웃고, 손을 놓고, 그리고 그곳은 떠나지 않으면 안 되었다.

2

경성지방법원 앞까지 와서, 본래 같으면 이화학당(梨花學堂) 앞을 지나 서대문으로 나가는 길로 들어섰을 것을, 그러나 오늘 밤은 바로 조금 전의 행동화할 수 없었던 그 흥미 있는 감정도 도와, 그 둘은 기약치 않고 좀더 은근한 방송국 넘어가는 길을 택하려 들었다.

"난 이 길이 좋아. 여기하구, 원남동 신작로하구."

갑자기 여자는 꿈꾸는 듯이 또 자못 감격을 금할 수 없는 듯이 중얼거렸다. 그러한 거리는, 딴은, 남녀가, 특히 밤늦게 산책하기에 좋은 곳들임에 틀림없었다.

그러나 그는 일찍이 이 여자와 그런 곳을 같이 걸어본 일이 없었다.

'이 여자는 정말 부랑소녀나 아닐까?'

남자에게 대한 언동(言動)이 지나치게 대담함을 볼 때마다, 그가 이 여자에게 느끼지 않으면 안 되는 의혹을 그는 지금 또 느꼈다. 그는 새삼스러이 여자의 눈을 본다. 그러나 여자의 눈은 그렇게도 맑고 또 깨끗하였다.

문득 길가 나무그늘에 그림자가 가만히 움직였다.

"우리는 역시 우리 길루 가기루 하지."

남자는 쓴웃음과 함께 말하고 걸음을 멈추었다.

"왜요?"

역시 젊은 남녀가 나무그늘에서 나와 그들을 돌아보는 일 없이 고개를 올라갔다.

"아까 복수를 저 사람들한테 할 까닭도 없지."

갑자기 여자는 해해 웃고, 그의 옆으로 달려들어 충동적으로 남자의 오른편 겨드랑 밑에다 팔을 끼었다.

나이는 열여덟이라면서도 이미 완전히 성숙한 여자의 그렇게도 탄력 있는 바른팔의 압감(壓感)과 체온을 느꼈을 때 남자는 처음에 곤혹하였다. 조선제일자동차학교, 제2실습장 앞을 돌아, 원래의 그들의 길로 돌아서며, 문득 그는

"참말, 모레 돌아가시렵니까?"

이화여고보의 긴— 조선담—.

"네. 그러나 또 며칠 있어두 좋구요."

마침 지나는 이화여고보 정문에 달린 외등을 치어다본 여자는, 혹은, 남자나 마찬가지로 그 밝음을 저주하였는지도 모른다.

또 긴— 담을 끼고 가면서

"너무 오래 계시면, 아버니께서 걱정 안 하시까?"

정동 13번지, 양인의 집 외등에는 전구가 없었다. 까닭에 그 맞은편 전신주에 달린 전등은 그들에게는 좀더 원망스러운 것임에 틀림없었다.

"제가 어서 서울을 떠나는 게 좋으세요?"

젊은 사나이가 저편에서 걸어왔다. 남자는 여자의 팔을 해방하려 하였다. 그러나 여자는 쫓지 않았다.

"아-니, 그런 뜻이 아니라……"

젊은 사나이는 눈에 모멸을 가지고 그들을 빠르게 훑어보고, 그리고 지났다.

"저……"

마침내 그들은 이화여자전문학교 정문 앞에까지 왔다. 역시 전신주에 달린 전등이, 또 맞은편 로서아(露西亞) 영사관의 외등이, 남자를 잠시 주저하게 하였으나, 그러나 이 골목에서 어둠을 찾는 것이 절망임을 아는 그는, 용기를 내어 여자를 이화여전 정문 지붕 밑으로 이끌려 하였다.

그러나 여자는 그를 두려움 없는 눈으로 치어다보고, 갑자기 그의 팔을 놓고, 혼자 떨어져 저편에가 서며, 어리둥절하여 하는 남자를 향하여 바로 15, 6세의 소녀와 같이 명랑한 웃음을 웃었다.

3

모욕을 당한 것 같은, 섭섭한 것 같은 그런 감정을 맛보며, 남자는 겸연쩍게 여자를 바라보고

"자!"

불분명한 한 마디 말을 행동으로 보충하여, 그는 앞장을 서서 음침한 밝음 속을 걸어갔다. 얕은 토담 위에 나무 판장 담 안에 포푸라 나무가 울창하다. 부자연한 침묵을 깨트리려 남자는 여자를 돌아보았다.

"여러 날 서울에 계시렵니까?"

사랑하는 사람은 항상 화제에 궁하다. 묻고 나서 남자는 제 자신을 비웃는다.

"글쎄요——"

모리쓰·홀 앞에서 여자는 걸음을 멈추고, 그 맞은편, 일본 술집 외등 밑으로 갔다. 핸드백 속에서 콤팩트를 꺼내 들고, 이렇게 밤늦은 거리에서 화장을 고치고 있는 여자의 모양이, 또 그 심정이, 퍽이나 딱하고 천박한 것같이 생각되었다. 그는 우울하였다.

"실례했습니다."

여자는 말하고 그리고 두 사람은 다시 팔을 끼는 일 없이 큰길로 걸어갔다.

잠시 그곳에 침묵이 있었다. 경구교(京口橋)를 지날 때 여자는 상긋 웃으며,

"무슨, 생각?"

그 웃음은 몇 번이든 남자의 마음을 어지러웁게 만들어 놓는다. 결코 고혹적(蠱惑的)인 까닭이 아니다. 그렇게도 맑고 또 아리따운 웃음——

"저……"

그것을 기회로 그 부자연한 괴로운 침묵을 깨트리고자 생각하면서도 남자가 적당한 화제를 고를 수 있기 전에 그들은 그—예* 서로 헤어지지 않으면 안 될 곳까지 왔다.

"기어코 나는 여기서 돌아가야만 하나?"

밤마다 서로 만나기 이미 일주일이 되건만 여자는 일찍이 남자가 그보다도 좀더 멀리 바래다 줄 것을 허락하지 않았다.

"조곰 더 가면 안 되나?"

"안돼!"

여자는 얄미운 표정을 지어 보이고, 그리고 웃었다.

교남동(橋南洞) 서쪽으로 양복점과 포목점 사이에 있는 '경구장'(競球場) 안에는 언제나 마찬가지로 사람들이 모여 있고, 그리고 한 '께임'이 끝날 때마다, "오—사까 이찌"(오—사까나시), "후꾸오까 니"(후꾸오까나시), "게이조— 상"(게이조—상), "규—슈— 시"(규—슈—시) "다이렌 고"(다이렌 나시)** 그러한 종류의 소리가 그들에게 들려왔다.

"대체 지금 계신 하숙은 어디쯤이에요?"

---

* 그만, 결국.
** 각각 "오사카(大阪) 1", "후쿠오카(福岡) 2", "게이조(京城) 3", "규슈(九州) 4", "다롄(大連) 5"를 가리키는 것으로, 아마도 지역명은 팀 이름이고 숫자는 차례 또는 등위인 것으로 보임.

여자는 장난꾼이같이 포목점과 경구장 사이의 깊은 골목을 손가락질
하였다.

"이, 안이에요."

"그 안, 어디?"

여자는 갑자기 얼굴에서 웃음을 거두고 머언 하늘을 바라보았다. 그
모양을 이윽히 보고 있다가, 남자는 이내 단념하고

"자── 그럼 들어가세요. 나는 그만 갈 테니……"

여자는, 순간에, 또다시 명랑한 웃음을 띠우고, 그를 치어다보았다.

"안녕히 가세요. 내, 선생님 보이지 않을 때까지 여기 서서 바래드리
지."

언제든 그 장소에서 헤어질 때면 하는 말을 여자는 또 하고, 또 한번
귀여웁게 웃었다.

"안녕히 주무세요."

"안녕히 가세요."

그래도 헤어지지 않고,

"참, 내일은?"

"내일은──"

귀여웁게, 또 얄미웁게 여자는 고개를 갸우뚱하고,

"내일, 내 또 전화 걸게, 꼭 걸게──"

감영 앞까지 왔을 때, 뒤에서 어깨를 치며,

"하웅!"

소설가 구보(仇甫)다.

"애인들의 대화란 우습구 승겁군. 그래두 참고는 됐지만……"

하웅(河雄)은 쓰게 웃고,

"보구 있었소? 여긴 또 왜 나왔소?"

"고현학(考現學)!"

손에 든 대학노-트를 흔들어 보이고, 구보는 단장을 고쳐 잡았다.

"또 좀 조사할 게 있어. 내일이나 만납시다."

그리고 밤길을 그는 아현(阿峴) 쪽으로 걸어갔다. 그 뒷모양을 잠깐 동안 하웅은 멀거니 바라보고 있었다.

제 2 절

1

"어서 옵쇼."

포노-라디오 '나나오라' 앞에서 레코-드를 끄르고 있던 아이가 문 쪽으로 고개를 돌리고 끄덕하였다.

"하웅 씨 계시냐?"

들어온 사람은 소설가 구보다.

"방에 계세요."

"뭣하시니?"

"그냥 드러눠 계신가 봐요. 나오시랄까요?"

"그럴 것 없다."

오후 두시 십분 찻집 안에는 다른 객이 없었다. 구보는 축음기 놓인 데 가까이 자리를 잡고 앉았다.

"나 차 하나 다우."

레코-드가 돌기 시작하였다. '강남향' 독창의 〈해당화〉.

"더운 거요?"

"찬 걸 다우. 그리구 유성기는 그만둬라."

"우이쓰, 티— 있죠—"

여자의 목청이 애처로웁게 끊어졌다.

구보는 맞은편 벽에 걸린 하웅의 자화상을 멀거니 바라보았다. 십호

(十號) 인물형. 거의 남용된 황색 계통의 색채. 팔 년 전의 하웅은 분명히 '회의', '우울' 그 자체인 듯싶었다. 지금 그러더라도 하웅은 역시 전화면을 누—렇게 음울하게 칠해놓을 게다.

음향을 잊고 있었던 구보의 귀를 갑자기 전화 종소리가 놀래였다.

"네, 마로니엡니다. 네? 누구요? 누굴 찾으세요. 네? 누구요?"

"얘, 내게 오지 않았니?"

안에서 주인의 목소리가 들렸다.

"끊지 말어라."

"잠깐 기다리세요. 여보세요……"

하웅이 채 밖에 나올 수 있기 전에, 그러나, 아이는 수화기를 제자리에 걸고,

"저쪽에서 끊어 버렸에요. 선생님한테 온 전화는 아니에요. 네."

"여보—, 하웅 이리 좀 나오."

"아, 언제 왔소."

분명히 일주일 이상 면모(面毛)를 게을리 한 얼굴이 부엌과 사이의 '윅케트'*로 구보를 내다보고 다음에 찻집 주인은 벗의 맞은편에 와 앉았다.

언제든 혈색이 좋지 않은 얼굴이었으나 오늘 좀더 못 된 듯싶었다. 그것을 일러주려다 말고, 구보는 다시 벗의 자화상을 바라보았다. 역시 벗의 얼굴은, 누가 그리더라도, 가장 풍부하게 황색 계통의 색채를 요구할 게다.

"날이 좋으니, 산보나 나갑시다그려."

"글쎄—, 어디루?"

"어디루든지."

"글쎄—"

---

* wicket ; 쪽문, 작은 문.

벨이 또 울렸다. 벗은 신경질하게 상반신을 일으키다 말고, 다시 앉으며, 뜻 없이 구보에게 웃어 보이고, 그러나 전화 받는 아이 쪽으로 귀는 향하여 있었다.

"네——. 아즉 안 오셨습니다. 어디루요? 네. 오시는 대루 그렇게 말씀하죠. 네."

벗의 얼굴에 감출 수 없는 실망이 떠올랐다.

"여보, 참말, 어디 나갑시다. 언제 올지 알 수도 없는 전화를 이렇게 기다리구 있는 것은, 무엇보다도 위생에 해로와."

구보의 말에, 벗은 외로움게 웃음을 띠우고,

"가면, 어디루?"

"갈 데야 많지. 오래간만에 절밥을 먹으러 나가두 좋구——."

"참, 그거 좋군. 또——"

"또 가까이 동물원엘 가두 좋지. 참, 애 몇 시냐, 지금."

"세시 오분 전입니다."

"여보, 동물원엘 갑시다. 참, 좀처럼 구경 못 할 거 구경시켜 주께."

"무어게?"

"사자, 호랭이, 표범, 곰 그런 것들 쇠고기 뜯어먹는 거 언제 봤겠소? 참 볼 만하지, 으르렁그르렁거리구, 이른바 맹수의 야성——"

"딴은 참 볼 만하겠군."

벗이 참말 흥미를 느낀 듯싶었을 때, 벨이 또 울렸다.

2

"네? 누구요? 강상이요? 장상이요? 장상, 한점쯤에 댕겨가셨습니다. 네? 그건 모르겠습니다."

벗은 촘촘하게 수염 난 턱을 손가락으로 비볐다.

구보는 다 탄 담배를 사기재떨이 전에다 비벼 끄고

"호랑이 날뛰는 꼴은, 지금 곧 가야만 볼걸."

"내일 이맘 때 가두, 보구——"

구보는 이윽히 벗의 얼굴을 바라보다가,

"참말 하웅은 그 여자를 사랑하고 있소?"

"어째 꼭 그런 것 같애. 하하하."

웃음소리가 쓸쓸하다.

"하웅은, 그 여자 역시 하웅을 사랑하고 있다 생각하우?"

"그걸 내가 어떻게 알어?"

"흐흥. 그러나 어제, 그저께 이틀씩이나 아무 소식두 없는 걸 보면——."

"내 생각은 조금두 안 하는 게야."

"여보——"

구보는 똑바로 벗의 얼굴을 보고,

"설혹 여자가 진정으로 하웅을 사랑한다드라도, 아마 결코, 하웅은 행복일 수 없을께요."

"그건 알구 있어."

"우선 그는 하웅이 정열을 다 부어 사랑할 여자가 못 되오."

"혹은 그럴지두 모르지."

"될 수 있으면, 지금 단념을 하우."

"……"

"그게 현명한 일이오."

"그래, 그게 현명하지."

구보는 만족하게 웃고 탁자 너머로 하웅의 어깨를 쳤다.

"자—— 그럼 나갑시다."

"어디루?"

"사자 점심 먹는 구경 갑시다."

"내일, 내일 가지."

구보는 아연(啞然)히 벗을 바라보다가,

"역시 왼종일 전화를 기다릴 생각이오?"
잠깐 사이를 띄워서, 벗은
"하는 수 없지."
혼잣말같이 중얼거렸다.
"또 한번 말하지. 단념하는 게 현명한 일이야."
"구보가 일찍이 말한 일이 있지 않소? 사랑을 하면, 남자는 바보가 되고, 여자는 시인이 된다고. 적어도 전반(前半)은 진리인 듯하우."
"무연중생(無緣衆生)은——"
"불가제도(不可濟度)지? 하하하."
그러나 구보는 따라 웃지 않았다. 단장 끝으로 마룻장을 치고 있다가,
"여자는 연애를 단순한 유희로 알구 있소. 뿐만 아니라, 남자는 결코 하웅 한 사람이 아니오. 그런 여자한테 감정을 농락당할 까닭 있소?"
"그 여자를 안 것은 분명히 불행이었어."
"불행이니 무어니 할 것 있소. 단념해 버리면 그만이지. 일개 부랑소녀에 지나지 않는 것을……"
"부디 내 앞에서 그 여자를 욕하지 말우. 이건 할 수 없는 일 같애. 사랑이란, 진정한 사랑이란, 결코 주판 놀 수 없는 건가 봐."
구보가 딱하게 어이없게, 맞은편 벽의 벗의 자화상만 바라보고 있었을 때 종이 또 울었다.
"네, 마로니엡니다. 네? 네—— 계십니다."
아이는 하웅에게 향하여
"선생님, 전화 받으세요."
그리고 열여섯 먹은 소년은 싱긋 웃었다.
"네. 응. 어디루? 지금 거기 계십니까? 응, 하여튼 내, 가지. 네."
전화를 끊고, 구보를 돌아보고 자조(自嘲)에 가까운 웃음을 웃고,
"하여튼 오늘 만나보고 내 태도를 정하겠소."
그리고 하웅은 밖으로 나갔다.

"그거 다 믿을 수 없는 말이지. 그 애가 어떤 애라구. 제 말루는 저편에서 자꾸 만나자 허구, 편지질을 허구 그래 구찮어 죽겠다지만, 누가 아나? 제가 외레 반해가지구 그러는지……"

가장 자신 있이 말하고, 반 넘어 남아있는 '포-트랩'을 한숨에 들이킨 자는, '레지놀드·데니' 같이 생겼다면, 응당 만족해 할 게다.

"그래, 그 말이 옳아. 그 애가 유혹을 했게 그러는 게지. 가만 내버려두면 웬걸 그 부처님 같은 양반이 제법 연애나 할 줄 알라구."

콧잔등이가 우유를 탄 홍차빛깔 같은 자가 한 말이 그들에게는 퍽이나 유쾌하였던 게다. 천박하게들 한바탕을 웃고

"그래 그이가 웬 그렇게 모던걸한테 연애 걸 용기가 있나? 그 털보가…… 똑 생김생김이 상산초인(上山草人)이야."

그리고 담배를 재떨이전에다 경박하게 탁 쳐서 재를 떤 것은 단발한 젊은 여자―. 양장(洋裝)은 신통치 않아도 그 둥글고 여유 있는 것이 어덴지 모르게 복스러워 보이는 얼굴은 이를테면 '콘스탠스·베넷트' 비슷하다.

"대체 그런데 그 애가 무슨 생각으루 그 너절한 친구하구 붙어 단기는 거야? 암만 생각해두 알 수 없으니. ……그야, 호, 돈이나 많다면야 모를 일이지만."

참말 모르겠다는 표정을 하고, 그중 구석에 앉은 자는 시멘트 바닥에다 침을 뱉고, 그것을 구두바닥으로 문질렀다. 옆얼굴이, 구태여 말하자면, '쪼-즈·랩트' 비슷하나, 어인 일인지 머리에다 온통 붕대를 싸매고 있다.

"대체 그이가 어떻게 생겼게?"

질겅질겅 껌을 씹고 있는 계집애. 많아야 열여덟이나 그밖에 안 되었다. 일어선다면 키가 제법 클 게다.

"너 왜 모르니? 마로니에 쥐인 말이야. 그 시어빠진 외지쪽* 같은

얼굴에다 걸레쪽 같은 양복을 입구, 밑바닥커녕은 옆구리가 이렇게 미
여진 구두를 신구…… 왜 그자 몰라?"

"몰라. 어디 그 집이 잘 가야지. 이름은 뭣이게?"

"하웅이라나 보지, 아마?"

"아웅?"

"야—웅이란다."

또들 경박하게 웃었다. 그러나 껌을 씹는 계집애 옆에가 앉아, 말없
이 담배만 태우고 있는 키 큰 자는 이 키 큰 자는 그들 중에서는 그중
풍채가 나아, '로버-트·몽고메리'를 제법 닮았는데 역시 따라 웃지 않
고, 떠름한 얼굴을 하고 있다.

그 꼴을 잠깐 보고 있다가, 코에 외설(猥褻)한 색채를 가지고 있는
자가,

"기창이. 오야지**한테 둔 만 원만 달라게. 그래 활동사진 하나 백이
세그려. 그럼 그 애두 맘대루 헐 수 있구. 물론 자네하구 그 애하구 주
연(主演)이지."

"그거 주운 말이야."

"어디 어떻게 한몫 낍시다 그려."

"그두 준 말이지만, 그러면 상산초인만 버-앳게."

"왜, 그자두 한몫 끼라지. 악역으루. 이눔이 그 애한테 손을 대려 할
때, 우리 기창이가 한번 멕이거든. 멋지지 않은가?"

오후 일곱 시. 어느 끽다점***이든 좀처럼 객이 없을 시간이다. 극장
가까운 찻집 한구석에 교양 없는 네 명의 사나이와 허영만을 가진 두
명의 계집과 주고받는 천박한 수작이다.

"참 그건 그렇거니와 그자가 그림은 그릴 줄 안다데 그려."

---

* '외지'는 '오이지'의 준말임. 그러므로 '외지쪽'은 '오이지 조각'을 뜻함.
** おやじ ; 아버지. 그러나 여기서는 가게의 주인, 직장의 상사 등을 일컬음.
*** 喫茶店 ; 다방, 찻집.

"아부라에*를? 친구 미술가로군 그래."

"그리면 제가 얼마나 그릴라구. 그렇찮어 기창이."

기창이란 자는 역시 말없이 담배만 태웠다.

"그런데 참 기창이가 그 애 맛이나 보았는지?"

"맛이야 벌써 봤겠지. 입때 있겠니?"

나무탁자 위에 백동전 떨어지는 소리가 나고 이제까지 저편에 혼자 앉아 영화잡지만 뒤적거리던 맨머릿바람의 사나이는 밖으로 나간다. 그 뒷모양을 바라보며

"그게 웬 작자야?"

"무어 소설 쓰는 사람이라지 아마. 구포라든가?"

"흥, 그 양반두 예술가로군 그래. 미술가. 소설가. 흥."

제 4 절

하웅에게 전화를 거니까, 바로 지금 나가셨어요, 오 분도 못 돼요. 아이는 대답하고 나서, 덧붙여 묻지도 않은 말을

"종일 집이 계시다 마악 나가셨죠. 여자한테서 전화가 와서요. 여자한테서 전화가 왔에요."

구보는 밤거리를 혼자 걸으며, 고개를 모로 흔들었다. 집에서 부리는 아이에게까지 업신여김을 받아 가며, 하웅은 이 밤에 여자를 또 만나러 갔다……

문득, 이틀 전에, 그 극장 가까운 찻집에서 천박한 젊은 것들이 하던 이야기를 생각해내고,

'대체 하웅 같은 사나이가 그 총명하고 또 분별 있는 사나이가, 그렇

---

* あぶら-え〔油繪〕 ; 유화, 서양화.

게도 쉽사리 여자의 유혹에 빠질 수 있었나……'

몇 번을 되풀이 생각하여도 모를 일이었다.

명치제과(明治製菓) 아래층, 그중 구석진 박스에서, 여자가 외운 한 편의 시—— 그것이, 이를테면, 하웅의 마음을 사로잡았다. '지용'의 〈가모가와〉(鴨川)를 읊은 여자의 고운 목소리. 바로 옆 박스에 앉아, 하웅은 저를 배반한 계집 생각을 그치고 귀를 기울였었다. 그날 밤 하웅은 분명히 감상적이었다. 잉크가 번져서 펜이 잘 나가지 않는 냅킨 위에다 자기를 배반한 계집의 얼굴을 그는 그리고 있었다.

그러나 다음에 들려온 것은 탁한 남성저음(男性低音)이었다.

"어제 그놈 우습지 않어? 나 참 그런 나까무라상 첨 봐."

그리고 남자는 '타하하타하하'—— 하웅의 의견에 의하면 어떻든 그러한 탁한 웃음을 남자는 웃었다 한다. 그가 그만 나가볼까 하고 말하였을 때

"오-케—"

하고 대답한 여자의 그 '오-케—' 소리가 몹시 천박하게 들렸다.

그러나 그러한 것은 그 당시에 있어서는 하웅에게는 아무렇든 좋았다. 그들이 나간 뒤에 하웅은 코털을 뽑으며 시골에서 자기를 기다리고 있는 가엾은 처녀에게로 나는 어서 돌아가리라 마음먹었다. 올해 스물하나 시골서 이미 혼기가 지난 처녀는 열아홉 살 때부터 오직 하웅만에게 마음을 허락하고 그리고 그가 돌아오기를 고대하고 있는 것임에 틀림없었다. 비록 그다지 어여쁘지는 못하더라도 반절* 하나 깨치지 못한 무식한 여성이더라도 삼 년 동안을 깨끗한 마음으로 자기를 기다리고 있었다는 오직 그것 하나만으로 자기가 정열을 다하여 사랑하기에 족하지나 않을까?

하웅은 그날 밤 그렇게도 끌어오던 결혼 승낙의 편지를 바로 구보가

---

* 反切 ; 하늘의 자모를 달리 이르던 말.

보고 있는 앞에서 써서 시골집에다 부쳤다. 그리고 그는 이제까지의 부란(腐爛)된 생활을 완전히 청산할 결심이었다.

그러나, 그래도, 역시 잊을 수 없는 것은, 자기를 배반한 계집의 기억이다. 계집은 '그자'를 따라가 결코 행복일 수 없다. 그자는, 어디라 한 군데 취할 곳을 갖지 않은, 그냥 불량청년에 지나지 않았다. 계집이 그렇게도 쉽사리 그자의 유혹에 빠진 것은, 계집 자신의 무지(無知) 말고, 하웅에게도 책임이 있는 일임에 틀림없었다. 찻집의 마담으로 내놓아 온갖 유혹 속에 그를 두어두기가…… 그러나, 이제 그 계집에게 대하여는 완전한 망각이 있을 뿐이다.

'집으로 돌아가리라.'

그러면서도 그가 사오 일이나 그대로 서울에 머물러 있을 때 하룻날 저녁 뜻하지 않고 제삼(第三)의 여자를 종로에서 발견하였다. 제삼의 여자를?—— 그 끽다점에서 〈가모가와〉를 외우던 여자는 남자를 동반하는 일 없이 명랑한 보조로 하웅의 앞을 지나 야시(夜市) 군중 속으로 들어간다……

조선미술품제작소 앞을 지나며 구보는 쓰디쓴 침을 삼켰다. 그런 여자에게 하웅 같은 사람이 천박한 호기심을 갖기가 근본적으로 잘못이다. 처음에 그것은 단순한 호기심에 지나지 않았으나 드디어……

문득 구보는 고개를 들어 좌편쪽 보도를 걸어가는 남녀를 본다. 남자는, 혹은, '그자'가 아니었는지도 모른다. 그러나 머리쪽지고 흰 고무신 신은 여자는 분명히 하웅을 배반한 계집이었다.

구보는, 쓰디쓴 침을, 삼키지 않고 보기 좋게 페이브멘트* 위에 뱉었다.

---

* pavement ; 포장도로.

시계를 또 본다. 여덟 시 사십 분, 약속한 시간이 한 시간과 또 십 분이 지나도록 여자는 오지 않는다. 성냥을 드윽 그어 또 새로이 담배에 불을 붙이고 하웅은 제 자신 태연함을 가장하려 노력하며, 그러나 마음은 역시 불안과 초조와 또 의혹 속에 설렌다.

사실 여자는 자기를 눈꼽만치도 사랑하고 있지 않는지도 모른다. 자기가 흥미를 느끼는 온갖 사나이의 감정을 농락하는 것에 그는 천박한 흥미를 느끼고 있는 것에 지나지 않는지도 모른다.

그 여자가 설혹 진정으로 자기를 사랑하더라도 그것은 결코 행복을 의미하지 않을 것이라고 구보는 몇 번이든 말하였었다. 하웅 자신도 그것을 모르고 있는 것은 아니다. 그러나 이미 늦었다.

'그렇다. 이미 늦었다.'

거의 입 밖에까지 내어 하웅은 중얼거리고 그리고 한숨 비슷한 것까지 토하였다. 모든 사람이 부탁도 안 한 것을 일부러 자기에게 와서 일러준 여자의 온갖 아름답지 못한 풍문. 자기 자신 언제든 느끼지 않으면 안 되는 수없는 의혹.

여자는 언제든 끽다점, 빠*——, 그러한 곳에서 하웅과 만났다. 여자는, 남자를 동반한 자기를, 여러 사람에게 보이기를 좋아하였는지도 모른다. 그것은 어느 종류의 여자에게 있어서 그 천박한 허영심을 만족시키기에 족한 일일 게다.

문득 도어가 소리를 내어 열려지고 또 닫쳐졌다. 하웅은 그러나 그쪽을 보려 하지 않았다. 들어온 객이 자기의 기다리고 있는 여자이기를 바라면서도 그 기대가 어긋날 때 당연히 느끼지 않으면 안 될 끝없는 실망을 생각하고

---

* bar ; 술집.

‘아니다. 얼토당토않은 딴 객이리라……’

사실 딴 객이었다. 남자는 그 옆얼굴이 ‘쪼-즈·랩트’ 비슷하였다. 그가 동반한 여자는 키가 큰 것이 질겅질겅 껌을 씹고 있었다. 하웅은 물론 그들에게 아무런 흥미도 느끼지 않는다. 그러나 그들은 끝없는 흥미를 하웅에게 가지고 있는 듯싶었다. 저희끼리 무어라 쑥덕대고 비웃음을 가져 하웅 편을 보고 그러는 동안에 차츰차츰 대담해져서 ‘작자 불쌍허지!’, ‘아무것도 모르구 헛물켜는 꼴이란……’, ‘딴은 상산초인이야’, ‘하릴없는 나까무라상이라니까 그래’ 그리고 히히히히……

하웅은 분명히 굴욕을 느낀다. 그러면서도 사랑하여서는 안 될 여자에게 주고 있는 자기의 사랑을 물리려 들지 않았다. 여자에게 아무런 값어치가 없든 또 여자가 암만이라도 음분(淫奔)하든, 그런 것은 그에게 있어서 이미 문제일 수 없다. 그런 종류의 계집을 사랑함으로 하여, 온갖 존경하기에 족한 이들의 비웃음을 산다손 치더라도, 아니 비록 시골서 자기를 기다리고 있는 처녀의 눈물을 가지고서도, 또 자식을 지극히 사랑하는 어머니의 슬픔을 가지고서도, 그 너무나 깊게 뿌리박힌 감정은 어찌하는 수가 없을 게다.

저도 모를 사이에 하웅의 입술은 한숨이 새어나왔다.

자기는, 혹은 영원히 이탈할 길 없는 괴로움에서 헤매지 않으면 안 될 것이다. 오직 완전한 망각이나 또는 죽음이나—.

만약 자기의 마음속에 박혀 있는 여자가 그렇게도 아름답고 또 깨끗한 것이라면, 혹은 여자의 몇 개의 추행(醜行)을 발견함으로 능히 자기는 그 괴로움에서 벗어날 수 있을지도 모른다. 자기는, 그러나, 이제 또 새로운 여자의 추행을 눈을 가져 보는 일이 있더라도 다시 놀라는 일 없이 역시 열정을 부어 마지않을 게다.

어느 틈엔가 남녀는 그곳에 없다. 열한 점 오 분 여자는 지금 몇 명의 사나이 중의 하나와 어디 좀더 다른 곳에서 또 그 잔혹한 감정의 유희를 즐기고 있을 게다.

왜 자기는 그따위 계집을 침 뱉고 욕하고 그리고 깨끗이 잊을 수 없나? 그러나 하웅은 제 자신을 오직 딱하게 생각하는 재주밖에 없었다.

제 6 절

한 개의 등탁자를 사이에 놓고 하웅은 여자와 대하여 앉아 있었다. 삼주일을 두고 그의 마음을 괴롭혀 온 여자가 아니다. 두 달 전에 자기를 배반한, 가증한 계집, 그 계집이 지금 그의 맞은편에 풀이 죽어 앉아 있다.

자정 넘은 거리를 초연히 집으로 향하여 돌아갈 때, 하웅은 구보를 만났었다. 난처한 얼굴로 구보는 이윽히 벗의 얼굴을 바라보다가, 이내, 나갔던 계집이 다시 와, 지금 그가 돌아오기만 기다리고 있다고 일러주었다. 그리고 어깨를 치고.

"내일이라도 어머니에게로 그 색씨에게로 돌아가오."

두 사람은 새삼스러이 악수를 하고 그리고 헤졌다.

훤한 거리 위에 혼자 서서 하웅이 느낀 것은 오직 끝없는 분노다. 뻔뻔한 년 더러운 년 제가 대체 무슨 얼굴을 들고……

계집은 분명히 '그자'에게 버림을 받고 그리고 이제 그는 아무 데로도 갈 곳을 갖지 못한 것임에 틀림없었다.

계집은 자기가 그렇게도 관대한 인물인 줄 알고 있는 것일까. 하웅은 그중 가까운 끽다점으로 들어가 집으로 전화를 걸었다.

계집은 즉시 달려왔다. 두 달 동안에 계집이 얼마나한 고생살이를 하였나 하는 것은 구태여 물어 알 것도 없었다. 너무나 여원, 너무나 핏기 없는, 그리고 너무나 조그만 그 얼굴─ 그것을 보았을 따름으로 하웅이 계집에게 가졌던 그 증오, 그 분노는, 거의 형적 없이 스러졌다.

'너는 내게서 행복을 구할 줄을 모르고, 배반하여 그놈에게 향락을

찾았다. 그러나 그렇게도 쉽사리 너는 버림을 받았고나.'

계집이 한없이 가여웠다. 자제(自制)가 아니면, 그는 거의 걷잡을 길 없이 눈물을 흘렸을 게다. 그러나 그 감정은 물론, 애정과 구별되지 않으면 안 된다.

한 잔의 홍차를 앞에 놓아 둔 채, 사시(沙匙)*에 손을 대는 일도 없이, 그들은 얼마를 그렇게 말없이 앉아 있었다.

시계가 한 시를 쳤다. 문득 계집은 고개를 들고 하웅의 얼굴을 정면으로 바라본다. 그 눈은, 그러나, 자신을 갖지 못하였다. 그 눈은 분명히 하웅의 질책을 겁하였다. 그러면서도 계집은 강잉히 남자의 얼굴에서 시선을 거두려 안 했다. 얼마 있다, 계집의 입술이 바르르 떨리고

"내가, 내가 그냥 훌훌히 떠날 줄 알았니. 흥! 내 다시 왔다."

하웅은 아연히 계집을 바라보았다. 그리고 견딜 수 없게 그가 가여웠다. 만약 계집이 그의 앞에 무릎을 꿇고, 그리고 죄를 빌었다면 그는 도리어 혐오만을 느꼈을 것이다…… 그러나 그들 사이에는 탁자가 놓여 있고, 한번 잃어진 사랑은 다시 찾을 길 없다.

"여보, 당신이 나를 배반하였을 때, 내가 얼마나 마음이 아팠는지 당신은 모를 게요. 나는 당신이 만일 다시 돌아오면, 내 맘이 시원하도록 흠뻑 때려주고 그리고 용서하여주려 하였었소. 그러나 당신은 너무 오래 나를 잊었소. 두 달. 두 달은 너무나 길었소. 나는 거의 당신을 잊고 있었소. 그런데 당신은 이제야 내게로 돌아오려 하는구려. 둘이서 이제 예전같이 다시 살 수 있을 듯싶소. 다시 예전으로 돌아갈 수 있을 듯싶소. 역시 헤지는 밖에 무슨 도리가 있소."

이야기를 듣고 있는 동안 계집은 그 얼굴이 세 번 변하였다. 뽀루퉁하였다, 스스로를 비웃었다, 또 외로워졌다, 그러다 마침내 계집은 말없이 자리에서 일어나 밖으로 나갔다. 하웅이 뒤따라 나갔을 때 계집은

---

* 사기 숟가락, 서양식 숟가락.

문 옆에 기대서서 소리를 죽이고 느껴 울며 있었다. 일순간 하웅은 그를 다시 자기 품 안에 용납하여 주고 싶은 충동을 느꼈다. 그러나 그것은 좀더 두 사람을 불행하게 하여 놓을 뿐일 게다.

“그만 가서 편히 쉬오.”

그러나 계집에게 돌아갈 곳이 없음을 생각해내고, 그는 주머니에 손을 넣었다. 삼 원.

“오늘 여관에 가 쉬우.”

계집은 가엾게 고개를 흔들었다.

“내게두 돈 있수.”

굳이 안 받고 계집은 애닯게 하웅에게 목례를 하고 그리고 밤거리를 걸어갔다.

이윽히 그 너무나 초라한 뒷모양을 바라보고 있는 동안에 하웅의 뺨 위를 눈물이 흘러내렸다.

제 7 절

1

변소엘 다녀나와, 수통 앞에가 서서 코를 풀려니까, 그새 누가 왔는지 점(店) 안에 이야기소리가 들린다.

“그래 당신의 편지를 그 알부랑자 놈들이 왼통 번갈아 읽구, 깔깔대구 웃구, 대체 곁에서 보구 있든 내 마음이 어땠겠수?”

소설가 구보 씨의 목소리다. 문틈으로 흘낏 보니까, 주인 선생님은 세수도 안 한 채, 그냥 자리옷 바람으로, 아마 생각에 잠겨 있는 모양이다.

“대체 그런 변고가 어디 있소? 하웅……”

“……”

아이는 점으로 나가려다 말고 그곳에 서서 안을 엿들었다. 두 사람의 태도가 그렇게도 긴장되어 보였던 까닭이다.

"그러나 말하자면 그자들에는 죄가 없다구 할 수 있지. 그저 교양이 없어 그렇구, 좀 야(野)해 그렇구…… 그러나 가증한 것은 계집이오. 어쩌자구 하웅의 편지를 그렇게 아무에게나 보이구 그러는 거요? 그게 성한 년이오?"

"……"

"그보다두 대체 하웅은 어쩌자구 그런 계집을 사랑하러 들구 그런 편지를 보내구 그랬소?"

"……"

"피해자는 물론 하웅 한 사람이 아니오. 내 추측에도 그것은 열 손가락에 남을께요. 그러나 참말 의미로서의 피해자는 아마 하웅뿐일께요. 딴 자들은 거의 다 예외 없이 불량청년들인 까닭에 그 여자의 유혹에 빠졌더라도 그들은 결코 뉘우치지 않을께지. 아니 도리어 그런 계집이 그들에게는 퍽으나 좋았을께요."

"……"

이야기가 잠깐 그쳤다. 얼마 있다 구보가 생각난 듯이,

"참, 호옥, 그 계집이 당신한테 기창이란 자 얘기 안합디까?"

"……했어……"

"그래, 그래 놓구는 또 기창이란 자한테는 당신 얘기를 하거든. 하웅이란 사람이, 자— 이렇게 시굴 잠깐 가 있는 동안에두 편지질을 자꾸 하구 그래서, 너무 불쌍하니까 그저 가끔 만나 주구 그러는 거라구."

"……"

아이는 문틈으로 선생님의 얼굴이 분명히 순간에 붉어지는 것을 보았다.

"더럽다 침 뱉구 그러구 사내답게 잊어버리우. 호옥 매춘부에게 대하는 거나 같이 바로 돈을 내구 계집의 몸을 살 생각이라면 몰라. 그러나

순정을 가지고 계집을 대접하구 계집을 타락의 구덩이에서 건져주려 하구!…… 그것은 다아 어리석은 일이구 당치 않은 일이야. 그게 지도 하야 구해낼 수 있는 계집인 줄 아우?"

선생님은 역시 말없이 맞은편 벽만 바라보고 있다가, 갑자기 고개를 들고,

"얘— 영수야!"

영수는 얼떨결에 대답을 할 뻔하다가 제풀에 찔끔하고, 발소리를 죽여, 부엌 뒤로 될 수 있는 대로 멀찌가니 갔다. 무슨 이야긴지 자세한 것은 물론 알 길 없어도, 그래도 대개 어림은 선다. 엿들었다는 것을 알면, 선생님은 꾸중을 할지도 모른다.

그래 아이는 또 한번 "영수야—" 부르는 소리를 듣고서야 대답하고 그리고 점으로 나갔다.

"너, 어딨었니?"

"저— 안에요."

"지금 뭐했니?"

"아무것도 안 했어요."

선생님은 잠깐 궁리를 하는 모양이더니,

"너, 이부재리 개키구, 방 치구, 그리구 나오너라."

일을 마치고 나와 보니, 구보 씨는 이미 돌아간 뒤였다. 선생님은 혼자 그대로 앉아 있다가,

"호옥, 내게 전화 오드래두 나 없다구 그래라."

그리고 나서도 마음을 정하지 못하였는지 얼마를 그곳에 멀거니 서 있다가

"그래, 나 없다구 그래라."

그리고 그는 방으로 들어갔다.

'전화 오길 열 시간씩, 스무 시간씩 기다리던 때는 언제구 연애두, 참 변덕야.'

제가 알 수도 없는 말을 되는 대로 하고, 문간에 나가 서 있으려니까,
그럴 법한 양복 입은 젊은 여자가 저편으로부터 이리로 향하여 온다.

2

어디 카페 '죠쮸──'*로가, 그런 것 같지도 않고,
'오−올치 여배운 게로군.'
혼자 고개를 끄덕거리려니까, 여자는 그의 앞에까지 와서 서며,
"하웅 씨, 계셔?"
어디서 여러 번 들은 일이 있는 듯싶은 목소리다.
'오−올치 허구한 날 선생님한테 전화 걸던 여자. 바로 이 여자로군
그래.'
새삼스러이 여자의 얼굴을 흥미 깊게 보며,
"안 기세요. 지금……"
그리고 씽긋 웃었다.
"안 기서? 그럴 리가 없는데……"
여자는 의외인 듯이, 못 미더운 듯이, 혼잣말로 중얼거렸다. 아이는,
제가, 혹, 잘못 대답하지나 않았나, 아까 선생님은 전화 오더래두 없다
그러라구 분명히 말씀하셨는데, 허지만, 그건 전화 말이지 이렇게 찾아
온 사람은 따지 않아두 좋았는지, 만약 그렇다면 선생님한테 꾸중을 들
을지두 모르구……
"정말 안 기서?"
인제야 하는 수 있나,
"네, 안 기세요."
"언제쯤 나가셨어?"

---

* じょーちゅう〔女中〕 ; 하녀.

되는대로,

“아까—— 오정에요.”

“혼자?”

“네——”

“아무 말씀 없이 그냥 나가셨어? 어디서 전화가 왔어?”

자꾸 물으니까, 어째 불안해서

“자세 모르겠에요.”

여자는 무슨 생각을 하고 그러는지, 흥 하고 코웃음을 치고 그러나
다시

“누가 오거든 어떻게 하라구 말씀 안 하셨어?”

“네——”

대답은 하면서도, 그러면 정말 약속이 있어 왔나, 그리구 선생님도
만나실 작정이나 아니었을까, 암만해두 톡톡히 꾸중을 들을까보다구,
아이는 아주 재미없었다.

여자는 이번에는 입까지 삐쭉해 보고, 돌아서 몇 걸음을 가다가 다시
돌쳐서서,

“참, 나, 전화 좀 빌려요.”

아이는 좀 당황하였다. 여자가 전화를 건다면, 그 소리가 선생님 계
신 방에까지 들릴 텐데, 그 소릴 듣구 나오신다면 야단 아닌가. 그냥 가
지 않구, 빌어먹을 전화는 또…… 아이는 결코 여자에게 호의를 가질
수 없었다.

따라 들어와서, 그러나 멀찌가니 서서 보려니까, 여자는 전화책도 뒤
적거려 보지 않고,

“저—— 사이상 기세요? 최기창 씨 말이에요. 기창 씨요 안 오셨에
요? 오늘 토용 안 들렀에요? 그럼…… 그만두세요.”

끊고, 생각난 듯이 아이 쪽을 본다. 아이는 얼른 외면을 하고, 의자를
고쳐 놓았다. 또 번호 불러내는 소리가 들리고

"거기, 부라질이죠? 오창순 씨 기세요? 네?…… 나야 나. 그럼 혼자지. 여기 종로에요. 마로니에는 웬 마로니에야. 내가 거기 무슨 상관있나? 해해해. 지금 곧 나올 수 있수? 볼일? 그럼 몇 점? 인제 두세 시간? 어디서? 꼭 시간 대서 와야 하우."

또 한번 흘낏 제 편을 보는 여자의 시선을 뺨에 느끼고, 아이는 슬쩍 일어나 문 옆에 섰다. 거기서도 전화 소리는 들린다.

"김춘몽 씨 좀 대 주세요. 네— 댕겨가셨에요? 언제요? 그럼…… 최기창 씨 안 오셨어요? 그만두세요."

잠깐 사이를 띄웠다가,

"너, 기환이냐? 나야, 나…… 오늘 누구 안 오셨었니? 누가? 편지를 써 놓구? 처엄 보는 이가? 어떻게 생겼든? 응, 잘했다. 내 곧 가께."

전화를 끊고 한참이나 소리가 없게 살짝 들여다보니까 화장을 고치고 있다. 분첩을 손가방에 넣고, 비로소 점 안을 둘러보더니,

"저 그림, 누가 그렸어?"

"선생님이오."

"하웅 씨? 누구 얼굴이게?"

"선생님이오."

호호호호, 여자는 웃고, 다시 그림을 보며, 무슨 말인지 알 수는 없어도, "곡께이*……" 그런 말을 한 듯싶다.

생각난 듯이 명함을 꺼내, 뒤에 무어라 적어 주며,

"들어오시거든 드려."

여자가 간 뒤에 명함에 쓰인 글자를 보려니까,

"어디, 이리 가져오너라."

부엌으로 통하는 '윅케트'로 주인 선생님의, 무서웁게 창백한 얼굴이 내다보고 있었다.

애욕(愛慾)　235

제 8 절

여자에게 주는 편지——. 쓰고 나서, 펜을 놓고, 하웅은 극도의 흥분과
극도의 냉정과, 그 두 모순된 감정의 혼화(混和) 속에서 자기의 쓴 편지
를 내리 읽었다.

모든 것이 이제 끝났소. 나는, 다시 두 번, 그 너무나 선량한, 그리고 너
무나 딱한 '바보'가 되지 않을게요. 그러나 내가 받은 창이(瘡痍)는 의외로
큰 것 같소.

비 내리던 하룻날 저녁 나의 순정의 고백을 그대는 눈물을 가져 들었었
소. 그러나 그것은 비가 내리고 있었던 때문인지도 모르오. 나는 그 순간
의 그대를 가장 아름다웁다 생각하여도, 그대는 두렵건대, 그때의 그 눈물
을 낭비라 뉘우칠 게요.

그러나 얼마나 놀라웁고 또 두려운 일이오. 감정의 유희—— 그 가증하
고 잔혹하고 또 천박한 장난을 그대는 오십 명, 백 명의 사나이와 더불어
한다 하오. 그리고 나도 그 장난의 상대자의 한 명으로 선택되었다고……
이 얼마나한 영광일까. 그러나 나는 감히 그 영광을 사퇴하려 하오.

나는——, 나는 지금 사상적으로, 생활적으로, 예술적으로, 극도의 혼란
가운데 있소. 때로, 고요한 자살을, 나는 생각하기조차 하오. 그러나 길은
이제부터요. 나는 그것을 굳게 믿소. 그렇기에 나는 인간계를 아름다웁게
볼 수도 있거니와, 자연계를 아름다웁게 볼 수 있는 것이 아니오.

지금 그대는 그대의 피비린내 나는 발자욱을, 이 황무지에 남겨놓으려
하오. 이 얼마나 두려운 일이오. 천사는 아무 곳에도 없구료.

그 비 오던 날, 그 소나무 아래서—— 아아 모든 것을 완전히 잊기 위하
여서는 제법 오랜 시간과 또 인내가 필요하겠지…… 그러나 어찌하오. 온

갖 것이 오유(烏有)*로 돌아가고 말았구료. 그러나, 나는 구태여 그대를 탄(憚)하려 안 하오. 그대를 원망하려 안 하오. 오히려 허물은 내게 있을게요. 그런 일에 익숙하지 못하였던 내게 있을게요. 이제 나는, 나 한 사람 결석한 그 경기회가 얼마든지 성황이기를 빌어 마지아니하오.

읽고 나서, 가장 호젓한 웃음을 하웅은 웃고, 말없이 그것을 맞은편에 앉아 있는 구보에게 주고, 그리고 그는 의자에서 일어나, 점 안을 거닐었다.

"하여튼 잘되었소. 이래야만 해."

구보는 읽고 나서 반은 혼잣말로 중얼거리고,

"언제 떠날 테요?"

"내일 밤차로——"

"날짜는 언제지?"

"내월 초이레."

"음력으루? 그럼 얼마 안 남았군. 이번에 어머니를 한번 기쁘게 하여드리우."

"그래야겠어."

겉봉을 쓰고 다시 자리에서 일어나며,

"볼일 없건 같이 갑시다."

"어디루?"

"사자 점심 먹는 구경——"

"좋-지."

구보는 일어나 하웅의 어깨를 치고 그리고 두 사람은 밖으로 나왔다.

"저게 무어야?"

구보가 점 앞에 전신주를 가리켰다. 전신주 위에 편잔지가 한 장 붙

---

* 사물이 아무것도 없이 됨. 무(無).

어 있었다. 가까이 가 보니, 그 위에 잉크로,

나는 우리 어머니를 찾으려고
이 글을 썼으니 우리 어머니가
나를 찾으시려면
경성부내 인사동 백십구번지
京城府內 仁寺洞 百十九番地
로 오시기를 바라나이다.

개평 함육례

咸六禮

말없이 얼마를 들여다보고 섰다가, 구보가
"내일 밤차로 꼭 떠나우."
하웅은 역시 말없이 고개를 끄덕이었다.

제 9 절

1

포노─라디오 '나나오라'가 잠시 쉴 때마다 각종 류의 웃음소리, 이야
기소리가 점 안에서 들려왔다. 자기 방에서 하웅은 짐을 꾸리며, 그것들
이 자기에게 대한 비웃음임을 눈치 채고, 불쾌하였다. 불쾌는 제일에,
창피하여 견딜 수 없었다.
　바로 반 시간 전, 계집은 술이 잔뜩 취하여 가지고 와서 악을 악을
쓰다 갔다. 어디서 누구한테 들었는지, 계집은 하웅과 그 여자와 사이의
일을 환하게 알고 있었다.

"지난번엔 내 아무것두 모르구, 순순히 갔지만…… 홍, 오늘은 어림
두 없다. 내가 다아 알어. 네가 요새 웬 모단껄한테 미쳐 야단이라든구
나? 그래 내가 방해가 되니까, 딱지시킬려구? 그거 될 말이냐?"

그리고 방 한가운데 놓여 있는 가방이며, 고리짝이며를 비웃음과 새
움*을 가져 두루 보고,

"니가 그년하구, 가께오찌**를 하려구? 내가 있는데 니가, 그래 기집
질을 해야 옳단 말이냐?"

그러나 하웅은 온갖 감정을 죽이고 조용히 한마디,

"내가 그 여자를 사랑하였던 것은 사실이오. 그러나 이제 나는 그 여자
도 버렸소. 나는 혼자서 서울을 떠나려 하오. 집으로 돌아가려 하오……"

계집은 처음에 그 말을 곧이 안 들었다. 갓 난 어린애 같은 수작을 그
만두라고 누굴 어림두 없이 속일려구 그러느냐고 더욱 기가 나서 악을
썼다. 그러나 마침내 그것이 정말임을 알았을 때, 계집은, 분명히, 그 너
무나 뜻밖의 일에 어리둥절하여지고, 또 풀이 죽었었다……

아주 짐에다 꼬리표까지 달아놓고 나서, 하웅은 문지방에가 걸터앉아
담배에 불을 붙였다.

'그게 무슨 꼴인가.'

담배연기와 얼러, 한숨까지 토하며, 하웅은 문득 시계를 본다. 아홉
점 이십오 분. 이제 두 시간과 오 분이 있으면 자기는 오탁에 물들었던
이제까지의 생활을 완전히 청산하고, 비록 무어라 보잘 것은 없어도, 그
러나 그렇게도 맑고 또 고요한 내 고향으로 돌아갈 수 있다……

생명의 세탁(洗濯)——.

그렇다. 이제 나는 다시 길을 바로잡아 나가지 않으면 안 된다. 나를
위하여, 내 어머니를 위하여, 내 아내를 위하여, 또 내 생활, 내 예술을
위하여.

---

* 샘, 시기, 질투.
** がけおち ; 사랑의 도피.

"선생님!"

어느 틈에 들어왔는지, 아이는 섬돌 아래 서서,

"선생님, 편지 왔에요."

한 장의 속달우편——.

'계집은 자기가 서울을 떠나기 바로 전에 또 편지를 하였다……'

자기가 그 계집에게 마지막으로 준 편지의 온갖 구절을 일시에 생각해내며, 대체 이 계집은 그 편지를 받아 보고, 오 내가 이미 계집의 죄악을 전부 알고 있는 것을 알면서도 이렇게 편지를 하는 것인가? 확실히 그것은 하웅이 꿈에도 생각하여 보지 못하였던 것임에 틀림없었다.

'무얼, 또 제 소행에 대하여 변명이라도 하려는 게지, 나를 어디까지든 농락하려는 게지……'

하여튼 뜯어나 볼까, 무얼 그까짓 것 그냥 찢어 버리지, 주저하면서도 읽고 싶은 욕망은 의외로 강렬하여 이내 참지 못하고 하웅은

'내용이 비록 어떠한 것이든 나는 다시 두 번 그릇하지 않는다. 나는 어떻든 오늘 밤차로 꼭 떠난다. 그러면 그만 아니냐?'

스스로 제 마음에 일러주며 부욱 뜯어보니 생각하였던 것과는 아주 달리 내용은 극히 간단하여

——선생님을 뵈옵고 싶어요. 하고 싶은 이야기도 많고, 오늘 열 점 반 정각에 원남동 육교 아래서 기다리겠습니다.

선생님을 지극히 사랑하는 아이는 올림.

2

잠깐 동안 하웅은 그 편지를 뚫어지라고 보고 있었다. 마치 그렇게 보고 있으면 능히 계집의 참뜻을 알아낼 수가 있다는 듯이——. 그러나 즉시,

"흥, 니가 또……"

코웃음을 치고, 하웅은 손을 들어 부욱 편지를 찢었다.

"나를 농락하여 보려고."

계집에게 대하여 한없는 증오와 분노를 가지려 하며, 그러나 찢는 것은 한 번만으로 멈추고, 또 멀거니 있다가, 조각을 맞추어서 두 번, 또 세 번 되풀이 읽어 보고,

"혹시 계집이 내게 대하여서만은, 순정을 쏟고 있는 것이라면……"

그러나 즉시, 픽, 자기 자신을 비웃는 웃음을 웃고, 그는 편지를 찢고, 또 찢고,

"또 만나서는 안 된다. 또 속아서는 안 된다. 밤차로 그냥 획 떠나버려야만 한다."

그것을 일부러 입 밖에까지 내어 중얼거려 보고, 그리고 하웅은 거의 기계적으로 벌떡 일어섰다. 모자를 집어 들고, 책상 위에 놓인 지갑을 주머니에 넣고,

'지금, 열 점 칠 분——. 어서 이십삼 분이 지나라. 구보는 열 점 반에 오마고 하였다. 구보가 어서 와야 한다. 계집은 열 점 반, 정각에 자기가 그곳에 나타나지 않으면 그 같잖은 자존심을 손상당하고 또 어디로든 딴 자를 만나러 갈 게다.'

문득 기약하지 않고, 눈앞에 떠오른 계집의 얼굴을 힘써 떨어버리려 노력하며, 하웅은 그 대신, 시골서 자기를 기다리고 있는 처녀를 생각하려 하였다. 그러나 삼 년 전에, 오직 몇 번인가, 별다른 흥미를 갖는 일 없이 보았을 뿐인 그의 결코 어여쁘지 못한 얼굴은 거의 그 몽롱한 윤곽조차 하웅의 망막 위에 나타나지 않았다.

'나는, 오늘 밤차로 떠나야만……. 집으로 돌아가야만……. 나는 순진한 처녀를 내 아내로 힘써 사랑하여야만……'

몇 번인가 하웅은 중얼거려 보았으나, 그것은 지극히 공허한 음향이었다. 또 시계를 본다. 열 점 십구 분. 이제 십 분만 지나면, 이제 십 분만 지나면……

그러나 문득 하웅은 '사랑 없는 결혼'—— 그런 것을 생각하고 마음이 괴로웠다.

자기가 시골 처녀에게 가지고 있는 것은, 자세히 검토하여 볼 것도 없이, 분명히 사랑이 아니었다. 자기를 배반한 계집, 자기의 순정을 짓밟은 계집, 그 두 계집에게서 받은 마음의 상처가 그로 하여금 갖게 한 삐뚤어진 감정에 지나지 않았다.

노력을 한다, 하자. 그러나 노력하여, 자기는 능히 그 여자를 사랑할 수 있게 될 것인가? 의리라는 것에게 강요받은 감정이, 가히 순수한 사랑일 수 있을까? 사랑 없는 결혼을 함으로 하여, 자기 자신을 불행하게 하는 동시에 순진한 처녀의 아름다운 꿈까지를 깨뜨려주지 않으면 안 되는 것이 아닌가. 문득, 하웅의 눈앞에, 또 계집의 얼굴이 떠올랐다. 그 눈은 맑았고, 그 뺨은 복스러웠다. 또 그 달고 아름다운 행복을 약속하는 듯싶은 입술——.

자기가 온갖 정열을 기울이어 사랑하고 있는 것은 역시 이 계집이었다. 그것은 감출 수 없는 사실이다. 그러나 계집은?——, 계집은 혹은, 아니 분명히 자기를 사랑하고 있지 않을 게다. 그것은 잔혹한 감정의 유희 이상의 것이 아닐 게다. 자기가 이 중요한 순간에 한번 그르치자, 그것은 혹은, 자기 전 생애의 파멸을 초래할지도 모른다. 그러나 이 강렬한 욕구를, 이 고집 센 감정을……

시계는 계집이 지정한 시간 바로 오 분 전을 가리키고 있다. 잠깐 초침을 들여다보고 있다가 하웅은 거의 미친 사람같이 문지방을 넘어 섬돌 위의 구두를 신으며

"영수야——"

어머니의 얼굴이 구보의 얼굴이 자기를 사랑하는 온갖 사람들의 얼굴이 혹은 슬픔을 가져, 혹은 애달픔을 가져 또 혹은 비웃음을 가져 눈앞에 떠오르고 또 사라졌다.

"지금 나가세요?"

아이가 옆에 와 선다.

"빨리 자동차 불러라."

두 집 걸러 자동차부——. 자동차는 즉시 왔다. 짐을 방에서 들어내려는 아이를 향하여

"그냥 두어라. 내 또다시 한번 와서……"

되는대로 말하고 하웅은 밖으로 뛰어나갔다.

"원남동으루——"

움직인 차창 밖에 전신주——. 어머니를 찾는 편지는 그저 붙어 있었다.

후유—— 가만한 그러나 구할 길 없는 한숨을 토한 것은 순간의 일이다. 달리는 자동차 속에서, 하웅의 온몸은 애욕(愛慾)의 홍염(紅焰) 가운데 활활 익어 올랐다.

《조선일보》, 1934. 10. 6~23.)

보고(報告)

박 태 원

관철정 삼십삼번지——

그것은 내가 일찍이 꿈에도 생각하여 볼 수 없었던, 서울에서도 가장 기묘한 구획(區劃)이었다.

바른편 기둥에 '대항권번'(大亢券番)*의 나무간판이 걸려 있는 대문을 들어서서, 오른편으로 바로 번듯하게 남향(南向)한 위치에 서 있는 제법 큰 한 채의 집이, 그것이 바로 '대항권번'이려니 하고, 추측은 용이하여도, 무릇 그 권번집과는 조화가 안 되게, 좁은 뜰 하나 격(隔)하여 그 맞은편에가, 올망졸망하니 일자(一字)로 쭈욱 이어 있는 줄행랑 같은 건물의 그 하나하나에, 제멋대로 아무렇게나 경영되어 가고 있는 각양각색의 가난스러운 살림살이와 맞부딪칠 때, 나는 저 모르게 가만한 한숨을 토하였다.

최군과, 그에게 딸린 한 여인의, 그들의 사랑을 위한 도피생활도, 우

---

* '권번'은 일제 강점기 기생들이 기적(妓籍)을 두었던 조합이다. 조선시대 기생을 총괄하던 기생청의 후신이며, 8 · 15 이후 사라졌다.

선 무대(舞台)가 이러하고서야 이른바 화려하다거나 또는 로맨틱하다거나 하는 그러한 것들과는 크게 거리가 있으리라……

그러나 나는 그 즉시, 나의 본래의 사명을 생각하고, 이렇게 사소한 일에 감상적이고서는, 도저히 나의 소임을 감당할 수는 없을 것이라고, 나이 이미 서른넷에, 지각은 날 대로 다 났을 최군이, 자기 집안을 돌아보는 일 없이, 외로운 아내와 두 어린 것을 버리고, 그리고 아무렇게나 놀아먹던 그러한 종류의 계집과 함께, 남의 눈을 기여* 가며 죄 많은 삶을 살아가고 있는 것이라면, 이만 고생은 지극히 당연한 것이라 할 것으로, 도리어 이러한 곳에서나마 그들을 용납하여 주는 것이 참말 우리들의 '윤리도덕'을 위하여 크게 옳지 않은 것이라고, 나는 그러한 것을 마음속에 거듭 생각하려 들었다.

이 '윤리도덕' 운운의 말꾸**는, 그러나, 내가 생각해내인 것은 아니다. 최군의 아우가 멀리 '강계'(江界)에서 나에게 부친 편지 속에서 그는, 자기 형의 '유일한 친우(親友)'인 나에게 자기 형의 '방종'한 '사생활'이 얼마나 '딱하고 또 슬픈 영향'을 자기네 집안에 가져오고 있는 것인가 날마다 눈물로 지내는 가엾은 그의 형수와 조카들과, 또 몸을 망친 아들 하나로 말미암아 이내 병들어 누워 있는 '늙으신 아버님을 뵈올 때마다' 그의 가슴은 참말 메어지는 것 같다고, 그는 '윤리도덕'에 비추어 최군의 죄악이 얼마나 큰 것인가를 몇 번이나 강조하였던 것이다.

나는 최군 한 사람의 아름다웁지 못한 행동이, 그렇게도 크나큰 불행을 그의 온 가족에게 가져오고 있는 것에 새삼스러이 놀라고, 최군의 아우가 간곡히 나에게 부탁한 바와 같이 어떻게든 하여 그를 타일러서 한시라도 바삐 집으로 돌아가게 하지 않으면 안 되겠다고, 저 모르게

---

* 기이다 ; 어떤 일을 숨기고 바른대로 말하지 않다.
** '어구'(語句)를 뜻함.

주먹조차 불끈 쥐고 밖으로 뛰어나왔던 것이다.

  그러나, 이곳에 방을 얻어 가지고 지낸다고, 말로만 들었을 뿐으로
최군도 자기 생활에 자신을 가질 턱 없이, 그래 다만 빈말로라도 놀러
오란 말 한마디 한 일 없었고, 나도 그의 어지러운 생활을 눈으로 보고
싶지도 않아, 그래 한 번도 찾아본 일이란 없었으므로, 한 집 안에 열여
덟 가구(家口)나 살고 있다는 이 안에서 최군의 방을 찾아낸다는 것이,
나에게 있어서 결코 수월한 노릇이 아니었다.
  우선 자기네들의 생활만으로 이미 심신이 곤핍하고 있는 이곳의 주
민들은 이곳을 찾아든 객(客)에 대하여 호기심을 발휘할 기력조차 없는
듯싶어, 그래 그들은 나를 도와 최군의 거처하는 방이 어데임을 아르켜
줄 수 있도록 친절하지 못하였다.
  그들은, 대부분이, 그들의 결코 성대할 턱 없는 식탁을 끼고 앉아, 거
의 한 마디의 말도 서로 주고받고 하는 일 없이 오직 수저들을 놀리기
에만 골몰하였고, 또 더러는 자기네들의 그 좁은 툇마루 위에서 남보다
늦은 저녁밥을 끓이고 반찬을 장만하고 하기에 바빠, 그래 그들은 오직
고개를 돌려 나의 얼굴을 치어다보는 것만도 적지 아니 귀찮은 듯싶었
으므로, 나는 그들 중의 두어 명에게 겨우 말을 걸어 보았을 그뿐으로,
다시 그들에게 묻는 일 없이 내 자신 혼자서 그의 방을 찾아내리라고
우울하게 결심하지 않으면 안 되었다.
  그러나 물론 그곳의 주민들은 모두가 저녁을 먹고, 저녁을 준비하고,
그러느라 자기네들의 처소를 지키고 있지는 않았다. 어느 방에는 앞창
이 열려 있는 채, 사람은 보이지 않았고 또 어느 방에는 창문이 꽉 닫힌
채 아무 인기척도 없어, 설혹 그곳이 실로 최군의 숨어사는 곳이라 하
더라도 나는 그것을 알아내는 수가 없었다.
  나는 차차 최군의 아우가 나에게 부과(賦課)한 사명에 우울을 느끼
고, 또 나의 몸과 마음은 극도로 피로하여 설혹 이제 최군을 만날 수 있

다더라도 내가 능히 나의 본래의 소임을 감당하여, 그를 탈 없이 그의 가족에게 들여보낼 수 있을까 없을까가 적지 아니 의심스러웁게 생각되었다……

　그래도 끝끝내 나는 그의 방을 찾아내었다. 이 더운 데 방문을 꼭 닫고 있는 그중 끝의 방에까지 이르러, 그 안에 분명히 사람이 들어 있는 것은 알았어도, 그렇다고 그곳이 최군의 거처하는 곳인가 아닌가를 적실히 알아볼 기력도 없이, 그대로 가만히 한숨과 함께 발길을 돌리려 한 바로 그때, 문득 나의 눈에 띈 그 툇마루 위의 구두가 지극히 내게는 낮이 익은 것이었다.
　장년 남자의 것으로는 퍽이나 작고, 또 몹시도 끝이 뾰족한 노랑구두──그것은 최군이 연래(年來)로 애용하여 온 것에 틀림없어 나는 그 옆에 놓인 여자의 흰 고무신과, 다음에, 그 한구석에 가지런히 놓여 있는 풍로며, 냄비며, 소반이며, 들통*이며, 또 마루 밑에 쌓여 있는 서너 단이나 그밖에 안 되는 장작이며, 얼마 남지 않은 숯섬이며…… 그러한 것들에 차례로 눈을 주고, 다시, 이 더운 데 꼭 닫혀 있는 창문에, 얼마 동안을 망설거리다가, 이내 ‘최군’ 하고 그를 불러보았다.
　그러면서도, 나는, 그 방 속에서, 더욱이 여자를 옆에 앉혀 놓은 채, 최군과 이야기할 수는 도저히 없을 것을 생각하고, 그를 이끌어 어디 찻집으로라도 가지 않으면, 하고, 그러한 것에 마음을 썼던 것이나, 그것은 이제 할 수 없는 노릇으로 최군은 뜻밖에도 이 더운 데 감기와 몸살이 심하여, 방문을 꼭 닫고 있는 것도 전혀 그 까닭이었다. 나는 잠깐 주저하였으나 역시 그가 말하는 대로 우선 방으로 들어가는 수밖에 없었다.
　그는 몸이 아픈 까닭 말고도 무던히나 벗이 그리웠던 모양이다. 결코

---

* 들손이 달린 통모양의 그릇.

내가 그들의 교섭에 호의를 갖고 있지는 않았음을 잘 알고 있는 그라,
그 좁은 방 속에서 그의 정인(情人)과 함께 나를 맞지 않으면 안 되는
것이, 역시 얼마쯤 마음 괴로운 듯도 싶었으나, 그러면서도 진정 나의
이 뜻하지 않은 심방을 반가워하는 눈치가 그의 얼굴에, 그의 거조에
엿보였다.

나는, 그러나, 그의 아우의, 그토록이나 간곡한 부탁을 다시 생각해내
고, 될 수 있는 데까지 마음을 냉정히 가지기로 방침을 세워, 무던한 호
기심의 충동을 받으면서도, 최군이 정식으로 나를 소개할 때까지, 나는
곁눈으로도 최군의 동서자(同棲者) 편을 보려고는 안 했다.

그러하였던 까닭에, 나는 최군이 얼마쯤 망설거리며, 나에게 그 여인
을 소개하여, 비로소 정면으로 얼굴을 들어 그를 보고, 그가 어느 시골
주막의 작부(酌婦)였었으니, 카페에서 카페로 떠돌던 계집이었었느니
하고, 무릇 최군을 아는 온갖 사람들 사이에 비웃음 가득한 소문이 떠
돌던 것에 비겨서는, 뜻밖에도, 우선 적당하게 어여뻤고, 또 젊었고, 그
리고 무엇보다도 결코 오락에 물들지 않은 듯싶은 것에 나는 어처구니
없이 놀라면서도, 그래도 쉽사리 그에게 경의라든 호의라든 그러한 것
을 가지려 들지는 않았다.

나는, 다시, 누워 있던 최군의 얼굴을 내려다보고, 언제부터 앓느냐
고, 열이 심하지는 않으냐고, 그러한 것을 물었던 것이나, 그 다음에 나
는 곧 화제의 궁핍을 느끼지 않으면 안 되었다. 최군의 아우가 그렇게
까지 간곡하게 부탁하였음에도 불구하고, 그것을 지금 당장은 아무렇게
도 할 수 없는 것이 마음 괴로웁지 않을 수 없었으나, 사실은, 그러한
것은 이미 결코 대단한 문제일 수 없이, 나는 도리어, 그렇게까지 내가
스스로 자신을 경계하여 왔음에도 불구하고, 어느 틈엔가, 최군 가정의
평화와 행복을 깨트려 놓은 그 장본인의 몸에서, 결코 소홀히 볼 수 없
는 몇 개의 미점(美点)을 발견하여 그것을 은근히 찬미하였고, 따라서
최군을 비난하는 마음이 점점 엷어져, 그것을 나로서는 어찌하는 수 없

이, 이것은 대체 어인 까닭일까, 하고 혼자 생각하여 보았어도, 그것이 단지 이 방의 분위기라든지 나의 거의 극도의 피로에만 말미암은 것 같지는 않았다.

여인이 최군의 명령을 쫓아 참외라든 그러한 것을 사러 나간 그 기회에, 나는 비로소, 그 방 안을 둘러보았던 것이나, 살림 기구며 그러한 것들이 그 좁은 방 안에서도 옳게 정돈되어 있었고, 벽에 걸린 달력이며, 책상 위에 놓인 목각종이, 모두 밝은 날과 또 때를 가리키고 있는 것으로 미루어, 그들의 살림은 비록 가난한 속에서도, 순조로웁게, 또 질서 있게 경영되어 가고 있음을, 나는 시인하지 않을 수 없었다.

나는 어느 틈엔가 거의 완전히 그들에게 대하여 끝없는 호의를 갖고, 그들의 인생을 축복하려 하는 자신을 깨닫고, 황망히 다시 한번 그들이 서로 만났음으로 하여, 최군의 집엔 가족이 불행하여진 사실을 생각하여, 그 가엾은 이들의 얼굴을 차례로 눈앞에 그려보려 하였던 것이다. 그것은 역시 부질없는 일로, 오랫동안의 침묵을 깨트리어, 갑자기 최군이 나의 얼굴을 똑바로 치어다보며,

"여보, 난, 정자를 사랑하오."

하고 난데없이 그러한 말을 하였을 때, 나는 순간에 내 가슴속에 뭉클하는 무엇을 느끼며, 이상한 감격을 가져 몇 번인가 머리를 끄덕이어 그의 뜻을 받아주었던 것이었다…….

무던히나 더운 밤이었다. 나는 모자를 벗어 얼굴을 부채질하며, 골목을 걸어 나갔다. 최군의 아우는 그렇게까지 나를 믿고, 내게 어려운 일을 맡겼던 것이나, 나는 완전히 나의 소임을 저버리고야 말았다.

그러나 대체 나는 무슨 재주로 불운한 그들——늙은 어머니며, 버림받은 젊은 아내며, 또 외로운 어린것들이며를 행복되게 하여줄 수 있단 말인고.

설혹 내가 최군을, 최군의 아우의 말마따나 그 '천하에 몹쓸 년'에게서 떼어놓는 것에 성공한다 하더라도, 그것이 곧 최군의 가정에 행복과

평화를 가져올 것은 아니겠고, 뿐만 아니라 새로이 두 남녀가 받을 그 상처는 또 어떻게 하여야 마땅할 것이란 말인고.

더구나 현재 그들은 그렇게도 행복되어 보이고, 최군은 바로 자기의 입을 가져,

"나는 정자를 사랑하오."

하고, 내게 그러한 말을 하였던 것이 아닌가…….

나는 우울한 감격에 싸여, 홀로 행인들은 거리를 골라 걸어갔던 것이나, 문득, 내일이라도 마땅히 몇 자 적어 보내지 않으면 안 될 최군의 아우에게의 답장을 생각하고, 대체 나는 어떠한 사연을 가져 그에게 보고하여야만 마땅할 것일까, 잠깐 그것이 마음에 답답하였다.

그러나, 다시, 뜻하지 않고, 그렇게도 충분히 행복스러운 듯싶은 최군과 그 정인의 생활풍경이 눈앞에 떠오르자, 나는, 불쑥, 되는대로, 만약 최군과 그 정인이 행복을 유지하기 위하여서, 한편 최군의 가족들이 불행하지 않을 수 없다 하면, 그것도 또한 어찌할 수 없는 일로 불행하려거든 얼마든지 마음대로 불행하라고, 그러한 것을 거의 입 밖에까지 내어 중얼거리고, 그리고 나는 그것을 결코 다시 한번 검토(檢討)하여 보려고 하지 않았다.

밤에 들어서도 날은 그렇게 더웠고, 무엇보다도 나의 몸과 마음은 참말 그렇게도 극히 피로 속에 있었던 것이다…….

《여성》, 1936. 9.)

엮은이의 말

〈보고〉의 배경이 되고 있는 관철정 33번지 18가구는 이상의 〈날개〉를 그대로 연상시킨다. 〈날개〉와 〈보고〉는 각각 1936년 9월 《조광》과 《여

성》에 나란히 발표되었다. 〈날개〉와 마찬가지로 〈보고〉 역시 이상과 금홍의 삶을 다루었다. 박태원은 최군이라 하여 이상을 직접 거명하지 않았지만, 이상의 삶을 여실히 그려내고 있다. 〈보고〉에서는 금홍이가 "어느 시골주막의 작부(酌婦)였었느니, 카페에서 카페로 떠돌던 계집이었었느니" 등으로 제시되고 있다. 최군과 그녀의 살림살이가 집안 식구(동생)의 시선에는 '방종한 사생활'이지만, 박태원의 눈에는 행복한 가정으로 비칠 따름이다. 이상과 금홍의 삶을 관찰자적 시선에서 그려 보인 것이라 할 수 있다. 물론 이 작품에는 소설의 성격상 허구적인 요소도 적잖이 포함되어 있다. 금홍과의 삶을 다룬 또 다른 작품인 〈날개〉와 함께 보면, 〈보고〉는 더욱 흥미 있는 작품이리라.

업고(業苦)

정 인 택

오늘도 밖은 흐린 모양이다. 심연(深淵) 속인 듯이 어둠이 방 안에 연기같이 어리어 떠돈다.

벌써 닷새째—— 아내가 집을 떠난 이래로 매일같이 하늘은 찌뿌드드하다. 햇볕이 잘 들지 않는 방 안은 천정이 얕은 탓도 있어 폐갱(癈坑)과도 같이 텁텁하고 찬 김이 돈다. 몸도 마음도 썩어가는 것만 같아, 그 캄캄한 사벽을 바라보고 있는 사이에 뼛속까지 얼어붙는 듯하여—— 나는 새우 모양으로 몸을 꾸부린 후, 아아, 어젯밤에도 아내는 돌아오지 않았고나고, 주인 없는 경대를 차디찬 마음으로 바라보는 것이다.

술이 아직도 덜 깨인 모양이다. 목이 타는 듯하고, 귀가 앵앵 울리고 머리가 뻐개지는 것 같다.

'아무래두 며칠 못 살 것 같다.'

술 때문만은 아니었다. 미열(微熱)이 계속되었다. 가슴을 좀먹는 세균들의 준동(蠢動)이 눈에 보이는 듯했다. 자조(自嘲)와도 비슷한 가벼운 자성(自省)이 머릿속에 떠오르면 차디찬 방바닥의 냉기만이 등골에 배인다.

달아났다고 아까운 아내는 아니다. 그러나 나의 고집 세인 마음은 아내가 정말 달아났다고는 아무리해도 믿으려 하지 않는 것이다. 그렇게 확실히 결정만 된다면 오히려 나는 마음 놓고 코웃음 칠 수도 있을런지 모른다. 어제도, 그저께도, 그리고 지금도 나는 그것만을 생각하고 있으나……

그날 아침 아내는 희한하게도 일찍 일어나 식전부터 얼굴을 닦고 문지르고 하였다. 보통 때와 다른 기색이라곤 그것뿐이었다. 그 길로 집을 나간 아내는 밑도 끝도 없이 종적을 감추고 만 것이다. 그러나 원래 동물과도 같이 주책없는 아내이니까—— 하고 나는 꼭 닷새 동안을 생각나는 대로 아무 때고 다시 태연하게 돌아올 아내를 기다리어 남모르게 속을 태워왔으나—— 바람과 같이 불어 들어온 아내이니까, 바람과 같이 날려가는 것도 무리는 아니리라. 생각하는 것이 어지러워 나는 지끈지끈하는 머리를 부둥켜안고 다시 한번 잠들어 보려고 마음먹을 뿐이다.

주위는 아직도 심산(深山)같이 고요하나 오정이 지난 지도 오랬을 것이다. 시계가 있으면 귀찮다고 무엇이 귀찮은지 아내는 내 회중시계까지 방 안에 두지 못하게 하여, 오랫동안 나는 시간가는 줄을 모르고 지내왔다. 그 대신 시계가 없어도 요새 와서는 거진 틀림없이 시간을 짐작하는 것이다. 그러나 이미 시계를 갖다 걸어도 군소리할 사람은 없다.

'아이 추워.'

어둠 때문이리라, 한층 추위가 몸에 배인다. 다시 잠들 수 있을 상싶지도 않았고, 약간 배도 고프고 하여 나는 일어나 보리라고, 아이 추워—그렇게 입 밖에 내어 중얼거려 보았다.

봄, 피를 토한 후로 웬일인지 일시에 맥이 풀린 나는 그때까지의 이학박사의 꿈을 걷어치우려고 배천온천(白川溫泉)에서 자포자기의 생활을 시작하였다. 그리하여 허무를 짊어지고 돌아오려던 길에 하룻밤 나는 지나는 애정을 그에게 느꼈던 것이다. 그것뿐으로, 이미 그의 살결의

감촉조차 몽롱할 때에 어떤 생각으로인지 그는 나를 믿고, 나를 따라, 황해도 산속에서 맨주먹으로 뛰어올라왔다.

자그마한 보따리 하나만을 매달고 그는 경성역 사람들 틈에 끼어 뻔히 서 있는 내 가슴속으로 남의 눈도 꺼리지 않고 달겨들었다.

"나 왔어, 나 왔어."

그 고달픈 얼굴을 바라보고 있는 사이에 나는 기가 막힐 줄조차 몰라, 할 수 없이 웃음을 터뜨리면서,

"어쩔 작정으루 뛰어올라와?"

"당신 마누라 돼줄려구. 호호."

입 안으로 킥킥 웃으면서 그는 내 앞장을 서서 뒤도 안 돌아보고 걸어가는 것이다. 더 입을 열 여유조차 없이 나는 저도 모르게 그 뒤를 따르며, 그의 가냘픈 작은 몸맵시와 풋솜같이 부드러운 살결을 귀엽다 생각하고

"그 보따린 뭐야?"

소원대로 하리라, 아내를 삼으리라, 그렇게 혼자 마음속으로 결심하는 것이나 그러나 그의 심중을 헤아릴 수는 없었다.

자동차 속에서 그는 언제인가의 밤 모양으로 전신을 내게 내맡기며,

"이것 말유? 저어…… 버선허구……"

그리며 잠깐 말을 끊고 나서

"그리구, 그리구 말야……"

말을 맺지 않고 별안간 약간 붉어진 얼굴을 돌이키며 낄낄거렸다.

그 순간 나는 야수와 같이 정열적이던 그를 생각해 내일 수 있었다. 그것은 작고 가냘픈 몸엔 당치도 않은 폭풍과 같은 힘찬 정열이었다. 그 기억 하나만으로 가라앉았던 나의 마음은 가볍게 부풀어 올라, 더 아무것도 생각하려 하지 않았다.

구렁텅이에서 자라난 아내는 무지(無智)하고 야생적(野生的)이고 퇴폐적(頹廢的)이어서 취할 점이라고는 여자라는 그 한 가지뿐이었다. 그

러나 나는 그것에 만족했다. 그때의 내 아내에게 그 이상 것을 바라는 것은 사치였다. 지금도 그것은 역시 마찬가지다.

내가 그를 아내로 맞이한다 할 제 나이 많은 어머니는 눈물을 흘리며 나를 만류했다. 집안이 망하려니까 별개 다 뛰어들어⋯⋯저 생에 가서 너이 아버지 볼 낯 없다⋯⋯고 어머니는 넋두리하며 울었다. 내 누이도 내 아내를 결코 형님이라고 부르지 않았다.

그래도 나는 뜻밖에 내 품으로 뛰어든 '귀여운 여자'를 내어놓으려고는 안했다. 가족들과 헤어져 나는 아내와 단 둘이서 이 어둠컴컴한 방을 찾아들어 눈 하나 깜짝 안 하고 지냈다.

어머니의 탄식을, 누이의 모멸을 나는 조금도 개의치 아니했다. 이글이글 불타는 정열 속에서 나는 내 자신조차 잊고 있었던 것이다. 낮이고 밤이고 동물과 같이 누워서 잠잤다. 그리하여 반년 가까운 세월이 흘러— 아내가 집을 떠나던 그날 아침까지 아내나 나나 털끝만 한 부족도 느끼지 아니했다.

부족이 없었기에 싫증도 났을 것이다. 분해하려 해도, 아까워하려 해도, 이유 없이 집을 나간 아내이다, 나는 갈피를 찾지 못해서, 다만 하나 빼빼 마른 몸에 찍혀진 아내의 육체적 매력만을 애지중지하는 것이나 꼬리를 끌고 있는 엷은 슬픔만은 어찌할 도리 없었다.

그러나 달아났다고 아까운 아내는 아니다. 바람과 같이 불어 들어온 아내이니까 바람과 같이 날아가는 것도 무리는 아니리라— 별안간 나는 기침을 시작하고, 그리고 핏덩어리가 뜨끔하고 가슴속에 복받쳐 오르는 것을 입 안에 하나 가득히 받아들였다.

×

그 후 한겨울, 나는 생각할 기력조차 없이 누워서 지냈다. 정체 모를 오취(汚臭)가 가득 배인 방 속에서 가족들까지 가까이 오지 못하게 하고 나는 혼자서 죽음을 기다리고 있었던 것이다.

혼자서 누워 있으면 잊었던 병에 대한 근심이 마음속에 가득하고 만다. 그와 더불어 정욕을 떠난, 부정(不貞)한 아내에의 지순(至純)한 사모가 좀먹은 가슴속으로 가뜩이 부풀어 오르는 것이다. 나는 역시 아내를 사랑하고 있었다, 사랑하고 있었다── 도망가도 아까운 아내는 아닐 터인데 이 주책없는 애정은 어디서 솟아 나오는 것일까. 죄 많은 몸──이라고 흥 코웃음 쳐보는 것이나 그러면 또 그러한 자신이 몹시 애닯게 생각되어, 그래도 고만 아냐, 그래도 고만 아냐── 무엇이 그래도 고만인지 연해 이번엔 자신을 타이르고 달래는 사이에, 이번엔 컴컴한 죽음의 그림자 속에서 몸을 떨고 마는 것이다.

그러나 나를 찾아 온 것은 죽음이 아니요 석 달 전에 표연히 집을 떠난 아내이었다.

아내는 마치 산보 갔다 돌아온 사람같이 내 머리맡에 앉아 처연(悽然)하게 웃고 있었다. 나는 아내를 어떻게 맞이해야 할까. 어쩔 작정으로 아내는 다시 내 곁으로 돌아온 것일까. 나는 입을 벌린 채 똑바로 천정을 바라보았다. 흐리멍텅한 머릿속에서 이 기괴한 사건을 이리저리 궁리하고 있는 사이에 나는 격렬하게 기침을 시작하고 말았다.

"……"

무엇인지 아내가 말을 건넨 것 같다── 나는 온몸을 부들부들 떨며 무한히 애를 써서 겨우 아내 쪽으로 고개를 돌이켰다.

아내는 포둥포둥 살이 쪄서 돌아왔다. 그 크고 검은 눈동자는 두려운 빛도 없이 태연하게, 앓아누운 나를 내려다보고 있다. 과하도록 익은 입술은 핏빛같이 빨갛다. 석 달 전과 조금도 다름없는 내어비칠 듯이 흰 살결이다. 그러나 나는 다만 한 가지 달라진 것을 민감하게도 알아차리고 흥 흥 마음속으로 끄덕이며 사냥개와 같이 후각(嗅覺)을 내둘러 아내의 체취(體臭)를 맡아보려 했다.

아내 몸 위에 수없는 지문(指紋)이 찍혀있는 것이다. 아무리 닦아도,

아무리 지워도 그것만은 언제까지든지 아내 살결 위에서 없어지지를
않을 것이다. 내 눈에는 아내의 희고 고운 살결 위에 무수한 지문이 점
점이, 마치 무슨 상처와도 같이 찍혀진 것이 뚜렷이 보이는 것이다. 나
는 이유 없이 마음속으로 초조해하고 안타까워하고, 한편 그것을 또 마
음 한구석으로 꾸짖으면서 그러나 약빨리 석 달 전의 아내의 체취에 접
하고 나는 그대로 구렁텅이 속에 빠지는 듯이 사내가 되려고 하는 것이
었다.

　나는 미친 듯이 벌떡 뛰쳐 일어나 빼빼 마른 두 손에 만신의 힘을 모
아서 사정없이 아내의 목을 옭아 잡고 있었다.

　그 뒤의 일을 나는 기억하지 못한다. 나는 그대로 얼마 동안을 죽어
버리고 만 채였던 것이다.

《문장》, 1940. 7.)

엮은이의 말

　이상의 삶을 다룬 이 작품은 문체나 내용 면에서 이상의 작품과 비슷
하다. 그래서 실제로 한 논자에 의해 이 작품의 작자는 이상일 것이라는
주장이 제기되기도 했다. '나'는 각혈을 한 뒤 배천온천에 가서 그녀를 만
나고, 서울에 내려와 그녀와 동거를 하게 된다. 그런데 어느 날 그녀는
가출해버리고 만다. 무지하고 야생적이며, 심지어 퇴폐적인 그녀. 그런 그
녀를 하염없이 기다리는, 낮이고 밤이고 동물과 같이 잠을 자는 나. 마침
내 돌아온 그녀의 몸에는 '수없는 지문(指紋)'이 찍혀 있다. 이러한 내용
들은 마치 〈봉별기〉를 베껴놓은 듯한 느낌을 준다. 이상은 정인택의 수
면제 복용에 따른 자살기도 사건과 권순옥과의 결혼을 1938년 6월 《청색
지》에 유고로 발표된 〈환시기〉에 쓴 바 있다. 정인택이 이상에 관한 작품

을 쓴 것은 단순히 소재의 빈곤에서라기보다 이상을 향한 복수의식에서 말미암은 것이 아니었나 하는 의구심을 들게 한다. 정인택은 이상의 사후 그의 삶을 토대로 여러 편의 소설을 씀으로써, '죽은 이상'을 마음대로 갖고 놀았던 것이다.

우 울 증

정 인 택

우울증에는 여러 가지 정의가 있다. 이 병은 인간을 수류(獸類)에까지 퇴화시키는 악병(惡病)이라고도 하고 뇌세포 중앙부의 병이라고도 하고 혹은 주요 기능의 타락이라고도 한다. 그러나 보통 열은 없다. 원인 없이 공포와 비애를 상반(相伴)하는 노쇠의 일종이라는 것이 가장 통례적(通例的) 정의다. (중략) '에라스무스'는 이 병에 걸리지 않는 인간으로 백치를 들고 있다. 그들은 야심도 없고 공포, 수치, 질투, 비애 등도 가지지 않았기 때문이다.

——로버트·빠아튼*

1

'커어튼'을 내리지 않은 창틈으로 바깥 거리의 붉고 푸르고 한 광고등 불빛이 굵은 줄을 지어 어둠컴컴한 벽에서, 마룻장 위에서 어른거리고

---

* Robert Burton(1577~1640) ; 영국의 작가. 주요 작품으로 《우울증의 해부》가 있다.

있다. 아무렇게나 한군데 쌓아올린 의자와 '테이블'이 구슬프게 커다란 그림자를 던지고 있어서 희여멀쑥한 텅 비인 방 안은 마치 무슨 달밤과 도 같은 풍경이었다.

나는 한참 동안 그 불빛 속에 버티고 서서 '홀' 구석구석을 유심히 바라본 후 길게 기지개를 펴고 나서

"자아 이걸루 하나는 끝장이 났다만은……"

한숨 섞어 입 밖에 내어서 중얼거리고 가만히 저고리 속주머니에 든 백 원짜리 지전 뭉치를 만져보았다── 아무 별다른 느낌도 없다. 오늘은 대체 어디서 자야 하나, 오늘 하루만은 꾹 참고 더 이 어둠컴컴한 가갓방*에서 자야 할까── 그러자 나는 문득 10여 일 전에 아무 말도 없이 홀연히 집을 나간 아내를 생각하였다. 아내를 생각하자 지난 1년 동안의 아내와의 썩어진 생활이 일순(一瞬) 굉장한 속도로 머릿속을 스치며 지났다. 아내가 황해도 산골에서 나를 믿고 나를 따라 쫓아 올라온 것은 이 다방(茶房)을 시작한 지 한 달도 못 되어서였다. 생각도 안 했던 아내가 뜻밖에 내 품으로 뛰어들자 나는 전부터 의가 맞지 않던 늙으신 어머니와 성년한 누이와 아주 의를 끊다시피 하고 이 어둠컴컴한 가갓방 속에 둘이서만 처박히고 말았다. 그리하여 아내의 품속에서만 완전히 1년── 나는 가족들뿐 아니라 세상과도 완전히 인연을 끊고 지내왔다. 그 아내가 무슨 때문인지 표연히 종적을 감춘 지 열흘──이나 열하루, 그밖에 안 되는 오늘 나는 이 다방을 어떤 시골 청년에게 그대로 넘기고 만 것이다. 그것이 아무리 생각해도 우연같이는 생각되지 않고, 역시 아내와 무슨 인연이 맺어진 듯만 싶어, 그러면 역시 내 마음속에는 아직도 부정(不貞)한 아내에 대한 애착이 남아 있어 그 때문에 아내의 체취(體臭)가 배여 있는 이 다방을 내 옆에 남겨놓고 바라보기가 싫어, 헐값으로 허둥지둥 팔아버린 것이라고 두 번 고쳐 생각해도 그런

---

* 가갓방(假家房) ; 임시로 지은 집, 즉 가건물의 방, 또는 가게의 방.

마음이 잠재(潛在)해 있는 것으로만 꼭 그렇게만 생각되어 나는 아무도 보는 사람은 없었고, 누가 옆에 있다 치더라도 마음속까지야 설마 들여다 보랴마는 누구에게 들려나 주려는 듯이 자조(自嘲)의 빛을 뚜렷이 나타내이고 혀를 끌끌 차보는 것이나, 그래도 그것을 전연 거짓말이라고는 할 수 없어서 나는 쓰디쓴 일종의 쾌감조차 느끼며 몇 번이고 그 생각을 몰래 되풀이해 보는 것이다.

그러나, 그러나, 그러나 말이다……

이것으로 하나는 끝장이 난 셈이다마는 앞일을 생각하면 까마아득하다. 무엇을 해야 할지, 무엇을 하면 좋을지, 예산도 서지 않거니와 생각해 볼 엄두도 나지 않았고, 그뿐 아니라 그런 것을 자꾸 생각하고 있노라면 요사이의 비뚤어진 사고(思考)는 금시로 이대루 살아가야 옳은지 또는—— 하고 그런 데까지 단숨에 비약하여 어쩔 줄을 몰랐고, 그 다음엔 어리석게도 허덕허덕 그 자리에 주저앉아 버리어 나는 억지로라도 잠들고 마는 것이다. 요사이의 내게는 잠자는 것이 무엇보다도 낙(樂)이었다. 잠자는 동안은 이그러진 사고에 사로잡히지 않아도 되기 때문이다.

그러나 때때로는 아직도 너는 아내를 생각하고 있느냐고 스스로 제 자신을 꾸짖고 욕하는 것이나 돌리어 생각하면 그것은 꼭 내가 아내 앞에 손을 짚고 절하고 있는 것만 같아 더욱 제 자신이 초라해 보이고 고달퍼 보이어—— 아내가 내 옆에 있는 동안은 아무리 무지하고 보잘 데 없는 아내였으나, 적어도 내가 절망만은 느끼지 않았었다고 이때나 저때나 불치(不治)의 병과 비뚤어진 사고에 변함은 없어도 아내 옆에 있다는 사실이, 아내 옆에 있을 수 있다는 사실이 그때는 그렇게도 마음을 가볍게 하여 나는 순간순간만을 바라보며 살아 왔었으나—— 그렇다고 물론 달아나서 아까운 아내라는 것은 결코 아니다.

그것은 그렇거니와—— 문득 나는 이제에 이르러 아내 일을 생각하는 것은 사내답지 못한 일이라고, 어느 사이에 이렇게 몸도 마음도 약해졌느냐고 혼자서 안타까워해 보고 분해 보는 것이나……

그러나 말이다—— 나는 다시 한번 '홀' 안을 빙 둘러보고 전차길 저쪽의 무슨 독(毒)이나 담긴 듯한 '네온'의 강렬한 색채를 어지럽다 생각하며 문득 창 아래를 내려다보니 언제부터 그렇게 시름없이 서 있었는지 박군이 담배를 문 채 물끄러미 창 너머로 나를 쳐다보고 있는 것이다.

언제든지 한번은 아내도 저 모양으로 태연하게 다시 내 옆으로 돌아오리라—— 박군의 얼굴을 바라보자 나는 문득 또 그런 것을 생각하고 그것이 만약 정말이라면, 나는 아내를 어떻게 대접하고 어떻게 맞이해야 할 것인가, 얼른 그런 것을 머릿속으로 헤아려 보면서 바보천치, 아직도 너는 그 부정한 아내가 돌아오기를 바라며 기다리고 있는 것이냐고 자기의 의외에 고집 세인 마음에 몸서리까지 치는 것이나 다음 순간 박군이 지금의 자기의 공허한 고독을 구해줄 것만 같아, 나는 얼른 고쳐 생각하고 얼굴 가득히 웃음을 띠인 후 금시로 가벼워진 마음과 목소리로

"자네 웬일인가."

진심으로 반기며 최근 4, 5일, 거의 매일같이 만나던 박군과도 적조했던 것을 생각해내고 무엇인가 미안한 듯한 느낌을 얻어 얼른 닫아 걸은 문을 따주며

"입때 안 죽었었나."

자기에게 들려주는 것도 박군에게 들려주는 것도 아닌 것을 나는 혼잣말같이 중얼거렸다.

"집어쳤네그려. 거 선허게 잘 집어 없앴네."

약간 주기를 띠인 얼굴로 박군은 빠안히 내 얼굴을 쳐다보며 멈칫하고 어둔 '홀' 문어귀에 서서

"왜 이 사람 울상을 하고 있나."

그러면서 빙글빙글 웃고

"이 사람아 불이나 좀 켜놓게. 컴컴허길래 난 벌써 떠나간 줄만 알았네. 온 이거 갑갑해 살수 있나."

그러면서 제 손으로 쌓아올린 가구 속에서 덜그럭덜그럭 의자를 끌

어내려 창 옆에다 갖다 놓고 털썩 자리 잡아 앉는 것이다.

"잘 왔네. 지금 혼자서 얼이 빠져 서있던 판일세."

별안간 밝아진 '홀' 한가운데다 나도 따라 의자를 갖다 놓고 앉으며

"추운데 방으로 들어가까."

"방이래야 마찬가지지, 불 안 땠지?"

"왜 어저께 밤에 땠지."

"그만두게. 넓은 것만이라두 이쪽이 낫지."

말투는 여전하나 박군은 두리번두리번 '홀' 안을 둘러보며 그 소조한 풍경에 자기도 마음이 무거워지는지, 그리고 그것이 박군의 버릇이기는 하나 때때로 암울한 표정을 지으며 얼마 동안 입을 열지 아니했다. 그렇게 생각하고 보니 무의식중에 한 일일 것이나 박군은 거의 1년을 두고 매일같이 와 앉았던 바로 그 자리에 의자를 내놓고 앉았는 것이다. 나는 문득 그것을 발견하고 결코 내 마음도 즐거울 수 없었다.

"자네 얼굴만 보면 술이 먹구 싶어."

"이상한 얼굴이지. 이 얼굴 빠아에서 사가지 않나."

"빠아에 갖다 놀 얼굴은 못 돼. 기껏해야 선술집이지."

"선술집? 선술집은 좀 슬픈데."

"응, 나두 사실은 좀 슬프긴 허이."

슬프다는 그 말이 정말이었는지도 모른다고 나는 혼자 속으로 끄덕이며

"웬일인지 꼼짝하기 싫군 그래. 그나마두 손을 끊구 보니까 그런지 별안간 주위가 텅 비인 것 같애서——주머니엔 백 원짜리가 들었는데두 술 먹을 생각두 안 나구——사실은 지금부텀 자네나 찾어나가까 허든 판일세."

"그래두 무슨 애착을 느끼는 모양임가. 시원할 거 겉은데."

그러다가 별안간 박군은 정색을 하고 내 얼굴을 똑바로 건너다보며

"여보게, 나하구 같이 동경(東京)에 안 가겠나."

"동경?"

“응, 나는 결심했네, 금년 안으루 사를 그만두구 내년 봄엔 다시 동경에 갈 작정일세. 자네두 인제 마음의 방탕을 웬만침 해두구 정신 채려야 헐 때 아닌가, 지끔이 챤스일세. 나 허래는 대루 하지 않을텐가.”
“……”
“오늘 아침에 사실은 자네 매씨를 만났지.”
“순흴?”
나는 깜짝 놀라 되물었다.
“응. 그래서 자네 얘길 다 들었지…… 왜 순희 씨가 뭐 어쨌나?”
“순희가 입때 경성에 있었나?”
“경성에 있었나라니?”
“응── 아니.”
아차── 속으로 나는 외치고 가늘게 말없이 얼마 동안 박군의 얼굴을 바라보았다. 남의 일이라면 10년 후까지도 빠안히 내다보면서 제 일엔 왜 저렇게 돼지같이 둔감할꼬, 순희는 이미 자네 마음 곁에서 사라진 지 오래여, 광년(光年)으루 계산해두 미치지 못할 만큼 머언 거리가 생기고만 것일세, 순희의 자네에게 대한 호의는 결국 오래비의 동무라는 점뿐이었다네, 자네는…… 그러나 말끝을 흐리는 것쯤으로 이 말초신경(末梢神經) 덩어리 같은 박군을 속일 수는 없으리라 생각하고 나는 마치 내 자신이 무슨 중대한 선고(宣告) 앞에 선 양으로 오들오들 마음을 떨며
“순희는 사랑을 위해 몸을 바치겠단다네, 내게는 그저께 밤차로 신경으로 떠난대드니……”
처음 박군은 뜨끔한 듯이 얼굴빛까지 변하더니 다음 순간 억제로 냉정을 가장하고 내가 말을 계속하는 동안 여전히 얼굴을 처들고 있었으나 떨리는 손으로 담배를 꺼내어 언제까지든지 주무르고만 있었고 입에 물려하지 않는 것은 역시 마음에 커다란 격동이 일어난 증거일 것이다.
“……나는 눈 딱 감어 뒀네. 제 갈길 지가 찾어가겠지. 외로워 할 사람은 늙으신 어머니허구……”

나는 거기서 말을 끊고 잠깐 고개를 떨어뜨렸다. 내가 무슨 죄인인
것 같이만 생각되었기 때문이다. 그러나 박군은 그 이상 더 알려고도
안 하고 듣고 싶어도 안 하고 그것이 너무나 의외이어서 믿을 수 없다
는 듯이 침묵을 지키고 있을 뿐이다.

나는 천천히 자리에서 일어나 다만 한 병 팔다 남은 '압상'*병을 들
고 나와 박군 앞에 내어밀고

"먹게."

"응."

"마지막 병일세, 혼자서 이거나 먹구 오늘은 여기서 얌전하게 잘 작
정였지."

그러자 박군은 내가 깜짝 놀라리만큼 빠른 속도로 고개를 번쩍 들고

"달아난 예편네 냄새나 맡으면서 말인가? 하하하하 자네에겐 원래
좀 과했으니까 분허기두 허겠지."

"뭐 어째. 겨 묻은 개가 어떻다는 격으루……"

그리고 나서 우리들은 소리를 맞추어 커다랗게 웃고 그 웃음소리가
앵앵 울리며 벽에가 부딪치고 천정에 부딪치고 나중에는 몸속에까지
배어드는 것을 쓸쓸한 마음으로 얼굴을 맞대이고 느끼며 어느 틈엔지
중도에서 종적을 감춘 동경 가자는 이야기는 다시 생각하려도 안 하고
묵묵히 '압상'의 잔을 기울이었다.

2

막막한 '홀' 속에서, 생각 속에서 '압상' 반병을 다 먹고 난 우리들은
얼마 동안 노곤해서 의자에 몸을 지니고 앉아, 술이 무서운 속도로 전

---

* absinthe ; 프랑스나 스위스 등의 산에서 나는 압생트 쑥의 꽃이나 옆으로 향미(香
味)를 낸 녹색의 술.

신에 퍼져가는 것을 몽롱하게 의식하며 말도 안 하고 생각도 안 하고 눈을 감은 채였다.

술잔을 손에 들고 있는 동안 우리들은 무엇인지 마음에 서로 거리끼는 것은 있었어도 다른 때와 같이 우스운 소리만을 주고받고 하였으나 그러나 이유 모를 애수(哀愁)를 쌓고 돌아—— 아니 애수라는 그런 간단한 말로는 표현할 수 없는 정체 모를 막연한 일점을 중심으로 빙빙 맴을 돌면서 그것을 건드리고 싶다고 생각하면서도 그러다가는 꼭 마음이 난데없는 방향으로 터져 나갈 것만 같아 감히 그 일점을 건드리지는 못하고 애써 자기 마음을 속여 왔고 웃어 왔었다. 그것에도 지치고 차차로 취해오자 우리들은 점점 말이 없어지고 이유 모를 불안을 느끼어 온몸이 근질근질하는 듯하여 자기 힘으로는 어찌할 수 없는 몸과 마음의 혼란을 제어(制御)하지 못했다.

눈을 떠보니 박군은 가볍게 잠이 든 모양이다. 나는 별안간 추위를 느끼고

"박군, 박군, 좀 걷지 않을 텐가."

이대로 있다간 아무래도 얼어 죽고 말 듯싶다는 그런 난데없는 망상이 떠올라 좀더 인사불성이 되도록 취해보고 싶다고 생각하고

"여보게 나가세."

일어나서 박군을 흔들어 일으켰다. 박군은 보통 때보다 더 창백한, 나이에 비해서 늙어 보이는 여위고 갸름한 얼굴에 굵은 주름살을 잡고 가만히 고개를 끄덕이는 것이나 입 밖에 내어 대답하려 하지는 안 했다.

"여보게, 벌써 녹았나?"

내가 또 한번 옆 치듯 하여 얼굴을 흔드니까

"녹긴…… 어림없어."

의외로 힘차게 대답하고 벌떡 일어서는 박군의 얼굴에는 이미 우수나 쓸쓸함은 그림자조차 볼 수 없었고 그것을 바라본 나는 겨우 숨을 돌리며 말없이 그의 어깨를 껴안았다.

그대로 우리들은 문도 닫아걸지 않고 어깨를 겨눈 채 밤늦은 거리로 굴러 나왔다.

언제부터 쏟아지기 시작했는지 진눈깨비가 상기된 얼굴에 선듯선듯 내려앉는다. 엷게 거리를 뒤덮은 눈 위로 자동차가 수없이 굵은 줄을 그리며 눈앞을 스쳐갔다. 섣달 대목이 가까운 때문인지 밤늦은 거리에는 뜻밖에 행인들이 초저녁과 다름없었다. 생각나는 듯이 기생을 태운 인력거가 앞으로 뒤로 우리들 옆을 빠져나간다. 인력거 위에서는 흰 얼굴이 내려뿌리는 눈을 피하여 털목도리 속에 턱을 파묻고 있다.

우리들은 아무 목적도 없이 걸음을 빨리했다. 그러다가 종로 사거리까지 와서 잠깐 주저한 후 동쪽을 향하여 이번엔 천천히 걷기 시작했다. 목덜미에 뺨에 부딪치는 눈이 상쾌할 만큼 시원했으나 술은 깨이지를 않고 잔뜩 흐린 머릿속을 더욱 어지럽게 할 뿐이다. 그럴 때마다 우리들은 무엇에 쫓기기나 하는 듯이 걸음을 빨리하고 문득 그것을 깨닫자 그렇게 걸음을 빨리하는 것이 대단히 점잖지 못한 것만 같아 이번엔 일부러 또 걸음을 늦춰 보는 것이다. 겨우 그런 것만을 생각할 수 있는 우리들은 너풀거리는 머리에 내려앉는 눈을 털 줄조차 몰랐다.

별안간 박군이 컴컴한 골목으로 휘청휘청 걸어 들어갔다. 나는 오줌을 누려는가 보다고 그 힘없는 뒷모양을 공허한 마음으로 바라보며 발을 멈추고 담배를 꺼내 물었다.

성냥불이 몇 번이고 바람에 꺼졌다. 나는 할 수 없이 한 걸음 골목 안에 들어서서 벽에가 바싹 붙어 성냥을 켜려 했다. 그때 대여섯 걸음 내디디던 박군은 별안간 이상하게 고함을 지르고 돌쳐오더니 성냥을 들고 있는 내 바른팔에 매달리어

"알았네, 인제 알았네, 나는 순희 씨를 사랑하구 있었어, 사랑하구 있었어."

숨을 헐떡거리며 넋두리하듯 말하는 것이다. 그 목소리가 너무도 침울함에 나는 잠깐 놀래었으나 꺼지려는 성냥불 둥근 광륜(光輪) 안에

번뜩 나타났다 사라진 박군의 이그러진 얼굴은 울다 온 사람같이 슬프게도 경직되어 그 목소리 이상으로 나를 몸서리치게 했다. 그것은 보통 때의 수려(秀麗)한 박군의 얼굴이 아니었다. 이 세상 모든 고뇌에 시달리고 지친 생기 없는 노인의 얼굴이었다. 나는 문득 늙으신 어머니의 얼굴을 생각하였다. 그러자 의식치 못하는 사이에 여지없이 나까지 그 음울 속에 끌려 들어갈 것 같아 그것을 쫓아내이느라고 나는 깔깔 소리 내어 웃고 박군의 손을 이끌어 다시 밝은 거리로 뛰쳐나왔다.

"나는 순희 씨를 사랑하고 있었어."

박군은 그것을 무슨 진언과도 같이 입 안에서 중얼거리었고 나는 나대로

"그러니 어쩌란 말야. 이 사람아. 순희는 벌써 남의 아낸 걸……"

이유 없이 악을 쓰고 싶어 이렇게 외치니까 박군은 더욱 기세를 높여

"그런 게 아닐세, 내가 순희 씨를 사랑하군 있었지만 사랑하려군 안했지. 그런 걸 자네 같은 천치가 알겠나."

그러더니 그는 또 한번 내 손을 뿌리치고 혼자서 단숨에 어둔 골목 속으로 뛰어 들어갔다.

나는 알고 있다. 뛰어 달아날 제 박군은 두 손으로 얼굴을 가리고 있었다. 불쌍한 동무는 넘쳐흐르는 눈물을 어쩔 수 없었던 것이다. 지금쯤은 늘 다니던 '빠아·릴리'에서 순자를 앞에 앉히고 자기가 얼마나 순희를 사랑하고 있었다는 것을 울며 이야기하고 있을지도 모른다. 그러나 그 신파 비극이 아무리 생각해도 박군 하나의 것인 것 같지는 않아 나는 당황해서 박군의 뒤를 따르며 너와 함께 나도 울어보리라고 '빠아·릴리'의 문을 열어젖혔다.

요사이 부쩍 손님이 줄은 '빠아·릴리'에는 한편 구석 '뽁스'에 늙은 이가 한 패 자리 잡고 있을 뿐 아무리 둘러보아도 박군의 모양은 보이지 않는다. 나는 잠깐 어리둥절하고 다음에 담배 연기와 방 안 운기*에 얼굴을 돌이키며 눈으로 가만히 순자를 불러

“박군이 왔을 텐데……”

“아아니 요새 통 못 보겠습디다.”

“조금 있다 또 올 테니 박군 오거든 붙잡아 둬.”

응, 응— 끄덕이던 순자는 그렇지만 시간이 없우, 하는 것을, 나는, 알어, 알어, 고갯짓만 하고 박군에게는 순자같이 어딘지 거세인 곳이 있는 여자가 알맞을지도 모른다고 그런 것을 생각하며 박군 갈 만한 종로 뒷골목 ‘빠아’를 집집이 찾아다녔으나, 아무 데도 박군은 있지 아니했다.

거진 한 시가 가까웠다. 머지않아 ‘빠아’들도 문을 닫을 것이다. 나는 약간 지쳐, 힘없는 다리로 다시 ‘빠아·릴리’를 찾아들었다.

어딜 찾어 댕기는 거유, 벌써버팀 여기 와서 곯아떨어졌는데, 여간 취하지 않았어, 얼른 데리구 가요…… 하고 순자는 내 얼굴을 보자 구석 ‘뽁스’에서 뛰어나와서 ‘테이블’에 엎드려 그대로 잠이 들은 박군 쪽을 가리키며 상을 찌푸려 보이는 것이다. 아, 좀 재워 두지 못해— 나는 역시 여기였더냐고 가벼운 안도를 느끼면서, 왔으니 그냥 데리구만야 갈 수 있나, 한잔 먹어야지— 그렇게 말하며 박군 맞은편 의자에 털썩 주저앉았다.

내가 왔다고 박군을 흔들어 깨우려는 순자를 나는 얼른 말리며 그냥 둬, 그냥 둬, 울다 지쳐 잠들었는데 잠이나 들어야 맘이 편허지, 아무것도 생각 안 허구…… 그렇게 말하자 순자는, 그렇다구 꿈두 안 꾸나…… 그러면서 눈을 동그랗게 떠 보이는 것이다.

“그럼, 꿈야 꾸지.”

잠든 줄만 알았던 박군은 별안간 우리들 이야기에 참예하며 그러나 ‘테이블’에서 고개를 들려고는 아니했다. 아아니 능청맞게 자는 줄 알았더니 어쩌면…… 하고 금방 박군의 어깨를 칠 듯이 하는 순자를 나는 힘껏 뒤로 잡아당기며, 가만 두래니깐 꿈이라두 실컨 꾸게, 순자 오늘은

---

* ‘훈기’ 또는 ‘온기’의 오식인 듯.

나허구 술 먹어야 해—— 그러며 나는 흐트러진 박군의 머리와 아무렇게나 엎드려 자는 꼴을 친동생과도 같이 귀엽게 불쌍하게 생각하며 들여다보고,

"순자, 박군은 내 누이 순희한테 실연을 했대."

그러나 박군의 정말 슬픔이나 우수가 그것에만 있다고는 생각할 수 없었고 다만 그것이 한 개의 '스프링보오드'가 되어 박군 자신조차 깨닫기 전에 울적한 평소의 우민(憂悶)의 바다 속으로 껑충 뛰어든 듯싶었다. 일가친척이라곤 없이 작은 몸엔 능히 다 담지 못할 커다란 야심을 품고 있으면서도 그 야심을 채울 길이 없어 마음에 들지 않는 신문기자 생활을 다섯 해나 계속해 온 박군이다. 동경엔 보다 남기고 온 꿈의 가닥이라도 있단 말인지 신문사 그만두고 동경 간다는 것이 입버릇같이 되어 있으나, 말대로 딱 끊어 실행을 하지도 못하고 아까운 재능을 게으른 그날그날의 생활 속에서 달리어 없애고 있는 터이다. 남유달리 민감하나 약한 몸에는 가지각색의 번거로움이 무거운 짐이 되어 그를 타누르고 있으나 그러나 그것을 떼쳐 없애려고도 안 하고 되는대로 닥치는 대로 아무것도 아닌 것을 컴컴한 주위의 사벽과 연결시켜 제 자신에게 싸움을 선언하는 것이다. 그러나 싸우기 전에 이미 승패는 너무나 명료하다.

"순자, 박군은 내 누이 순희한테 실연을 했대."

박군이 정말 사랑하고 있는 것은 어쩌면 순희가 아니고 순자였는지도, 순자인지도 모른다. 그러나 순희를 위하여 울고 있다고 생각하는 것이 박군에게나 내게나 마음이 편할 것도 같다.

우리들의 말없는 우울 속에 어느 틈엔가 순자마저 휩쓸려 들었음인지, 남자를 남자로 알지 않는 말괄량이 순자도 역시 말없이 기계 모양으로 술을 따르고 있다. 우리들 있는 자리만 남겨 놓고 하나씩 둘씩 '홀' 안의 불이 꺼져갔다.

3

  잠이 깨어보니 우리들이 자고 있는 곳은 어제 팔아치운 가갓방 한구석이었다. 저고리까지 그대로 입은 채 박군은 찬 방바닥에다 반신을 떨어뜨린 채 정신없이 코를 골고 있다. 나는 갈기갈기 찢어진 혓바닥 위에서 쓰디쓴 ‘카이다’ 연기를 한참 동안 굴려보며 깊이 잠든 박군의 얼굴을 물끄러미 바라다보았다.

  암만 잡아끌어도 일어나지 않으려는 박군을 떠메다시피 하고 우리들은 확실히 또 한군데 어딘지 ‘빠아’를 찾아들어 곤드레만드레가 되도록 술을 먹은 듯싶다. 그리고 나서 또 서로 어깨를 끼고 눈 오는 거리로 비틀비틀 걸어 나온 것 같으나 그 다음부터는 기억이 나지 않는다. 그러나 하여간 집에 올 생각이 난 것은, 그리고 집에 와 자고 있는 것은 무엇보다도 신기하고 희한한 일이어서 무엇에 끌렸는지 무엇에 홀렸는지 다른 때의 우리들의 상식으로는 현대의 기적과도 같이 도저히 상상조차 할 수 없는 일이다.

  그러나 곰곰 생각하여 보니 박군을 여기까지 데리고 온 것은 여기 나인 성싶다. 박군은 어지럽게 변화하는 자기 마음을 걷잡지 못하여 넋두리 비슷한 불평을 혼잣말처럼 중얼거리면서, 넌 모른다 넌 그런 건 몰라, 라고 잘 꼬부라지지도 않는 혀로 나를 욕지거리하면서도 한편 어린애 응석같이 내게 매달리려는——그러한 박군의 심중을 나도 고스란히 받아들일 수 있어 그래 네가 장허다, 네가 제일이다, 라고 나도 연해 맞장구를 쳤으나 그러나 그렇게 둘이서 서로 부둥켜안고 있지 않으면 일시에 그 자리에 기진맥진하여 허덕허덕 쓰러질 것만 같아——그렇다, 그래서 우리들 두 사람은 다시 여기까지 맞붙어 돌아온 것일 것이다.

  불 때지 않은 맨방바닥 찬 줄도 모르고 박군은 여자같이 삐죽삐죽 울다가 그대로 잠들고 만 것일 것이리라. 나는 나보다도 훨씬 더 고적한 박군의 자는 얼굴을 언제까지든지 바라보며 일어날 생각을 하지 못했다.

그때 나는 언뜻 등 밑 아궁지에서 장작 타는 소리를 들었다고 생각하였다. 요 밑에 손을 넣어보니 미지근한 운기가 차디찬 손끝에 따라 올랐다. 귀를 기울이니 방 밖에서 누구인지 사람의 기척이 나는 듯도 했다.

밖에서 누구인지 내 방에 불을 때어주고 있다. 얼른은 생각이 나지 않았다. 나는 꼼짝 않고 드러누운 채 가만히 귀를 기울이고 문을 열어볼까 그렇게 생각하는 것이나 생각만 할 따름으로 진정 열려고는 하지 않고 장작 타는 소리와 부지깽이 소리와 인기척 소리에 무심히 귀를 기울이면서 조용히 나는 눈을 감았다.

어느 틈엔지 나는 또 한번 잠이 들고 말았었다. 얼마 동안이나 또 그렇게 갔는지, 아내가 다시 돌아와서 나를 흔들어 깨우고 있다——고 그런 꿈을 꾸다가 나는 잠이 깨었다. 몸 전체가 훈훈하게 녹아서 이상스럽게 고달펐다. 충혈된 눈을 들어 나는 억제로 방 안을 살폈다. 박군은 여전히 죽은 듯이 잠자고 있다.

머리맡에 쫑그리고 앉았던 어머니가 약간 고개를 쳐들었다. 그러나 얼굴빛 하나 변하지 안 했다. 언제든지 똑같은 경직된 표정으로 차디차게 내 얼굴을 내려다 볼 뿐이다. 나는 깜짝 놀라 이불을 차고 일어나 말없이 한참 동안 어머니의 얼굴을 마주 바라보았다.

"순희가 만주루 달아났단다."

이윽고 어머니는 똑 끊어 더러운 것이나 내뱉는 듯이 입을 열었다.

"뭐요? 순희가?"

나는 깜짝 놀라는 듯이 펄쩍 뛰어 보이고 다음엔 기가 막힌다는 듯이 한참 동안 말이 없었다. 그예 가고 말았구나—— 나는 순희의 이번 행동에 대하여 적지 않은 불만을 느낀다. 그러나 한편 꿋꿋한 일이라고 칭찬도 하고 싶고 마음속으로부터 행복되게 되라고 축원 안 할 수도 없었던 것이다. 그러나 어머니의 표정은 조금도 변하지 않았다. 누구를 물론하고 무슨 일이고 간에 이미 어머니의 마음을 흔들어 놓을 수는 없는 것 같았다.

“그까진 기집애 죽든 살든 난 모르겠다, 식구 하나 줄은 것만이 다행이다마는——”

어머니는 여기서 잠깐 말을 끊고 애처로운 듯이 방 안을 둘러보고, 이때까지 밥이나 굶지 않은 것은 그래두 이 가게 덕택인데 어쩔 작정으로 팔았는지 모르겠다——고 틀림없이 그런 말을 하고 싶은 어머니였으나 감히 입 밖에 내이지를 못하고

“집세를 좀 내줘야겠다. 엄동설한에 쫓겨날 수야 있니.”

“집세두 집세지만 순희를……”

“졸대루 허래려므나. 죽기야 허겠니. 그까진 년버덤두 할머니가 불쌍허시다. 밤새두룩 순희를 찾으시며 한잠 안 주무시는구나. 늬가 집이 오기 싫어허는 맘 모르는 건 아니지만 그래두 노인이 계시니 사흘에 한 번씩은 좀 들르려므나, 이 추운데……”

그러다 별안간 어머니는 마음이 변한 듯이 말을 맺지 않고 벌떡 일어서서

“오늘 안으루 집세나 좀 해주려무나.”

나는 주머니에 손을 넣어 어젯밤 쓰다 남은 돈을 꺼내 보았다. 10원짜리가 한 대여섯 장 쑤세미가 된 채 나왔다. 나는 그것을 말없이 어머니 손에 쥐어주고 내 가슴에밖에 닿지 않는 어머니의 초라한 모양을 울고 싶은 마음으로 내려다보며

“어머니, 진지 잡수셨에요?”

“지금이 어느 때냐. 오정이 넘었다.”

“그럼 저어, 점심 잡숫구 가시구려.”

그것은 내가 기껏 표현할 수 있는 어머니에게 대한 무한대의 애정이었다. 어머니 손에 매달리어 거리를 걸어본 기억이라곤 철난 후로는 한 번도 없었다. 지금 어머니와 점심이라도 같이 먹을 수 있다고, 오래간만에, 나는 육신에 대한 애정을 느끼자 눈물이 나도록 그것이 반가워

“그럭허세요, 네 어머니.”

그러나 어머니는 한 마디로 그것을 거절하고

"별 소릴 다 헌다. 집이 가면 나 먹을 밥쯤야 설마 없겠니."

나는 무거운 쇳덩이로 뒤통수나 맞은 듯이 정신이 아득하여 그 이상 더 말하기도 싫었고 어머니의 불쌍한 꼴을 보기도 싫었고 해서

"이따가라두 봐서 들르죠."

다른 때와 다름없는 꾀죄죄한 어머니의 모양이 눈앞에 다시 떠올라 나는 바람과 같이 소리 없이 나가는 어머니를 다시 붙들려 하지 않고, 방 한군데 선 채 오랫동안 허리 굽은 어머니의 뒷모양을 바라보다가 픽 쓰러지듯 다시 자리 위에 드러누웠다.

그러나 이번에는 좀체로 잠이 들지 않았다. 나는 여전히 코를 골며 곯아떨어진 박군을 부럽다 생각하며 뻐언히 그 숨소리에 귀를 기울이고 있으려니까 밀물같이 스며드는 참을 수 없는 적료에 사로잡혀 아무도 없는 이 어둠컴컴한 방에 혼자 깨어 있는 것이 아이들같이 무서워져서 박군 박군 좀 일어나게, 일어나, 응 일어나— 떨리는 목소리로 박군을 부르며 박군의 어깨를 무턱대고 흔들어 대었다.

《문장》 하기(夏期) 특대호 소재(所載) 졸작 〈업고〉와 병독(倂讀)해 준다면 더욱 다행(多幸)이다…… 작자 부기(附記)

《조광》, 1940. 9.)

것', ‘다방을 시작한 것’, ‘순희(실제로는 옥희)가 달아난 것’ 등의 내용은 이상의 삶과 일치하고, ‘아내의 체취’, ‘스프링보오드’ 등의 표현은 이상의 문체와 흡사하다. 정인택은 자신이 마치 이상이기라도 한 양 이상의 삶을 그려내고 있다. 이상과 금홍, 그리고 그의 어머니와 누이 옥희의 모습이 이 작품에 그대로 투영되어 있다. 여기에서 우리는 정인택의 이러한 포즈와 문체에 주의해야 한다. 자칫하면 실족하기(이상의 작품으로 규정하기) 쉽다.

이상 시대, 젊은 예술가들의 초상

조 용 만

▋ 시인 이상과 제비 다방 풍경

밖에서 보기에는 멋진 다방이었다. 큰길로 난 한쪽 벽을 터가지고, 두꺼운 유리로 바둑판같은 칸막이를 해서, 화려한 유리 장(欌) 한 면같이 만들어 놓았다.

그 끝에 있는 출입문에는 이런 바둑판식 유리문에다가 투박한 검은 빛 놋쇠 손잡이를 달아놓아서 호화로운 저택의 응접실에 들어가는 느낌을 주었다.

그러나 정작 다방 안은 화려한 바깥에 비해서 빈약하기 짝이 없었다. 휑뎅그레한 홀 속에는 후줄근한 테이블보를 덮은 차 탁자가 넷이 놓여 있고, 흰 벽에는 오직 하나, 고색이 창연한 50호짜리 이상(李箱)의 자화 상이 걸려 있을 뿐 아무런 장식도 없었다.

다방에 으레히 있는 대형 축음기도 없었고, 그 대신 한 모퉁이에 나무 의자를 놓고 그 위에 헐어빠진 포터블* 축음기를 놓았다. 갈색 빛깔

투성이로 된 이상의 초상화는 이 홀 속을 더욱 우중충하게 만들었다.

사람이 들어가면 유리창 건너편에 있는 조그만 문이 열리고 소년이 나와서 주문을 받는다. 주방에는 아무도 없고 소년이 주문을 받아가지고 들어가서 제 손으로 차를 만들어 가지고 나오는 것이다.

처음 시작할 때에는 노랑저고리에 다홍치마를 입은 예쁘장한 금홍이가 나와서 서비스를 하는 바람에 이 금홍이를 보려 사람이 약간 꼬여들었지만, 금홍이가 자취를 감춘 요즘에는 주인 이상이 정신 나간 사람처럼 바깥으로만 쏘다니고 다방 일을 돌보지 않기 때문에, 차 재료도 제때에 대놓지 못해서, 그나마의 손님도 끊어져 버렸다.

"코피 한잔 주시오."

어쩌다가 손님이 들어와서 커피를 주문하면, 소년이 주방문을 열고 나와서,

"죄송합니다만, 코피가 떨어졌으니 홍차를 드시는 것이 어떨까요—"
하고, 두 손으로 공손히 빌면서 사정을 한다. 그러면,

"에잇! 코피 없는 다방이 어디 있어……"
하고, 휙 문을 닫고 나가 버린다.

"홍차 한 잔 주시오."

"홍차가 떨어졌으니 코피로 드릴까요."

"난, 커피 안 먹소……"
손님은 퉁명스럽게 이렇게 한마디 던지고 나가 버린다.

이래서 제비 다방은 손님 하나 없는 날이 많았다. 소년이 주인한테 커피가 떨어졌다, 홍차가 떨어졌다고 하소연하면, 이상은 태연스럽게,

"코피가 없으면 홍차를 마시고 홍차가 없으면 코피를 마시면 될 게 아니야……"
하고, 또 휙 밖으로 나가 버린다. 이러던 어느 날, 지용(芝溶)과 허보(許

---

* portable ; 휴대용의.

保)와 내가 제비에 들렀다.

  낙엽이 우수수 큰길 보도를 휩쓸던 늦은 가을, 토요일 오후이었다고 기억한다. 지용은 명동성당 속에 있는 《카톨릭청년》 편집실에서 잡지 편집일을 보고 있었다. 나는 약속대로 허보를 데리고, 그 편집실에 들러서, 지용한테 허보를 인사시키고, 허보의 시 한 편을 《카톨릭청년》에 내달라고 내놓았다. 허보는 나중에 소설가로 등장한 허준(許俊)의 형으로 동경(東京)에서 법정대학을 졸업하고 나온 성실한 젊은 시인이었다. 지용의 시를 좋아해서 나보고 지용을 소개해달라고 졸라댔으므로 이날 그를 데리고 《카톨릭청년》 편집실로 지용을 심방한 것이다. 지용은 어느 잡지에 난 허보의 시를 읽어보았다고 하면서 허보가 가지고 간 시를 두어 번 읽어보더니 좋다고 《카톨릭청년》 다음 호에 내 주겠다고 하였다.

  "그런데 이상이 때문에 졸려 죽겠어. 날보구 자꾸 상허(尙虛)한테 이야기해서, 《중앙일보》에 자기 시를 십여 회 연속해서 내게 해달라는 거야, 그렇지만, 그 사람의 시가 신문에 버젓이 연재될 시는 아니거든……"

  이상의 시가 《카톨릭청년》에 서너 번 났었는데, 그것은 순전히 지용의 객기에서 출발한 것이었다. 이상이 김소운(金素雲)의 소개로 잡지사로 지용을 찾아가서 제 시를 보아 달라고 했을 때에, 다른 때 같으면 나중에 볼 테니 그냥 두고 가라고 할 텐데, 무슨 생각에서인지 그 당장에 그 시를 읽고나서 안경 너머로 눈을 깜박거리더니,

  "괴짠데……"

하고 탄성을 올렸다. 그리고는 이상을 보고 어느 학교를 나왔느냐고 물었다. 이상이 학교 이름과 현재의 직업을 대니까, 깜짝 놀라서,

  "무어, 고등공업학교 건축과를 나와서 전매청 건축현장에서 십장(什長-인부 감독)일을 보고 있다구요…… 그리고 시를 쓴단 말이죠. 이건, 참 정말 괴짠데……"

이렇게 해서 지용은 이상의 시를 그 다음 달 《카톨릭청년》에 실어 주었다. 편집기자가 그게 무슨 시냐고 타박했더니, 지용은,

"괜찮아. 우리나라에도 그런 괴짜 시를 쓰는 사람이 한 사람쯤은 있어야 해……"

하고, 이상을 두둔하였다. 그리고는 이상이 가져오는 대로 두어 번 그의 괴상한 시를 내주었다.

이상은 백년(百年)의 지기(知己)를 만난 것같이 감격해서 지용을 깍듯이 선배대접을 하고 따라다녔다. 이상과 지용은 이런 관계에 있었다.

《카톨릭청년》 편집실에서 허보와 셋이서 잡담을 하다가 지용이 먼저 제비 다방에 가서 차나 한잔 마시자고 하였다.

"일전에 이상이 와서 하는 말이 마담 금홍이가 어디로 없어졌다는데 다시 들어왔나 어디 가 봅시다."

이렇게 해서 세 사람이 제비에 들르게 된 것이었다. 늦은 가을 날씨라 방 안이 바깥보다 더 추웠지만, 제비 다방은 왼종일 텅 비어 있었던 탓인지 그날은 더 쓸쓸하고 추웠다.

세 사람이 테이블에 앉자, 소년이 앞으로 왔다.

"마담 아직도 안 들어왔니?"

지용이 먼저 물었다.

"안 들어오셨어요."

"큰일 났군 그래. 아주 꺼진 게 아닐까?"

지용은 나를 향해 물었다.

"인제 곧 돌아올 거요. 벌써 열흘이나 되었는데 첫째 옷 때문에 더 오래 있지 못할 거요."

금홍은 배천온천(白川溫泉)에 있는 술집 접대부였다. 이상이 전매청 신축공사장의 십장으로 있던 어느 날, 별안간 공사장에서 각혈(咯血)을 하고 쓰러졌다.

놀라서 병원으로 달려갔고 오래 휴양을 해야 한다는 의사의 진단에

따라 관청에 휴직원을 내고 배천온천으로 휴양을 갔다.

　　"배천온천에 간 지 사흘을 못 참고 나는 여관 주인영감을 앞세우고, 밤
에 장구소리 나는 집을 찾아갔다. 게서 만난 것이 금홍이다."

　　이상은 금홍이와 만나게 된 것을 이렇게 쓰고 있다.
　　이렇게 해서 이상은 금홍이를 데리고 서울로 올라와서 살림을 차리
고, 다방을 낸 것이다. 그러나 금홍이는 술 마시고 노래 부르고, 뭇 남
자들과 희롱하던 작부 출신이라 왼종일 손님을 기다리고 우두커니 다
방 구석에 앉았는 것이 역겨울 지경이었다. 이상은 이런 금홍이를,
　　"금홍이에게는 예전 생활에 대한 향수가 왔다."
고 표현하고 있는데, 이런 향수를 달래기 위해서 이상과 사소한 말다툼
한 것을 핑계로 훌쩍 배천으로 날은 것이었다.
　　우리 세 사람이 커피를 마시면서, 이상이 이것을 참지 못하고 미친
사람같이 떠돌아다닌다고 웃으면서 이야기를 하고 있는데, 문이 탁 열
리고 김소운이 나타났다.
　　"어…… 귀빈들이 이거 웬일이시오!"
　　소운은 너털웃음을 웃으면서 우리 앞으로 다가왔다.
　　"귀빈! 우리들은 귀빈도 아니지만, 소운은 웬일이지요?"
　　지용이 카랑카랑한 목소리로 물어 보며, 소운을 바라보면서 아래위를
훑어보았다. 소운은 턱수염을 기르고, 넥타이도 매지 않고 있었다. 일하
다가 그냥 나온 모양이었다.
　　"급한 삽화(揷畵) 때문에 왔는데 이 사람이 없나——"
　　소운은 원고가 들었는지, 삽화 참고자료가 들었는지, 누런빛 큰 봉투
를 들고 있었다.
　　그때 소운은 '아사히마찌'(旭町)라고 하는 지금의 회현동에서 '목마
(木馬)의 집'이라는 패를 걸고 어린이잡지를 내고 있었다. 그 《목마》에

다가 이상이 표지와 삽화를 그리고 있었다. 동경에서 발행되는 《아까이 도리(붉은 새)》라는 아동잡지가 목마의 표본이 되어서, '다께이'(武井)라는 일본 화가가 그리는 표지그림과 삽화를 근사하게 본떠서 그리는 것이 그 속의 이상의 일이었다.

소운은 지용이 앉으라고 가리키는 자리에도 앉지 않고 소년을 찾아서 주방으로 들어갔다. 그 속에서 소년에게 봉투를 맡기고 용무를 부탁한 뒤에 소운은 나와서 테이블로 왔다.

"이상이 지금 정신상태가 그림을 그릴 여유가 없을 걸……"

지용이 소운을 보고 이런 소리를 하였다.

"왜, 무슨 일이 있었어요?"

지용의 말을 듣고, 의아해서 소운은 이번에는 나를 보고 물었다.

"아냐, 지용이 괜히 하는 소리야."

내가 아무렇지도 않은 듯이 이야기하니까 지용이 내 말을 가로채서,

"허둥지둥 미쳐 다니는 사람이 마음을 가라앉혀야 그림을 그릴 게 아냐!"

하고 나를 핀잔주었다.

"나는 무슨 영문인지 모르겠는데, 대체 어떻게 된 일이어요."

소운이 어리둥절해서 지용이한테로 향하였다.

"좋아. 요새 소운이 돈 잘 쓴다니 한턱내면, 내 이야기해주지."

"허허, 한턱이야 언제든지 내지. 그럼 지금이라도 갑시다."

소운은 선선히 일어서서 지용을 앞세우고 어디든지 가자고 하였다.

"출출하던 판에 '가모'*가 걸렸으니 우리 청진동으로 갑시다."

지용은 깔깔 웃으면서, 우리들을 몰고 청진동에 있는 단골 오뎅집으로 향하였다.

지용이 좋아하는 것은 따끈한 정종술이었다. 저녁때 술 생각이 나면

---

* '가모'(鴨)는 우리말로 '오리'를 뜻하는 것으로, '오리'는 〈가모가와(鴨川)〉를 쓴 지용을 일컬음.

내게로 전화를 건다.

"으스스한데, 따끈한 술 한잔 생각 안 나? 이리 청진동으로 와요."

내가 신문사일을 얼른 끝내고 그 술집으로 가면 지용은 벌써 와 앉아서, 정종 한 도꾸리(조그만 술병)와 사시미(생선회) 접시를 놓고 홀짝거리고 있었다.

"따끈한 정종 맛은 경도(京都)에서 시작되었지. 그때, 내 하숙집 뒷골목에 조그만 오뎅집이 있었는데 겨울에 저녁때 추우면 그 집에 들르는 거야. 예쁘장한 젊은 여자주인이 서비스가 좋거든. 오뎅 맛도 술 맛도 좋구. 그래 어떤 때는 거진 날마다 들렀는걸."

"젊은 마담하구 무슨 일이 생긴 게 아냐……"

"생기긴 무슨 일이 생겨! 시골에는 처자가 있구, 방학 때마다 집에 오면 아버지가 얘, 일본년들이 남자를 잘 홀린다더라 하시구, 은근히 침을 놓으셨는데, 어떻게 그럴 엄두가 날 수 있나!"

"누가 알어! 따끈한 정종 한잔이 그 여자에 대한 향수가 아냐!"

"가요꼬라는 그 여자가 가끔 추파를 던지기는 했어……"

하고 지용이 빙긋 웃었다.

"저것 보아! 뭣이 있었지?"

"하하, 쓸데없는 소리 고만하구 어서 빨리 술이나 들어요."

지용은 웃으면서 이야기를 딴 데로 돌렸다. 우리 일행이 그 오뎅집에 들어서니까 토요일이라 그런지 벌써 술패들이 떠들고 있었다.

허보는 일이 있다고 가 버려서 우리 셋이 자리에 앉았다.

"차라리 아주 가 버리는 것이 이상을 위해서 좋을게야——"

소운은 오는 길에 지용한테서 대강 이야기를 들었으므로, 앉자마자 이런 소리를 하였다.

"이상이 미치면 어떡하구——"

지용의 대꾸다.

"미치긴 무얼 미쳐요. 그 몸에 금홍이를 당해낼 테요?"

이상의 사생활을 잘 아는 소운의 의미 있는 걱정이었다.

"그래요. 하긴 금홍이가 없는 동안에 이상의 얼굴이 조금 나아졌습
디다."

내가 이런 말을 하자 지용은 깔깔 웃으면서

"두 사람이 똑같군. 금홍이가 그렇게 색골이란 말요?"
했다.

"무식한 시골술집 작부가 아는 게 무엇이 있어야죠, 그것밖에. 금홍
이하구 그냥 살면 폐병쟁이 이상이는 얼마 못 가요."

소운은 단언하듯이 이렇게 말하였다.

이상은 전매청 건축장의 십장으로 일을 할 때에 김소운의 《목마》
사무실에서 자고 있었다. 그래서 소운이 이상의 생활을 자세히 알고
있었는데, 월급을 타다가는 부모 생활비로 조금 보내놓고 나머지는 술
과 계집에 다 써버렸다. 《목마》의 그림 원고료는 몇 달치씩 앞당겨서
달래 가지고, 밤낮 돈 없다는 돈타령이었다. 그때부터 폐결핵이 깊어가
서 소운이 주의를 주어도 괜찮다고, 그냥 무질서한 데카당 생활을 하
였다.

"재주가 아까워. 나는 시는 잘 모르지만 그림은 어떤 것을 보면 '다께
이'의 원화보다 훨씬 잘된 게 많았거든——"

소운은 큰 컵에다가 술을 따라서 자기도 쭉 들이키고, 지용에게도 권
하였다.

"나 보기에는 금홍이가 이번에는 돌아오지만, 이상이하고 오래 살지
는 않을 거요. 제 깐에는 서울 와서 다방 마담을 한다는 허영심 때문에
이상이를 따라왔지만, 막상 와 보니 다방도 그 모양이구 이상이도 무일
푼의 건달이라 예상이 틀려서 도로 배천으로 돌아갈 생각을 하나 봅디
다. 그래서 이번에 사실은 그 꿍꿍이속으로 배천 간 것일 거요."

내가 다방 소년에게서 들은 대로 이야기를 하니까, 지용이 눈을 동그
랗게 뜨고 놀라서 나를 바라보았다.

“당신, 어떻게 그런 것을 다 알고 있는 거요.”

“금홍이가 소년한테 늘 그런 이야기를 비쳤어요. 이번에 갔다 와서는 아주 간다고 그러드랍디다.”

“흐흥, 그럴 거야. 그 약은 여자가 무엇을 빨려고 여기 붙어 있어!”

지용은 어이가 없어서 아무 말도 못 하고 눈만 깜빡거리고 앉았는데, 소운은 눈치를 채고 있었던 것같이 고개를 끄덕거리고 이렇게 말하였다.

이상과 가장 친한 친구는 구보 박태원(仇甫 朴泰遠)이었다. 구보의 집은 광교 천변에 있어서 제비 다방과 가까웠고, 한길로 들창이 나 있어서 지나다가 들창에 대고,

“구보 있나?”

하면, 방 안에서 들창을 드르륵 열고,

“누구야?”

하고 유명한 ‘갑바’머리를 내밀었다. ‘갑바’머리란, 그때 일본에서 유행하던 앞머리를 내려깎는 머리스타일이었는데, 당시 일본이 낳은 세계적 화가인 ‘후지다’(藤田)가 이런 머리를 해가지고 동경의 번화가를 활보한 뒤로 젊은이들 사이에 크게 유행하였다.

이래서 이상이나, 김소운, 정인택(鄭人澤) 같은 친구가 오다가다 들르는 것이었는데 이상이 제일 많이 들르는 폭이었다. 이상과 둘이 앉으면 재담 만담으로 시간이 가는 줄 몰랐고, 이상이 술을 마시고 들르는 날이면, 이런 재담 만담으로 밤늦게까지 떠들다가 그만 곤드라져서 구보 방에서 새우잠을 자는 일이 많았다.

이런 어느 날 새벽에 금홍이가 이상을 찾아서 구보 집에 왔다가 정신없이 곤드라 떨어져 자는 이상의 꼴을 보고 뾰루퉁 독살이 나서 문을 탁 닫고 나가면서,

“에이 지겨워! 짐 싸들고, 배천으로 가버려야지, 내가 무엇 때문에 저 새끼를 바라고 이 고생을 해!”

하더라고, 구보가 본 대로 이야기하였다.

또 어느 날은 이런 일이 있었다. 구보와 셋이 다방에 앉았다가, 이상이 소변을 보러 나간 사이에 금홍이가 구보를 보고,

"박 선생님, 저 이 사람하고, 오래 갈 것 같애요?"

하고, 느닷없이 이상한 이야기를 꺼냈다. 구보가 영문을 몰라서 멍하니 아무 말도 못 하고 있으려니까,

"제가 도깨비한테 홀려서 서울 올라왔어요. 빈털털이 낮도깨비한테 말예요."

하고 푸념을 시작하였다. 그래서 구보는 얼른,

"쓸데없는 소리 마시구, 두 분이 잘 지내세요."

하고 입을 틀어막았다고 하였다.

구보는, 이상이 구렁이라고 늘 못마땅하게 여기듯이 다 알고 있으면서도 내색을 하지 않는 능청맞은 사나이였다.

"그런 메시지 발표는 삼갑시다."

우리들끼리 모여서 이상의 이야기를 하다가도, 끝에 가서는 반드시 구보는 이런 소리를 해서, 우리들의 입을 봉해 버렸다. 이런 금홍의 태도를 눈치 못 채고, 혼자 초조해 하는 똑똑한 바보 이상이 딱하였다.

이런 것을 내가 지용과 소운 앞에서 이야기해 버린 것인데, 지용은 몰라도 소운은 벌써 눈치 채고 있는 것 같았다.

"나는 시를 잘 모르지만, 이상의 시 그거 쓸 만한 거요?"

소운이 지용한테 물었다.

"쓸 만하긴, 그저 그렇지. 요새 유행하는 일본 젊은 시인들의 흉내를 내는 것 같은데, 우리나라에도 그런 시가 한두 편 있는 게 괜찮아요. 그 정도로 알면 돼요."

"《카톨릭청년》에서 크게 내준다고, 본인은 자랑이 대단한데 그저 그 정도란 말이군 그래."

소운이 씁쓰레한 얼굴을 하자, 나는 또 이런 소리를 하였다.

"지용한테,《중앙일보》학예면에 소개해 달라고 졸라대서 죽겠다는
데—"

"그래? 그 깔끔한 상허가 말을 들을라구……"

소운은 지용을 향해서 물었다.

"잡지에는 어떻게 낼 수 있지만 독자가 많은 신문에는 내기 힘들 거
야. 독자들이 떠들고 일어나면 곤란할 테거든."

지용의 대답이다.

"그렇지만, 상허가 지용이 조르는 바람에 안 내주고 못 배길 거라고,
이상이 그러던데—"

나는 이렇게 지용을 부추겼다.

"이상이 배짱은 참 좋군! 그런 사람이 금홍이한테는 왜, 쩔쩔매는
거야."

지용이 이렇게 말하고, 잔을 비워서 소운한테 돌렸다.

소운은 몸이 좋고, 주량이 대단했다. 그날은 기분이 좋아서 넙적넙적
술을 받아 마시고, 며칠 뒤에 동경에 갔다 와야겠는데, 가면 '기다하라'
(北原白秋)를 만날 테니까 지용이 서울에서 술 잘 먹고 잘 떠든다고 안
부를 전해주마고 하였다.

▌일본 시단에서부터 명성 떨친 시인 정지용

지용은 휘문(徽文)고등보통학교를 우수한 성적으로 졸업했는데 학교
에서는 장차 영어교원을 만들 작정으로 그를 일본 경도에 있는 동지사
(同志社)대학으로 유학을 시켰다. 충청북도 옥천에 있는 시골집에는 아
버지가 농사를 짓고 있었고, 그때 이미 장가를 들어서 아내가 있었다.

    傳說바다에 춤추는 밤물결 같은

검은 귀밑머리 날리는 어린 누이와

아무렇지도 않고 여쁠것도 없는

사철 발 벗은 아내가

따가운 햇살을 등에 지고 이삭 줍던 곳,

그곳이 차마 꿈엔들 잊힐리야——

〈향수(鄕愁)〉라는 시에서 지용은 고향을 이렇게 읊었다. 그는 동지사 대학 영문과에서 열심히 공부하고 있었는데, 그때 일본 시단(詩壇)에는 기다하라가 제일인자(第一人者)로 군림해 있으면서 《근대풍경(近代風景)》이라는 시 잡지를 내고 있었다. 이 잡지는 일본 시단의 최고봉을 이루고 있는 가장 권위 있는 잡지이어서, 이 잡지에 한번 시가 게재되면, 당당한 시인으로 행세할 수 있게 되어 있었다.

지용은 영문과 2학년 때에 이 잡지 독자란에다가 시 몇 편을 투고하였다. 그랬더니 그 다음달 《근대풍경》에 〈가모가와(鴨川)〉라는 제목의 시가 첫 페이지에 두 면으로 걸쳐서 큰 활자로 게재되었다. 첫 페이지에 실은 '비시'(扉詩)라는 것은 일류 대가의 작품을 싣는 곳으로 독자란에 투고한 무명 시인의 시가 오를 곳이 아니었다. 그런데 조선 학생인 정지용이 당당히 이 명예로운 지위에 오른 것이다. 기다하라는 추천사를 써서 비록 독자란에 투고한 무명의 조선 학생이지만 놀라웁게 좋은 시를 써서 우리나라의 일류시인에 못지않으므로 단호히 그의 시를 일류시인의 시로 대접하였노라고 하였다.

　　鴨 川

鴨川 십리벌에

해는 저물어……저물어……

날이 날마다 님 보내기
목이 자졌다……여울 물소리……

찬 모래알 쥐여짜는 찬 사람의 마음,
쥐여 짜라. 바시여라, 시언치도 않어라.

역구풀 욱어진 보금자리
뜸북이 홀어멈 울음 울고,

제비 한 쌍 떴다,
비 맞이 춤을 추어.

수박 냄새 품어오는 저녁 물바람.
오랑쥬 껍질 씹는 젊은 나그네의 시름.

鴨川 십리벌에
해가 저물어……저물어……

　물론 이 시는 일본말로 씌어진 것으로 나중에 지용 자신이 우리말로
번역한 것이다. 신선하고 아름다운 이 시가 일본 시단에 나타나자 일
본 독자들은 크게 환호하였고, 식민지 대학생인 젊은 그를 이렇게 우
대한 기다하라의 넓은 도량을 칭찬하였다. 독자들의 열렬한 환호에 응
하여 기다하라는 정지용을 동경으로 불러올리고 성대한 환영회를 개최
하였다.

　금단추 다섯이 달린 대학생 제복에 사각모자를 쓴 지용은 동경으로
올라와서 환영회에 출석하였는데, 키가 작고 뚱뚱한 그는 나이보다 어
려서 중학생같이 보이더라고 한다. 그러나 눈동자만은 초롱초롱하게 빛

나서 보통이 아닌 비상한 재질을 가진 것을 보여주었다고 한다.

기다하라는 그를 정중하게 대접하고 조선이 낳은 천재적 시인인 그는 장차 일본 시단을 놀라게 할 것이라고 극구 칭찬하였다.

그 뒤로 지용은 〈조약돌〉, 〈카페 프랑스〉, 〈갑판(甲板) 우〉 같은 좋은 시를 《근대풍경》에 발표해서 일본 시단을 놀라게 했고, 조선에 돌아와서 모교인 휘문학교 영어선생이 됐다.

기다하라는 그를 못내 잊지 못해서 동경에 오는 조선 사람을 만날 때마다 지용이 조선에서 무엇을 하고 있고, 어떻게 지내느냐고 자세히 묻더라고 한다. 김소운은 동경에서 조선의 현대시를 일본말로 번역해서 《조선시집》이란 이름으로 책을 내었는데 기다하라가 이 일을 많이 도와주어서 김소운과 매우 친한 사이가 되었다. 김소운이 자주 동경을 왕래하고 있었으므로 소운이 기다하라에게 끊임없이 정지용의 소식을 전해 주고 있었다.

지용이 조선에 돌아온 뒤로는 일체 일본말로 시를 쓰지 않았고, 1926년경부터 당시의 우리나라 최고의 종합잡지인 《조선지광(朝鮮之光)》에다가 〈오월 소식〉, 〈뻣나무 열매〉, 〈선취(船醉)〉 같은 주옥같은 시를 발표하여 시단에 이름을 날리고 있었다.

그는 독실한 천주교 신자이어서 아침 미사에 참례하기 위하여 새벽에 집을 나서서 명동 성당을 왕래하였다. 미사에 참석하고 와서 학교에 출근하였고, 천주교에서는 그에게 《카톨릭청년》이라는 잡지의 편집을 맡겼다. 이상의 시가 처음으로 잡지에 나타난 것이 이 《카톨릭청년》이었다는 것은 앞서 이야기하였고, 허보를 비롯한 많은 젊은 시인들이 문단에 데뷔한 것은 이 잡지를 통해서였다. 지용도 이 잡지에다가 〈불사조〉, 〈임종〉, 〈갈릴리아 바다〉 같은 종교시를 발표하였다. 잡지 《카톨릭청년》은 신도들을 위한 잡지였지만 일반 책사에서도 팔고 있었고, 특히 문예란은 지용이 잘 꾸며놓아서 문단의 주목을 끌고 있었다.

천주교에서 술 마시는 것을 허용하였으므로 지용은 마음 놓고 술을 마셨는데 술에 취하면 약간의 짓궂은 버릇이 나왔다. 평소에 사이좋게 지내던 사람과 시비를 거는 것이었다.

월탄 박종화(月灘 朴鍾和)는 휘문학교 출신으로 지용의 선배이었다. 월탄은 자주 술상을 차려놓고 친구들을 청하였는데, 휘문학교 선생으로 가람 이병기(李秉岐)와 지용, 그리고 염상섭(廉尙燮), 김억(金億), 방인근(方仁根) 같은 문사들과 화가 쪽으로 이용우(李用雨), 최우석(崔禹錫), 이승만(李承萬) 등이 주요한 멤버이었다. 양화가 출신의 이승만은 휘문학교 출신으로 지용보다 한두 해 선배이었는데, 두 사람은 만나면 아주 좋아하고, 잘 이야기하였다. 그러나 술이 약간 얼큰해 오면 두 사람은 어느덧 입씨름을 시작하였다. 서로 가시 돋힌 말로 으르렁거리다가 마침내는,

"네까짓 게 화가냐!"

"네까짓 게 시인이냐!"

하고, 언성이 높아지고 손찌검을 하기에까지 이른다.

두 사람이 다 온순하고 선량한 사람이건만 번번이 이런 충돌을 일으키는데, 두 사람이 다 양보할 줄 모르는 팽팽한 성질의 사람인 까닭인지 몰랐다.

지용의 시 낭송은 천하일품이었다. 작은 체구에서 어디서 그런 우렁찬 소리가 나오는지 술좌석에서 흥이 나면 똑바로 정좌해 가지고 목청을 뽑아갔다. 흔히 〈가모가와〉를 많이 읊었는데 일본말로 읊어가는 것이 더 좋았다.

처음에 일본말로 썼고 일본말로 읊어가는 버릇을 해서 그런지, 처음에 기다하라의《근대풍경》에 초대되어서 동경에 갔을 때에도 그 환영회 석상에서 이 〈가모가와〉를 낭송해서 굉장한 갈채를 받았다고 한다.

소운과 셋이서 마시는 이 자리에서도 나중에 소운이,

"자, 어때, 인제 하나 뽑을 때가 되었는데."

하고 재촉을 하고, 내가 옆에서,

"이번엔 밤낮 하는 〈가모가와〉는 그만두고 〈카페 프랑스〉를 해요."
하고 조르니까 지용은 신이 나서 주위에 손님이 있건 없건 〈카페 프랑
스〉를 뽑기 시작하였다.

　　나는 子爵의 아들도 아무것도 아니란다.
　　남달리 손이 히여서 슬프구나!

　　나는 나라도 집도 없단다.
　　大理石 테이블에 닿는 내 뺨이 슬프구나!

　　오오, 異國種 강아지야,
　　내 발을 빨아다오.
　　내 발을 빨아다오.

　떠들썩하던 손님들이 모두 귀를 기울이고 조용히 듣고 있는 속에서
지용은,

　　옮겨다 심은 棕梠나무 밑에
　　삐뚜루 선 長明燈,
　　카페 프랑스로 가자!

로부터 시작되어서,

　　내 발을 빨아다오.

로 끝나는 긴 시를 거침없이 읊어 갔다.
　술꾼들은 모두들 숨을 죽이고, 물을 끼얹은 듯 조용함 속에서, 지용

의 우렁찬 시의 낭송을 황홀하게 듣고 있었다. 낭송이 끝나자 박수가 터져 나왔고, 몇 사람은 술도꾸리와 잔을 가지고 와서 지용한테 술을 권하였다.

▌소설가 정인택 · 박태원의 삶과 염상섭

며칠 뒤에 정인택이 신문사로 나를 찾아왔다. 그는 그 당시 제일고등보통학교라고 부르던 오늘날의 경기중학교에서 나와 동창이었다. 그때 그 학교는 한 학년에 오백 명을 뽑아가지고 이것을 네 학급에 나누어서, 한 반에 50명씩 배정해서 가르치고 있었다. 구보와 정인택은 일학년 때에 같은 정반(丁班)이었고, 나는 병반(丙班)이었는데, 구보는 3학년까지 다니다가 문학병에 걸려서 신경쇠약이라고 휴학하였다. 그러나 3학년까지는 정인택과 한 반에 다녔으므로 가까운 사이이었고, 정인택과 나는 한 반에서 배운 일은 없었지만 5학년까지 다니다가 졸업하고, 대학 예과에 입학했으므로 그때부터 친하게 되었다.

정인택이란 이름은 나중에 고친 이름이고, 처음에는 정태양(鄭太陽)이었다. 구보의 말을 들으면, 일학년 때에 출석부를 부르는데, 어느 일본 선생이,

"데이 다이요(鄭太陽)——, 데이 다이요——"

하고 몇 번씩 부르면서 좋은 이름이라고 칭찬하더라고 한다. 그런데 얼마 후에 이름을 정인택이라고 고쳤다.

구보는 새 이름을 놓고,

"정인택(鄭人澤)이란 이름이 어디 있어! 정팔택(鄭八澤)이라고 고쳐!"

하고 놀려댔다. 사람 인(人)자 이름이 어디 있느냐고, 인자를 팔(八)자로 고치라는 말이었다.

구보는 제일고보를 몇 년 늦게 졸업해가지고, 동경에 건너가서 법정

대학에 적을 두었고 정인택은 대학 예과를 중퇴한 뒤에 작가수업을 한다고 동경으로 건너가서 두 사람이 거기서 만나가지고 같이 돌아다녔다. 구보는 그러다가 서울로 돌아와서 춘원 이광수(春園 李光洙)의 제자가 되어서 작가생활을 시작하였고, 정인택은 늦게 돌아와서 직업이 없이 떠돌아다녔다. 그날도 취직 문제 때문에 나한테 들른 것이었는데, 구보는 서울에 버젓한 집이 있고, 어머니와 형하고 동거하고 있어서 생활에는 걱정이 없었다. 정인택은 일본 여자와 동거하는 이복형 집에 붙어 있는데 그 집에 오래 있을 처지가 못 되어서 하루바삐 독립해 나와야 할 판이었다.

정인택의 아버지는 정운복(鄭雲復)이라고 해서, 한일합방의 소용돌이 속에서 한국과 일본 두 나라를 왕래하던 정치적 인물이었다. 그는 기미년 3·1운동 뒤에 별세하였는데 조선총독부와 그 언저리에 많은 친구를 가지고 있었다.

그날 정인택은 자기 아버지 친구가 자기를 매일신보사에 소개해줄 테니 들어가 보라고 해서 의논하러 왔다고 하였다.

나는 동창이지만, 나하고 같이 있는 삽화가 이승만이 정인택의 형과 친한 사이이어서 이승만 화백이 여러 가지로 입사할 길을 가르쳐 주었다.

이야기를 끝내고, 이승만이 다방 제비를 구경하러 가자고 해서 세 사람이 그리로 갔다. 이승만은 김소운과 가까운 사이이고 김소운에게서 이상의 이야기를 자주 들어왔으므로 어떻게 하고 있나 하고 궁금해 하고 있던 참이었다.

다방에 들어가자 소년이 내게로 달려와서,

"마담이 왔다 가셨에요."

하고 희색이 만면해서 보고하였다.

"왔다 갔어? 그럼 여기 지금 없단 말이냐?"

"네—"

"거 이상하다. 오면 왔지 또 가는 것 무엇이냐!"

"자세한 이야기를 해드릴께 이리 들어오세요."

하고, 소년은 나를 주방으로 끌어 들였다.

금홍이가 어제 아침에 돌연히 다방에 나타났다. 얼굴이 몹시 야위고 옷 꼴도 말이 아니었는데, 금홍이 왔다는 소식을 들은 건넛집 방에서 자고 있던 이상이 허겁지겁 뛰어와서, 금홍이 손을 잡고 눈물을 흘릴 듯이 기뻐하였다. 소년을 시켜서 우선 길 건너에 있는 대창옥에서 설렁탕을 시켜오게 하고, 둘이서 먹으면서 이상은 어린애가 투정하듯이 왜 늦게 왔느냐고 금홍을 나무랐다.

그랬더니 대답인즉 저의 어머니가 몹시 앓고 있어서, 서울로 통지를 하려던 차에 잘 왔다고 붙들려서 열흘이 넘도록 있었는데, 아직도 대소변을 가리지 못하므로 또 가 보아야겠다고 하였다. 가지고 온 보퉁이 속에서 새 옷을 꺼내서 입고, 둘이서 어디를 가는지 왼종일 나갔다가 저녁때가 다 되어서 돌아와서 이번에는 꼭 편지를 하고 어머니 병이 그만하면 틀림없이 돌아올 테니, 걱정 말라고 이상을 타이르고 총총히 배천으로 떠났다고 한다.

"얘, 내 곧 또 올게. 그동안 선생님 모시구 잘 있어."

올 때와는 딴판으로 아주 기분이 명랑해져서, 두 사람과 헤어져 갔다고 하였다.

"그때 선생님은 어떤 얼굴을 하고 있었니?"

"그 전에 늘 우울하시던 것과는 딴판으로 연방 웃으시면서 그래그래 잘 다녀와! 하시구, 아주 명랑한 얼굴로 손을 흔들면서 보내셨어요."

"갈 때 보퉁이를 가지고 갔니?"

"아뇨. 그냥 새 옷만 입고 갔어요."

"네 생각에는 또 돌아올 것 같던?"

"글쎄요. 또 돌아오실 것두 같구, 잘 모르겠에요."

이런 이야기를 하고 밖으로 나오니까 이승만 화백은,

“왜, 무슨 밀담야……”

하고 웃으면서,

“지금 정형(鄭兄) 말을 들으니까 금홍이가 없어졌다는데 도로 왔단 말요?”

“누가 알우. 어저께 잠시 왔다가 곧 도로 갔다는구려.”

“무슨 소리야. 나는 금홍이 꼴을 보려구 왔는데, 그럼 일이 틀렸군 그래. 금붕어같이 물만 먹기 싫으니, 자, 딴 데로 갑시다.”

이 화백은 금붕어같이 물만 마신다고 해서 차 마시기를 싫어하고 따라서 찻집을 좋아하지 않았다. 그래서 오래간만에 온 정인택을 데리고 술집으로 갔다.

이튿날 아침, 정인택이 또 신문사로 왔다. 어떻게 일이 빨리 진행되어서 오늘 아침 열한 시에 신문사 사장이 자기를 만나자고 한다는 것이었다.

이승만이 이 말을 듣고, 정인택의 꼴을 훑어보더니,

“일은 잘되었는데, 지금 정형의 저런 모습으로 만나서는 안 될 걸. 무슨 좋은 수가 없을까.”

하고, 무엇을 생각해 내려고 하였다. 그때 정인택의 모습은 초라하기 짝이 없는 거지꼴이었다. 바지와 저고리가 짝짝이로 아래위가 맞지 않는 헌 양복에다가 구두는 누런빛 다 해진 단화이었고, 머리 꼴도 덥수룩한 게 면도를 안 해서 턱이나 얼굴이 털복숭이었다.

이승만은 나를 보고 의논하였다.

“저 사람 키에 당신 옷은 안 맞을 테고 내 옷이 맞겠어. 그럼, 내 옷을 입게 하고, 인제 시간이 얼마 안 남았는데 어서 이 아래 이발관에 가서 면도를 하고 오라고 그럽시다.”

이렇게 해서 이 화백이 돈을 주어서 정인택을 이발소로 보냈다.

“빨리 해달라고 해서 곧장 와요.”

그리고는 자기는 지하실에 있는 숙직실로 내려갔다. 거기서 와이셔츠와 양복을 벗어서 정인택을 입히고, 자기는 그 방에 이불을 쓰고 누워 있을 작정이었다.

얼마 안 있어서 정인택이 머리와 얼굴을 말쑥하게 가다듬고 나타났다. 그리고 곧장 숙직실로 내려가서 다시 이승만 화백의 복장을 해가지고 편집국으로 나타났다.

나는 몇 마디 일러둘 것을 아르켜주고, 그를 데리고 사장실로 올라갔다.

사장한테 인사를 시키고 나는 곧 나왔는데 정인택은 문제없이 이 면접시험에 통과할 것 같았다.

오래 있지 않아서, 정인택이 웃으면서 이층에서 내려오고, 나는 그와 같이 숙직실로 내려갔다. 두 사람은 웃으면서 옷을 갈아입고, 정인택은 다시 털털이 거지꼴이 되었다.

정인택을 사장한테 소개한 사람은 유력한 인물이었고, 평소에 멋쟁이로 유명한 이승만의 복장을 한 말쑥한 신사 차림의 정인택이 마음에 들지 않을 까닭이 없어서 사장은 그 당장에 비서실장을 불러서 입사수속을 하도록 명령하였다.

그때 정치부장이 염상섭이었다. 정치면을 꾸미는 것은 총독부에서 나오는 기사가 주이지만 《동맹통신(同盟通信)》에서 보내오는 일본말로 된 기사를 우리글로 번역해서 내는 것도 중요한 일이었다. 일본말이 쉬운 것 같지만 정확하게 번역하려면 힘이 들었다. 마침 정인택이 일본말을 잘하므로 염상섭이 그를 정치부로 데리고 가서 이 번역일을 시켰다.

염상섭의 눈에 들어서 정인택은 나중에 작가로 출발하는 데 큰 도움을 받았다. 염상섭도 일본말을 잘했지만, 늘 정인택이 일본말을 잘하고 문학적 재능이 있다고 칭찬하였다.

염상섭이 얼마 안 가서 《매일신보》 정치부장을 그만두고, 만주국 신경(新京)에 있는 《만선일보(滿鮮日報)》 편집국장이 되어가자, 정인택은 정치부를 떠나 학예부로 왔다.

■ 문화계를 발칵 뒤집어놓은 시 〈오감도〉

"박형, 요새 《중앙일보》에 나는 〈오감도(烏瞰圖)〉 읽어 보았소? 인제 부터 점입가경이라, 찬란한 광채가 육리(陸離)할 것이오. 제 왈(曰) 시 인이라는 무리들이 이 걸작을 읽는 순간, 얼굴이 창백해져서 어찌할 바 를 모를 것이고 이런 유상무상(有象無象)들이 모조리 무색해 질 것을 생각하니 참으로 통쾌무쌍이오!"

이상은 정지용을 끼고 상허를 졸라대서 필경 《중앙일보》 학예면에 〈오감도〉를 내게 되었다. 조감도(鳥瞰圖)가 옳은 말이지만, 이것을 비 꼬아서 새 조(鳥)자에 한 획을 뺀 까마귀 오(烏)자를 만들어서, 오감도 (烏瞰圖)로 제목을 붙인 것이다.

이 괴상한 제목을 붙인 괴상한 시가 삼사 일을 두고 나타나자 독자들 이 전화와 투서로 중단하라고 야단을 쳤다.

"이게 시냐? 미친놈의 잠꼬대, 어서 집어치워라!"

"무슨 개수작이냐. 그따위 시를 내면 신문 안 볼 테다!"

이런 투서가 자꾸 들어오고 바깥 독자뿐만이 아니라 신문사 안에서 도 반대소리가 시끄러워져서 학예부장인 상허가 견딜 수가 없었다. 그 래서 상허는 이상과 가까운 구보를 불러서 이것을 호소하고, 중단할지 도 모르겠다는 뜻을 이상에게 전하라고 하였다. 구보는 정인택을 불러 가지고 둘이서 제비로 가서 이상을 만난 것이다.

그 무렵 이상의 꼴은 말이 아니었다. 하루 잠깐 다녀간 뒤에 곧 또 오겠다던 금홍이는 이내 깜깜 무소식이더니 얼마 뒤에 이상이 없는 틈 에 나타나서 이상을 찾지도 않고, 제 옷 보퉁이를 챙겨가지고 나오면서 일하는 소년을 보고서,

"잘 있어, 난 또 안 올 테다."

하고, 총총히 사라져 버렸다.

금홍이가 없어진 데 대해서 이상은 이렇게 쓰고 있다.

"나흘 만에 돌아와 보니까 금홍이는 때 묻은 버선을 웃목에다 벗어
놓고 나가버린 뒤였다."

금홍이 이렇게 가버린 뒤에 이상의 생활은 더욱 데카당이 되었다. 이
것을 보다 못해서 정지용과 구보, 정인택이 열심히 상허를 설복해서 이
상의 소원을 풀게 해 준 것이었다.

〈오감도〉가 《중앙일보》에 게재되던 날, 신문사에 있던 정인택이 그
신문을 들고 제비 다방으로 이상을 찾았다. 굴속 같은 방 속에 누워 있
던 이상이 별안간 활기를 띠고 뛸 듯이 좋아하더라고 하였다.

그런 지 사오 일밖에 안 되어서, 구보가 상허의 부탁을 받고, 정인택
과 같이 좋지 않은 소식을 전하러 갔을 때에 이상은 구보를 보고 유상
무상의 시인들이 자기의 시를 읽고 무색해질 것이라고 떠들어댄 것이
었다.

이 때문에 구보는 이렇게 좋아하는 이상한테 어떻게 상허의 이야기
를 전해야 할지 몹시 난처하게 되었다.

사실인즉 정지용도 이상이 상허한테 졸라서 《중앙일보》에 싣게 해달
라고 조를 때에, 그런 시를 신문에 낼 수 있을지 의문이라고 생각했었
고, 그런 말을 우리들 앞에서도 털어놓기도 했지만, 이상이 하도 못살게
굴도록 조르고 또 이상의 정경이 딱해서 상허를 조른 것이었다. 구보는
상허가 그 시를 내야 할지 어쩔지 망설이는 장면을 신문사 학예부 책상
앞에서 직접 목격했기 때문에 〈오감도〉가 나자마자 좋아하는 이상을
찾지 않고 하회(下回)를 보아온 것이었다. 그러던 것이 이런 재미없는
심부름을 하게 되어서 곤경에 빠지게 된 것이다.

이상은 구보와 정인택 앞에서 계속해서 떠들어댔다.

"박형, 당신도 알다시피, 불란서의 보들레르는 지금부터 백 년 전인
1850년에 〈악(惡)의 꽃〉을 발표해서 그 유명한 악마파(惡魔派)의 선언
을 하지 않았소? 이것에 비하면 우리는 너무나 뒤떨어졌어요. 왜 우리
나라는 불란서만 못합니까. 우리나라도 찬란한 시의 역사를 갖고 있지

않아요? 이번에 내 〈오감도〉는 〈악의 꽃〉에 필적할 세기적인 작품이라고 나는 감히 생각해요."

이상의 기고만장한 장광설은 그칠 줄 몰랐다. 어이가 없어서 이상의 떠드는 것을 듣고만 있던 구보는 천천히 입을 열었다.

"이상, 우리 술 한잔 하러 나갑시다."

"술 한잔 하러 가자구? 박형이 무슨 돈이 있소?"

"나라구 밤낮 빈털털이로 있는 줄 아오?"

"허허, 이거 오늘 재수 좋다. 박형이 술을 다 내구……"

이상은 술이란 소리에 귀가 번쩍 띄어서 옷을 주섬주섬 입고 따라나섰다. 옷이라야 넥타이도 없는 단벌 와이셔츠에 후줄근한 바지를 입으면 그만이다. 희다 못해 푸른 기가 도는 창백한 얼굴에 수염은 창대같이 뻗혔고, 눈만 유난히 빛났다.

"구보가 오늘 원고료를 타서."

정인택이 이렇게 귀뜸하니까, 이상은 너털웃음을 웃으면서,

"아 그래! 그래서 나의 시인으로서의 찬란한 출발을 축하해 준단 말이로군 그래. 친구로서 의당 그럴 법한 일이지."

이상은 점잖은 말투로 이렇게 말해놓고, 구보를 향해서 다시,

"그럼 어디로 모실깝쇼?"

하고, 인력거꾼 말투가 되었다.

"어딘 어디야! 가던 데로 가는 거지."

이것은 정인택의 대답이었다.

어느덧 어둑어둑해 와서 벌써 야시(夜市)가 벌어질 차비를 차리고 있고, 화신백화점의 지붕 꼭대기에서는 네온사인이 나타나기 시작하였다. 가던 데로 가자는 것은 말할 것도 없이 종로 종각 뒷골목에 있는 카페 낙원이었다.

세 사람이 들어서자 여급들이 우루루 몰려들었다.

"색시들, 다 잘 알고 있지. 이 박 선생은 안주를 많이 자시는 건담가

(健啖家)이시구, 털보인 나로 말하면 떠들기를 좋아하는 건담가(健談家)
이구, 또 얌전하게 보이는 이 친구는 여자면 누구에게든지 잘 호소하는
대단한 연애가이니, 주의들을 해야 해요."
　이렇게 세 사람을 설명하고 나서 다시 옆에 앉은 여급들을 향해서,
　"이 사람은 권투를 좋아하는 체육가라 함부루 뎀볐다가는 뼉다귀도
못 추릴 테니 주의해야 하고 이 사람은 눈물로 호소하면 단번에 넘어가
는 순정파이니 정인택에게 어울리는 사람이고 또 이 사람은 대단한 청
교도(淸敎徒)라 누구든지 손목이라도 만질려고 덤볐다가는 벼락같이 따
구를 얻어맞을 테니, 그쯤 알고 조심들 해야 해요."
　이렇게 한바탕 떠들어 논 다음에 술잔을 들면서,
　"술은 내 몸속에서 향수같이 빛난다!"
하고, 보들레르의 시 한 구절을 읊었다. 금홍이가 가버린 슬픔도 다방
제비의 삭월세를 못 내서 일본 사람 고리대금업자한테 곤욕을 치르는
그 창피도 다 잊어버리고 《중앙일보》에 〈오감도〉가 게재된 것만이 기
뻐서 어쩔 줄 모르는 그런 모습이었다.
　"여바, 우리 체육가씨. 여자란 그 몸속의 절반이 독소로 뭉쳐 있는 것
같애. 그 독소가 매독균같이 잠복해 있다가 발병이 시작하는 날에는 아
무리 무쇠같이 튼튼한 놈팽이래도 허무하게 꺼꾸러진단 말야. 안 그래,
체육가씨 당신도 그런 독소를 가지고 있지?"
　이상의 독설이 시작되었다.
　"천만에 말씀 마세요. 우리 여자들이 보기에는 남자들이 도리어 무서
운 독소를 몸에 지니고 있다고 생각해요. 우리 여자들이 얼마나 많이
이 남자의 독소에 걸려서 희생되었는지 참으로 부지기수입니다."
　"허허, 이야기가 어째 험악해 가는데. 이러다가는 남녀 두 쪽이 결투
라도 하지 않을까."
　구보가 비로소 이렇게 입을 열었다. 그러자 이상은 이 기회를 놓치지
않고,

"박형! 여보, 그 맛있는 피존(그때의 담배이름) 한 대 주구료."
해서 피존 한 개를 얻어가지고 피워 물었다.
"여보 여급씨들, 우리 오 분간만 조용히 할 이야기가 있는데——"
구보는 다시 이렇게 말하고 옆에 있는 여급을 바라보았다.
"그럼, 우리 잠깐 동성연애를 할 테니까 조금 자리를 떴다가 다시 오시지. 알았소. 하하하——"
이상은 이렇게 눙쳐서 여급들이 자리를 뜨게 하였지만, 그러나 구보가 무슨 할 말이 있는 것인지는 물론 까맣게 모르고 있었다.
정인택이가 《중앙일보》를 들고 좋아서 알리고 간 뒤로 이어서 구보도 축하하러 올 줄 알았는데 삼사 일이 지나도록 소식이 없었다. 오늘 찾아와서 술을 낸다는 것은 반갑지만, 구보가 종시 시무룩하고 말이 없다가 무슨 조용히 할 말이 있다고 여급들을 몰아내는 것이 어째 무슨 까닭이 있는 것만 같아서, 수상쩍기는 했다. 그렇지만 새침덕한 일상 모습으로 옆에 앉은 정인택의 모습이 별로 이상한 기색이 없으니 구보가 무슨 장난을 하려고 하는 게 아닐까.
구보는 조용히 입을 열었다.
"〈오감도〉에 대한 이야기인데 이상이 이렇게 기분이 좋아하는데 찬물을 끼얹는 꼴이 되어서 대단히 마음 괴로운 일이오. 그러나 어떻게 이야기를 안 할 수가 없어서 입을 여는 것이니 이상 양해해 주기 바라오."
그리고 흘끗 이상의 눈치를 보았다. 찬물을 끼얹는다는 말에 벌써 눈치를 채고, 그 순간 이상의 얼굴빛이 변해졌다.
"어제 상허가 나를 불러서 가보았더니 몹시 상기된 얼굴로 딱한 사정을 이야기한단 말예요."
이렇게 시작해서 구보는 〈오감도〉 때문에 일어난 신문사 안의 트러블 이야기부터 시작하였다.
원고를 공장으로 내보냈을 때부터 공장에서 이런 것을 왜 싣느냐고 상허한테 항의가 들어왔고, 학예면에 나타나자 편집국에서는 말할 것도 없고 영업국에서까지 이런 것을 실으면 신문 팔아먹기는 틀렸다고, 편집국장한테 항의가 들어왔다. 독자들의 투서와 욕설은 말할 것도 없고, 상허는 견디다 못해서 사표를 냈는데, 편집국장은 학예부장의 체면도 있고 하니 하루 이틀 더 내주고 끊자는 의견이라고 하였다. 그래서 어제까지는 냈지만 오늘 석간부터는 안 나올지도 모르니 그것을 양해해 달라고, 작자 이상한테 말해 달라는 것이었다.

이런 이야기를 하는데 시간이 꽤 걸렸다. 그전 같으면 구보는 이상에 못지않게 곁말을 써가면서 농지거리 욕지거리로 술술술 말이 나올 텐데, 이번에는 연방 이상의 안색을 살피랴, 이상이 기분 나빠하지 않도록 말을 골라서 하느라고 시간이 걸린 것이다.

두 사람은 이런 말을 해놓고, 혹시 이상이 노발대발해서 신문사로 항의하러 가겠다는 둥, 흥분한 행동을 하지나 않을까 하고 겁을 냈었는데, 뜻밖에 이상의 태도는 태연하였다. 처음에는 안색이 변하고 약간 상기된 것 같더니 곧 이것이 사라지고 그전대로 태연하게 듣고 있었다.

"허허, 그렇게 되었군! 두 사람 왜 이리 심각한 얼굴을 하고 있소! 어서 유쾌하게 술이나 마십시다. 공연히 여자들을 쫓았어. 난 여자를 보고 자리를 피해 달라길래 무슨 큰 비밀 이야기를 하는 줄 알았지. 그런데, 무어 그까짓 이야기 여자 앞에서 하면 어떻소?"

이상은 아무렇지도 않은 듯이 웃으면서 구보의 따르는 술을 받아 마셨다.

"그렇지만 두 친구 그 시는 아무나 쓸 수 있는 그런 시하구는 물건이 다르다는 것만은 알아주어야 해요."

그러고는 손뼉을 쳐서 자리를 피했던 여자들을 도로 불러들였다.

"오늘 박형이 나를 위로해서 한잔 낸다니, 우리 배반(杯盤)이 낭자(狼藉)하도록 크게 마십시다."

하고서, 다시 자리로 돌아온 여급들에게 한 잔씩 술을 권했다.

"박형! 정형! 이런 때면 나는 이상한 귀기(鬼氣)가 내 골수 속으로 스며 들어오는 것을 느껴요."

하면서 연거푸 술잔을 들었다.

구보와 정인택은 가슴을 쓰다듬어 내면서 안심하고 서로 바라보면서 쓴웃음을 웃었다.

그날 밤, 이상은 몹시 취하였고, 두 사람이 부축을 해서 집으로 돌아갔는데, 길에서 혼자 이렇게 중얼거리더라고 정인택이 나한테 이야기하였다.

"왜, 날 보구 미쳤다고 그러는 거야. 그럼 우리가 남보담 백 년이나 떨어져 지내도 좋단 말야! 천만에 말씀! 독자라는 우맹(愚氓)들을 상대로 하는 내가 불쌍하지만 그렇지만 나는 누구에게도 굴복하지 않을 거야! 나는 그냥 내 길을 갈 거야!"

그리고는 퀴퀴한 냄새가 코를 찌르는 굴속 같은 단칸방에 들어가서 그냥 쓰러지면서,

"금홍아, 금홍아 어디 갔니? 너는 내 이 심정을 알게다. 어디 갔니?"

하고 흐느끼더라는 것이다.

이튿날 아침, 이상은 저고리를 입고 넥타이를 맨 정장으로 구보를 찾아서 같이 《중앙일보》에 가서 편집국장과 학예부장한테 정중히 인사를 하였다. 공장 사람들은 우루루 편집국으로 몰려와서 대체 어떻게 생긴 사람인가 하고 이상의 행색을 훑어보았다.

"구경꾼이 몰려들구, 나도 인젠 꽤 유명해졌군!"

이상은 신문사를 나오면서, 웃고 구보를 바라보았다.

"자, 인제 어디로 간다?"

이상은 종로 네거리로 나오면서 제비로 돌아갈 생각을 안 하고 딴 생각을 하고 있었다.

"박형, 어제 저녁에는 과용을 해서 미안하지만, 남은 돈이 있거든 혹시 나를 데리고 명치좌(明治座) 구경을 시켜 줄 아량이 없겠소? 요새

명치좌에서는 유명한 르네 클레르 감독의 〈최후의 억만장자〉*라는 영화가 상영되어서 큰 인기를 끌고 있답디다. 지금 내 주머니는 문자 그대로 공랑(空囊)이라 무일푼이지만, 천하 사람을 우롱한 주인공의 행동을 한번 보고 싶단 말이오.”

이 말의 뜻을 벌써 알아차리고 구보는 언뜻 승낙하였다.

“오감도가 천하 사람을 우롱했단 말이로구려. 좋소. 보러 갑시다.”

이래서 명동 네거리에 있는 서울에서 제일 큰 영화관인 명치좌로 향하였다.

1931년에 일본은 만주사변이란 것을 일으켜서 장학량(張學良)을 몰아내고 만주를 먹어 버렸다. 예전에 장춘(長春)이라고 불리던 곳을 신경(新京)이라고 고쳐 부르고 이것을 새로 세운 만주국(滿洲國)의 수도로 만들었다. 그리고 청나라 황제이었다가 쫓겨난 부의(溥儀)를 데려다가 만주국 황제로 앉히고, 청나라 신하이었던 정효서(鄭孝胥)를 부총리로 앉혔다. 이렇게 겉으로 중국 사람을 내세워서 중국 사람의 나라인 것같이 꾸며 놓고 뒤에서 일본군부가 모든 것을 마음대로 움직여 나갔다. 그때는 군인들이 정권을 좌우하는 일본은 파쇼국가이었다.

이와 때를 같이해서 독일에서는 히틀러의 나치스당이 정권을 잡고 나라를 마음대로 움직여 나갔다. 군부가 마음대로 나라를 움직이는 파쇼국가 일본과 히틀러를 괴수로 한 나치스당이 마음대로 나라를 움직이는 파쇼국가 독일과는 서로 통하는 점이 많아서 차츰 가까워져 갔다. 이러다가 파쇼의 본고장인 무솔리니의 이태리와 동맹국이 되어서 소위 일독이(日獨伊) 삼국동맹이 된 것이다.

이들 세 나라의 특징은 국회를 무시하고 독일은 히틀러 혼자서, 이태리는 무솔리니 혼자서, 일본은 군인 몇 놈이 제 마음대로 국가를 움직여 가는 것인데 그들의 목표는 현상타파이었다. 즉 히틀러는 장차는 유

---

* 프랑스 출신의 영화감독 르네 클레르가 1934년에 만든 파시즘에 대한 풍자영화.

럽 전체를 먹을 작정이었지만 우선 오스트리아를 병합해서 먹어 버리고, 이태리는 이디오피아를 먹었고 일본은 만주를 먹은 것이다.

이런 꼴을 보고 세계 여론은 물 끓듯했지만 어떻게 할 수가 없었다. 국제연맹(國際聯盟)이란 것이 있기는 하지만 무력하기 짝이 없어서, 만주국 문제로 간섭하자, 일본은 국제연맹을 탈퇴해버렸다.

프랑스는 유럽에서 가장 민주주의적인 국가이어서 프랑스 지식인은 파쇼를 제일 미워하였다. 그래서 파쇼국가를 여러 가지 방법으로 비판했는데 영화로 파쇼를 비판한 것이 〈최후의 억만장자〉이었다.

이 영화에서 르네 클레르는 여러 각도로 히틀러라고 알 수 있는 총리대신의 국민을 우롱하는 탈선적 행동을 자세하게 묘사하여 나갔는데 나중에 이 독재자인 총리대신이 머리가 돌아서 옷을 벗고 팬츠 바람으로 침실에서 뛰어나오는 장면이 있었다.

이때에 백성들이 총리대신의 이 해괴한 행동을 욕하지 않고, 저희들도 덩달아 팬츠 바람으로 길거리로 뛰쳐나와서 전기선대를 붙들고 떠들고 맴도는 장면이 있었다.

이 대목에 이상은 옆에 앉은 구보를 쿡 찌르면서,

"불란서 백성들은 우리나라 우맹(愚氓)들보다 월등하게 영리한데!"
하더라는 것이다.

다방에 들어가서 차를 마시면서 이상은, 히틀러를 모두들 악한이라고 부르고 있고, 이 영화도 그렇게 보이도록 만들었지만 그러나 히틀러는 천재라고 칭찬하였다.

"이 다음에는 같은 르네 클레르 감독의 〈유령, 서쪽으로 가다〉*가 나온다는데, 그것도 박형한테 구경시켜달라고 예약합시다."
하고, 이상은 너털웃음을 웃었다.

독일도 일본도 전쟁을 준비하고 있는 것이 분명하여서 장차 어떤 폭

---

* 르네 클레르가 영국으로 건너가 1935년에 만든 영화로, 미국의 문명을 냉소적으로 그려내었다.

풍우가 몰려올지 우리들은 불안 속에 떨고 있었다. 총독부의 조선 사람에 대한 압력은 차츰 강도를 더해 와서 지식인들은 무거운 중압 속에서 질식되어 가는 것을 느끼고 있었다.

■ '구인회'가 만들어지기까지

상허와 구보는 퍽 좋은 사이였다.

원래 구인회(九人會)를 만들 때에 나는 회원으로 구보를 추천하였다. 그때 구보는 춘원의 추천으로 《동아일보》에서 발행하는 잡지 《신가정(新家庭)》에 〈옆집 색시〉, 《신동아(新東亞)》에 〈사흘 굶은 봄달〉 같은 단편을 발표해서 평이 좋았고 실력 있는 신진작가로 손꼽히고 있었기 때문이었다. 그러나 구인회의 발기로부터 회원 명단까지를 이종명(李鍾鳴)과 김유영(金幽影)이 처음부터 결정해 가지고 나와서 상허의 응낙을 받는 형식으로 되었으므로 다른 사람이 무어라 간섭할 여지가 없었다.

처음 이종명과 김유영이 나한테 와서 구인회 조직 발기 이야기를 하고 상허와 이종명의 합작으로 회를 결성할 생각이라고 하면서, 회원수를 칠팔 명으로 하기로 하고, 그 명단을 내보였다. 그 명단 속에 구보의 이름이 없어서 내가 구보의 이름을 넣자고 하였더니 두 사람이 다 난색을 표하고 응하지 않았다.

그 뒤에 내 소개로 상허와 이종명, 김유영이 다방 제비에서 만났는데 그때 대체로 구인회 조직에 대한 합의를 보았고, 이종명이 제시한 회원 명단에 대해서도 별 이의가 없어 상허가 승낙하였다.

이렇게 해서 모든 일이 처음 이종명의 생각대로 진행되어서 1933년 여름에 구인회가 발족된 것인데, 시작한 지 서너 달밖에 안 되어서 이종명과 김유영이 탈퇴하겠다고 통고해 오고, 유치진(柳致眞)은 처음 한 번 나오고 안 나오고 경성(鏡城)에 있는 이효석(李孝石)은 김유영이 탈퇴하자 자기도 탈퇴하겠다고 하였다. 이렇게 해서 아홉 사람 중에서 네 사람이 빠져 나갔으므로 회가 깨지는 위기에 놓여 있었다. 그래서 나는 상허를 만나서 회를 깨뜨리지 않기 위해서 우선 구보와 이상을 새로 입회시키자고 하였다.

상허가 찬성하자 나는 다음 회에 구보와 이상을 데리고 무교동 양식집으로 갔다. 여기서 상허와 구보는 처음 대면하게 된 것이었다.

구보가 첫 회합에서 우스개 소리를 하여 회원을 웃기자 상허는 만족한 웃음으로,

"글이 치렁치렁하더니 말도 치렁치렁 잘하는구려……"

하고, 십 년의 지기(知己)를 만난 듯이 반가워하였다.

이 뒤로 두 사람 사이는 급속히 가까워져서 상허는 이런 말로 구보의 글을 칭찬하였다.

"나는 구보의 작품처럼 읽기에 즐거운 것은 없었다. 그는 나와 너무나 다름이 뚜렷함에 즐거웠고 그는 시대니 민중이니를 내세우기 전에 저부터가 즐거워서 쓴 것이 즐거웠고, 일견 농조(弄調)인가 싶으나 그것은 문학을 단순히 보는 생각, 오히려 구보만큼 진실일로(眞實一路)의 작풍도 다른 작가에게서 보기 드무니 즐거웠다."

이래서 상허는 《중앙일보》에 20회 가량의 중편소설 〈소설가 구보 씨의 1일〉을 연재시켰다. 그리고 하융(河戎)이라는 괴상한 이름으로 이상이가 삽화를 그렸다.

우리나라 소설에서는 한문을 안 쓰는 것이 불문율로 되어 왔는데, 구보는 이 소설에서 한자를 많이 넣어 왔고, 또 이상의 삽화에 대해서는 〈오감도〉의 실패가 있어서 어떨까 하고 망설였지만, 하융이란 펜네임은 누구인지 알 사람이 없을 것이고 한쪽으로 이상에 대한 미안감 때문에 상허가 그렇게 하자고 단안을 내린 것이었다. 구보는 처음부터 이상과 합의해서 이상이 삽화를 그리는 조건으로 소설을 연재하게 된 것이었다.

　　그러나 이것이 새로운 시험이었던 탓인지 〈소설가 구보 씨의 1일〉은 독자들의 호평으로 끝났다.

　　그 삽화를 그리는 동안 이상은 대단히 만족해서 다방 같은 데서 이렇게 떠들었다.

　　"요새 〈소설가 구보 씨의 1일〉에 나오는 하융의 삽화, 참, 멋지지? 실로 이 삽화에다가 이 소설이거든! 금상첨화(錦上添花)가 아니라 화상첨금(花上添錦)이 바로 이 경우란 말야."

하고, 다방 레지에게 이런 자랑을 하였다.

　　"요새 저도 《중앙일보》의 〈소설가 구보 씨의 1일〉을 보는데, 그 삽화가 바로 선생님의 그림이란 말씀에요?"

　　"그걸 인제 알았어!"

　　"나는 시를 쓰시는 분으로만 알았더니 그림도 잘 그리시는구먼요. 하(河) 무엇인가 하는 것은 무슨 뜻이죠?"

　　"응, 하융이란 펜네임 말이지. 물속에 사는 오랑캐란 말이지."

　　"그게 무슨 뜻이여요?"

　　"허허, 내 꼴이 물속에 사는 오랑캐 같지 않아?"

하고, 털보 이상은 입을 크게 벌리고 껄껄 웃었다.

　　그 삽화료 몇 푼이 생기자 이상은 구보하고 붙어서 다방 순례를 하였지만 이상의 속은 바늘방석에 앉은 기분이었다.

　　금홍이가 있대야 별수 없었겠지만, 금홍이가 가버린 뒤로 제비 다방은 더욱 불황이 계속되어서 집세를 몇 달씩 내지 못하고 집주인 일본 사람한테서 나가라는 곤욕을 치러오고 있었다. 필경 집주인이 집을 내놓으라는 명도(明渡) 신청을 내어서 재판날이 왔다. 재판정에 나가서 이 집은 다방 영업을 하는 집이라 장식(裝飾)이 있기 때문에 당장에 집을 비울 수 없다고 말하면 몇 달을 더 끌 수 있다고 친구들이 가르쳐 주었다. 그러나 이상은 그날 재판소에 나가지 않고 궐석(闕席)판결을 받았다.

“뻔뻔스럽기도 하고, 일찍 일어나서 시간에 대가기도 귀찮아서 안 나 갔어.”

이렇게 해서 집달리(執達吏)가 나와서 종로 네거리 큰길에다가 다방 에 놓였던 헐어빠진 테이블과 의자를 내동댕이쳐서 쌓아 놓고 다방 문 을 잠그고 가버렸다.

길바닥에 내동댕이쳐진 다방 기구들은 어떻게 되었는지 다음 날이 되자 흔적도 없이 사라져 버리고 이렇게 해서 다방 제비는 자취를 감추 고 말았다.

이것이 엊그저께 같은 일이었는데 이상은 농담만 하면서 돌아다녔다.

■ 이상과 화가 구본웅의 기행

그때 이 다방 제비에 걸려 있던 이상의 50호짜리 서양화 〈자화상〉이 어떻게 되었는지 궁금했는데, 그 〈자화상〉을 구본웅(具本雄)이가 집달 리가 세간을 차압하러 오기 전에 사람을 시켜서 자기 화실로 떼어갔다 고 한다.

이상의 자화상은 조선총독부 주최의 미술전람회, 그때 선전(鮮展)이 라고 부르던 그 전람회에 출품된 그림이었는데, 특선에는 못 들었지만 대단히 색다른 그림으로 화젯거리가 되었었다. 탁한 노란 색깔만으로 그린 것인데, 이 그림을 보고 서양화가 이승만이가,

“이상, 이 그림도 단단히 황달에 걸렸구려……”

하고 농담을 하니까, 이상은 자신의 얼굴이 창백한 것을 놀리는 줄 알고,

“내 눈엔 온 세상이 노랗게 보이는 것을 어쩌오.”

하고 정색을 하더라는 것이다.

이상이 그림 재주가 놀라운 것은 김소운이가 앞서 정지용한테 이야 기하였고 이상은 제비 다방을 할 때에도 틈틈이 김소운이가 편집 발행

하는 아동잡지 《목마》에 표지나 삽화를 그려 갔다.

구본웅과는 친한 사이인데 두 사람이 선전에 출품한 동호자였기 때문이었다.

처음에 구본웅은 서양화 공부를 시작하였다. 그는 1906년에 서울에서 출생하였는데 꼽추였다. 어려서부터 그림 재주가 있어서 처음에 춘곡 고희동(春谷 高羲東)이가 종로 YMCA회관 2층에 개설한 고려화회(高麗畵會)에 들어가서 서양화 공부를 시작하였다. 그때 동창에 장발(張勃), 이제창(李濟昶), 안석주(安碩柱) 등이 있었다. 그리고는 동경으로 건너가서 일본대학 미술학부, 태평양 미술학교를 마치고 귀국하였다. 그때 일본 화단에서는 모네, 마네, 르느아르 등등의 후기인상파 그림이 자취를 감추고, 루오, 마티스로 대표되는 야수파 그림이 크게 유행하여서 구본웅도 야수파의 한 사람이 되어서 돌아왔다.

그러나 돌아와서는 서양화를 집어치고 조각가로 변모해서 김복진(金復鎭)의 대를 이어서 열심히 조각작품을 만들었다. 선전에 출품해서 특선이 되기도 하였는데 이 무렵에 이상도 선전에 출품해서 자화상이 입선되어 화젯거리가 되고 두 사람이 가까이 왕래하게 된 것이다.

구본웅은 이승만과 같이 이상의 〈자화상〉을 높이 평가해서 그의 표현파적인 색채 혁명을 칭찬하였다. 구본웅은 조각을 버리고, 다시 서양화로 전향해서 야수파의 선봉이 되었다. 구본웅이 화가들 사이에는 로데릭이라는 별명으로 행세했는데, 로데릭은 유명한 꼽추 화가였다.

구본웅은 6·25사변 뒤에도 살아 있어서, 나는 수송동에 있는 기마대(騎馬隊) 뒤에 살 때에 만났는데, 그때에도 이상이가 그냥 그림을 그렸더라면 대성할 소질이 있었는데 아까운 일이었다고 하였다.

"어쨌든, 이상이는 천재였어……"

구본웅은 술상을 차려놓고, 자기는 한 잔도 마시지 않으면서 그의 아름다운 소실(小室)을 시켜서 나와 이승만에게 술을 따르게 해서 자꾸 권하는 것이었다.

이상과 금홍이를 만나게 한 것은 구본웅이었다.

이상이 전매청 신축장의 십장으로 있을 때에 별안간 각혈을 해가지고 배천온천으로 휴양갔다는 이야기는 앞서 했는데, 그때 동행한 사람이 구본웅이었다.

"이상은 배천온천에 간 지 사흘을 못 참고 여관 주인영감을 앞장세워 밤에 장구소리 나는 집을 찾아갔다. 게서 만난 것이 금홍이다."

그랬는데, 구본웅은 변소간에 가는 체하고 피해버렸기 때문에 이상은 부전승(不戰勝)으로 금홍이를 차지하였다. 그날 밤에 금홍이는 자신이 경산부(經産婦)라는 것을 감추지 않았다.

이상이 여관 주인을 앞세우고 구본웅과 같이 갈보집에 가서 놀 때에 구본웅이 눈치를 채고 자리를 피해서 먼저 여관으로 돌아왔으므로 이상이 금홍을 차지하게 된 것이다.

다방 제비를 낼 때에도 구본웅의 힘이 컸었고, 나는 본 일이 없지만 구본웅이가 제비에 나타나면 금홍이는,

"아재, 아재……"

하고, 대접이 융숭하였다고 한다.

구본웅은 집안이 넉넉하고, 그의 아버지가 광화문 근처에서 창문사(彰文社)라는 큰 인쇄소를 경영하고 있어서 인심 좋게 친구들을 많이 도와주었다. 이상이가 용돈도 뜯어 쓰고 술 사달라고 조르기도 하여 늘 폐를 끼쳐 왔다.

어느 날 이런 일이 있었다. 구본웅과 이상이 같이 가다가 우연히 양백화(梁白華)를 만났다.

저녁때 혼자서 쓸쓸하게 가는 것이 안되어서 이상이가 구본웅이더러 양백화한테 술을 한잔 내라고 했다. 그래서 세 사람이 다방골에 있는 양백화가 단골로 가는 민순자 집을 향해서 가는 길이었다. 그런데 어찌된 까닭인지 세 사람 뒤를 애들이 졸졸 따라오면서,

"곡마단이 왔다!"

고 떠들어대는 것이었다.

"에이 이놈들, 곡마단이 뭐냐!"

하고 양백화가 소리를 질러서 애들을 쫓았지만, 애들은 그냥 따라왔다.

애들이 이 세 사람을 곡마단으로 본 것은 까닭이 있었다.

이상이란 사람은 평생 빗질을 해본 일이 없는 덥수룩한 머리와 서양 사람같이 창백한 얼굴에 숫한 수염이 장대같이 뻗히었고, 보헤미안 넥타이에 겨울에도 흰 구두를 신고 언뜻 보아 활동사진 변사 같은 말투로 말하는 것이 곡마단의 요술쟁이 같은 것이고, 거기다가 구본웅은 꼽추인데, 땅에 잘잘 끌리는 망또 같은 인바네스* 외투를 입고, 높은 중산모(中山帽)를 썼으니 이 괴상한 두 사람의 콤비가 애들의 호기심을 끌었을 것은 물론이다.

그런데 설상가상으로 이번에는 구본웅의 두 배가 되게 키가 크고 팔다리 사지(四肢)의 사개가 맞지 않아서 흐느적흐느적하고 걸어가는 꼴이 흡사 로보트 같은 양백화가 한몫 끼었으니, 이 해괴한 세 사람을 보면 애들이 아닐지라도 곡마단으로 보았을 것이다.

여기서 양백화에 대해서 설명을 해야겠는데, 그는 방인근(方仁根)이가 하던 《조선문단(朝鮮文壇)》 때부터 나온 사람으로 최남선이 발행한 주간잡지 《동명(東明)》에 장편소설 《빨래하는 처녀》를 발표한 작가였다. 그의 별명은 칠피코였는데, 어떻게 된 것인고 하니 조선문단 때에 염상섭, 김동인(金東仁), 현진건(玄鎭健), 양백화 등 작가들이 모여서 그달 그달의 각 잡지에 나온 단편소설에 대한 합평회를 열고, 그 회록을 《조선문단》에 게재하고 있었다. 어느 날, 이 합평회를 끝내고 방에서 나오는데, 양백화는 늘 두루마기를 입고 다녀서 두루마기를 입고 고름을 매고 나오려면 시간이 걸렸다. 그래서 매양 끝에 나오게 되는데, 앞서 나온 사람들이 각기 자기 구두를 찾느라고 법석이었다. 이것을 보고

---

* inverness ; 소매가 없고 케이프가 붙은 남성용 오버코트.

뒤에 섰던 양백화가,

　"내 코는 칠피코라."

하고 소리를 질렀다. 자기 구두는 앞에 '칠피'(漆皮)를 댄 구두이며 바꾸어 신지 말라는 말인데 이것이 잘못 내 코로 나온 것이다. 칠피코란 것은 그때 구두는 대개 복스가죽*으로 몸뚱아리를 만들고 모양내는 사람은 그 앞 코에다가 반짝이는 칠피를 대었다. 이것이 칠피코 구두인데, 백화는 이 칠피를 댄 구두를 신고 다녔다.

　그는 술을 좋아해서 늘 얼굴이 불콰해서 다녔고, 염상섭과는 통내외하고 무상출입하는 제일 가까운 사이였다.

　그날도 이상과 대작해서 술을 많이 마시고 일찍 돌아갔는데 그 뒤의 일이 재미있었다.

　이상과 구본웅은 양백화를 보내고, 다방골 골목을 빠져 나오려는데 별안간 누가 두 사람을 향해서 악을 썼다.

　"너희들은 무엇인데 사람을 치고 다녀!"

하고 불호령을 내리는 사람은 몸집이 크고 사납게 생긴 그 당시의 깡패였다. 다방골은 술집이 늘어선 향락가이고 밤마다 깡패들이 행패를 부리는 서울의 공포가(恐怖街)였다.

　두 사람은 움찔하였다. 잘못해서 그들의 주먹세례를 받으면 뼈도 못추리고 죽을 것이고, 죽을죄를 지었으니 살려달라고 손이 발이 되도록 빌어야 겨우 빠져나올 수 있는 곳인데, 어떻게 해야 좋을지 눈앞이 캄캄하였다. 더구나 구본웅은 약질이어서 이런 깡패들이 툭 건드리기만 해도 나둥그러질 형편이었다. 이상은 그래도 술에 취해서 허세라도 부릴 것 같았는데, 술이 일시에 다 깼는지 얼굴빛이 창백해져서 까닭 없이 시비를 걸고 덤비는 깡패들을 그냥 노려보고만 서 있었다.

　"나를 노려보면 어쩔 테야."

---

* box calf ; 제화(製靴)용으로 무두질한 송아지 가죽을 이름.

깡패 두목은 꼽추인 구본웅은 상대도 하지 않고, 아무 말 없이 저희들을 노려만 보고 있는 이상에게로 향하였다.

정말 깡패들이 이상한테 손을 대려나보다 하고, 구본웅이 벌벌 떨면서 이상의 눈치만 보고 있는데 천만뜻밖에도 이상이 몸에 걸쳤던 와이셔츠를 벗어던지고, 덤빌 자세를 취하는 것이었다.

"애게게! 네 꼴에 나한테 덤벼 볼 작정이냐……"

깡패는 이상의 말라빠지고 갈빗대만 앙상한 초라한 꼴을 비웃으면서 껄껄 웃었다. 사실, 이상의 옷 벗은 꼴은 참혹할 만치 비참한 뼈뿐인 인형이었다.

이상이 아무 말 없이 깡패에게로 한 발 다가서는 것을 보자 깡패 두목은,

"아니, 이게 정말 한번 해볼 작정인가! 그래, 네 꼴에 나를 이길 것 같으냐……"

깡패 두목은 빙글빙글 웃으면서 저희들끼리 히죽거렸다. 그러자 이상이 비로소 입을 열었다.

"그러면 누가 이길 것 같소?"

이상의 또렷또렷한 대답에 깡패 두목은 어이가 없다는 듯이,

"그야 물론 내가 이길 것이 분명하지."

이 대답이 떨어지자, 이상은 당장에 이렇게 응수하였다.

"그럼 다 끝났소. 당신이 이기고 내가 졌소."

그리고 이상은 다시 길바닥에 벗어던졌던 와이셔츠를 다시 주섬주섬 집어 입었다.

"별 싱거운 놈, 다 보겠네."

깡패들은 깔깔대고 웃었다. 이때에 구본웅은 얼른 주머니에서 돈을 꺼내서 잽싸게 깡패 두목의 포켓 속에 처박았다.

이렇게 해서 두 사람은 깡패들 소굴을 빠져 나왔는데, 이상은 종로에 있는 다방에 들러서 숨을 돌리면서 이런 소리를 하였다.

"어때. 이만하면 내가 깡패 놈을 이긴 것이지……"

"진 것인지 이긴 것인지, 나는 떨려서 혼났네……"

"아냐, 내가 그놈들을 이긴 거야. 기(氣)로 그놈들을 꺾었거든. 정신력으로 그놈들을 누른 거란 말이지……"

그리고 이상은 정신력으로 깡패를 누른 예로 그가 숭배하는 프랑스의 대시인 보들레르의 이야기를 하였다.

《악의 꽃》이란 시집을 낸 보들레르는 지독한 주정뱅이어서 각처에 있는 술집으로 다니면서 외상술을 마시고 남의 폐를 끼쳤다.

어느 때 배를 타고 대서양을 건너서 미국으로 가는데, 배 속에서도 술을 많이 마시고 손님들의 빈축을 샀다. 그 배에는 보들레르를 잘 아는 귀족들과 군인들이 많이 탔었는데, 그때 풍랑이 심해서 이들이 모두 선실에 누워서 꼼짝을 못하고, 식당에도 나타나지 못했다. 그런데 유독 보들레르만은 조금도 배멀미를 하지 않고 유유히 갑판 위를 산보하고 손님 하나 없는 식당에서 혼자서 식사를 해서 종업원들을 놀라게 하였다.

"이것이 보들레르가 정신력으로 우스꽝스런 귀족과 군인을 눌러서 이긴 것이야. 마치 대시인 이상 선생이 다방골 깡패들을 누르고 개가(凱歌)를 올린 것과 같이 말야!"

이상은 입버릇같이 자기의 〈오감도〉가 보들레르의 〈악의 꽃〉만 못지않은 획기적인 작품이고, 자기의 정신력도 보들레르에 못지않게 강인하다고 자랑하였다.

▌카페 '쓰루'와 정인택의 자살소동

제비 다방을 명도당하고 옆집 셋방에서도 내쫓긴 이상은 그 뒤 얼마 동안 어떻게 지내고 있는지 도무지 소식이 없었다. 거진 날마다 만나다시피 하는 구보에게도 연락이 없고 정인택에게도 전화가 없었다.

그동안에 구본웅의 화실에 들어박혀서 그림을 끄적거리고 있다는 소문이 있었는데 구본웅의 청탁으로 모델이 되어서 구본웅의 작품 중에서 걸작이라고 치는 이상의 초상화 〈우인상(友人像)〉을 그리게 한 것만은 사실이었다.

그러던 어느 날 정인택이한테 전화가 왔다. 아무 소리 말고 저녁 일곱 시에 인사동에 새로 난 카페 쓰루로 박군하고 오라고만 하고 전화를 딱 끊었다.

도깨비같이 나타났다 없어졌다 하는 사람이라, 또 무슨 일이 있었나 하고 두 사람은 시간에 대어서 인사동 초입에 있는 카페 쓰루를 찾아갔다. 사무소를 고쳐서 카페로 만든 모양으로, 새로 페인트칠을 하고 테이블 넷이 넓직넓직하게 놓여 있었다. 천정에는 푸른빛 붉은빛 샹데리어가 달려 있고, 그 밖에는 아무 장식이 없었다.

안쪽 테이블에서 여급인 듯싶은 젊은 여자와 이야기를 하고 있던 이상이 두 사람을 보고 손을 번쩍 들었다.

"요! 두 귀빈 어서 오시오!"

그리고 여급을 인사시켰다. 중키에 얼굴이 갸름하고 퍽 이지적으로 생긴 여자였다.

"이름은 미정이라고 이 카페의 여왕이니 두 귀빈들께서 사랑해 주시기를 바라오. 또 한 귀부인이 있는데, 아직은 안 나타났지만, 낙원 카페에서 두 분과는 구면일게요."

하고, 미정에게 술을 가져오라고 하였다.

"아니, 어떻게 된 거요. 당신이 카페의 마스터 같은데, 정말 이것을 경영하는 거요?"

미정이 술 가지러 간 틈에 구보가 물었다. 이상은 어색한 얼굴로 손을 내저으면서,

"아냐. 경영은 무슨 경영! 그저 이렇게 하고 있는 거지."

하고 어물어물하였다.

그 이상 더 묻기도 안 되어서 그만두었는데, 주방을 들락거리고 이것 저것 지휘하는 꼴이 주인임에 틀림없었다.

"술은 얼마든지 살 테니, 두 귀빈은 오늘 한번 취차포(醉且飽)*해 보아요."

이상은 서먹서먹 술도 잘 안 드는 두 사람을 독촉해 가면서 자기가 먼저 자꾸 들었다.

"미정이 말이 내가 D. H. 로렌스의 모조품 같다니 당신네들 보기에도 그렇소?"

옆에 다소곳이 앉아 있는 미정이를 가리키면서 이상은 껄껄거렸다. 이 말에 미정이는 깜짝 놀라서,

"내가 언제 그런 말을 했에요?"

하고 얼굴을 붉혔다.

"미정이, 교양이 퍽 높은데! 나도 잘 모르는 로렌스를 다 알구."

정인택이 감탄하는 것같이 미정이를 바라보면서 이런 말을 하였다.

"아니에요. 저는 아무것도 몰라요. 이상 선생님이 괜히 그러시는 거예요."

미정이는 수줍은 얼굴로 정인택을 똑바로 바라보았다.

"모르긴 무얼 몰라. 정형이 영문학을 얼마나 공부했는지 모르지만, 미정이도 상당해요. 요새도 《채털리 부인의 애인》을 읽고 있는데!"

이상은 또 이렇게 늘어놓았다.

그 무렵, 죽은 지 얼마 안 되는 로렌스의 인기가 대단하였다. 연상인 대학교수 부인 프리이다를 강탈하다시피 해서 아내를 삼은 로렌스는 천재적인 작가여서 소설 《채털리 부인의 애인》을 비롯한 많은 걸작을 발표하였다. 그러나 그 소설이 모두 노골적인 성애 묘사 때문에 문제를 일으켜서 발매금지되기도 하였다.

---

* 취하고 또한 배불리 먹음.

이상은 그런 로렌스와 흡사한 점이 있었다. 창백한 얼굴, 고수머리가 우선 근사했고, 즉흥적이고 무계획한 생활태도가 그랬고, 천재적인 작품 세계가 그랬다. 그래서 미정이 어느 때 농담으로 이상을 로렌스의 모조품이라고 부른 것이었다.

"그렇다! 그럼, 우리 이야기 좀 해 봅시다."

정인택은 바싹 미정이한테 달라붙었다.

"로렌스가 누군가. 난 잘 모르겠는데."

구보는 눈을 꿈벅거리면서 술잔만 들었다. 흥미 없다는 태도다.

"자네는 몰라도 돼! 나는 인제 미정이와 친해져야겠는데."

정인택은 술잔을 들어서 미정이한테 권하였다.

"이거 큰일 났다. 내가 공연히 쓸데없는 소리를 해서 미정이를 빼앗기나보다!"

이상이도 껄껄대고 이런 소리를 하였다. 미정이는 술을 들지 않고 테이블 위에 그냥 놓았다.

"어서 잔 들어요. 채털리 부인이 그래, 마음에 들었에요."

"마음에 들긴요. 불쌍한 여자란 생각만 들었에요. 오죽해야 남편을 두고……"

미정의 대답인데, 끝을 맺지 않았다.

"오죽해야 남편을 두고 샛서방을 얻겠느냔 말이죠. 미정이는 대단한 퓨리턴이군요."

"저는 퓨리턴도 아무것도 아니지만, 채털리 부인을 욕하기보다는 그 여자를 동정해야 한다고 생각해요."

"어허, 대단하신데! 높으신 견해에 탄복했습니다!"

미정이는 조용히 잔을 들어서 조금 홀짝거렸다. 정인택도 같이 잔을 들었다.

"두 남녀분이 의기상투(意氣相投)하신 모양이군 그래. 퓨리턴이니 무어니 난 도무지 뜻을 모르겠는데, 아무튼 좋소. 잘들 해보시오."

이상은 비웃는 말투로 이렇게 말을 던지고, 구보를 상대로 술을 들었다.

이런 식으로 정인택과 미정의 대화는 진행되었고, 미정이는 새침덕하면서도 이야기를 잘 받아 넘겨서 둘이서 이야기가 맞는 것 같았다.

"오늘은 정인택과 미정의 날이다……"

구보는 이렇게 말하고 일어섰다. 영업하는데, 거저먹기가 미안해서 구보가 먼저 일어서자고 한 것이었다.

"내일 또 올게……"

정인택은 미정이하고 좀더 이야기하고 싶은 모양이었지만, 박군이 일어서는 바람에 마지못해 일어서면서 이런 말을 하였다.

그 뒤에 구보가 나한테 하는 말을 들으면, 정인택이 미정이를 만나러 그 이튿날부터 카페 쓰루에 출근하다시피 일참하고 있다는 것이다.

"신문사 월급을 타가지구, 날마다 카페 출근을 하니 돈이 남을 게 어디 있어. 하숙집에서 밀린 하숙비를 내라구 야단인 모양이던데, 딱한 친구야……"

"신문사에서도 이 사람, 저 사람한테 빚을 지구, 어떡할 셈인지 알 수 없군!"

"그런데 사실은 미정이란 여자는 이상이 점찍은 애인이에요. 그것을 모르고 열을 올리니 더 딱하단 말야……"

나와 박군 사이에는 이런 말이 오가고 있었다. 나는 이상이 자꾸 오라고 그래서 한두 번 박군하고 들러보았지만 미정이는 그렇게 매력 있는 여자로 보이지 않았다.

어느 날, 이승만 화백이 나를 보고 이런 말을 하였다.

"어저께 정인택한테 끌려서 카페 쓰루엔가를 가보지 않았겠수. 이상이는 마침 없었구. 미정인가 하는 여급을 정군이 소개하더군 그래. 그저 수수하구 여급티가 안 나는 여자인데, 대단한 문학 처녀라면서 정인택이 몹시 반한 모양입디다. 그래 나와서 나한테 어떠냐고 묻더군. 그래, 좋다구 그랬는데 당신은 몇 번 갔었다니까 잘 알겠지만, 사람이 어떱디까?"

"글쎄, 겉만 보아 가지구 속을 알 수 있소? 하지만 구보 말이 이상이가 벌써 점찍어 놓은 여자랍디다."

"그래? 그럼, 안 되지, 이상이란 녀석이 누군데 호락호락하게 빼앗기겠수?"

"그래서 박군두 걱정합디다. 정군이 지각이 없다구……"

"흐흥, 그래……"

그러고 말았는데, 그 뒤로도 정군은 열나게 미정이를 따라다닌 모양으로 이상을 통해서 소식을 듣고 있는 구보가 웃고만 있었다.

정인택이 나한테는 거기 대해서 한마디도 말을 안 했지만, 다른 친구들을 많이 데리고 카페 쓰루에 가서 미정이를 보이고 제 애인이라고 자랑하더라고 했다.

며칠 뒤, 아침에 신문사에 나가니까 급한 일이라고, 이상이한테서 전화가 서너 번 왔다고 사동이 이야기하였다. 조금 있다가 또 전화가 오는데 이상이었다.

"나 이상인데, 큰일 났소. 어제 저녁에 정인택이 수면제를 먹었에요."

"무어? 정인택이 수면제를 먹었어? 그래 어떻게 되었소?"

"그래서 지금 정군을 의전(醫專) 병원에 입원시키고 있는데 곧 좀 와야겠소."

"아니, 생명에는 관계없소? 좀, 똑똑히 이야기해요."

침착한 이상이었지만, 황급해서 말이 조리 있게 안 나왔다.

"의사 말이 어떻게 될는지 모르겠대요. 의식을 잃고 있어서 모르겠대요."

전화로는 안 되겠으므로 나는 급히 의전 병원으로 향하였다.

병실에는 이상이 앉아 있고, 뜻밖에 미정이가 수심에 싸인 얼굴로 정인택의 머리맡에 앉아 있었다.

　담당의사 말이 독일계 수면제인 아로나르를 꽤 많이 먹은 모양인데, 즉시 위세척(胃洗滌)을 해서 많이 씻어냈지만 좀더 두고 보아야 생사를 알 수 있겠다고 하였다.

　혼수상태로 눈을 감고 있는 정군의 머리를 쓰다듬으면서 미정은 혼잣말로 이렇게 중얼대고 있었다.

　"정 선생님은 꼭 회복하실 거예요. 나는 회복하실 것으로 믿고 있에요. 꼭 회복하실 것이에요."

　머리카락이 흩어지고, 초췌한 얼굴이 된 미정이는 주위의 사람들 앞에서도 부끄러움이 없이 이렇게 혼자 중얼대었다.

　나는 아침을 안 먹었다는 이상을 데리고 바깥에 있는 음식점으로 가서 차근차근하게 자초지종을 물어 보았다.

　어제 저녁에 정인택은 화가 김환기(金煥基)를 데리고 쓰루에 와서 술을 마셨는데, 김환기를 보내놓고도 혼자서 자꾸 술을 마시더라는 것이다. 필경 취해서 인사불성에 빠졌으므로 이상과 미정이가 부축해서 인력거를 태워서 하숙으로 보냈었다. 그날 술 마실 때에도 보통 때와 다름없이 유쾌하게 마셨지, 조금도 이상한 눈치가 보이지 않았다고 한다.

　손님이 일찍 끊겨서 카페 문을 닫고, 이상은 미정이와 같이 청년회관 아래 있는 멕시코 다방에 들렀다. 거기서 이상은 미정이한테 정인택을 권하였다. 정인택이 너를 그토록 사랑하고 있으니 나를 단념하고 정군의 품에 안기라고 간곡히 권하였다고 한다.

　그런데 미정은 고개를 내저으면서,

　"그렇지만 제가 어떻게 선생님하구 떨어져요."

하고 말을 듣지 않더라는 것이다.

　멕시코 다방에서도 이상과 미정은 양주를 석 잔씩 마시면서 오래 이야기를 했는데 이상은 정인택이 몹시 외로운 사람이고, 진정으로 미정이를 사랑하고 있으니, 그를 구제하는 뜻에서도 그와 결혼하는 것이 좋을 것이다. 지금 만일 미정이가 정을 버린다면, 순정적인 그가 혹은 자살할는지도 모른다, 이 점을 깊이 생각하라고, 이상은 열심히 미정이를 설득하였다고 한다.

그랬더니 취기가 돌았던지 별안간에 미정이가 여기서 정인택의 하숙집이 얼마 안 되니 같이 한번 가보자고 하였다.

하숙비 때문에 주인 여자와 다투고, 새 하숙으로 옮겼다는 이야기는 들었지만, 어디로 옮겼는지 몰랐는데, 미정이는 그새 하숙집을 알고 있었다.

"언제 정군 하숙집에 갔었소?"

"제가 새 하숙집을 구해드렸에요. 제 친구 언니 집이여요."

"아, 그래. 잘되었군."

이래서 종로 뒷골에 있는 정군의 하숙에 당도해서 방문 미닫이를 열고 발을 들여놓으려고 하는데, 놀라운 정경이 벌어졌다.

"으흠, 미정이, 미정이……"

이렇게 정인택이 누워서 신음하고 있더라는 것이다. 머리맡에는 수면제 아로나르의 빈 병이 뒹굴어져 있고, 종이 조각에다가 흘림 글씨로——

인사동 카페 쓰루 이상
인사동 카페 쓰루 미정

이라고 쓴 것이 놓여 있었다.

이것을 보자 이상은 눈이 캄캄해지고 미정이도 얼굴이 하얘져서 어쩔 줄 몰랐다.

시계를 보니 새로 한 시.

미정이 나가서 주인 여자를 불러 깨우고, 이상은 인력거 방으로 인력거를 부르러 뛰어갔다.

간신히 인력거 두 채를 불러와서 정인택을 이상이가 껴안고 타고, 한 채는 미정이가 타고서 의전 병원으로 향하였는데, 응급실에 들어서니까, 시계가 두 시를 치더라는 것이다.

담당의사가 여러 가지를 자세하게 물은 뒤에 수면제를 먹은 시간을 열한 시로 추정하고 수면제 아로나르를 몇 알이나 먹었는지 자세히 모르지만 지금 보기에는 생명은 건질 것 같다고 하면서 즉시 위세척을 시작하였다.

두 사람은 밖에서 기다렸고 여섯 시나 되어서 정인택은 3층 병실로 옮겨졌다. 그 동안 꼬박 밤을 새운 두 사람은 의사의 생명은 건질 것 같다는 말에 한 가닥 희망을 붙들고, 병실에서 날이 밝기를 기다려 이상이 박군과 나에게 통지한 것이었다.

"이상 한잔 하지?"

"인제 당신을 보니까 출출한 생각이 드는군. 한잔 합시다."

이상은 소주를 달래서 연거푸 석 잔을 마셨다.

"정군이 누워서 으흠, 으흠, 하고 숨이 넘어가는 시늉을 하는 것을 보았을 때 나는 정말 아찔했어! 인제 아까운 친구 하나 잃었구나 하고 눈앞이 캄캄해지더군."

"헌데, 자살이라니 웬 짓이야. 나는 도무지 이해할 수 없는데."

"누가 아니래. 나한테 미정에 대한 연정을 이야기했더라면, 내가 순순히 양보했을 텐데, 그것을 꽁하고 가슴속에 뭉쳐두었다가 술김에 약을 먹은 거지 무어야. 딱한 친구야, 정군은……"

공복에 술이 취한 듯해서 나는 이상을 데리고, 정군의 병실 보조침대에 눕게 하려고 하였다.

3층을 거진 다 올라가서 복도에서 이상은 별안간에 껄껄거리고 혼자 웃더니 이런 소리를 하였다.

"정군은 딱한 친구야! 그렇지만 이왕 약을 먹었으니 꺼지는 게 좋아! 살아난대야 아무짝에도 쓸데없는 인물이거든. 정군은 꺼지는 게 좋단 말야……"

"쉬──. 여보 이상, 그게 무슨 소리요?"

나는 이상의 입을 틀어막으려고 하였다. 그러나 내 손을 뿌리치고 같은 소리를 반복하는 것이었다.

"정군은 꺼져야 할 인물야……"

다행히 그 이상은 더 뇌까리지 않았으므로 정군 병실에까지는 들리지 않았다.

병실에서는 미정이가 정군의 옆에 바싹 붙어 앉아서 머리를 짚어보고 있었다.

"이 사람이 취했는데 조금 뉘었으면 좋겠는데요."

내가 붙들고 들어가니까 미정은 깜짝 놀라서 일어나서 이상을 부축해 가지고 보조침대에 뉘였다.

"당직 선생님 말씀이 얼마 있으면 깨날 테니 염려 말라고 그러셨에요."

미정은 안심한 듯이 이렇게 나한테 말하였다.

그때에 박군이 들이닥쳤다.

"어떻게 된 거야. 이런 날벼락이 어디 있어……"

박군은 눈을 감고 누워 있는 정인택을 한참 바라보더니 돌아서서 우리에게로 향하였다.

"지금 미정이 말이 의사가 곧 깨날 것이라고 그랬다니 염려할 것 없소"

"그럼 생명엔 이상 없단 말이지."

박군은 안심한 듯이 이렇게 말하고 보조침대에 누워 있는 이상을 바라보면서,

"십 년 감수했다는 친구, 고만 녹초가 되었군 그래—"

하고, 빙그레 웃었다.

"두 선생님이 조금 계실 테면 저는 집에 잠깐 다녀오겠에요."

미정이 머뭇거리면서 입을 열었다.

"우리들이 있을 테니 염려마시고 갔다 오세요."

이렇게 해서 미정을 보내놓고 우리 둘은 병실 바깥 의자에 나가 앉았다.

“어떻게 되는 셈요?”

박군이 궁금해서 나한테 물었다.

“이상이 양보하기로 했답디다.”

“정말?”

“어저께 저녁에 이상이가 미정이한테 정군하구 결혼하라구 권했다
는데——”

그리고 나는 어젯밤에 이상이가 멕시코 다방에서 했다는 이야기를
이상이한테서 들은 대로 박군에게 들려주었다.

“나는 믿어지지 않는데, 정말 이상이가 그랬을까?”

“사실은 나도 조금 전에 이상이가 취해서, 삼층 계단을 오르면서, 정
인택이는 꺼져야 해 하고 소리 지르는 것을 듣고, 가슴이 뜨끔했어.”

“그랬소?”

“어디 두고 봅시다. 어떤 게 진심인지.”

이때에 의사와 간호부가 방으로 들어갔으므로, 우리도 따라 들어갔
다. 의사는 자세히 진찰을 하고 나서,

“두 시간쯤 있으면 완전히 깨날 것입니다.”

하고 나가버렸다.

그러나 나와 박군이 염려했던 것과는 딴판으로 이상이 정인택과 미
정의 결혼을 앞장서서 추진시켰다.

정인택은 그날 오후에 씻은 듯이 깨어나서 이튿날 퇴원하였다. 그리
고는 보름 뒤에 두 사람의 결혼식이 거행되었다.

성북동에다가 새집을 마련하고 우리들을 청해서 저녁을 내는 날이었
다. 그날 나와 박군은 시간에 대서 새집으로 갔었는데, 먼저 와있을 이
상이 늦도록 나타나지 않았다.

“웬일야. 먼저 시작할까.”

성미 급한 정인택이 먼저 먹자고 상을 들여오려고 하였다.

“좀, 기다려요. 오늘 주빈은 이상이야. 정군, 자네의 오늘이 누구 때문

에 이루어졌길래 그래. 이상의 넓은 아량 때문야.”

박군은 꾸짖듯이 몇 번이나 한 소리를 또 뇌까렸다.

“박군, 인제 그 소리 그만해요. 다 알고 있고 그랬는데, 자꾸 면박을 주면 어떡하란 말야.”

“알고 있으면, 그런 대우를 해야지……”

정인택은 어쩐 까닭인지, 박군 앞에서는 머리를 들지 못하였다. 그 때문에 박군은 정군을 툭하면 윽박질렀다.

“정인택(人澤)이가 무어야! 정팔택(八澤)이라고 그래!”

이런 식으로 이름자부터 고치기 일쑤였다. 그러자 이상이 헐레벌떡거리고 들어섰다.

“신혼을 축하할 선물로 무엇을 살까 했는데 적당한 게 없어. 그래 부부가 화투나 하구 놀라구. 서양 카드 한 벌하구, 우리나라 화투를 한 벌씩 사왔네.”

그리고 주머니에서 화투 두 벌을 꺼내 놓았다. 이것을 물끄러미 보고 있던 박군이 무엇을 생각했는지,

“허허, 인생은 도박이란 말이지. 질 때도 있고 이길 때도 있다는 말이렷다.”

하고, 의미 있게 나를 바라보았다.

“박군은 흉악한 사람야. 무슨 일이든지 꼭 의미를 붙이고 주석을 달아야 직성이 풀리는 사람이거든!”

“이 사람이 괜히 남의 말을 나쁘게 몰아붙이는군!”

박군은 의미를 아는구나 하고 뜨끔한 모양이었다.

“자, 유쾌하게 듭시다.”

그러나 이상은 진심으로 축하한다면서 아무런 다른 내색이 없이 잘 마시고 잘 떠들었다.

그 뒤 카페 쓰루는 미정이 없어지자 손님이 줄어들고 드디어 문을 닫았다.

이상은 다시 또 광교 못 미쳐에다가 다방 '식스 나인'을 내려고, 흰 바탕에 검은 글씨로 6자와 9자를 얽어서 그린 간판을 내걸었다. 그때까지도 이 다방을 허가해 준 종로경찰서 간부들은 이 '식스 나인'이 무슨 뜻인지 몰랐다. 그러나 어떤 사람이 이것이 성희(性戲)의 뜻이란 것을 설명해 주자, 그들은 노발대발해서 이상을 불러다가 불호령을 내리고 당장에 다방허가를 취소하였다.

종로경찰서에서 이상을 호출해갔단 말을 듣고, 우리들은 구류(拘留)라도 당하지 않을까 하고 염려했었다. 그러나 곧장 풀려나온 그는 따귀라도 한 대 맞았느냐는 박태원의 물음에 대해서 껄껄 웃으면서

"저이들이 무식해서 허가 해놓고, 따귀는 무슨 따귀야! 미친놈들!"

하고, 태연하였다.

'식스 나인'을 그만두고 다시 명동에다가 다방 '무기'(麥)를 냈다. 종로경찰서에서는 '식스나인' 사건 때문에 다방허가를 내주지 않았으므로 본정서(本町署) 관내로 장소를 옮긴 것이었다. 그러나 이 다방 '무기'도 처음부터 시원치 않더니 보름 만에 문을 닫았다.

그리고는 빈둥빈둥 노는 것을 구본웅이 딱하게 생각해서 자기 아버지가 경영하는 창문사에서 교정부 일을 맡아보게 하였다. 창문사는 광화문 위 길거리에 있었는데 큰 인쇄소이어서 책도 많이 출판하고 있었다.

▌병마와 생활고에 시달린 김유정

이 무렵에 나타난 사람이 김유정(金裕貞)이었다.

그는 춘천 사람으로 서울에서 휘문고등보통학교를 다녔다. 그때 한 반에 안회남(安懷南)이 있었다. 김유정은 그때 생활이 넉넉했으므로 안회남이 늘 김유정의 술을 뺏아 먹었다. 두 사람이 다 문학청년이었는데, 재주는 김유정이가 나았다.

연희전문학교 문과에 입학했다가 배울 것이 없다고 학교를 그만두었다. 그리고 고향인 춘성(春成)에 내려가서 금병의숙(錦屛義熟)이란 야학교를 만들어서 농민의 자녀를 가르쳤다.

그 무렵 형의 방탕으로 생활이 곤궁해졌고 폐결핵의 증세가 나타났다. 그래서 휴양한다고 충청도 금광으로 가기도 했다.

그러나 얼마 뒤 다시 춘성으로 돌아와서 야학 일을 보면서 소설을 쓰기 시작해서 1935년 정월에 두 군데 신문의 신춘문예 모집에 모두 당선되었다. 《조선일보》에는 단편 〈소낙비〉가, 《중앙일보》에는 〈노다지〉가 당선된 것이다.

이때부터 여러 잡지에 단편을 발표하여 나갔는데 이때에 사귀게 된 것이 이상이었다. 이상이하고는 호흡이 맞아서 늘 만나서 술을 마시고 문학 이야기를 했다.

그때까지 이상은 창문사의 교정부 직원이었는데, 이상이가 그 무렵의 김유정의 모습을 그린 것이 재미있다.

창문사에서 내가 직무랍시고 하는 중에 떠억 나를 찾아온다. 와서는 내 책상 앞에 마주 앉는다. 앉아서는 바위덩어리처럼 말이 없다. 낸들 무슨 그리 신통한 이야기가 있으리오. 그저 서로 벙벙히 앉았는 동안에 나는 나대로 교정 일을 한다. 가지가지 부호를 써서 교정을 보고 있노라면 그는 불쑥

"김형(이상) 거 지금 그 표는 어떻게 하라는 표입니까?"

"이거요. 글짜가 곤두섰으니 바로 놓으란 표지요."

하고 나서는 또 그만이다. 이렇게 평소의 유정은 뚱보다. 이런 양반이 술만 시작되면 통성명(通姓名) 다시 해야 한다.

모자를 휙 벗어던지고, 두루마기도 마고자도 민첩하게 턱 벗어던지고, 두 팔 훌떡 부르걷고, 주먹으로는 적의 볼따구니를, 발길로는 적의 사타구니를 격멸하고 오히려 행유여력(行有餘力)에 엉덩방아를 찧고야 그치는 희유(稀有)의 투사가 있으니 김유정이다.

김유정은 이런 사람이었다.

1935년 가을부터 왕성한 창작력을 발휘해서 각처의 잡지에 작품을 발표했는데, 모두 호평을 받아서 신진작가의 지위를 확고하게 다졌다.

그러나 생활고 때문에 형수와 조카를 데리고 셋방살이를 해야 했고 폐결핵은 점점 더해갔다.

그에게 박녹주라는 애인이 있었다. 그 여자는 기생으로 명창이란 말을 듣고 있었는데, 김유정의 짝사랑을 거절하여 그를 몹시 애타게 하였다. 돈도 없고, 지위도 없으니 기생이 그를 거들떠볼 리가 없었다. 이런 비련의 심정을 잊으려고 술만 퍼부어 마셔서 병은 점점 더해갔다.

정릉 절간에 방을 하나 얻어서 형수가 지어다 준 한약을 다려먹고 있었는데 찾아오는 친구는 안회남과 이상밖에 없었다. 이상은 그 뒤 얼마 안 가서 창문사를 그만두고 놀고 있었는데 하루는 이상이 유정을 찾아와서 이 이야기 저 이야기를 하다가 별안간에 유정이 각혈을 하기 시작하였다.

요강을 끼고 쩔쩔매면서 한없이 나오는 피를 어쩔 줄 모르고 토해 뱉고 있었다. 이상도 각혈을 가끔 해 왔지만, 이렇게 오래 고생해 온 일은 없었다. 이상은 놀라서 이 처참한 광경을 끝까지 지켜보고 있었다. 얼마 뒤에 기진맥진한 김유정이 겨우 진정해서 요강을 놓고 자리에 쓰러지자 이상은 무겁게 입을 열었다.

"김형 이거 안 되겠소. 우리들이 이런 고통을 겪으면서 살아 있으면 무얼 하오. 자, 우리 둘이서 자결합시다."

이상이 엄숙히 이렇게 선언하였다. 기진맥진은 하였지만 정신만은 또렷한 김유정은 놀라서 곁눈으로 이상의 눈치를 바라보았다. 이상의 표정은 몹시 진지하였다.

뜻밖에 이런 소리를 들은 김유정은 어떻게 대답을 해야 할는지 생각이 나지 않았다. 그래서 못 들은 체하고 그냥 누워 있으려니까 이상은 일어서면서,

"대답할 기운도 없나보군 그래. 나, 갈 테니, 내 말, 잘 생각해 보아요."
하고, 방을 나가 버렸다.

일어날 기운이 없어서 그냥 누워 있었지만, 김유정은 언뜻 이상한 생각이 떠올랐다. 저 사람이 저러다가 정말 무슨 일을 저지르지나 않을까 하는 불길한 예감이었다.

둘이 같이 술을 마시다가 유정이 느닷없이 이런 소리를 한 일이 있었다.

"김형(이상의 본성은 김)이 그저 두 달만 약주를 끊었으면 건강해질 텐데."

"그건 내가 당신한테 할 소리요!"

그리고는 두 사람이 뼈만 앙상한 가슴팩이를 서로 내보이고 웃은 일은 있었지만, 그러나 죽자는 이야기는 한 번도 한 일이 없었다. 그런데 오늘 이상의 태도라든지 하는 소리가 암만 해도 이상해서 마음에 걸렸다.

어떻게 하나 하고 조바심을 하고 누웠는데 저녁때가 거진 되어서 안회남이 얼큰하게 취해가지고 찾아왔다.

"나밖에 자네를 찾아오는 놈이 없지 않아. 그 알량한 구인회 놈들은 왜 한 놈도 안 와!"

안회남은 들어오는 길로 구인회 욕부터 하였다. 최근에 김유정이 구인회에 가입한 것을 빗대 놓고 욕하는 것이었다.

안회남이란 사람은 술주정과 권투로 더 유명하였다. 누구든지 만나면 술을 사달래고 술을 마시고 나서는 권투주먹을 휘두르는 것이었다. 처음 구인회를 조직할 때에 자기를 넣어주지 않았다고 해서 일부러 술을 먹고 취한 체하고 구인회가 파할 임시에 회장에 들어와서 주먹을 휘두르고 싸움을 걸어온 일이 있었다. 그때 상허 이태준(李泰俊)이 여기 걸려서 혼이 나가지고 그를 멀리하게 되었다. 구인회 놈이 왜 한 놈도 안 보이느냐는 말은 은근히 너하고 한패 놈들이 왜 안 보이느냐는 말인 것이다.

김유정은 조금 전에 각혈을 한 이야기를 하고, 이상이가 그때에 한 말이 암만 해도 심상치 않아서 무슨 짓을 했을까 보아 염려가 되니 자네가 구보나 정인택을 찾아서 같이 이상의 집에 가서 동정을 보아 달라고 하였다.

"정인택이는 나 만나기 싫여! 구보를 찾아서 같이 가볼까."

이래서 안회남은 박군을 찾아가지고 같이 이상의 집에 갔다.

그때가 저녁 아홉 시나 되었을까, 초저녁이었는데, 이상의 방에는 불이 꺼져 있었다.

"이상, 있소?"

하고 구보가 문을 노크하니까 안에서

"누구요……"

하고 이상의 음성이 들렸다.

"괜찮군!"

구보는 뒤에 서 있는 안회남한테 낮은 소리로 안심시켰다. 이상은 눈을 비비면서 문을 열었다.

"벌써 불 끄고 자는 거야?"

"아냐. 김유정이를 보고 오는 길에 울쩍해서 혼자서 한잔 했더니, 약간 취했어. 그래 누웠더니 잠이 들었군."

"김유정이를 보고 무슨 이상한 소리를 했다면서요?"

이번에는 안회남이 입을 열었다.

"이상한 소리라니, 내가 무슨 이상한 소리를 했나."

하고 이상은 머리를 득득 긁더니,

"아아아, 같이 죽자는 이야기!"

하고, 크게 웃었다.

"내가 죽을 줄 알고 지금 두 분이 오셨군 그래! 생각해 보아요. 시인 이상과 소설가 김유정의 찬란한 정사(情死)! 이 얼마나 쇼킹한 뉴스요. 사실, 아까 김유정이 각혈하는 그 처참한 광경을 보았을 때에 둘이서 자살해야겠다고 결심한 것은 사실이었소. 그렇지만 지금은 사정이 달라졌소. 자살하는 대신 나는 파리로 탈출하기로 결심하였소."

이 말에 안회남과 구보는 어이가 없어서 서로 쳐다만 보고 있었다.

"아니, 파리로 탈출하다니 그건 또 무슨 소리요?"

구보가 웃음 섞인 소리로 물어 보았다.

"파리가 안 되면 허다못해 동경에라도 가겠소."

"여보, 이상 당신 지금 제정신이 있는 거요. 잠에 취한 게 아뇨!"

"허허허, 구보는 이게 탈이란 말야. 남의 이야기를 농담으로만 해석하거든. 자, 우리 잘 만났으니 한잔 하러 갑시다."

이상은 이렇게 얼버무려 버리고 두 사람을 끌고 술집으로 향하였다.

■ 소설가 안회남의 해괴한 술버릇

안회남은 술청에 앉는 길로 컵에다가 정종을 따라서 쭉쭉 서너 잔 들이켰다.

"그래 이상, 자살한다는 것도 파리 간다는 것도 모두 헛소리란 말요. 그럼 당신이 자랑하는 그 〈오감도〉도 헛소리이었구려!"

"헛소리는 왜 헛소리요. 인제 보면 알게요. 내 말이 헛소리인지 정말이었는지 두고 보면 알게란 말이오."

"허허 당신 말이 당신 시 같구려. 〈오감도〉에 '길은 막다른 골목이 적당하오. 길은 뚫린 길이라도 적당하오' 하였는데 대체 어느 것이 정말이란 말이오?"

"둘 다 정말이오."

이상은 태연하게 이렇게 대답하였다.

"그러면 이상이 자살할 수도 있고, 자살 안 할 수도 있다. 파리에 갈 수도 있고, 파리에 안 갈 수도 있다. 그런 말이로군 그래!"

안회남이 이렇게 말하고 껄껄 웃었다.

이상이 아무 대꾸 없이 술을 드는 것을 보자 이번에는 구보에게로 화살을 돌렸다.

"구보, 오늘 잘 만났소."

"왜. 또 나한테, 무슨 할 말이 있소."

안회남이 취한 기색이 있으므로 무슨 말이 나올는지 몰라서 그를 똑바로 보았다. 안회남과 이상은 전작이 있었지만 구보는 맨숭맨숭한 터이었다.

"구보, 나한테 무슨 사감(私感)이 있소!"

"별안간 그게 무슨 소리요. 내가 당신한테 무슨 사감이 있을 턱이 있소."

"그럼, 왜 당신이 내 일에 쌍지팽이를 짚고 나서서 반대하는 거요?"

"나는 도무지 무슨 영문인지 모르겠는데 내가 언제 당신 일에 반대했단 말요."

"구인회 입회문제 때에 당신이 가장 강력하게 반대했다는데, 그래 그때 당신이 찬성했단 말요?"

앞서 김유정을 입회시킬 때에 안회남의 말이 나왔었는데, 그때 상허가 그 사람 이야기는 이미 끝났으니 다시 거론하지 말자고 그래서 가부간에 거론이 안 된 일이 있었다. 안회남 이야기는 자신이 입회하기를 몹시 희망해서 회원의 가입문제가 논의될 때마다 화제에 올랐지만 상허가 좋지 않게 생각해 와서 늘 입회되지 못해 왔었다.

"그 사람 싸움패같이 주먹이나 휘두르구 그게 무어야!"

상허가 이렇게 못마땅해 하는 바람에 이것을 무릅쓰고 넣자고 고집할 사람이 없어서 번번이 실패한 것이었다. 지난 번 김유정 입회 때에도 역시 상허가 거론하지 말자고 해서 안 된 것이다. 그때 구보는 가타부타 입을 연 일이 없었는데 누가 잘못 전한 것이었다.

"여보, 그게 무슨 소리요. 나는 그때 아무 말도 안 했는데 반대했다니

대체 누가 그런 말을 했단 말요."

구보도 화가 나서 언성이 높아졌다.

"상허란 사람은 당신이 무어라면 반대 없이 그렇게 하는 사람이라는데 왜 그때 당신이 그렇지 않다고, 입회시키자고 하지 않았느냔 말이오? 그것이 나를 반대한 것이지 무어요. 간접적으로 반대한 것이지 무어요?"

구보가 화를 내니까, 안회남은 이렇게 나왔다.

"나도 그때 있었지만, 구보는 반대하지 않았소. 회원의 가입문제는 상허가 자기 마음대로 했는데 누가 무어래요. 어쨌든 구보는 아무 죄도 없으니 무정지책(無情之責)은 맙시다."

이상이 중간에서 이렇게 중재하고, 안회남의 잔에 술을 따르면서,

"자 술이나 유쾌하게 마시지, 무얼 쓸데없이 따지는 거요."

그랬더니 안회남이 불끈 화를 내고, 술잔을 던져버렸다.

"너희들이 한패가 돼서 나를 공격하는 거지. 옳다. 어디 한번 해보자!"

안회남은 벌떡 일어서더니 구보의 멱살을 쥐고 의자 밖으로 끌어냈다.

"이거, 이거, 왜 이래요. 회남! 이 멱살 놓아요."

이상이도 벌써 일어나서 회남을 뜯어말리고, 구보의 멱살을 놓게 하느라고 법석을 하였다. 멱살을 잡힌 구보는 얼굴이 하얘져서 끌려가면서,

"아니, 이 사람이 미쳤나, 이게 무슨 짓야."

하고 창피한 듯이 응성대는 다른 주객을 바라보았다.

"너는 건방져. 되지 않은 소설을 쓴답시구 남을 우습게 멸시하구. 네가 무어냐 말야. 너 오늘 내 맛 좀 봐야 한다."

안회남은 정말로 싸울 작정인지 구보를 끌고 길거리로 나가려고 하였다. 옆에서 이상이 열심히 말리고, 이상의 눈짓으로 늙은 주모도 나와서 안회남의 팔을 붙들고,

"점잖은 냥반들이 이게 무슨 짓이어요. 어서 멱살 놓고 말로 하세요."

하고 멱살 쥔 손을 잡아당겼다.

"이태준이 놈이 왕초가 되고 너희들이 졸병이 되어가지고 문단을 좌지우지한다지. 우선 오늘은 구보 너, 내 주먹 맛 좀 보아야 한다. 그리구 다음은 이태준이 놈도 가만두지 않을 테다."

이런 소리를 하면서 안회남은 구보의 멱살을 늦추지 않았다.

이때였다. 이상은 어디서 그런 힘이 생겼는지 두 팔을 걷고 덤벼들더니 안회남의 팔을 뿌리치고 멱살 쥔 손을 놓게 하였다. 이상의 눈은 무섭게 빛나 있었다.

호랑이같이 덤비는 이상의 기세에 눌려서 안회남은 씨근거리고 서 있더니 테이블 위에 놓인 중절모를 잽싸게 집어 들고 술청 밖으로 나가버렸다. 물끄러미 이 꼴을 보면서,

"미친 사람 같으니, 이게 무슨 꼴야!"

하고 이상은 옷을 툭툭 털고 있었고, 불시에 변을 당한 구보는 풀어진 멱살을 바로 잡으면서 성난 목소리로,

"기가 막혀서! 이게 무슨 지랄야!"

하고 울분을 터뜨렸다.

주모는 구보를 향해서,

"손님, 점잖게 잘 참으셨에요."

하고 인사를 하고 나서 이상을 보면서,

"다신, 그 손님 데불고 오지 마세요. 앞서도 괜히 옆 손님한테 시비를 걸다가 톡톡이 얻어맞고 가지 않았에요. 바로 그분이죠, 오늘 법석을 떤 양반이!"

"미안하게 되었소이다."

이상은 씁쓰레하게 주모한테 사과하고 구보를 앞세우고 술집을 나왔다.

▌소설 〈날개〉의 호평에 크게 만족한 이상

이상은 창문사에 근무하는 동안에 구본웅 화백을 졸라서 구인회 기관지로 《시와 소설》을 발간하였다. 물론 돈 한 푼 안 내고 거저 낸 것인데 모두 합해서 40페이지밖에 안 되는 얇은 잡지이니까 비용이 얼마 들지는 않았다.

거기다가 이상은 〈가외가전(街外街傳)〉이라는 〈오감도〉와 비슷한 시를 발표하였다. 이것이 1936년 8월이었다.

"이번에 쓴 시 〈가외가전〉은 진실로 주옥같은 시요. 박형 읽어보면 놀랄 게요."

이렇게 박군한테 자랑하고 나서 다시,

"나는 인제 소설을 쓰기 시작할 테요. 박형한테 선전포고를 하는 것인데, 우리 한번 라이벌이 되어 봅시다."

"이크, 떨리는데! 적이 또 하나 생긴단 말이지!"

그리고 발표한 것이 잡지 《중앙》 6월호에 실린 〈지주회시(蟵鼅會豕)〉라는 괴상한 제목의 소설이었다. 그러나 이 단편소설은 무슨 소리인지 이해할 수 없는 난해한 소설이어서 평이 좋지 않았다.

"〈지주회시〉는 〈오감도〉같이 무슨 소리인지 모르겠다고 그러든데—"

정인택도 이상을 보고 이런 소리를 하였다.

"허허, 그래 그럼 이번에 나올 〈날개〉라는 소설을 읽어보라고 그래요."

"어디 얼마나 잘 썼나 읽어볼까. 그렇지만 〈지주회시〉 꼴이 되는 게 아냐!"

정인택도 놀라는 투로 이렇게 빈정댔다.

"귀재(鬼才) 이상의 이름을 천하에 떨치게 될 걸작일 것이니 정형도 그렇게 알고 읽어 보시오."

이상은 자신만만하게 호언장담하였다.

이렇게 해서 소설 〈날개〉가 1936년 9월호의 잡지 《조광(朝光)》에 발표되었는데 이 소설은 크게 호평을 받았다.

"그러면 그렇지, 귀재 이상의 진면목을 이제 발휘한 거야."

하고, 이상의 자랑을 대단히 하였다. 거기에 대해서 정인택이,

"그렇지만, 소설 속에 아내를 매춘부로 만든 데 대해서는 말이 많던데."

하니까,

"정형, 우리나라 인텔리란 사람들은 소설이 무엇인지 모르고 있어요. 모든 부덕(不德)이야말로 예술의 어머니라오!"

하고 단언하였다.

〈날개〉가 호평인 것에 기운을 얻어서, 〈날개〉의 속편 같은 성질을 띤 역시 금홍이와의 이야기인 〈봉별기(逢別記)〉를 잡지 《여성》 12월호에 발표한 것이었다.

소설 〈날개〉를 발표한 뒤에 이상을 좀처럼 만날 수가 없었다. 안회남이 술주정하던 술집 근처에 있는 셋방으로 박군과 정군이 몇 번 찾아갔지만, 어디로 갔는지 종적을 알 수 없었다.

▌ 이상의 결혼과 갑작스런 도일(渡日)

"구보 있소!"

어느 날 저녁에 구보가 소설을 쓰고 있는데, 들창 밖에서 이상의 음성이 들렸다.

"여보, 대체 어떻게 된 일요. 들어와서 자세한 이야기 좀 해요."

"아냐, 바빠서 들어갈 틈이 없어요. 나 얼마 전에 이사를 했는데 여기서 얼마 안 되는 데니, 정군하구 한번 놀러오구려."

그리고는 가버리려고 하므로 구보는 다급해져서

"여보, 거기 좀 서 있어요. 여기서 얼마 안 되는 데라니 어디란 말요. 분명히 아르켜 주어야 갈게 아뇨."

"인제 차차 알게 될 거요. 나 지금 바빠서 가요."

하고 이상은 그만 훌쩍 가버렸다. 이상한 것은 면도를 말쑥하게 하고, 와이셔츠에 넥타이를 분명하게 맨 것이었다.

이상하다. 어디 그럴 듯한 데 취직을 한 것일까 하고 생각하였는데, 어쨌든 이사했단 소리만 해놓고 훌쩍 가버리니 어떻게 더 자세한 것을 물을 도리가 없었다.

구보는 정인택한테 이런 이야기를 하고 정군보고 좀 자세히 알아보라고 부탁하였다.

그런 지 사오 일 뒤에 정인택이 헐레벌떡거리고 구보를 찾아왔다.

"알았어. 이상의 집을 알아냈어. 그런데 더 놀라운 것은 이상이 결혼했다는 거야!"

"무어, 결혼! 누구하구 언제 결혼했단 말야?"

구보는 결혼했단 말에 깜짝 놀랐다.

"내 참, 방군을 우연히 만난 것이 운수가 좋았어."

정군의 이야기는 이러하였다.

어저께 신문사에서 퇴근해서 광화문 거리를 걸어가다가 우연히 방군을 만났다.

"정형, 정형!"

하고, 누가 뒤에서 부르길래 돌아다보니까, 방군이 웃으면서 서 있었다.

"아니, 이 사람이 어떻게 된 거야. 도무지 소식이 없다가 불쑥 나타나니. 그동안에 어디서 무엇을 하고 있었어?"

"나 그동안에 강릉에 가서 푹 파묻혀 있었어."

"무얼 하구?"

"중학교 선생질을 했지. 별수 있나."

"그런데 왜, 또 서울 올라왔어——."

"응, 집안일도 있고 해서 내일 또 내려가네."

그 당시에는 서울에 다방이 한두 곳밖에 없었다. 그중의 하나가 지금의 조선호텔 비스듬히 건너편에 있는 '낙랑 팔러'라는 멋쟁이 이름의 다방이었다. 그 다방에는 서울에서 내로라하는 예술가, 지식인들이 많이 모여들었다. 방군은 그 다방의 사무장으로 카운터에 늘 앉아 있었고, 그 주위에 정인택, 구보, 김소운, 구본웅, 이상 같은 패들이 진을 치고 있었다. 방군은 대단한 문학청년이어서 모이면 작품 쓸 이야기를 하였고, 어느 때,

"내가 소설을 쓴다면 무전인태랑(武田麟太郎)쯤은 되겠지."
하고 여럿을 바라보았다. 그때 구보가 픽 웃으면서,

"자네가 그래 무전인태랑 급(級)의 작가란 말야? 내 배꼽이 웃는다!"
하고, 여지없이 멸시하는 표정을 지었다.

그때 무전인태랑은 제일류의 신진작가로서 일본 문단에서 찬연히 빛나고 있었다. 그가 아사히신문에 연재한 《은좌팔정(銀座八丁)》에서 구보가 《천변풍경(川邊風景)》의 힌트를 얻은 것이었다.

그 뒤로 방군의 별명이 무전인태랑으로 되었는데, 방군은 마침내 조선의 무전인태랑이 되지 못하고 어디로인지 사라져 버렸다. 그러다가 이번에 나타난 것이었다.

"집안일이란 무슨 일야."

"아니, 저, 혼인식이 있었어——"

"혼인식이라니 자네가 장가를 들었단 말인가. 왜, 우리들을 안 부르고 몰래 했어?"

"아냐, 내가 한 게 아냐. 누이동생이 했어."

"누이동생이라니, 이화전문(梨花專門) 다니던 그 애 말야?"

"그래, 그 애가 결혼했어."

"신랑은 누구야?"

"신랑? 말하지 말래서 못 하겠네."

"무어? 말 못 하겠어. 그게 무슨 소리야?"

이 말에 방군은 대답을 못 하고 얼굴을 붉혔다.

“아니, 무슨 까닭에 말을 못 하겠단 말야. 우리가 캐내면 모를 줄 알
고! 어서 말해봐 누구야, 누구냐 말야?”

그제야 방군은 단념한 듯이 입을 열었다.

“이상이야.”

“무어 이상이? 아니, 이상이가 자네 누이동생하구 결혼했단 말야?”

정인택은 깜짝 놀라서 얼마 동안 입을 다물지 못하였다.

“나도 큰누이 편지를 받고 깜짝 놀랐어. 어떻게 된 일인지, 큰누이가
중간에 선 모양이데——”

“이거, 참, 큰 뉴스다. 이상이가 우리들 몰래 자네 누이동생하구 결혼
을 했다!”

“나는 아무것도 모르니 내게는 묻지 말게. 나도 반대지만 어떡하나!”

“그래 지금 사는 데가 어디야?”

“나는 한 번 밤중에 가보았는데, 수하동(水下洞) 어디로 꼬불꼬불 들
어가데. 나는 잘 모르겠어. 그럼, 또 만나세. 지금 시간을 대서 어디를
가는 길이라 실례하네——”

방군은 더 캐묻는 게 겁이 났던지 총총히 가버렸다.

이야기를 듣고, 구보도 물론 깜짝 놀랐다.

“흉악한 친구로군! 그래. 우리들 몰래 방군 동생을 채갔어! 일전에
우리 집에 왔을 때, 어째 행동이 수상하더라니, 나는 그것을 조금도 눈
치 채지 못했어!”

“왜, 그 ‘낙랑 팔러’에 방군을 만나러오던 이화여전 학생을 기억하나.
이름이 이미(利美)라나 그렇지. 그 애가 이상의 색시가 되었단 말야.”

“그런데, 이상이하구, 방군 누이동생하구 어떻게 연줄이 닿았을까. 나
는 도무지 짐작이 안 가는데——”

“아까 방군 말이, 큰누이가 새에 섰다니까, 내 생각에는 이럴 것 같
애. 그 누이란 누군고 하니, 자네는 모르겠지만 구본웅 화백 아버지의
세컨드거든. 기생 출신이었어. 방군 남매의 학비가 다 거기서 나왔네.

그래서 이상이가 구본웅이를 시켜가지고 그 루트를 통해서 공작을 한 것 같애."

"아, 그래! 그런 루트가 있었구먼, 좌우간 이상이란 친구, 무서운 친구야. 우리들 몰래 그 공작을 하느라고 도무지 꼼짝을 안 했군 그래!"

"자네. 이번에 또 좀 활동해서 이상의 사랑의 집도 찾아내 보게. 이것이 이상이한테 대한 자네의 보은(報恩)야!"

구보는 또 정군이 듣기 싫어하는 소리를 했다.

정인택은 창문사로 구본웅을 찾아갔다. 구본웅은 처음에는,

"내가 그 사람 집을 어떻게 알어? 그 사람하구 더 가까운 여러분들이 모르는 것을 내가 알 리가 있소?"

하고, 딱 잡아떼었다. 그러나 정인택이 모든 것을 다 알고 왔다고 하면서 이상의 결혼비용은 물론이고 셋집을 얻은 것도 구본웅의 힘이라는데 모른다고 시치미를 떼는 것이 말이 되느냐고 넘겨짚었다.

그랬더니 어린애 같은 예술가인 구 화백은 속아서 순순히 집을 대주었다.

"그럼, 우리 내일 저녁때 이상의 집을 습격하세——"

구보는 정인택의 보고를 듣고, 둘이서 습격하기로 하고 정인택은 수하동에 있는 이상의 집을 찾으러 나섰다.

수하동은 장교(長橋)에서 을지로로 나가는 중간에 있는 작은 동네여서 찾기 힘들지 않았다. 그 동네는 옛날 이름으로 구분다리골, 보시꼬지골 속에 들어 있었다. 정인택은 통장과 반장을 통해서 언저리를 알아놓았다. 기와집 뒤에 줄지어 붙어 있는 일본식 나가야(長屋) 속에 있었다. '나가야'란 것은 우리나라로 친다면 줄행랑에 해당하는 것으로 똑같은 모양의 대여섯 칸짜리 집이 한 일(一)자로 기다랗게 붙어 있는 집이었다. 문패도 없고 호(號)수로 알게 되었다.

다음 날 두 사람은 정군이 앞서서 수하동으로 향하였다. 일전에 이상이 구보의 집 들창을 통해서 말했듯이 구보의 집에서 얼마 안 되는 거

리에 있었다.

똑같은 집이 한일 자로 서 있는 줄행랑집을 호수로 찾아서 문 앞에 서니까 속에 사람이 살고 있는지 의심날 정도로 도깨비집 같았다.

정군은 나무창살 문을 드르륵 열고

"이상 있소?"

하고 소리쳤다. 그랬더니 어두컴컴한 속에서 분명히 이상의 음성이 들려 나왔다.

"거, 누구요?"

"구보하고 정인택이오."

그랬더니 속에서 장지문이 열리고

"아니, 어떻게 이 집을 찾아왔소?"

하고, 이상이 불쑥 얼굴을 내밀었다.

"당신이야말로, 이게 어떻게 된 일요?"

구보가 뒤에서 퉁명스럽게 말했다.

"좌우간, 누추하지만 올라오시오."

두 사람이 들어서니까, 벌써 빽빽할 지경으로 좁은 다다미 넉 장을 깐 방이었다. 어두컴컴해서 낮에도 전등불을 켜고 있는데, 퀴퀴한 다다미 냄새가 코를 찔렀다.

"여러 가지로 미안하게 되었는데, 그것은 다 막설(莫說)하고 나 그새에 장가들었소."

하고, 이상은 옆방에 대고,

"여보, 나와서 인사해요."

하고 소리쳤다.

그랬더니, 옆방 미닫이가 소리 없이 열리고, 부인이 들어왔다.

"두 분이 아마 잘 모르실 게야. '낙랑 팔러'에 있던 방군의 누이 동생이오."

부인이 허리를 구부려 인사를 하고, 얼굴을 드는데 방군의 모습이 역력하였다.

"나는 생각나요. 방군을 만나러 가끔 다방에 들르던 여학생 모습이 그대로인데요!"

정인택이 이렇게 알은 체를 하니까, 구보는 고개를 기우뚱하면서

"글쎄, 나는 기억이 없는데."

하고, 다소곳이 서 있는 새색시를 뚫어지게 바라보았다.

"자, 귀빈들이 오셨으니 차든지 술이든지 무엇이고 내와요."

이상은 점잖은 남편 행세를 하였다.

"왜 사람이 그 모양야. 결혼을 한다면 누가 무어래! 모든 것을 비밀에 부치고 이게 무에냐 말야!"

구보는 바른말 잘하는 사람이라 정인택을 나무라듯이 이상을 나무랐다.

"그 점에 대해서는 입이 열이래도 할 말이 없소. 그러나 쑥스러워서 어디 그런 말이 나와야 말이지."

이상은 정인택을 바라보면서 응원을 청하는 눈치였다.

"그래, 지난 일은 당신 말마따나 막설하고, 그런데 안회남의 말이 당신이 일본 간다고 그러드라는데 그건 또 웬 소리요?"

"흐 흥, 그런 말이 있었지."

구보는 얼마 전에 안회남과 같이 이상을 찾아갔을 때에 이상이가 하던 소리를 생각하였다.

그러자 이상의 부인이 차를 들고 나와서 두 사람 앞에 놓았다.

"저는 그때 '낙랑 팔러'에서 두 선생님을 뵈온 생각이 나요."

아담하게 생긴 부인은 자줏빛 화사한 원피스를 입고 있었다.

"그때, 방군이 무엇아! 하고 이름을 부르던데, 이름이 무엇이었소?"

정인택이 친숙한 말투로 물었다.

"이미(利美)이었에요."

"아, 방이미 씨이었군."

구보가 생각난 듯이 이미의 이름을 불러보았다. 그러자 이미는 일어서면서 이상을 향해서,

"그럼 저 나갔다 오겠어요."

하고 다시 두 사람에게,

"그럼, 천천히 노시다 가세요."

하고, 훌쩍 밖으로 나갔다.

"내 생활이란 이 꼴요."

이미가 나간 뒤에 이상은 불쑥 이런 말을 하고 입맛을 쩍쩍 다셨다.

"이 꼴이라니 무슨 소리요?"

구보가 물었다.

"이미가 나가서 벌어 와야 먹지 않소."

"어떻게 버는 거요."

구보는 영문을 몰라서 자꾸 딴청을 하였다.

"여자의 벌이란 딴 게 있소. 카페에 나가는 것밖에──"

이 말에 구보의 말이 막히고 세 사람 사이에는 무거운 침묵이 흘렀다.

결혼한 지 얼마 안 되어서, 이미가 카페에 나가서 벌어 와야 입에 풀칠을 할 수 있게 되었다. 나갔다 온단 말은 직장에 나갔다 오겠다는 말이었다.

"자, 인제 우리 다른 이야기나 합시다."

정인택이 기분을 바꾸기 위해서 이런 소리를 하면서,

"그래 정말 일본 가는 거요?"

하고, 앞서 하던 이야기를 계속하였다.

"접때 나하구 안회남 앞에서 장난으로 한 소리를 가지구, 안회남이 곧이듣고 소문을 냈군 그래."

구보는 아무 일도 아닌 듯이 이렇게 이야기하였다. 그랬더니 이상은,

"아냐, 장난으로 한 것이 아니었어. 나는 그 전부터 일본 갈 생각을 해왔었는데 이번에 뜻밖에 실현될 것 같애."

“그럼 언제 간단 말야?”

“이미가 버쩍 우겨서 우선 내가 먼저 떠나고, 뒤에 이미가 따라오게 될 모양야”.

“허허. 신혼여행으로 일본을 가신다! 가서 얼마 동안 있을 작정요?”

“그건 가 보아야 알겠지만, 무어 오래 있을 수야 있소. 바람이나 쐬고 오는 거지. 여기서는 정말 답답해서 못 살겠어. 무엇이 잔뜩 머리를 짓누르고 있는 것 같은 느낌이란 말야. 저의 놈들의 전쟁준비를 하느라고 애꿎은 우리만 들볶으니 어디 견딜 수가 있어야지.”

“인제 점점 더할 거요. 신사(神社) 참배를 안 한다고 학교를 폐쇄하고, 수양동우회(修養同友會) 사건으로 2백 명을 검거하고 참, 날마다 무시무시한 사건이 일어나고 있지 않소. 당신 잘 도피해 가는 거요.”

이렇게 이상과 구보가 주고받는데 정인택이 불쑥 끼어들었다.

“그렇다면, 저희 나라에선 더 할 게 아냐. 바람 쐬러 갔다가 괜히 고생만 할 걸!”

“아냐, 그건 당신이 잘못 알았어. 여기는 식민지니까 맘대로 들볶는 거지 동경에선 머리를 바싹 깎어라 국민복을 입어라 하지 못하거든. 아주 자유롭대. 그래서 바람을 쐬러 가는 거지 무언가.”

“그럼, 잘 되었군 그래. 가서 흠씬 새 바람을 쐬구 돌아와서 제2의 〈날개〉를 쓰면 될 게 아냐.”

“이거 정군이 너무 나를 비행기를 태우는군. 말만 그렇지, 돈이 마련되어야 가고 어쩌구 하지 않소. 이미가 열심히 돈 마련을 하는 모양인데 어떻게 되는지 봐야 알겠소——”

“좌우간 당신도 일본에 한번 갔다 오기는 해야 해요.”

이렇게 해서 이상의 근황을 알았으므로, 두 사람은 일어서려고 하였다.

“그건 그렇고, 건강은 괜찮겠소?”

구보가 일어서면서 물어보았다.

“김유정이는 말이 아니지만 나는 아직 그 지경은 아니니까 일본 갈

엄두를 내는 것이오. 허지만 누가 아나, 언제 또 병이 악화될는지. 모두 운명에 맡기는 도리밖에 없지 않소.”

“그럼, 인제 집을 알았으니 자주 만납시다.”

정인택의 이 말에 이상은 껄껄 웃으면서

“오는 건 좋지만, 술을 사 갖고 와야 해요.”

하고, 굴속 같은 방 속에서 장지 밖으로 머리만 내밀어 작별하였다.

이상의 말마따나 갓 결혼한 부인이 카페에 나가서 벌어봐야, 겨우 입에 풀칠을 할 수 있게 되었다는 처지에 있으면서, 일본으로 바람 쐬러 간다니 무슨 소리인지, 모든 일이 낮도깨비 같은 이상의 짓이라 정말로 가는 것인지 믿어지지 않았다. 다방 제비는 일본사람 고리대금업자한테 명도를 당해서 내쫓겼는데 무슨 수로 ‘카페 쓰루’를 곧 또 개업했고 그 뒤에 또, 다방 ‘씩스 나인’, 또 그 뒤로 다방 ‘무기’를 벌일 수 있었는지 도무지 상식으로는 이해할 수 없었다. 이번에 방이미와의 결혼도 어떻게 된 것인지 친구들에게는 일언반구의 말도 없이 비밀 속에 진행된 것이다.

그러던 어느 날 아침에, 신문사로 정인택이한테 전화가 왔다. 오늘 저녁 열 시 차로 일본으로 떠난다는 것이었다.

그래서 부랴부랴 연락을 해가지고 정과 박, 두 사람이 남대문 정거장으로 나가기로 하였다.

늦은 가을인 그날은 날이 왼종일 흐리고 음산하더니, 저녁때부터 찬비가 내렸다. 조금 일찍이 정인택이 정거장에 나갔더니, 이등 대합실에 이미 혼자서 작은 가방을 들고 앉아 있었다. 이상의 모습은 보이지 않고, 구보도 아직 안 나왔었다.

“아직 안 나왔구먼요.”

정인택이 이미한테 알은 체를 하니까, 이미는,

“어디 좀 다녀온다고 했어요.”

“짐은 다 붙이셨나요?”

"짐이 무어 있나요. 이것밖에 없어요."

그리고는 다 헐어빠진 조그만 가죽가방을 만지작거렸다.

얼마 안 있어서 구보가 나오고, 이어서 이상이 나타났다. 넥타이를 매고 정장을 하고 있었다.

"암만해도 김유정이 일이 염려가 되어서, 지금 가보고 오는 길요. 겨우 이야기는 하는데, 아주 탈진이 되어서 얼마 못 견딜 것 같애. 나 일본 가 있는 동안에 일을 당할 것 같더군. 일 당하거든 두 분이 애 좀 써주어요."

"이 사람, 쓸데없는 소리 좀 그만해요. 멀쩡한 사람을 놓고, 죽은 뒤 걱정을 하면 어떡하는 거요."

구보가 이상을 나무랐다. 그랬더니 이상이 껄껄 웃으면서,

"김유정의 말이, 나보고 일본 가지 말고, 저번에 약속한 대로 같이 자살하자는 거요. 두 젊은 작가의 찬란한 정사를 결행하잔 말이지. 허허."

"그래, 무에라고 대답했소?"

"지금은 시한(時限)이 틀렸소. 나는 동경 갈 차표를 사놓고, 열 시에 떠나는 거야. ──했더니, 김유정이 씁쓰레한 얼굴로── 예이, 이 사람── 하고, 내게서 얼굴을 돌리데. 그래서 내가 쓸데없는 소리 말고, 잘 조심해서 내가 동경에서 돌아올 때에 건강한 모습으로 만나세 하고 나와버렸지. 여기까지 전차 타고 오는 동안 내내 눈물이 흐르데!"

이상은 언짢은 얼굴을 지었다.

"자, 우리 식당에 가서 술이나 한잔씩 합시다."

구보는 이상을 데리고 이층 식당으로 올라갔다.

자리에 앉자 정인택은 이상의 침울한 기분을 풀기 위해서 이런 소리를 했다.

"우선 동경에 누구를 만나는고 하니, 당신이 애독하는 《세루팡》 잡지의 편집인 겸 시인인 하루야마를 만나야 할 게 아뇨?"

"그렇지. 그 사람하구는 늘 편지 왕래가 있었는데, 요새는 좀 뜸하군

그래. 우리나라 지용이니 저희 나라 기다하라(北原白秋)니 하는 사람의
시는 십구 세기의 케케묵은 시라는 거야. 자기하구 내 시가 새로운 시
니까 우리 한번 잘 해보자는 거지.”
“아주 의기상투(意氣相投)로군 그래.”
“그렇지. 만나면 한번 크게 시론(詩論)을 하게 될 게요.”
이상은 벌써 기분이 좋아졌다.
“그 다음은 누구를 만나나?”
“일본 평단의 원로인 자유주의자 장곡천여시한(長谷川如是閑) 선생을
만나야지. 이 양반, 칼잡이가 날뛰는 것을 제일 싫어하거든. 무슨 명론
탁설(明論卓說)이 나오나 들어봐야지.”
“문단 쪽은 없나?”
“왜, 소설의 가미사마(神)인 지하직재(志賀直哉) 선생한테 경의를 표
해야 해.”
“그 다음은?”
“그야 만나고 싶은 사람이야 많지. 그렇지만 하루야마 군 이외에는
장곡천여시한이나 지하직재 같은 거물이 그렇게 쉽게 나 같은 사람을
만나줄 줄 아나. 천만에 말씀. 김치국부터 마시는 격이지, 하하하.”
이렇게 이상은 유쾌하게 웃었다.

▌함께 정사를 하자던 이상과 김유정의 요절

시간이 되어서 박과 정, 두 사람과 이상 내외는 플랫폼으로 내려갔다.
이상 내외는 플랫폼으로 내려갔다. 이상은 자리를 정하고, 밖으로 나와
서 이미와 둘이서 무슨 이야기인지 한참 속삭였다.
기차가 떠날 때 이미는 수건으로 눈을 가리고 서 있었다.
“그럼, 바람 쐬고 오리다.”

이상은 담담하게 이런 작별 인사를 하고, 아무렇지도 않은 듯이 서 있었다.

이것이 박과 정이 이상을 만난 최후였다.

이상이 떠난 지 한 달쯤 되어서 동경에서 편지가 왔다. 엽서에다가 깨알 같은 글씨로 사연을 늘어놓았는데, 내용인즉 동경에 와서 실망했다는 것이었다. 서울에 비해서 신사참배를 해라, 머리를 짧게 깎아라, 국민복을 입어라 하는 등등의 잔소리는 없지만, 그 대신 조선 사람에게 대한 단속과 탄압이 눈에 띄게 심하다는 것이었다. 사변이 아니라 진짜로 중일(中日)전쟁을 시작할 생각에서인지 조금만 수상하면 경찰에 잡아넣고 고문을 막 해서 스파이로 몰아치거나 공산당으로 만들어 버리기 때문에, 확실한 직업이 없는 조선 사람들은 전전긍긍하고 있다는 것이다.

자기도 여관에서 한 번 걸렸는데 형사가 인품이 좋은 사람이어서 다행히 별 문제 없이 넘겼지만, 앞으로 무슨 일을 당할는지 걱정이라고 하였다.

그 다음으로 12월 31일의 일부인(日附印)이 찍힌 엽서였는데——

"오늘은 섣달그믐 제야(除夜)입니다. 빈자떡, 약주, 너비아니, 수정과 생각이 간절합니다. 이 모든 기갈(飢渴)의 향수(鄕愁)가 나를 못살게 굽니다. 생리적이라 이길 수가 없습니다. 언제 서울의 흙을 밟게 되는지, 아직은 막연합니다. 나는 건강이 좋지 않습니다."

이 편지를 마지막으로 정인택에게도 구보에게도 아무에게도 편지가 없었다.

곧 떠나겠다던 이미도 여비가 뜻대로 마련되지 않아서 미적미적하다가 다음 해 1937년 2월에야 동경으로 떠날 수 있었다.

동경에 도착해서 이상이 동경 니시간다(西神田) 경찰서에 구금된 것을 알았다. 직업도 없고, 뚜렷한 용무도 없이 여관에 묵고 있는 불령선인(不逞鮮人)이라는 이유로 그가 경찰에 구금된 것이었다.

원래 결핵환자로 허약한 몸인데다가 유치장에서 학대를 받아 왔으므로 얼마 못 가서 중환자가 되었다. 일본 경찰은 겁이 나서 그를 동경대학 부속병원에다가 보석입원(保釋入院)을 시켰다.

이미가 정성껏 간호하고, 이 소식을 들은 동경에 있는 친구들이 병원으로 모여들었다. 입맛이 없어서 도무지 음식을 먹지 못하므로 이미는 이상이 좋아하던 메론을 은좌(銀座)에 있는 유명한 센비끼야(千疋屋)에 가서 사왔다. 그러나 그 서양참외를 한쪽도 목구멍에 넘기지 못하였다.

병은 날로 악화되어서 드디어 4월 17일에 동경대학 부속병원에서 숨을 거두었다.

향년 28세의 젊은 나이였다.

한편 김유정은 정릉에 있다가 병이 점점 침중해져서 기동을 할 수 없게 되었다. 그러나 형수도 돈이 없어서 어떻게 할 수 없었으므로 경기도 광주에서 과수원을 하는 다섯째 누이에게 통지하였다. 그래서 그 매부가 김유정을 업고 광주로 내려갔다.

매부집 굴속 같은 방 속에 누워서 얼마 동안 앓다가, 그는 이상보다 스무 날 앞선 1937년 3월 29일에 조용히 숨을 거두었다.

그의 누워 있던 방 벽에는 그가 항상 자신의 좌우명으로 방 벽에 붙이고 있던 '겸허'(謙虛)라는 두 글자가 붙어 있었다고 한다.

그는 1908년생으로 이상이 1910년생인데 비해서, 2년 연장이었다.

이 슬픈 소식을 듣고, 평소에 그와 친분이 두텁던 친구들이 모여서 하루 저녁 그들의 추억담을 한 일이 있었는데, 구보는,

"두 사람이 정사(情死)를 한다더니 스무 날을 새에 두고 앞서거니 뒤서거니 찬란한 정사를 한 셈이 됐군."

하고, 괘사를 떨었다.

《문학사상》, 1987. 4~6.)

이상과 같이 구인회 회원으로 활동하던 조용만의 실명 소설이다. 소설의 형태를 빌리고는 있지만, 내용상으로는 실제 있었던 일들에 바탕을 둔 것이어서 회고록에 가깝다고 하여도 좋으리라 생각된다. 구인회 결성 전후의 사정과 이상이 구인회에 가입하게 된 전말, 이상이 경영하던 다방 '제비'와 금홍이의 관계, 시 〈오감도〉를 발표한 전후의 이상의 내면 풍경, 화가 구본웅과의 관계, 정인택과 카페의 여급이 얽히고설킨 삼각관계와 이상의 양보, 이상이 평소 좋아했던 르네 클레르의 영화와 보들레르의 시 등에 대한 자세한 내용들이 서술되어 있어 참고로 할 만하다.

제3부
시

침통의장(沈痛儀仗)
—이상에게 주는 시

김 소 운

햇빛과 등진 마음,
네 마음에 녹쓰른 쇠못을 꽂으라.

부·라·보!
부·라·빗슈모!
환호가 잔과 잔에 부딪치고
근심 잊은 이 하로의 홍소(哄笑)에 지축이 흔들리우는고나,
푸른 잎새
다정한 햇빛
이마를 스쳐가는 향기롭은 계절의 촉수,
좀먹은 회의(懷疑)도
회한의 윤리도
지난 한밤의 오직 고달픈 악몽이려니
목숨이 잔에 다할 때까지
부·라·보!

부·라·빗슈모!

오,
거꾸로 박힌 밤과 낮
희열과 침통의 순환소수(循環小數),
네 하나는 빛을 등지고 서서
관 속에 놓인 네 청춘에 저주의 쇠못을 꽂으라.

(7월 27일)

《중앙》, 1934. 9.)

1934년 9월호에는 〈침통의장〉 바로 다음에 이상의 시 〈소영위제(素英爲題)〉가 실려 있는데, 이때 소영은 소운(素雲)을 의미하는 것이 아닐까? 그렇다면 이는 〈침통의장〉에 대한 이상의 답시일 터인데, 설사 그러하진 않더라도 〈소영위제〉가 김소운과 같은 사람을 두고 쓴 시, 그래서 어쩌면 〈침통의장〉에 대한 대답을 담고 있는 시임은 분명한 것 같다.

쥬피타 추방
——이상의 영전에 바침

김 기 림

파초 잎파리처럼 축 늘어진 중절모 아래서
빼여 문 파이프가 자조 거룩지 못한 원광(圓光)을 그려 올린다.
거리를 달려가는 밤의 폭행을 엿듣는
치껴 올린 어깨가 이 걸상 저 걸상에서 으쓱거린다.
주민들은 벌써 바다의 유혹도 말다툴 흥미도 잃어버렸다.

깐다라 벽화를 숭내낸 아롱진 잔에서
쥬피타는 중화민국의 여린 피를 들이켜고 꼴을 찡그린다.
"쥬피타, 술은 무엇을 드릴까요?"
"응 그 다락에 얹어둔 등록(登錄)한 사상을랑 그만둬.
빚은지 하도 오래서 김이 다 빠졌을걸.
오늘밤 신선한 내 식탁에는 제발
구린 냄새는 피지 말어."

쥬피타의 얼굴에 절망한 웃음이 장미처럼 희다.

쥬피타는 지금 씰크햇트*를 쓴 영란은행(英蘭銀行) 노오만 씨가
글쎄 대영제국 아침거리가 없어서
장에 계란을 팔러 나온 것을 만났다나.
그래도 계란 속에서는
빅토리아 여왕 직속의 악대(樂隊)가 군악(軍樂)만 치드라나.

쥬피타는 록펠라** 씨의 정원에 만발한
곰팽이 낀 절조(節操)들을 도모지 칭찬하지 않는다.
별처럼 무성한 온갖 사상(思想)의 화초들.
기름진 장미를 빨아 먹고 오만하게 머리 추어든 치욕들.

쥬피타는 구름을 믿지 않는다. 장미도 별도……
쥬피타의 품 안에 자빠진 비둘기 같은 천사들의 시체.
검은 피 엉크린 날개가 경기구(輕氣球)처럼 쓰러졌다.
딱한 애인은 오늘도 쥬피타더러 정열을 말하라고 졸르나
쥬피타의 얼굴에 장미 같은 웃음이 눈보다 차다.
땅을 밟고 하는 사랑은 언제고 흙이 묻었다.

아모리 따려보아야 스트라빈스키***의 어느 졸작보다도
이뿌지 못한 도, 레, 미, 파……인생의 일주일.
은단과 조개껍질과 금화(金貨)와 아가씨와
불란서 인형과 몇 개 부스러진 꿈 쪼각과……
쥬피타의 놀음감은 하나도 자미가 없다.

몰려오는 안개가 겹겹이 둘러싼 네거리에서는
교통순사 로오랑 씨 로오즈벨트 씨 기타 제씨가
저마다 그리스도 몸짓을 숭내내나
함부로 돌아가는 붉은 불 푸른 불이 곳곳에서 사고만 일으킨다.
그중에서도 푸랑코 씨의 직립부동의 자세에 더군다나 현기증이 났다.

쥬피타 너는 세기(世紀)의 아푼 상처였다.
악한 기류가 스칠 적마다 오슬거렸다.
쥬피타는 병상을 차면서 소리쳤다.
"누덕이불로라도 신문지로라도 좋으니
저 태양을 가려다고.
눈먼 팔레스타인의 살육을 키질*하는 이 건장한
대영제국의 태양을 보지 말게 해다고"

쥬피타는 어느 날 아침 초라한 걸레쪼각처럼 때묻고 해여진
수놓는 비단 형이상학과 체면과 거짓을 쓰레기통에 벗어 팽개쳤다.
실수 많은 인생을 탐내는 썩은 체중을 풀어 버리고
파르테논으로 파르테논으로 날어갔다.

그러나 쥬피타는 아마도 오늘 세라시에** 폐하처럼
해여진 망또를 둘르고
무너진 신화가 파묻힌 폼페이 해안을
바람을 데불고 혼자서 소요하리라.

---

* 키로 곡식 따위를 까부르는 일. 여기서 '키질하다'는 '재다', '가늠질하다'의 뜻으로
쓰였다.
** Haile Selassie(1892~1975) ; 에티오피아의 마지막 황제.

쥬피타 승천하는 날 예의(禮儀) 없는 사막에는
마리아의 찬양대도 분향도 없었다.
길 잃은 별들이 유목민처럼
허망한 바람을 숨쉬며 떠 댕겼다.
허나 노아의 홍수보다 더 진한 밤도
어둠을 뚫고 타는 두 눈동자를 끝내 감기지 못했다.

《바다와 나비》, 신문화연구소, 1946. 4.)

제 4 부

기 타

이상의 학창시절

원 용 석 외

참석자 :

　　오오스미 야지로〔大隅彌次郎, 일본 규슈(九州) 후쿠오카(福岡)시
　　오오스미 건축사무소장〕
　　　원용석(한국경제신문 회장, 혜인중기 사장)
　　　유정／정리(시인·인하대 교수)

일시·장소 : 1981년 5월 2일 오후 5시 서울·뉴 타운 호텔 별실

　지난 5월 2일 이상(李箱)에 관한 많은 자료들을 본지에 소개해 주고
있는 원용석 선생의 주선으로 이상 문학의 새 증인 오오스미(大隅彌次
郎) 씨를 만났다. 오오스미 씨는 이상과 경성고공 건축과 동기생 일인
(日人)으로 그의 학창시절 가장 친분이 가까웠던 학우이자 화우(畵友)
였다. 지금까지 이상을 이야기해온 국내인은 많았으나 일인으로서는
처음이어서 오오스미 씨의 이 증언은 그 의미가 새롭다. 이 뜻 깊은 자
리를 마련해 주신 원용석 선생께 감사의 뜻을 전하며 이 두 옛 친구들
에게서 신화로서가 아닌 인간으로서의 이상을 들어본다.
　인사를 끝내고, 원 선생이 "당신 유명해졌어. 한국의 유력 문예지에
이름이 다 나고……" 하며 농을 걸자 "글쎄, 이게 다 깅가이꼬오〔김해

경(金海卿)의 일본식 발음] 덕분이지"라고 유쾌하게 받으며 자리에 앉
았다.*

▌ 인간 이상의 인상

유정(이하 '유') 이상 선생이 살아계신다면, 1910년생이니까 올해로
71세, 아직 살아계실 수 있었겠고, 살아계셨다면 그 문학적 업적도 더욱
컸으리라고 생각됩니다만, 두 선생님도 그런 연세이신가요?

원용석(이하 '원') 김해경은 워낙 조숙한 편이어서 학교도 일찍 들어
갔지요. 나는 올해 76세랍니다. 오오스미 당신도 그럴 테지?

오오스미 야지로(이하 '오오스미') 음력으론 76세지만, 신식으론 75세
야. 그럼 당신이 형님이군 그래. 아, 형님! (웃음)

유 '이상', 이 필명(筆名)을 두 분께선 알고 계셨나요? 언제부터 이
필명을 쓰기 시작했는지……

원 알고 보니 고공(高工) 시절에도 이미 썼던 것 같아요.

오오스미 그렇죠. 학창시절에 이미 쓰기 시작한 걸로 기억됩니다만,
어째 김해경이란 이름이 나한텐 익숙하군요(이 대담에서 오오스미 씨는
시종 '김해경'이라 불렀고, 원 선생은 그냥 '해경'이라 불렀다).

유 오오스미 선생의 한국 방문은 해방 후 이번이 처음이신가요? 무
슨 일로 오셨는지요?

원 이 양반은 매년 온답니다. 제 집 드나들 듯하지요.

오오스미 그렇습니다. 올해로 꼭 10년째가 됩니다만, 매년 한 번씩
은 한국에 왔습니다. 경성고공에 오르기 전의 내 모교인 서울공고 동창
회**에 참가할 겸 다른 일도 볼 겸 옵니다만, 이번엔 《문학사상》에서

---

* 《문학사상》 편집자의 글.
** 서울공고 동창회는 1971년 일본 동창회를 발족시켰는데, 이 대담 참석자인 오오스
 미 야지로가 회장을 맡았다. 오오스미가 타계(1995. 8. 30.)한 지금은 사사키 구니유

날 찾는다기에, 정신 바짝 차리고 왔답니다. (웃음)

원 그래, 이분은 한국의 시인이시고, 일본 문학을 전공하신 분이니 정신 차리고 대답하도록 해요. (웃음)

유 그럼 저도 김해경으로 부르겠습니다만, 김해경 선생은 보성고보를 졸업하던 1926년 4월에 경성고공에 입학했고 1929년 3월에 졸업했으니, 두 선생님은 꼭 3년을 김해경 선생과 함께 지내신 셈이군요?

오오스미 그렇지요. 난 고공을 나온 후도 몇 해 동안 그하고 접촉이 있었지요.

원 나는 좀 다르지요. 나와 해경이는 고공 이전의 동광학교(보성고보의 전신, 그때 동광이 보성에 흡수되어 교우가 되었다) 때부터의 말하자면 죽마지고우(竹馬之故友)란 말씀이야. 게다가 그도 나도 자라난 곳이 다 같은 서울 장안이요. 그는 통인동에 살았고 나는 광교 옆 장사동에 살아 집도 가까와서 서로 왕래가 잦았답니다.

유 그러면 숨은 이야기도 많으시겠네요. 오늘은 그 이야기들을 좀 털어놔 주십시오. 우선 소년 김해경을 처음 만났을 때의 인상이 어떠했는지요?

오오스미 내가 그를 만난 건 고공 입학 때입니다만, 그를 만나자 눈이 번쩍 띄는 느낌이었지요. 용모가 단려(端麗)하고 준수한 것이 한마디로 귀공자구나 싶더군요. 피부가 희고 눈이 광채가 있어서 수재구나 하는 인상이 대뜸 들더군요. 이건 대단한 친구가 생겼구나 싶었지요.

원 그렇겠죠. 하지만 내가 가진 해경의 이미지는 좀 달라요. 아까도 말했지만 그와 나는 워낙 어려서부터 잘 알고 있었기 때문에…… 그는 보기만 해도 가난이 철철 흐르는 몰골이었답니다. 모자며 양복은 다 해지고 운동화 하나 제대로 새것을 사 신지 못했지요. 당시 고공생들의 이른바 야만풍〔바소카라(バソカラ)〕 풍속을 따르려고 그랬던 건 아니죠.

키가 그 일을 대신 맡아보고 있다.

유 그땐 이미 가세가 기울고 양친의 슬하를 떠나 백부 댁에 기숙하고 있을 때겠군요.

원 그렇죠. 그렇지만 해경은 그 폐의파모(敝衣破帽)를 조금도 창피해하거나 그러진 않았어요. 그런 내색을 하지 않았다기보다는 외관 같은 것엔 아예 무관심했던 거죠.

오오스미 그랬던가요. 하긴 남들처럼 새 옷 새 구두는 아니었지만, 내 보기엔 검소하고 깨끗했던 느낌이었어요.

유 그럼 김해경이 고등공업을 지망한 건 그 가계의 빈곤 때문이었을까요? 고등공업에 무슨 특전이라도?

원 아니죠. 특전이랄 건 없었죠. 고등공업엔 비교적 윤택한 일인 자제들이 들어갔고, 한국인 학생은 좀처럼 들어갈 수가 없었지요…… 합격자 명단을 보고 '김해경' 세 자가 눈에 띄자 나는 놀랐지요. 그가 이 학교를 지망할 까닭이 없고, 보성고보에서 추천했을 리도 없다고요. 고보에선 그는 학업에 별로 열중하지 않아서, 98명의 졸업생 중 15등쯤 성적이었거든요. 다른 학과엔 신경 쓰지 않고, 그 당시부터 그림은 열심히 그렸어요.

▌고공을 선택한 것은 오직 그림 그리기 위해

오오스미 그렇습니다. 김해경이 경성고공을 지망한 건 오로지 그림을 그리기 위해서였습니다. 이건 나중에 그 학교 건축과 미술부에 함께 소속되면서 그가 나한테 그렇게 언명을 한 확실한 사실이지요.

유 회화를 지망한다면 그 방면의 전문학교로 갔으면 좋았을 텐데.

오오스미 그렇죠. 하지만 경제 사정으로 그러지는 못하고, 한국 내엔 그런 학교도 없었지요. 당시 한국에서 그나마 미술을 할 수 있는 곳은 경성고공뿐이었거든요.

유 이제 알겠습니다. 그럼 오오스미 선생도 회화를 하기 위해서 그

학교를 지망하신 건가요?

오오스미 바로 그렇습니다…… 여기서 별수 없군, 내 신상 이야길 털어놓을 수밖엔. (원 선생 보고) 이건 당신한테도 여지껏 말하지 않았던 건데, 실은 나는 열세 살 때 집을 뛰쳐나와서, 일본 각지를 전전한 끝에 조그만 어선을 타고 한국땅 인천 제물포에 상륙했답니다.

원 허허, 이건 금시초문인 걸. 그렇게 해서 단신(單身) 한국에 왔더랬나.

오오스미 인천에서 몇 해 동안 개인의 토목사무소, 지방 토지조사국의 사환을 하면서 근근 득식(得食)한 후, 경성에 올라와서 선린상업과 서울공고를 거쳐 경성고공에 들어간 거죠. 이것이 다 그림을 그리고 싶은 일념에서였지요. 소학교를 나와 미술학교엘 가고 싶었는데, 양친이 들어 줘야지요. 막무가내지 뭡니까. 집을 뛰쳐나올 때 내 수중엔 십 엔(円) 지폐 꼭 한 장이었죠. 하하하……

원 허허, 이거 놀랍군. 하긴 이 양반은 명문(名門)의 후예야. 왜 그 막부 말기의 지사(志士) 라이 산요오(賴山陽) 있잖아.

유 아, "수천방불(水天彷彿) 청일발(靑日髮)……" 그 사람……

원 그렇지. 이 사람은 선린에선 일본 가요곡의 귀재(鬼才) 고가 마사오(吉賀政夫)와 동창이고……

오오스미 그래서 난 늘 고아 같은 심정인데, 김해경도 그런 심정이었겠지요. 그리고 회화에 대한 집념도 같았고요. 우리는 학교의 미술부에서뿐만 아니라 하숙에까지 서로 드나들면서 급속히 친근해졌지요.

유 물론 일본말로 두 분이 대화를 하셨겠지요. 그래 그의 일본말은 어땠어요?

오오스미 그야말로 유창했습니다. 일본인과 구별할 수 없었지요. 여기 원 형님도 물론 그랬고요.

유 그를 학우로서 일본인 한국인 구별하지 않던가요?

오오스미 김해경은 그런 구별을 전연 안 했지요. 솔직히 말해서 일본인 중엔 구별하는 자가 많았습니다만…… 김해경은 인간적인 면으로 누구한테나 호감을 주는 데가 있었습니다. 용모가 깨끗한데다가 화제가 풍부하고 화술이 능란해서 누구나 끌렸지요. 농담도 잘하지만 위트가 번뜩거리고, 그가 입을 벌리기만 하면 모두가 배꼽을 잡았고, 그를 나무라는 사람은 없었지요. 무엇보다도 그 무엇에도 집착하지 않는 표표(縹縹)한 언행이 벌써 비범한 인물임을 엿보게 했지요. 난 그때 이미 술을 좋아해서 기회만 있으면 술을 먹는데, 술 먹는 나를 따라와서는 언제까지나 함께 앉아있는 거예요. 그는 사람이 그립고 인정(人情)이 아쉬웠던 것 같아요.

원 맞았어. 그는 혼자 있기를 원하면서도, 또 혼자 있기를 싫어했어. 고독한 사람이 되레 사람을 그리워하는 그거야.

오오스미 김해경은 평소엔 그렇게 대범한 듯하다간, 그림 비평이나 인간 비평을 하게 되면, 또 그렇게 신랄할 수가 없어요. 그렇지만 구체적인 어느 인물을 도마에 놓고 말한 적은 없지. 그의 신랄한 성격은 그의 그림에 잘 나타나 있었어. 그의 건축설계도를 보면 그렇게 세밀하고 정확할 수가 없어. 한 획 한 점을 소홀히 긋고 찍지 않는단 말이야. 나도 제도(製圖)는 어지간히 자신이 있었던 편인데 김해경이한테는 손을 들었어.

원 그래. 졸업 기념 앨범의 편집을 한 게 해경이었는데, 그 표지나 내용의 레이아웃을 봐도 그의 꼼꼼한 일면을 알 수가 있지. 그는 영어나 건축법 같은 과목엔 흥미가 없고, 오직 그림에만 관심을 두었지.

유 건축과에선 그림 공부를 얼마나 시켰던가요?

오오스미 주당 4시간씩 시켰지요.

유 건축 토목을 위한 그림이 위주였겠지요?

오오스미 물론 설계도를 위한 기초화법으로서의 그림이었습니다만, 경성고공의 미술부는 비교적 관대했던 것 같습니다. 풍경화는 말할 것도 없고 자화상 같은 인물화도 마음대로 습작할 수 있었으니까요.

유　당시의 경성고공의 학제는 어떻게 돼 있었나요?

원　3년제 전문학교로 건축토목과, 섬유공학과, 응용화학과, 광산과 등 5과에 각 과 10명 남짓, 전체 60명 정도의 학생을 매년 받아들이는 총독부 직할의 교육시설이었습니다. 우리가 입학하던 1926년의 건축과 입학생은 내가 알기론 12명이었던 것 같은데, 어때요, 난 섬유공학과라서 그쪽은 기억이 확실치 않은데……

▌총독부 건축과 기수 시절

오오스미　그해 합격자는 모두 12명이었지요. 그중 한국인이 2명, 김해경과 유상하(柳相夏)였는데 그는 2학년 진급 시에 낙제를 하고, 결국 한국인은 김해경뿐이었지요.

원　유일한 한국인인 해경이 1학년부터 3학년까지 줄창 수석을 차지했었지요. 그렇지요?

오오스미　예, 그런데 김해경은 나하고 수석을 서로 다투는 라이벌 관계였답니다. 그래서 고공을 졸업하자 총독부 내무국 건축과에 기수 한 명을 학교 당국에서 추천하게 되었는데, 김해경이냐 오오스미냐 하는 문제가 논의됐던가 봐요. 당시의 건축과 과장이 오가와 히로미찌(小河弘道) 교수였는데, 그분의 말씀이 단 한 명의 한국인이니까 총독부 취직은 김해경에게 양보하라는 것이었지요. 그 결과 김해경이 총독부에 취직했던 거예요.

유　그래 건축과 동기 11명 중 현재 생존해 계신 분은 몇 분인가요?

오오스미　일본인 4명이 일본에 살아 있지요. 지난번에 《문학사상》지에 김해경의 사진을 제공한 츠츠미다(堤田)군도 그중 한 사람이지요. 그들과 연락해서 김해경에 관한 것을 아는 대로 알려드리겠습니다.

원　다른 과의 동기는 현재 서울에 나까지 6명이 건재합니다만……

당시 고공을 지망한 데는 취직난 해결이라는 점도 있었지요. '대학은 나
왔어도' 취직은 엄두도 못 내던 시절이었으니까요.

유 원 선생님은 하숙에도 왕래하셨다는데, 김해경의 하숙방—백부
댁 기숙 생활은 어땠는지요.

원 해경은 고독벽이 심했어요. 백부 댁 사랑채 단간방에 혼자 들어
있었는데, 내가 찾아가면 문을 빠끔히 열고 툇마루에 나와선 "밖으로
나가자"면서 얼른 나와 버리곤 했지요. 한 번도 방에 들어가 본 기억이
없어요.

오오스미 그러고 보니 나도 그의 하숙에 가 본 기억이 없네요. 도대
체 그는 자기 집 이야기를 한 적이 없어요.

원 가정 이야기를 기피했지요. 그러면서도 양친에 대한 애정은 각별
했었습니다. 그의 부친은 인쇄직공을 하던 젊은 시절에 손가락 일곱 개
를 사고로 잘리었는데 해경은 그걸 몹시 가슴 아파했어요. 또 모친이
사 주신 것이라면서 운동화를 아껴서 뒷골목에선 벗어 들고 다니던 걸
기억합니다.

오오스미 어머니의 애정에 굶주렸던 것 같아요. 그가 나한테 어쩌다
돈이 생기면 영화관엘 가자고 그래요. 단성사엘 곧잘 갔었는데, 가면 여
성의 곁에 가서 앉으려고 해요. 그게 그저 청년기의 장난기로서가 아니
라, 좀 여성의 냄샐 맡아보고 싶다 그거예요. (웃음)

유 그때 어떤 영화를 보셨는지, 제목을 말씀하시죠.

오오스미 유감입니다만 통 기억이 안 나는군요…… 아무튼 부모의
애정엔 나도 잔뜩 굶주렸던 터라, 우리 둘이는 그 점에서도 더욱 의기
투합했던 것 같습니다.

유 김해경이 경성고공을 졸업하자 채용된 총독부 내무국 건축과 기
수(技手)의 대우는 어떠했는가요?

오오스미 기수는 판임관(判任官)이고, 그 위에 기사가 있었는데 이
건 고등관 대우였지요. 기수의 월급은 한국인이 55엔이었고, 일인에게

는 그 60프로를 가산한 88원이었고 거기에 사택까지 주었지요. 그런 점에서 역시 공평을 기하지 못했던 거지요만, 김해경은 그런 것을 입에 내어 말하는 적이 없었습니다.

유　근무 태도는 비교적 성실했던 것 같은데요.

오오스미　그렇습니다. 성실할 뿐만 아니라 사무 능률도 썩 좋은 편이어서 일인 상사의 신임도 두터웠던 걸로 압니다. 그 즈음엔 옷차림도 제법 세련되어 직장에선 청년 신사로 통했던 것 같아요.

유　그때 그림 말고 문학에 대한 움직임 같은 건 보이지 않았나요?

원　왜요. 2학년부터 3학년 초에 걸쳐 월간으로 《난파선》이란 회람(回覽) 문예지를 12, 3호까지 냈지요. 동호(同好) 학생 몇몇이 원고를 써 내고 그걸 원고째 묶은 것이었죠. 해경이 표지를 그리고 목차를 만들고 편집하곤 했는데, 그 표지 그림은 물론 글씨도 일품이었답니다.

오오스미　그렇죠. 《견창(樫窓)》이던가 하는 회람 잡지도 두어 번 본 것 같아요. 흑판에 시 비슷한 걸 낙서하는 것도 보았고요. 그런데 그 글씨가 참 희한했습니다. 한자 한자 반듯반듯한 해서체(楷書體)가 독특한 품격을 풍겼지요. 그 뭐 예서(隸書)라든가요, 그런 체도 제법 잘 썼고요. 아, 이제 생각납니다. 이상이라는 필명, 그것을 해서로 또박또박 써놓고선, "이 상(箱) 자 어때? 자형이 반듯하고 옆으로 퍼진 품이 제법 볼륨이 있어 보이잖어?" 그러더군요.

유　'이상'의 유래가 바로 거기에 있는지 모르겠네요. 그런데 두 분께선 이상의 작품을 읽어 보셨습니까?

원　소설과 수필은 읽어서 나름대로의 재미도 느낍니다만, 그 시는 어째…… 유명하다는 〈오감도(烏瞰圖)〉 그 시도 난 통 모르겠던 걸. (웃음)

오오스미　난 전연 읽은 것이 없습니다. 김해경이 그렇게 고명한 문학자라는 사실도 요즘에 알았고…… 이제부터 좀 공부해서 고우(故友)의 참모습을 되새겨 봐야겠습니다.

유　그 당시 일본 본토 문단에선 하루야마(春山行夫) 등의 모더니즘

시운동이 전개됐었는데, 이상이 혹 그런 문학지라도 가지고 다니지 않았는지요? 일본 작가 아꾸따가와(芥川龍之介), 마끼노(牧野信一)를 좋아했다고 하는데……

오오스미 다다이즘이 어쩌고 하는 소린 들은 것 같습니다만…… 그림으론 유메지(竹久夢二)의 그림을 좋아했지요.

유 거 좀 이상하군요. 유메지라면 지극히 서정적이요 대중적인 미인화로 이름이 난 화가가 아니던가요?

오오스미 그렇죠. 나쁘게 말하면 소녀 취미적이요, 센티멘탈하며 저속한 화풍의 작가였지요. 그러나 그가 그린 여자의 애수 어린 표정을 김해경은 더없이 좋다고 하더군요.

원 예, 바로 그 점이에요. 해경은 겉으로는 냉철하고 신랄한 척하지만, 한 꺼풀 벗겨놓고 보면 누구보다도 선량하고 마음 착한 인간이었지요. 나는 그의 소설이나 수필을 읽으면, 그 뒤에 숨은 그런 애수랄까 우수랄까를 절절히 느끼게 됩니다.

유 옳은 말씀입니다. 전적으로 동감입니다…… 그런데 이상은 1933년 24세 때에 총독부 건축 기수직을 그만두게 되는데 지병의 폐결핵 요양을 하기 위해서였지요. 배천온천(白川溫泉)에 가서 '금홍'이라는 여자를 알게 되어, 그 여자를 서울로 데리고 와서 동거하게 되는데, 이때의 이상에 대한 소식을 혹 아시는지요?

▌'금홍'이라는 여자

원 그 당시 난 성천 지방에 산업 기수로 가 있어서 잘 몰랐는데, 어느 날 해경이가 불쑥 나타났는데 그 몰골이 말씀이 아니에요. 창백한 얼굴에 머리는 까치둥주리, 온천엘 가게 했는데도 밤낮 내 하숙방에 드러눕고만 있고…… 한 열흘 만에 또 훌쩍 자취를 감추었는데, 나중에 알고 보니 그 명문장 〈성천 기행〉의 문안이 거기서 싹텄던가 봐요. 금홍이? 글쎄 그건 모르겠지만, 아무튼 성천 지방은 미인의 산지지요. '부용'이니 '××'이니 하는 미인 기생들도 많았고…… (웃음)

오오스미 그 무렵인가 봅니다. 김해경이를 찾아갔더니…… 그게 어딘지는 기억되진 않습니다만, 형편없는 어둑시근한 골방 같은 데에 그가 있었는데, 어떤 여자하고 함께 있더군요. 그게 '금홍'이였는지는 알 수 없고, 김해경이가 방에서 나간 여자를 가리키면서 "저 여자 신세를 지고 있어…… 날마다 30전 50전씩 용돈을 준다구." 하던 말이 잊혀지지 않아요.

유 그 여자 어떤 얼굴이던가요?

오오스미 용모는 전혀 기억할 수 없고, 뭔지 요란한 무늬 옷을 입고 있었던 것 같아요.

유 그게 저고리 치마던가요? 양장이던가요?

오오스미 글쎄요, 한복 같기도 했는데……

유 그 여자 정력적이던가요? 음란해 보이던가요?

원 예끼, 이 양반. 너무하지 않소? (웃음)

오오스미 여자의 거동이 좀 경망하다 싶었던 것만은 분명합니다. 김해경이 "난 폐가 나뻐. 오래 살진 못할 것 같아." 그러기에 난 "이런 생활 안 된다. 건강을 생각해야 해." 하고 타일렀습니다만, 그가 그렇게 요절할 줄은 몰랐어요. 참으로 애석한 일입니다. 그가 살아 있었던들…… (오오스미 씨, 눈물이 주르르…… 원 선생도 손수건으로 눈언저리를 문지른다)

여기서 장소를 옮겨 플라자 호텔에서 저녁 식사를 나누었다.

유 그래 오오스미 선생님은 언제 귀국하셨습니까.

오오스미 종전(2차 대전)되던 해 12월에야 귀국했지요.

유   8월 15일 해방이었는데 왜 그렇게 늦으셨지요?

원   이 양반은 하던 일이 많았어요. 이 양반의 업적으로 한국에 남은 것을 치자면, 현재의 저 신세계백화점, 미국대사관, 그리고 이승만 박사의 이화장 등등, 그게 다 오오스미 군의 설계로 된 것이라오.

유   놀랍군요. 재삼 경의(敬意)와 경이(驚異)를 표합니다. (웃음)

오오스미   이승만 박사께서 사람을 보내어 이화장 설계를 꼭 부탁하신다기에 그냥 훌훌히 떠날 수가 없었지요. 소시(少時) 적에 한국에 발붙였다는 걸 저는 후회하지 않습니다…… 바로 저 시청 청사 뒤에 저의 건축사무소가 있었지요. 그 주위엔 한식 와옥들이 즐비했었는데…….

원   이 양반은 일본 정부로부터 건축 공로로 훈장도 탔고, 국제연합으로부터 국제친선상이라는 것도 탔어요.

유   정말 훌륭하십니다. 선생님 같은 분이 계시는 한, 우리는 인류의 협동과 문화의 발전을 기대해도 좋으리라 믿습니다…… 오늘 이상 선생께서 살아계셨다면, 선생님과 함께 부흥 도상에 있는 한국을 위해, 훌륭하고 참신한 건축물을 구조했을 것입니다. 그런 면에서도 이상 선생의 요절은 새삼 애석합니다. 보십시오…… 반세기 전의 시가와는 물론 달라졌겠지요. 그러나 달라지지 않은 것은 오오스미 선생과 이상의 우정 그것입니다. 앞으로도 그렇겠지요. 또 만나뵐 날을 기다리겠습니다.

《문학사상》, 1981. 6.)

엮은이의 말

　이상의 경성고등공업학교 건축과 동기인 일본인 오오스미 야지로(大隅彌次郎), 같은 무렵 섬유공학과에 적을 두고 이상과 교분을 쌓았던 동기생 원용석, 그리고 시인인 유정, 이렇게 세 사람의 대담 형식으로 진행된 이상에 관한 회고이다. 이상이 고등공업으로 진학하게 된 것은 순전히 평소부터 하고자 했던 그림을 위해서라는 증언을 눈여겨볼 필요가 있다. 더불어 이 무렵부터 문학에 대해서도 본격적으로 관심을 가지기 시작하였다는 증언 역시 주목을 요한다.

큰오빠 이상에 대한 숨겨진 사실을 말한다

황 광 해*

▌금홍이는 살결이 곱고 무척 예쁜 여자였다

"혹시 시인 이상의 동생 되시는 분 아니세요?"

"어떻게 알고 찾아왔지요?"

김 할머니는 신기하다는 듯 기자를 쳐다봤다.

김 할머니는 옛날부터 문학인들과 완전히 절연된 상태에서 살아 왔는데다 1962년, 그러니까 지금으로부터 23년 전 《현대문학》지에 〈오빠 이상〉이라는 글**을 기고하기 위해 현대문학사 기자를 만난 것을 빼놓으면 문학인과는 교분이 전혀 없는 상태였다. 누구도 김 할머니를 통해

---

* 전 《신동아》 기자였던 황광해가 김옥희와의 대담 내용을 정리하여 재구성한 글이다.

** 김옥희는 1962년 6월 《현대문학》과 1964년 12월 《신동아》에 각각 〈오빠 이상〉을 발표했다. 그러나 내용상 큰 차이가 없어 이 책에서는 후자만 실었다. 필자가 "단 한 번 그녀의 오빠에 대한 회상의 글을 발표"했다고 했는데, 이는 뒤에 발표한 것을 확인하지 못했거나 착각한 것으로 보인다.

시인 이상에 대한 기록을 재확인하려는 사람도 없었고, 김 할머니 역시 그런 일에는 도대체 관심도 없었다. 그러던 와중에 갑자기 기자가 찾아오자 김 할머니 쪽에서 우선 당황해 했다. 그러나 김 할머니는 기자의 질문에 하나하나 기억을 더듬으면서 오빠 이상의 얘기를, 찬찬히 털어놓기 시작했다.

"큰오빠와 그렇게 오래 한집에서 같이 살지는 않았죠. 그렇지만 여동생은 저 하나뿐이라서 그런지 저한테는 굉장히 잘 대해 주었어요. 큰오빠가 통인동 큰집에 있을 때도 저는 자주 갔었죠."

김옥희(金玉姬) 할머니는 이상을 '유명하고 어려운(?) 시인'이 아니라 그저 정 깊은 오빠로 기억하고 있었다.

그리고 이상의 삶에 대해서 몇 가지 점에서는 지금도 이해가 되지 않을 정도라고 말했다.

"통인동 집에 있을 때, 제가 가면 방 안에 발을 들여놓을 틈이 없었어요. 원고지나 책이 방바닥 군데군데 흐트러져 있고 오빠는 그림을 그리거나 원고지에 뭘 쓰고 있곤 했어요. 저도 모델을 한 적이 있지만 색경(거울)을 보고 혼자 자화상을 그리는 경우도 있었어요."

보성고보 시절, 그림에서 서서히 문학으로 기울었던 이상. 옥희 할머니의 말대로 '한 가지만 했으면 좀더 오래 살았을 텐데 두 가지 모두에 매달리는 바람에 건강을 해치고' 결국 젊은 나이에 요절했던 천재 시인. 그에게는 분명 그의 패러독스 못지않은 기벽이나 습관이 있을 법한데……

"책을 보다가 잠을 잘 땐 꼭 얼굴에 뭘 가렸어요. 책이나 원고지나…… 아니면 방석으로 얼굴을 가리기도 했고요. 그리고 한겨울에도 문을 빼꼼히 열어놓고 자곤 했는데 왜 그랬는지는 모르죠."

김옥희 할머니는, 말하자면, 이상의 본래 집과 이상이 살고 있었던 큰집을 잇는 연락병(?). 그녀의 연락병 임무는 나중에 이상이 카페 '제비'를 열었을 때나 변동림(卞東琳)과 동거, 결혼생활을 할 때까지도 계속된다. 그래서 그녀는 카페 '제비'의 마담이자 이상의 작품에도 등장하는 오빠의 애인 금홍이나 그의 아내 변동림 두 사람 모두를 볼 수 있었고 그 여자들에 대한 생생한 기억을 가지고 있다.

"금홍이라는 여자는 밝혀졌듯이 황해도 여자죠. 제 기억에는 사리원 여자였던 것 같습니다만…… 제가 카페 '제비'엘 가면 큰오빠는 홀에서 친구들하고 이야기를 나누고 있고 금홍이는 주로 뒷방에서 자고 있곤 했어요. 저는 주로 큰오빠의 빨랫감만 받아서 곧 돌아오곤 했기 때문에 별로 이야기를 나눈 적이 없었지만 굉장히 살결이 곱고 예쁜 여자였어요. 그에 비해서 변동림이라는 여자는 얼굴은 금홍이만 못했죠. 단발머리에 단단한 인상이었는데 저하고는 몇 번 만나지도 못했어요."

김옥희 할머니가 기억하는 금홍이와 이상과의 관계는 카페 '제비'가 망하고 얼마 뒤까지 연결된다.

"관철동쯤인가? 확실치는 않지만 커다란 한옥집에 있었어요. 안채는 김소운(金素雲) 씨가 쓰고 있고 바깥채에 큰오빠랑 금홍이가 살고 있었어요."

이야기를 들으면서 느낀 일이지만 금홍이에 대한 김옥희 할머니의 인상은 별로 밝지 못한 반면 변동림에 대한 인상은 아주 밝다.

"결혼식 전 잠깐 변동림 씨를 본 적이 있습니다. 그때도 큰오빠는 나가서 혼자 살고 있었고…… 그 집에 들렀다가 봤어요. 그리고 결혼식날 잠깐 본 적이 있지요."

이상과 변동림의 결혼식. 신흥사에서 치루어진, 10명쯤의 가족들이 참석한 초라한 결혼식.

그러나 변동림은 짧은 신혼 기간이었지만 이상 집안의 맏며느리로 많은 노력을 기울였다.

"간혹 집에다 돈을 보탰던 걸로 압니다. 제 기억에는 큰오빠가 일본엘 갈 수 있게 주선한 사람도 변동림 씨라고 기억하고 있고요."

그 무렵 김옥희 할머니는 지금의 남편 문병준 씨(이상의 편지*에 'B'

로 표시된 사람)와 만주로 떠난다. 평북 선천의 시집으로, 만주로, 다시 경성으로…… 그때마다 집안은 점점 기울었고, 결국 서울에 잠깐 돌아왔을 때 오빠의 죽음을 안다. 그때는 그동안 병석에 있었던 아버지도 돌아가셨을 때이고……

그녀는 지금 4남 1녀의 자식을 낳고 비교적 무리 없는, 행복한 노년의 삶을 살고 있다.

오빠에 대한 기억들은 이제 많이 잊혀졌지만, 그녀의 집안을 생각하면 너무 서글퍼진다고 말했다.

"간간이 텔레비전이나 책에 큰오빠 이름이 나오죠. 그때마다 큰오빠는 참 똑똑한 사람이었다는 생각을 하지만, 솔직히 말해서 그 무렵에는 답답했어요. 오빠같이 공부한 사람이 왜 저렇게 살까 싶기도 했고……"

그녀는 1962년 모 문학지에 단 한 번 그녀의 오빠에 대한 회상의 글을 발표한 후 전혀 사람들 앞에 나서질 않았다.

"별로 나설 이유도 없었고 나설 필요도 없었습니다. 저는 저 나름대로 바쁘게 살았고, 큰오빠 일로 신경을 쓸 필요가 없었죠."

그러나 옥희 할머니는 점점 옛날 생각이 또렷해진다며 얘기를 계속했다.

▋ 이상에 대한 기록 이런 부분이 잘못됐다

"오빠에 대한 기록이 잘못된 부분이 많은 것 같아요. 사실 잘못된 기록을 보았을 때 찾아가서 얘기해주고 싶었지만 좀 쑥스럽기도 하고 너무 오래된 얘기라서…… 게다가 공부 많이 한 사람들이 다 해놓은 거니…… 그러나 분명히 내 기억에는 몇 가지 잘못된 것이 있습니다."

---

* 1936년 9월 《중앙》에 발표된 〈동생 玉姬 보아라—세상 오빠들도 보시오〉를 일컬음.

옥희 할머니가 잘못된 기록이라는 곳을 기자가 풀어보면 다음과 같다.

첫째, 이상의 출생지는 종로구 통인동 154번지, 혹은 막연히 사직동으로 알려졌으나 당시의 호적에 의하면 둘 다 확실하지 않고 미심쩍은 면이 있다.

대부분의 이상에 대한 평전에서 그의 출생지를 '통인동 154번지'로 못 박고 있으나 사실은 그의 출생지는 당시의 행정구역에 의하면 경성부 북부 순화방 반정동 4통 6호(京城府 北部 順化坊 半井洞 四統六戶)이다.

즉, 통인동 154번지는 그의 큰아버지, 즉 백부가 살고 있는 집이었고, 그는 순화방 반정동에서 태어난 것이다.

누이동생 옥희 씨는 후에 통인동으로 명칭이 바뀌는 통동(通洞) 154번지에서 출생했음이 사실이나 이상과 동생 운경(雲卿)은 위의 주소에서 출생했음이 분명하다.

설혹, 1914년 4월에 시행된 구획 정리에 의해 반정동이 통동으로 명칭 변경이 되었을 가능성도 배제할 수 없으나, 기록에 의하면 통동은 통곡(通谷), 사포동(四圃洞), 옥동(玉洞) 일부가 합쳐졌음을 알 수 있으므로 이상의 통인동 154번지 출생설은 사실과 전혀 다르다.

그리고 사직동이라는 것도 당시 창평동(昌平洞), 사직동, 무덕동(武德洞), 박정동(朴井洞) 일부가 합쳐졌음을 알 수 있었으니 사직동 출생설도 틀렸다고 볼 수밖에 없다.

단지 호적을 정리하는 단계에서 박정동을 반정동으로 기록했을 실낱같은 가능성을 인정한다면 사직동 출생설이 어느 정도 설득력이 있다 하겠다.

어쨌든 명백한 근거가 없는 상황에서 뚜렷한 기록 문서에 의한다면 이상의 출생지는 앞에서 밝힌 '북부 순화방 반정동'으로 기록하는 것이 옳겠다.

둘째, 이상의 가계 부분에서는 사람들의 이름이 명백히 틀려진 채로 이제껏 기록되어 왔었다.

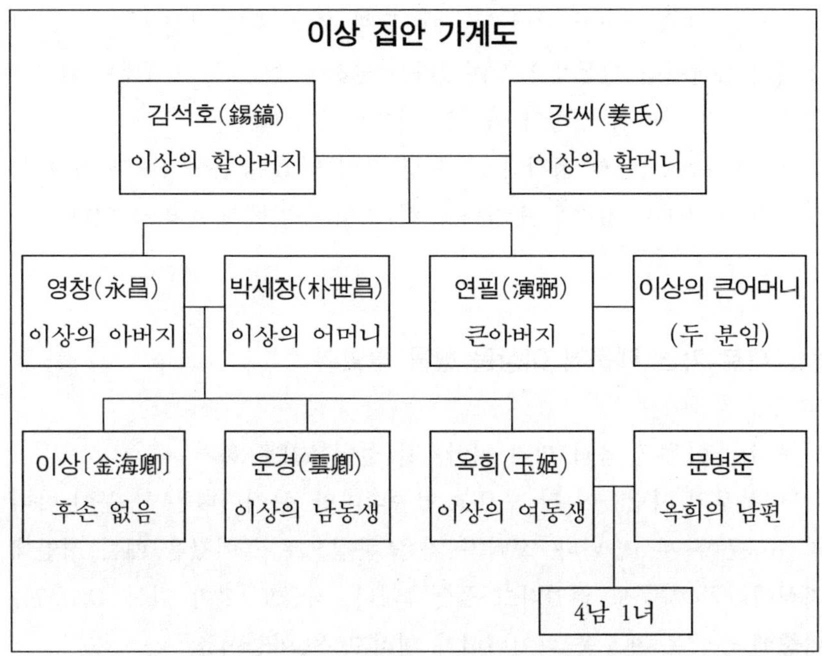

우선 아버지 김영창 씨(金永昌氏). 모든 기록에서 아버지는 연창(演昌)으로, 큰아버지는 연필(演弼)로 기록되어 있다.

그러나 호적에 의하면 이상의 아버지는 분명 김영창 씨였다. 그리고 할아버지는 '병복'(炳福)이 아니라 '석호'(錫鎬)라는 이름을 가졌음도 알 수 있었다.

어쨌든 반정동 4통 6반에서 태어난 이상은 세 살에 큰아버지네로 들어가게 된다. 이 집이 바로 평생 이상에게 매여 다녔던 통인동 154번지.

사실 통인동의 큰아버지네는 이상의 집안인 강릉 김씨 집안의 중추적인 집. 그의 누이동생인 유일한 생존 혈육 옥희 씨도 이 집에서 태어난 것으로 밝혀졌다.

세 살 때 통인동으로 들어가서 23세까지 이상은 그 집에서 살게 된다. 27년이라는 짧은 인생 중, 20년이란 긴 세월을 이 집에서 보내기 때문에 이상에게 통인동 집은 큰 의미를 준다. 그러나 양자로 들어갔다고 말하지만 결코 사실이 아닌 듯. 누이동생 옥희 씨도 평생 이상은 운경, 옥희의 동생들을 친동생으로 여겼다고 말하고 있으며, 호적에도 이상은 임종시까지 아버지 영창의 아들로 기록되어 있다.

또, 혹자는 이상의 성격이 그 무렵 같이 있었던 큰어머니와 엄한 큰아버지 사이에서 영향을 받았다고 하나 이 주장에도 무리가 있다.

▌실제로 가난 때문에 이상은 빵을 팔았다

우선 누이동생 옥희 씨의 이야기를 들어보기로 하자.

"대부분의 사람들이 잘 모르고 있습니다만, 큰어머니는 한 분이 아니라 두 분이 계셨습니다. 오빠가 처음 큰집으로 들어갔을 때는 집안에 자식이라곤 아무도 없었다고 들었습니다. 지금도 살아 있는 ○○씨는 나중에 들어온 새로운 큰어머니가 데리고 온 아들이죠."

일찍이, 몰락한 사대부 집안의 장남으로 태어나 상공업에 종사하면서 재빨리 신분의 변신을 꾀함으로써 집안을 일으켜 세웠던 연필 씨(演弼 ; 이상의 아버지가 '영창'이라면 그의 큰아버지도 '영필'이 아닐까? 지금으로선 확인할 방법이 없어 '연필'로 기재한다). 그는 총독부의 일을 그만두고 뛰어든 작은 사업의 일로 북지(北地)로 갔다가 애 하나 딸린 여자를 만난다. 그 여자가 바로 현재 살아 있는 이상의 사촌동생인 ○○씨의 어머니라는 게 김옥희 씨의 주장이다.

만약 큰어머니와의 관계가 좋지 않았다면 그 큰어머니는 바로 이 여자를 말함이리라.

이상이 양자의 형식이 아니라 어떤 다른 이유 때문에 큰집으로 갔다면 그 이유는 무엇일까? 옥희 씨는 할머니 때문일 것이라고 말한다.

"오빠가 귀여웠던가 봐요. 할머니가 처음 보는 손자인데다 귀엽게 생겼으니까 큰집에서 데려 갔겠죠. 원래의 큰어머니하고는 잘 지냈던 것 같아요. 그분은 큰아버지가 북지에서 새로 여자를 데리고 오니까 곧 집을 나갔다고 기억합니다.”

큰아버지네에서의 20년. 혹자는 ‘그동안 이상이 경제적으로 어려움은 겪지 않았다’ 혹자는 ‘고학을 했다고 하지만 자립심을 기르기 위해서였지 경제적 궁핍 때문은 아니었을 것이다’라고 말하지만 옥희 씨의 증언은 이와 다르다.

“오빠가 보성고보 시절부터 빵을 판 것으로 기억합니다. 제가 열 살 무렵이었어요. ‘겐마이빵’인가 하는 건데, 휴식시간에 팔았던 것 같아요.”

‘겐마이빵’은 현미로 만든 빵을 말한다. 이상이 보성고보나 경성고공을 다닐 무렵에는 큰아버지의 사업도 기울고 할머니의 이상에 대한 뜨거운 사랑이 있었음에도 불구하고 집안 사정이 어려워 이상은 반드시 고학을 해야 할 지경이 되었다는 게 옥희 씨의 주장이다.

이와 함께 재산 문제에 관한 또 다른 이야기도 있다.

통인동 154번지의 집과 이상이 처음 열었던 카페 ‘제비’와의 관계. 그리고 ‘제비’로부터 시작하여 ‘69’, ‘무기’(麥), ‘쓰루’(鶴)에 이르기까지 비록 실패했지만 연속 몇 개의 카페를 경영한 이유는 무엇일까?

이제까지는 “카페 ‘제비’는 통인동 154번지의 집을 팔아서 한 것이다”라는 이야기가 지배적이었다. 그러나 이 부분에 대해서 옥희 씨는 명백한 반론을 제기한다.

“그 무렵 일은 제가 생생히 기억하고 있습니다. 큰오빠가 카페를 할 때 큰아버지가 남긴 재산 일부분을 처분하여서 썼다는데 그건 아닙니다. 대부분의 재산은 새로 들어온 큰어머니가 자기 앞으로 명의 이전을 해 놓았지요. 단지 통인동 154번지의 집을 저당했던 기억은 납니다. 큰오빠는 평소 집안이 기운 것에 대해 굉장한 자책감을 가지고 있었어요. 뭔가 집에 보답하려고 카페를 했었지요. 저도 몇 번 큰오빠의 빨래 때문에 카페 ‘제비’에 간 적이 있었습니다.”

집안의 경제적 사정 때문에 카페를 열었던 이상. 그리고 그 오빠의 빨랫감을 가지러 갔다는 여동생.

이런 사실은 우리가 예상했던 그런 이상의 모습은 아니라 할지라도 사실인 이상 어쩔 도리가 없다. 단지, 가족의 생계를 책임져야 한다는 강박 관념과 친구들과 만나 문학과 예술에 관해 토론하고 싶었던 그의 내면적인 바람이 합쳐져 카페를 경영한 것이 아닌가 하는 추측은 상당히 타당성이 있다.

■ 김향안 여사는 카페의 여급이 아니었다

연속되는 카페의 실패와 집안의 기울어짐. 당시 아버지 영창은 몸져 누워 그의 직업이었던 이발소 경영을 그만 두었고, 따라서 그의 집은 나날이 기울었다.

이 무렵 그에게 '열병처럼' 찾아 온 것은 동경행(東京行).

그가 이 땅을 떠나기 직전에 치른 것이 변동림과의 결혼이었으니 아마 그는 이 무렵 벌써 그의 생애를 마감할 준비를 했는지도 모른다. 변동림. 나중에 김환기(金煥基) 화백과 결혼하면서 김향안이라는 새로운 이름으로 바꾼 신여성. 그녀는 당시 가정교사 일과 번역 일을 하고 있었다고 옥희 씨는 증언한다. 흔히 말하는 카페의 여급은 전혀 아니었다고 단호히 말한다.

어쨌든 1936년 6월(옥희 씨는 초봄이었다고 주장한다) 무렵 결혼을 하고 그해 11월 초순경, 편지에서 밝혔듯 '가솔린 냄새가 나고', '참 치사스러운 도시'인 동경으로 떠난다.

이상, 본명이 김해경이었던 '박제된 천재 시인'은 그 후 동경제국대학 의학부 부속 의원에서 쓸쓸히 죽음을 맞는다. 1937년 4월 17일 오후 12시 25분 사망.

그의 유해는 이국땅에서 화장되어 아내 변동림의 품에 안겨 쓸쓸히 돌아와 미아리 공동묘지의 어느 구석에 묻혔다.

"동경에서 사망 전보가 왔어요. 그러나 그 전날(4월 16일) 아버지가 돌아가시는 바람에 집안에서도 경황이 없었지요."

딱 하루 차이로 부자가 같이 죽음을 맞고 이후 동생 운경마저 6·25때 행방불명됨으로써 이상, 즉 김해경 집안은 이로써 대가 끊긴다.

《레이디 경향》, 1985. 11.)

엮은이의 말

이상의 여동생인 김옥희 여사(1916년생)의 증언을 토대로 한 것으로, 이상의 가족 관계와 주변 인물 등에 대해 이전까지 학계에서조차 잘못 알려져 있었던 일부 사실들을 확인하고 바로잡을 수 있는 자료이다. 특히 이상의 조부와 친부의 성명에 대한 진술 등은 기존의 자료와 다르므로 눈여겨볼 대목이다. 그러나 이러한 증언이 전적으로 믿을 만한 것인가에 대해서는 여전히 의문이 남는 점도 있는데, 한 예로 이상의 부인인 변동림(김향안)이 카페의 여급이 아니었다는 진술은 변동림 본인의 주장과 배치되는 것이어서 신빙성이 떨어진다고 하겠다.

필자 소개

김기림(金起林, 1908~　？　)

　시인·문학평론가. 본명 인손(仁孫). 호 편석촌(片石村). 구인회(九人會) 회원. 주로 영미 모더니즘 계열의 시론에 영향을 받은 시와 평문들을 발표하였으며, 최재서, 이양하 등과 더불어 주지주의(主知主義) 문학론의 소개와 도입을 주도했다. 해방 후 월남하여 서울사대 영어과 등의 교수를 지냈으며 한때는 조선문학가동맹에 가담하기도 하였다. 6·25전쟁 중에 납북됨. 주요 시집으로 《기상도(氣象圖)》, 《태양(太陽)의 풍속(風俗)》, 《바다와 나비》, 《새노래》 등이 있다.

김소운(金素雲, 1907~1981)

　시인·수필가·아동문학가. 본명 교중(敎重). 해방 이후 주로 일본에서 활동하면서 《조선민요집》(1929), 《조선시집》(1943) 등 많은 우리 문학 작품들을 일역하여 일본 문단에 소개하는 데 앞장섰다. 한때 아동 잡지 편집에 관계하면서 이상과 교유하며 지냈다. 주요 작품으로는 《목근통신(木槿通信)》, 《물 한 그릇의 행복》 등이 있다.

김옥희(金玉姫, 1916~   )

이상의 누이동생.

김향안(金鄕岸, 1914~2004)

수필가. 본명은 변동림(卞東琳). 호적명은 김동림. 김향안은 필명. 한국
여성문학인회 회원. 이상의 친구인 화가 구본웅의 이모뻘로 이화여전 영
문과를 졸업했다. 1938년 《매일신보》로 등단하였으며, 생활 중심의 수필
을 주로 쓰며 미술 비평도 하였다. 이상이 금홍과 헤어진 이후에 만나 이
상의 부인이 되었다. 이상 사후에 화가 김환기(金煥基)와 재혼하였으며,
수필집으로 《파리》, 《쑥꽃 사어록(私語錄)》, 《까페와 참종이》, 《파리와
뉴욕에 살며》 등이 있다.

문종혁(文鐘爀, 1910~   ?   )

이상의 친구. 18세부터 동갑인 이상의 집에 하숙을 하면서 그와 두터
운 교분을 나눈 것으로 알려져 있다. 말년에 대천 등지를 유랑하였으며
예술가로 쓸쓸한 삶을 보내다가 1980년대 후반에서 90년대 초쯤 타계
했다고 한다.

박태원(朴泰遠, 1909~1987)

소설가. 구인회 회원. 1930년대 모더니즘 계열에 속하는 소설들을 잇
달아 발표하면서 우리 문단의 대표적인 모더니즘 소설가로 인정받았으
나, 해방 이후 조선문학가동맹에 가입, 활동하고 6·25전쟁 때 월북한
다음에는 철저한 리얼리즘 작가로 변신한 것으로 알려졌다. 주요 작품
으로는 모더니즘 소설로 분류되는 〈소설가 구보(仇甫)씨의 일일(一
日)〉, 《천변풍경(川邊風景)》과 월북 이후 발표한 《갑오농민전쟁》 등이
있다.

서정주(徐廷柱, 1915~2000)

시인. 예술원 회원. 유치환(柳致環) 등과 더불어 생명파로 분류된다. 1930년대 김광균(金光均)·김달진(金達鎭)·김동인(金東仁) 등과 동인지 《시인부락(詩人部落)》을 창간하여 활동한 바 있으며, 해방 이후에는 이른바 문협(文協) 정통파의 일원으로 한국 문단의 주류적인 위치의 문인으로 활동하였다. 한때 친일 경력 및 군사 정권 시절의 활동 등으로 문학사적 평가의 문제가 제기된 바도 있다. 주요 시집으로 《화사집》, 《신라초》, 《질마재 신화》 등이 있다.

원용석(元容奭, 1906~1987)

이상의 친구. 이상과 보성고보, 경성고공을 같이 다닌 동기동창이다. 해방 이후 경제기획원 장관, 농림부 장관, 공화당 당무위원 등을 역임하였으며, 한국타이어, 동양나일론 사장, 전경련 부회장과 고문, 물가협회장, 한국능률협회장을 지내는 등 정·재계의 요직을 두루 거쳤다.

윤태영(尹泰榮,   ? ~ ?)

이상의 친구. 이상이 다방 '제비'를 열고 금홍이를 마담으로 앉힌 무렵부터 친하게 지낸 인물. 구인회 회원인 박태원, 조용만 등과 더불어 이상과 교유하였다. 후에 이상을 회고한 글 〈절망은 기교를 낳고〉를 발표한 바 있다.

이진순(李眞淳, 1916~1984)

연출가. 예술원 회원. 동국대 연극영화과 교수, 연극협회 이사장 역임. 니혼(日本)대학 예술과 재학 때부터 신극 운동에 뛰어들어 이해랑(李海浪), 김동원(金東園) 등과 '동경학생예술좌'를 조직하여 활동하였으며, 귀국 이후 한때 연극 활동을 중단하기도 하였으나 해방과 더불어 다시 연극계에 투신, 연출 쪽에서 주로 활동하였다. 극단 〈광장〉 대표

를 지냈으며 주요 연출 작품으로는 〈태풍지대〉, 〈우물〉, 〈바람과 함께
사라지다〉, 〈전쟁과 평화〉 등이 있다.

정인택(鄭人澤, 1909~ ?)

소설가. 《매일신보》, 《문장(文章)》의 기자 역임. 초기에는 주로 심리
주의적 경향을 띤 사소설 위주의 창작을 하다가 후기에는 남녀 사이의
사랑의 한 단면을 묘사한 애정 소설에 집중하는 경향을 보인다. 일제강
점기 말기에는 조선문인보국회에 관여했으며, 친일적인 작품들을 썼다.
6·25전쟁 때 월북하였으며, 전쟁 중 사망한 것으로 알려지고 있다.

조용만(趙容萬, 1909~1995)

소설가·영문학자. 고려대 영문과 교수 역임. 구인회 회원.《매일신
보》기자, 1950년 《코리아 타임스》 주필을 역임. 주요 작품으로 〈초종
기(初終記)〉, 〈만찬〉, 〈묘비〉, 〈이상 시대, 젊은 예술가의 초상〉이 있다.